重庆交通大学马克思主义学院马克思主义理论科研创新团队"国家治理现代化研究创新团"成果

清末东三省清理财政研究

张佩佩 / 著

吉林大学出版社

·长春·

图书在版编目（CIP）数据

清末东三省清理财政研究 / 张佩佩著. —— 长春：
吉林大学出版社, 2021.4
ISBN 978-7-5692-7605-3

Ⅰ.①清… Ⅱ.①张… Ⅲ.①财政史 – 研究 – 东北地
区 – 清后期 Ⅳ.①F812.952

中国版本图书馆CIP数据核字(2020)第219882号

书　　　名：清末东三省清理财政研究
　　　　　　QINGMO DONGSANSHENG QINGLI CAIZHENG YANJIU

作　　　者：张佩佩　著
策划编辑：李承章
责任编辑：王　洋
责任校对：张鸿鹤
装帧设计：刘　丹
出版发行：吉林大学出版社
社　　　址：长春市人民大街4059号
邮政编码：130021
发行电话：0431–89580028/29/21
网　　　址：http://www.jlup.com.cn
电子邮箱：jdcbs@jlu.edu.cn
印　　　刷：湖南省众鑫印务有限公司
开　　　本：710mm×1000mm　　1/16
印　　　张：21
字　　　数：320千字
版　　　次：2021年4月　第1版
印　　　次：2021年4月　第1次
书　　　号：ISBN 978-7-5692-7605-3
定　　　价：198.00元

前　言

　　财政是庶政之基，因此财政改革是清末实行宪政的基础。为应对内外交困的形势，清政府在其统治的最后十年不得不进行全方位的改革。光绪二十六年年末，清廷颁布变法上谕，宣布实行新政，拉开清末改革的序幕。随着改革的深入和形势的发展，后又做出预备立宪的决定。新政的兴办和宪政的进行必须要有财政的支持，而此时不论中央还是地方的财政都困难重重，严重影响到新政、宪政的实施。因此，财政的改革首当其冲，整顿财政被看作是实行宪政的基础。

　　旨在集中财权、构建财政制度的清理财政又是财政改革的初基。由于军兴之际财权下移，清末地方财权逐渐坐大，中央度支部财权流失，加之各省外销规费等隐匿不报，致使中央与地方有隔膜，相欺相隐。因此全面清查财政，了解真实的财政情形又成为财政改革的第一步。财政的困难重重使清朝财政制度的弊端暴露无遗，旧有的中央集权式的财政制度已基本坍塌瓦解，是规复旧的财政制度，还是构建新的财政体系，此关键性的问题摆在清政府面前。清政府虽坚持规复中央集权的宗旨，但随着西方财政理论在中国的传播和立宪运动的风起云涌，西方的财政制度亦可以成为清政府解决财政困难的工具，借鉴西方财政制度成为清末财政改革特别是清理财政的重要观照。是否"深合立宪国之通例"几乎成为判断改革措施可否实行的重要标准之一。当然，向西方学习，功利性、工具性层面的目的大于体制的建构。在此形势和期许下，旨在集中财权、构建新的财政制度的清理财政不仅成为财政改革、立宪改革的初基，它更对清廷以往的财政改革方式有所突破，展现出新的气象。

　　东三省地区由于特殊的地位倍受各方关注。作为清政府的龙兴之地，东三省格外受到重视，但是此时的东三省财政由于种种原因导致收支严重不敷，并且体系混乱；从外部环境看，东三省又处于日俄势力的夹击之下。严重的内忧外患使得东三省的清理财政显得极为必要。

清末东三省清理财政的举措包括在行省成立专门的运行机构、财政确数的调查、预算制度的制定、国地税划分、财政秩序的整顿等。清理财政是财政改革的基础，是清末全方位改革的重要组成部分，交织着新旧思想之争，交织着各方利益之争，交织着中西制度的碰撞，多重矛盾层叠累加，导致此次改革虽然进行了可贵的探索，但是过程步履维艰，影响到清末整体改革的进行及政局的稳定。

目　　录

导　论

一、研究缘起

本书选取清理财政的旨趣在于它的复杂性反映出清末众多关键的问题，包含的意蕴宽广深远。首先，清理财政作为财政改革的初基和"立宪第一要政"，重要性不言而喻。其次，在它清查各省外销和规费、实行预决算制度、划分国地税等的过程中，中央、省与府厅州县因为固守自身的"权""利"、争取利益最大化，各种明争暗斗在清末清理财政的舞台上纷纷上演，因此，清理财政涉及了各行政层级之间的财政关系问题。再次，行政权与立法权的关系亦有所体现。在制定预算的过程中，作为准议会性质的资政院和咨议局担负了审核议决预算的责任，但这种议决和监督却遭到各级行政机构的抵制，围绕着预算的核减核增问题冲突不断，立法机关对预算的议决权限遭到消解，行政与立法的关系也相当纠结。第四，实行预决算、划分国地税，包含着清廷对西方财政制度的学习，近代财政科层管理体制、预算制度、会计制度、审计制度和国库制度等近代财政制度的因素在一定程度上得以显现，所以又涉及了清朝财政制度的近代转型问题。第五，财政的清理，又并非是单纯的财政问题，它还和官制的改革、吏治的整顿等问题有着千丝万缕的联系。因此，从某种意义上来说它又反映出财政与行政的关系问题。第六，清理财政虽有明确的章程规定，但各项事宜是由具体的人来执行。由于人的能动性和差异性使得原本明确的规定生发异动，并且由于利益和实际的地位不同，具有不同职权、扮演不同角色的各项人员纷纷登场，他们的动机、观念、立场和能力等都贯穿整个清理的过程，使得清理纷繁复杂、多层次地展开。第七，清理财政牵涉了从中央度支部到各省督抚、司道、府州县等各级官吏的切身利益。面对"权"与"利"的调整，各方的反应和应对不一，充斥着他们之间的明争暗斗，而其中的人事纠葛也深深地影响到财政清理的进行。另外，清理财政作为对既有利益的调整，它的效果如何也从一个侧面反映出影响改革成败的因素。总之，正是由于清理财政涉及清末众多关键的问题，因此对其进行研究具有重大的意义，可以从深层次上认识清末财政改革及宪政改革的实际状况及其结局，也可以更深刻认识清末民初制度转型的特征及其困境等问题。

本书选取东三省地区也是基于多方面的考量。东三省有其特色，但作为地方行省也具有与其他省份的相同之处，因此，这一地区具有区域特色的研究价值，但又不乏以微观见宏观的个案价值。另外，东三省可以作为整体与其他省份进行比较研究，但三省作为单独的省份也并非整齐划一，他们之间同样有同有异，因人因地而各有特色。由于地理、历史的原因东三省地区形成了有别于其他省份的特点：从内部环境来看，东三省作为清政府的龙兴之地，格外受到关注；从外部环境来看，东三省又处于日俄势力的夹击之下，领土、财权等都受到严重侵蚀，相对于其他列强把中国某些区域作为势力范围，日、俄两国更有使东三省独立出清朝统治的意图。在这种情况下，东三省的制度亟须调整，关内外体制需要统一，要加强东三省与其他地区的相关性，加重清政府对东三省的影响力。因此东三省的改革因由更为复杂，而意义也就更为深远。东三省的财政清理也由于上述各种原由而更有特点和深远意义。东三省的清理财政同样具有复杂的表相和多层的意蕴在其中。

另外，本书的选取还基于一定的现实观照。清理财政是清末财政改革的基础部分。是改革就会涉及权力、利益的再分配，是一项浩大复杂的系统工程，需要统筹规划：既需要政策的长远性和稳定性，又需要策略的具体性和灵活性；既需要改革者的观念和眼光，同样需要具体实施者的魄力与努力；需要谨慎处理众多纠葛或矛盾的关系，也需要配套措施的跟进，更需要改革时机的选取。集权与分权的问题、中央与地方的关系问题、各级政府之间如何构建良好的互信基础而建立健全制度性沟通和协商的途径从而形成良性博弈的问题、财政压力的问题、外部环境的问题等，清末的清理财政及财政改革要解决这些问题，今天的改革也同样如此。清末清理财政的经验或许对当今能有一定的借鉴意义。

基于以上的因由，本书的选题确定为清末东三省清理财政研究。

二、研究对象的界定

（一）东三省

本书的东三省是指光绪三十三年东三省改设行省之后所辖的区域。

根据张守真的研究，东三省地区直到康雍乾年间因俄人扰边才开始设置了奉天将军、吉林将军和黑龙江将军。而东三省之名称见于档籍最早是在乾隆初年，此后，后人即将满清入关后的东北地区习称为东三省。虽称为省，但它和其他省份的建制不同，并不设督抚，而是设置将军和盛京五部进行管辖，并且很少或较晚才设置府厅州县等制。因此张守真称此时"所谓'东三省'实徒具虚名"[①]，即只有省之名称而无完备省制的建立。因此，直到光绪三十三年东三省改行省制度，废除八旗分防治理之制，增置府厅州县，东三省才真正成为名副其实的东三省。

直至宣统三年，东三省的辖境涵盖奉天所辖的8府、5直隶厅、3散厅、6州和33县：包括奉天府（辖金州厅、辽阳州、复州，开原县、铁岭县、海城县、盖平县、抚顺县、辽中县、本溪县、承德县）、营口直隶厅、庄河直隶厅、兴京府（辖通化县、怀仁县、临江县、辑安县）、凤凰直隶厅（辖岫岩州、安东县、宽甸县）、长白府（辖安图县、抚松县）、法库直隶厅、海龙府（辖东平县、西丰县、西安县、柳河县）、辉南直隶厅、昌图府（辖奉化县、怀德县、康平县、辽源州）、洮南府（辖靖安县、开通县、安广县、醴泉县、镇东县）、新民府（辖镇安县、彰武县）、锦州府（辖锦县、宁远州、广宁县、义州、绥中县、锦西厅、盘山厅）；吉林所辖的11府、1直隶厅、4散厅、3州、18县，包括吉林府、长春府、农安县、德惠县、长岭县、双阳县、舒兰县、伊通直

[①] 张守真：《清季东三省的铁路开放政策（1905—1911）》，高雄复文图书出版社1995年版，第1—2页。

隶州、桦甸县、磐石县、濛江州、滨江厅、新城府、双城府、榆树直隶厅、五常府、宾州府、长寿县、阿城县、延吉府、和龙县、汪清县、珲春厅、宁安府、东宁厅、敦化县、穆棱县、依兰府、方正县、临江府、密山府、虎林厅、饶河县、桦川县、富锦县、绥远州。黑龙江省下辖的1道、7府、6直隶厅、1州、7县，包括龙江府、呼兰府（辖巴彦州、木兰县、兰西县）、绥化府（辖余庆县）、海伦府（辖青冈县、拜泉县）、嫩江府、讷河直隶厅、瑷珲直隶厅、黑河府、呼伦直隶厅、胪滨府、兴东道（辖大通县、汤原县）、肇州直隶厅、大赉直隶厅、安达直隶厅。①东三省辖内还有内蒙古哲里木盟十旗。

（二）清理财政

关于清理财政有狭义和广义之分。狭义的即专指确查全国财政实数。广义的是度支部所颁布的清理财政章程的规定②，包括调查财政确数、划分国地税、分析财政沿革利弊、制定预决算等。此次清理财政，度支部的总目标是，"以节财为理财，款目梳剔，公私孚信，则虽加税筹捐而民不疑，国用之富可立而待……能制用而后官成国计一无所隐，而凡百飞洒苛驳之弊皆无所试也；能会计而后国用进退皆有所总，而凡百财入财出之数咸无所私也。"③为达此目的，则不仅既要厘清全国财政的收支情况，又要厘清国地财政关系，还要整顿财政秩序，革除财政弊端。为此度支部酝酿很久，最后决定以实行预算为归依，以预算的实施来达到此目的。实行预算则需要对全国财政有全面的了解，因此，清理财政以清查出入确数为第一步，是全国预算决算的基础，而出入确数的调查则主要是针对被各省隐匿而不为度支部所知的外销和规费。而分别正杂各款、划清税项，实行国地税的划分，不仅可以厘清中央与地方政府之间的财政关系，还有利于全国预算的最终确立，因此成为清理财政的重要内容。另外，关系到财政秩序整顿的一些吏治问题，如厘定公

① 刘锦藻：《清朝续文献通考》卷306—308，浙江古籍出版社1988年版，考10511—10533。

② 故宫博物院明清档案部编：《清末筹备立宪档案史料》上，中华书局1979年版，第1027—1033页。

③ 陆定：《清理财政章程解释·序》。北京图书馆影印室辑：《清末民国财政史料辑刊》第20册，国家图书馆出版社2007年版，第423—424页。

费、裁员减薪和整顿官员财政腐败等，在清理财政的过程中就有了整顿财政和刷新吏治的双重意义，也成为清理财政的题中应有之义。总之，"度支部奏定清理财政办法以列款调查为入手，以分年综核为程功，以截清旧案为删除缪辕之端，以酌定公费为杜绝瞻顾之路，以划分国家地方经费为清理之要领，以编定预算决算清册为清理之归宿。"①本书所指的清理财政是广义的，因此，论述主要围绕外销和规费的清查、预算的制定、国地税的划分和吏治的整顿等几个问题来展开。

根据《度支部奏拟清理财政章程折》规定，"清理财政者，为筹备宪政之权舆，而其包涵全体，贯澈初终，必办至编定全国预算，乃为就绪。"②即全国预算的编定标志着清理财政的完成。根据《逐年筹备事宜清单》：第一年（光绪三十四年）颁布清理财政章程；第二年调查各省岁出入总数；第三年复查各省岁出入总数、厘定地方税章程、试办各省预算决算；第四年编订会计法、会查全国岁出入确数、颁布地方税章程、厘订国家税章程；第五年颁布国家税章程；第六年试办全国预算。③后因预备立宪年限从九年缩短至五年，按照宣统二年十二月十七日宪政编查馆奏定修正的逐年筹备宪政事宜清单，宣统三年颁布会计法，厘定国家税、地方税各项章程，厘定皇室经费、颁布审计院法；宣统四年确定预算决算，设立审计院。④而后因度支部的提议，试办全国预算被提前到宣统三年。但因辛亥革命的爆发，清理财政的进程被打断，很多措施都已名存实亡，所以本书的清理财政时限为光绪三十四年度支部提出清理财政，直至1911年辛亥革命爆发。

① 《宪政编查馆奏覆核清理财政章程酌加增订折》（光绪三十四年十二月十五日），故宫博物院明清档案部编：《清末筹备立宪档案史料》下，中华书局1979年版，第1026-1027页。

② 《度支部奏拟清理财政章程折》（光绪三十四年十二月初一），《东方杂志》第6年第1期。

③ 《逐年筹备事宜清单》，故宫博物院明清档案部编：《清末筹备立宪档案史料》上，中华书局1979年版，第63-65页。

④ 故宫博物院明清档案部编：《清末筹备立宪档案史料》上，中华书局1979年版，第90-91页。

三、学术史回顾

对于本选题来说，清理财政和东三省财政改革及清理财政两方面的既有研究都为其提供了基础和借鉴，因此，学术史的回顾拟从这两方面来梳理。

（一）清理财政的研究

1. 著作

就笔者阅读范围所及，关于清理财政的专著较少，但在对清末财政的研究中大都有所涉及。不过从内容看，大多只是对清理财政的过程进行了叙述，重点研究得不多。从研究视角上来说，主要有两种，一是侧重制度研究，从清理财政看财政制度的变迁；一是从现代化的角度来审视清末的财政改革与清理财政。从对清理财政的评价来看，肯定、批评及总体肯定而细节批评三种都有。

大部分财政史的著作谈论清理财政基本是对其过程和成效进行总体叙述和分析。如贾士毅著《民国财政史》①对光绪朝的财政情形进行了分段论述，其中有对清理财政内容的涉及，如预算、国地税的划分等，认为宣统三年预算案终非信案。各省清理财政局对国地税的划分也只是针对税目性质而言，未议及政费范围。赵丰田的《晚清五十年经济思想史》②则从开源、节流、除弊、兴利等方面对晚清的经济思想进行了梳理，并对经济思想的来源进行了分析。其第十章中有"行预算说"，对预算学说在中国的传播和实践、国人对预算的认知等进行了阐述。刘克祥主编的《清代全史》（第10卷）③研究的是光绪宣统时期的经济史，其中有对清末财政改革的论述，涉及清理财政的内容，认为中央同地方在税收分配上的矛盾日趋激化，最后促成了宣统二年中央同地方两级财政预算的出台。项怀诚主编、陈光炎著的《中国财政通史》（清代卷）④其

---

① 贾士毅：《民国财政史》，商务印书馆1934年版。

② 赵丰田：《晚清五十年经济思想史》，哈佛燕京学社1939年版。

③ 刘克祥主编：《清代全史》第10卷，辽宁人民出版社1993年版。

④ 陈光炎：《中国财政通史（清代卷）》，中国财政经济出版社2006年版。

中有对财权下移、中央与地方实行分税制及清理财政效果的阐述。而周育民著《晚清财政与社会变迁》①，在第六章"覆灭前夜的清朝财政"中则对清理财政进行了较为详细的研究，特别是对预算存在问题的原因进行了深入分析。

以研究视角论，有些是从制度变迁的角度来研究清理财政。如周志初的《晚清财政经济研究》②在对晚清财政管理体制演变的探讨中有对清理财政的叙述。刘增合的《"财"与"政"：清季财政改制研究》③主要从制度变迁的角度，探讨新制度与旧制度、新知识新观念和旧理念旧制度之间的关系，分析了"财"与"政"之间的互动。有些则应用了现代化理论来审视清末的财政改革与清理财政。如台湾中央研究院近代史研究所在20世纪80年代初期推出《中国现代化的区域研究》系列，对湖南、湖北、闽浙台、江苏、山东等地区进行了研究。在经济现代化的方面基本都论述了清末的财政改革，有些还具体到清理财政的问题。如苏云峰著《中国现代化的区域研究（湖北省：1860-1916）》④，其"财政改革"章节中有对湖北省清理财政过程的论述。张玉法著《中国现代化的区域研究（山东省：1860-1916）》⑤有对财税制度变革的分析，其中包括财政机构清理财政局的成立、预算制度的实行和税制的改革。张朋园著《中国现代化的区域研究（湖南省：1860-1916）》⑥在"财政与金融"一节中分析了湖南财政机构的演变、收入与支出的情况、财政紊乱及其在清末的整理和预算的施行。王树槐的《中国现代化的区域研究

① 周育民：《晚清财政与社会变迁》，上海人民出版社2000年版。
② 周志初：《晚清财政经济研究》，齐鲁书社2002年版。
③ 刘增合：《"财"与"政"：清季财政改制研究》，生活·读书·新知三联书店2014年版。
④ 苏云峰：《中国现代化的区域研究（湖北省：1860-1916）》，台湾中央研究院近代史研究所1981年版。
⑤ 张玉法：《中国现代化的区域研究（山东省：1860-1916）》，台湾中央研究院近代史研究所1982年版。
⑥ 张朋园：《中国现代化的区域研究（湖南省：1860-1916）》，台湾中央研究院近代史研究所1983年版。

（江苏省：1860-1916）》①其中"财政金融"一节，对财政制度变迁的阐述中提及清理财政局的设立，对宣统三年预算进行分析，另外对税捐和金融也有论述。这一系列著作从现代化的角度观察，对清理财政从总体上给予了肯定的评价，认为是顺应现代化的要求，但对具体的措施多含批评。

从对清理财政的评价来看，有对清理财政进行较高评价的，如胡钧在《中国财政史讲义》②中对清理财政予以较高的评价，认为不论是对外销、规费的清查，还是预决算的制定都有较大的成绩。周育民在《晚清财政社会变迁》③中对作为中国近代第一份全国财政预算的宣统三年预算案给予了肯定。申学锋在其著作《晚清财政支出政策研究》④中认为清末几年间，中央政府从财政行政机构、预决算制度等方面对传统的财政制度进行了大刀阔斧的改革。也有给予较差评价的，如周伯棣在《中国财政史》⑤中认为度支部试办的宣统三年预算，因为清政府统治力量被削弱、各省成割据状态、财政未能统一等原因，致使所谓预算的统一只是各省数字的杂凑与拼合，只是账面上的统一而已；公库制度也未能建立。左治生在《中国近代财政史丛稿》⑥中有对清代后期财政的研究，主要论述了财政的收支情况及财政管理制度。在管理制度的阐述中有对中央集权财政管理体制变迁及预决算制度的论说，认为宣统年间的预算只是七拼八凑的一纸空文。

2. 论文

相对于著作，关于清理财政的论文数量相对较多，所涉及的范围和专题也更广，所以对于论文拟分为基本论述、对中央与地方财政关系的探讨、对财政制度变迁和改革的探讨、国地财政的划分、预算制度、清

① 王树槐：《中国现代化的区域研究（江苏省：1860-1916）》，台湾中央研究院近代史研究所1984年版。

② 胡钧：《中国财政史讲义》，商务印书馆1920年版。

③ 周育民：《晚清财政与社会变迁》，上海人民出版社2000年版。

④ 申学锋：《晚清财政支出政策研究》，中国人民大学出版社2006年版。

⑤ 周伯棣：《中国财政史》，上海人民出版社1981年版。

⑥ 左治生：《中国近代财政史丛稿》，西南财经大学出版社1987年版。

理财政的影响等六个专题进行梳理。

关于清理财政的基本论述。如罗玉东[①]分期讨论了光绪朝财政改革的措施，光绪末期的措施之一即清理财政，对此进行了大概的描述。王家俭的《晚清地方行政现代化的探讨（1838-1911）》[②]中粗略地叙述了清理财政的情形。甘于黎[③]从简派财政监理官、各省成立清理财政局和试行财政预算制度两个方面对清理财政进行了阐述，认为对旧制的全面清理和建立新预算制度的努力标志着清政府财政向现代转型的开端；当然，由于时间太短，改革还没有进入更深的层次，如划分中央地方财源、建立与行政级次相匹配的分级预算管理体制、对传统的税收制度进行改造等。李帝的《清末新政财政改革述论（1901—1911年）》[④]也从税制的讨论、岁出入确数的调查、预算制定等方面论述了清理财政的过程。

关于中央与地方财政关系的探讨向来是研究的重点。中央与地方财政关系是一个逐渐演变的过程，所以在时段上并不局限于清末清理财政的时期，本书梳理的时段会往前追溯到咸同时期。关于督抚权限和地方财政形成的问题，学者有不同的看法。彭雨新和邓绍辉等多数学者认为，军兴之后督抚专权和地方财政地位逐步形成。但何汉威和刘广京等对此说提出异议。彭雨新[⑤]认为解款协款制度从军兴之后已经开始没落，并造成外重内轻局面的形成，并且这种局面也导致了清末国省财政关系的调整并不成功。邓绍辉[⑥]认为咸同时期在地方督抚专权的过程中，中央财权旁落、地方财权膨胀，以致最终形成中央与地方分权的财政管理体制。何汉威对过分夸大督抚的权限表示质疑，他在《从清末刚毅、铁良南巡看中央与地方财政的关系》[⑦]中认为只用督抚专权的视角来解释中央

---

① 罗玉东：《光绪朝补救财政之方策》，《中国近代经济史研究集刊》第1卷第2期。

② 王家俭：《晚清地方行政现代化的探讨（1838-1911）》。中华文化复兴运动推行委员会主编：《中国近代现代史论集》第16编，台湾商务印书馆1986年版。

③ 甘于黎：《清末的财政改革》，《历史教学》2006年第12期。

④ 李帝：《清末新政财政改革述论（1901—1911年）》（硕士学位论文），新疆大学，2006年。

⑤ 彭雨新：《清末中央与各省财政关系》，《社会科学杂志》第9卷第1期。

⑥ 邓绍辉：《咸同时期中央与地方财政关系的演变》，《史学月刊》2001年第3期。

⑦ 何汉威：《从清末刚毅、铁良南巡看中央与地方财政的关系》，《中央研究院历史语言研究所集刊》第68本第1分册。

与地方的关系是不够的。而在《清季中央与各省财政关系的反思》[1]中他还指出，甲午战后至清朝灭亡前，清政府借着硬性摊派措施还是能成功地从省抽提到为数不菲的收入，中央对各省仍能维持若干程度的掌控，而督抚对各州县的控制也并非那么有效。刘广京[2]也有相似的论断。陈锋[3]则对中央与地方财政关系的调整进行系统论述，认为清代后期中央财政与地方财政出现混乱格局，相关调整主要反映出中央财政的运转失灵和财权的下移，而对晚清财权下移的政策性遏制则一般表现为财政的清厘或整顿，而综合性的财政清厘整顿在1884、1899和1908年显现出特色，而1908年即全国性的财政清厘。申学锋[4]对财政改革与清理进行分析，认为光宣时期的改革有其必要性，但由于策略存在失误、中央与地方力量悬殊和相关经济改革的疏忽等，遏制财权分割的改革最终失败。王双见[5]则将国地税的划分看作中央与地方财权的折衷。马金华[6]对划分国地税和制订预算时中央与地方争权进行了阐释，并认为清廷的清理财政并不成功，使地方的加收摊派成为合法，而中央预算徒具形式，分税制也未及实行，财权仍然涣散。

关于财政制度变迁和改革的探讨。同中央与地方财政关系一样，制度的变迁和改革也是一个长期过程，所以会追溯到咸同年间。张九洲[7]从财政体制改革的角度探讨到了清理财政，他认为虽然财政制度改革不应过高估计，但对涉及清理财政的此次改革还是给予了积极的评价，认为它在一定程度上加强了中央的财政权力，促进了晚清财政制度现代化的发展，而且为民初财政的管理培养了一批人才。刘增合[8]则对清末行省财

---

[1] 何汉威：《清季中央与各省财政关系的反思》，《中央研究院历史语言研究所集刊》第72本第3分册，2001年9月。

[2] 刘广京：《晚清督抚权力问题商榷》。中华文化复兴运动推行委员会主编：《中国近代现代史论集》第6编，台湾商务印书馆1985年版。

[3] 陈锋：《清代中央与地方财政的调整》，《历史研究》1997年第5期。

[4] 申学锋：《清代中央与地方财政关系的演变》，《地方财政研究》2005年第9期。

[5] 王双见：《试析晚清中央与地方的财政关系》，《安阳师范学院学报》2006年第6期。

[6] 马金华：《外债对晚清中央与地方财政关系的影响》，《现代财经》2007年第5期。

[7] 张九洲：《论清末财政制度的改革及其作用》，《河南大学学报》2002年第4期。

[8] 刘增合：《由脱序到整合：清末外省财政机构的变动》，《近代史研究》2008年第5期。

政机构的变动问题进行了系统论述，他认为因传统观念制约、各省自为风气、财政官制改革滞后、度支部指导不力、机构改制引发的裁撤书吏风潮等致使在外省财政机构改制中出现新旧杂糅的乱象。他在《光宣之交清理财政前夕的设局与派官》[①]中也分析了行省设立清理财政局和中央向各省简派监理官，重点从监理官的简派看中央与地方的角力。刘增合[②]还研究了财政监理制度，认为监理官的财政清理遇到诸多压力，还是基本实现了督责各省调查财政确数、建立了近代预算制度的目标，并且还分析了清末财政监理制度的缺陷。

关于国地税的划分。张神根[③]认为政府职能的划分影响了财政分配，从所依据的财政学原理、出台方案的内容和运作、最后通过资政院讨论和审批等方面来看，清末财政划分是我国首次具有近代性质的财政改革。段艳[④]认为清朝末年国家财权严重"外移"和"下移"，清廷不得不开始仿照西方财政体制划分国家财政与地方财政，国地财政的划分更是体现了中央与地方之间的博弈。刘增合[⑤]认为清末各方引进西方税制划分国地税作为调整中央与地方关系、筹备预算制度的要政加以推行，但是由于对西方税制学理认知角度的差异以及固守本省利益的需要，致使中央与各省在两税划分的标准、税制分级等问题上产生矛盾。付志宇、章启辉[⑥]则对国地税划分及表现出的中央与地方矛盾进行了论述。

有关预算制度的研究。沈鉴[⑦]对清末陆军的财政预算有深入的阐述，也从总体上对清理财政给予较为积极的评价。邹进文[⑧]则指出西方近代预算思想在中国的传播与运用和中央与地方财政分权思想的产生与发展是

11

---

① 刘增合：《光宣之交清理财政前夕的设局与派官》，《广东社会科学》2014年第2期。

② 刘增合：《纾困与破局：清末财政监理制度研究》，《历史研究》2016年第4期。

③ 张神根：《清末国家财政、地方财政划分评析》，《史学月刊》1996年第1期。

④ 段艳：《"双头博弈"——清末的国地财政划分》，《玉林师范学院学报（哲学社会科学）》2007年第1期。

⑤ 刘增合：《制度嫁接：西式税制与清季国地两税划分》，《中山大学学报》2008年3期。

⑥ 付志宇，章启辉：《清末政府税收政策调整探析》，《宁夏社会科学》2008年第5期。

⑦ 沈鉴：《辛亥革命前夕我国之陆军及其军费》，《社会科学杂志》1936年第1期。

⑧ 邹进文：《清末财政思想的近代转型：以预算和财政分权思想为中心》，《中南财经政法大学学报》2005年第4期。

清末财政思想近代转型的主要标志。陈锋①对中国财政预算的起源进行了探究，认为严格意义上的财政预算始自晚清，并对预算制度传入中国、酝酿过程及其实施进行了细致的论说。

在影响方面，主要论及清理财政对近代财政体制、近代财政研究、财政收支、财政监督等的影响。张朋园②认为对清理财政应该给予赞扬，因为其中对财政沿革与利弊的讨论是要了解某类出入款的合理性；划分国家税和地方税是受西洋财政制度影响的结果；试办预算是要纳财政于严格控制之下。这三点是任何一个现代化国家都必须做到的。郭军芳③也认为清末清理财政体现了近代财政体制的萌芽。龚汝富④则认为清末清理财政推动了我国近代财政的研究，对我国近现代财政理论的形成产生了重大的影响。周志初⑤认为清政府对财政的清理与整顿是清末财政收入迅速增长的重要因素之一。叶青、黎柠⑥把清理各省财政作为清政府财政监督的一种手段。

（二）东三省财政改革和清理财政的研究

1. 著作

关于东三省财政改革和清理财政的研究专著几乎没有，只是在东北通史和经济史的研究中有稍许的提及，有些根本未涉及。因此，关于东三省清理财政的研究亟须加强。

民国时期，由于边疆危机和日本等对中国的侵略，一批史学家纷纷从事边疆问题的研究，如傅斯年著《东北史纲》⑦、孟森著《宣统三年调

---

① 陈锋：《晚清财政预算的酝酿与实施》，《江汉论坛》2009年第1期。

② 张朋园：《预备立宪的现代性》。中华文化复兴运动推行委员会主编：《中国近代现代史论集》第16编，台湾商务印书馆1986年版。

③ 郭军芳：《清末清理财政看近代财政体制的萌芽》（硕士学位论文），浙江大学，2005年。

④ 龚汝富：《清末清理财政与财政研究》，《江西师范大学学报（哲学社会科学版）》1999年第2期。

⑤ 周志初：《清末财政若干问题简论》，《江海学刊》2002年第6期。

⑥ 叶青，黎柠：《近代财政监督制度与思想》，《财政监督》2007年第3期。

⑦ 傅斯年：《东北史纲》，中央研究院历史语言研究所1932年版。

查之俄蒙界线图考证》①、金毓黻著《东北通史》②等。由于特定的历史背景，这些著作较为重视对东北边疆界限的考证、列强对东北的侵略及东北人民反抗外来侵略斗争的论述。

中华人民共和国成立后的东北地方史也少有对财政的专论，既有的通史研究也较少提到财政的问题。杨余练、王革生等编著的《清代东北史》③中有对清代东北地区财政机构、收支状况、日俄经济侵略的情形、金融、币制等的论述。而常城著《东北近代史纲》④、李治亭主编《东北通史》⑤等几乎没有对清末财政的描述。孔经纬的《东北经济史》⑥研究了清代、民国、伪满时期东北社会经济的演变，对清末的清理财政着墨较少。孔经纬、朱显平的《帝俄对哈尔滨一带的经济掠夺》⑦对俄国在哈尔滨的经济掠夺及造成的财政混乱进行了论述。张守真著《清季东三省的铁路开放政策（1905-1911）》⑧主要探讨东三省的铁路开放政策，其中有对东三省改制的背景及改制措施的分析。

2. 论文

相对于著作，关于东三省财政的论文数量相当可观，并且涵盖的领域也很广。本书拟从财政状况研究、以人物为中心的财政研究、督抚与咨议局的关系等的论述三个方面来梳理。

关于财政状况的研究。王晓辉⑨认为清代黑龙江财政体制是逐步演变的，并把这样变化归结为岁入来源的变化。对岁入来源进行考查和对财政体制的演变进行分析可以看出黑龙江的财政体制在发展过程中出现了向近代财政转化的趋势。他的《晚清东三省财政研究》⑩对晚清东三省财

---

① 孟森：《宣统三年调查之俄蒙界线图考证》，《北平图书馆 图书季刊》第3卷第3期。

② 金毓黻：《东北通史》，五十年代出版社1943年版。

③ 杨余练，王革生：《清代东北史》，辽宁教育出版社1991年版。

④ 常城：《东北近代史纲》，东北师范大学出版社1987年版。

⑤ 李治亭：《东北通史》，中州古籍出版社2003年版。

⑥ 孔经纬：《东北经济史》，四川人民出版社1986年版。

⑦ 孔经纬，朱显平：《帝俄对哈尔滨一带的经济掠夺》，黑龙江人民出版社1986年版。

⑧ 张守真：《清季东三省的铁路开放政策（1905-1911）》，高雄复文图书出版社1995年版。

⑨ 王晓辉：《清代黑龙江财政岁入研究》，《长春师范学院学报》2002年第4期。

⑩ 王晓辉：《晚清东三省财政研究》（硕士学位论文），东北师范大学，2003年。

政的收入、支出、财政管理机构三个方面的变化进行梳理，对东三省财政变化的原因、影响、意义等进行了分析。也有论文在对新政研究中涉及清理财政，如郭艳波的《清末东北新政研究》①从政治、经济、军事、司法、文化教育等各个方面对东北新政的具体内容、所收成效以及历史意义进行分析，其中有观照到整顿财政、完善金融等内容。

以人物为中心的财政研究。东三省督抚及财政监理官与清理财政关系密切，所以以赵尔巽、徐世昌、锡良、周树模、陈昭常和熊希龄为中心的论述也有必要进行梳理。赵尔巽的财政改革是清末东三省清理财政的前期基础，对此，余阳的《赵尔巽对清末奉天省财政的整顿》②和高月的《清末东北新政改革论——以赵尔巽主政东北时期的奉天财政改革为中心》③进行了研究。高月论述了赵尔巽对原有财政机构进行整合、整顿各地官员交代规程、办理统捐等，认为赵尔巽的奉天财政改革虽然在一定程度上达到了缓解奉天财政危机的目的，但其改革毕竟是在清朝既有的国家运行机制与政治体制下实施的，这就决定了其诸多改革措施均不能触动清朝财政体制的根本。徐世昌是东三省改制后的首任总督，其财政改革亦被关注，如李泽昊④对徐世昌进行的官制改革、其人事关系和经济财政改革都有较为详细的阐述。高月⑤则从政治结构改革、教育改革、外交努力三方面考察了徐世昌任内东北新政改革对东北地区现代化进程的影响，其中涉及财政机构的改革。锡良任内是东三省清理财政进行的关键时期，徐建平⑥和胡秋菊⑦对其财政措施有论及，胡秋菊论及了锡良

---

① 郭艳波：《清末东北新政研究》（博士学位论文），吉林大学，2007年。
② 余阳：《赵尔巽对清末奉天省财政的整顿》，《满族研究》1992年第4期。
③ 高月：《清末东北新政改革论——以赵尔巽主政东北时期的奉天财政改革为中心》，《中国边疆史地研究》2006年第4期。
④ 李泽昊：《徐世昌与清末东北新政研究》（硕士学位论文），山东师范大学，2006年。
⑤ 高月：《清末东北新政与东北边疆现代化进程——以徐世昌主政东北时期的新政改革为中心》，《东北史地》2008年第3期。
⑥ 徐建平：《锡良东北经济改革方略述论》，《河北师范大学学报》2000年第3期。
⑦ 胡秋菊：《锡良地方施政举措及得失（1903-1911）》（硕士学位论文），东北师范大学，2008年。

与东三省的经济财政改革。郑南[①]对黑龙江省巡抚周树模在经济财政方面的改革措施进行了论述。苏久青[②]则对吉林巡抚陈昭常在经济财政方面的改革措施进行了阐述。熊希龄作为清理东三省财政的监理官也有论文论及。王顺、高彦军[③]对其振兴实业及财政思想等进行了分析。张大伟[④]对熊希龄与赵尔巽两人配合对东三省的财政进行改革有叙述。宁曼荣[⑤]、赵文军[⑥]也有对熊希龄监理东北措施的论述。

关于督抚与咨议局关系的探讨。曲晓璠[⑦]对东三省咨议局与督抚的矛盾有论述。而徐建平[⑧]则认为对两者之间的矛盾不应过分夸大,东三省督抚与咨议局之间的关系并非尽是紧张,也进行了很好的配合。

台湾地区的赵中孚和张守真等对东三省问题有精深的研究,如赵中孚撰文《清末东三省改制的背景》《近代东三省胡匪问题之探讨》《清代东三省的地权关系与封禁政策》《辛亥革命前后的东三省》[⑨]等,虽未直接对东三省的清理财政进行论述,但对东三省体制沿革的变化及当时社会情形都有探讨。张守真的《清季东三省的改制及其建设(1907–1911)》[⑩]论述了清末东三省改制的背景及过程。

通过梳理可以看出,清末的财政历来备受史家关注。清末直至民

---

① 郑南:《周树模在黑龙江的内政改革与外交活动研究》(硕士学位论文),东北师范大学,2007年。

② 苏久青:《陈昭常在清末吉林的内政改革和外交活动研究(1907–1910年)》(硕士学位论文),东北师范大学,2006年。

③ 王顺,高彦军:《熊希龄经济思想述评》,《锦州师院学报(哲学社会科学版)》1991年第3期。

④ 张大伟:《熊希龄与赵尔巽关系述论》,《康定民族师范高等专科学校学报》2002年第4期。

⑤ 宁曼荣:《熊希龄管理思想与实践研究》(硕士学位论文),湖南师范大学,2007年。

⑥ 赵文军:《熊希龄开发东北思想述论》,《东北史地》2004年第12期。

⑦ 曲晓璠:《清末东三省咨议局述论》,《社会科学战线》1990年第4期。

⑧ 徐建平:《清末东三省咨议局与地方公署关系初探》,《历史教学》2000年第8期;《论清末东北宪政改革的特点》,《中国边疆史地研究》2004年第2期。

⑨ 《中央研究院近代史研究所集刊》第5期,1976年;第7期,1978年;第10期,1981年;第11期,1982年。

⑩ 张守真:《清季东三省的改制及其建设(1907–1911)》。中华文化复兴运动推行委员会主编:《中国近代现代史论集》第16编,台湾商务印书馆1986年版,第569–663页。

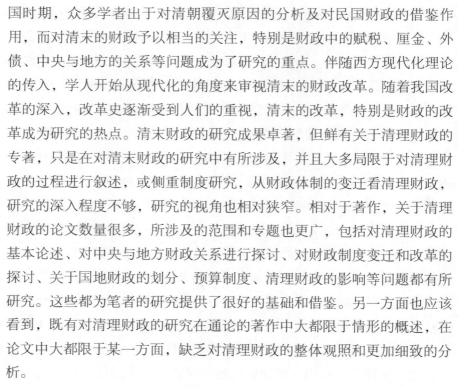

国时期，众多学者出于对清朝覆灭原因的分析及对民国财政的借鉴作用，而对清末的财政予以相当的关注，特别是财政中的赋税、厘金、外债、中央与地方的关系等问题成为了研究的重点。伴随西方现代化理论的传入，学人开始从现代化的角度来审视清末的财政改革。随着我国改革的深入，改革史逐渐受到人们的重视，清末的改革，特别是财政的改革成为研究的热点。清末财政的研究成果卓著，但鲜有关于清理财政的专著，只是在对清末财政的研究中有所涉及，并且大多局限于对清理财政的过程进行叙述，或侧重制度研究，从财政体制的变迁看清理财政，研究的深入程度不够，研究的视角也相对狭窄。相对于著作，关于清理财政的论文数量很多，所涉及的范围和专题也更广，包括对清理财政的基本论述、对中央与地方财政关系进行探讨、对财政制度变迁和改革的探讨、关于国地财政的划分、预算制度、清理财政的影响等问题都有所研究。这些都为笔者的研究提供了很好的基础和借鉴。另一方面也应该看到，既有对清理财政的研究在通论的著作中大都限于情形的概述，在论文中大都限于某一方面，缺乏对清理财政的整体观照和更加细致的分析。

　　具体到东三省，相比较而言，政治体制的改革较财政的改革更受关注。关于东三省财政改革和清理财政的研究专著几乎没有，只是在东北通史和经济史中有稍许的提及，有些根本未曾涉及。因此，关于东三省清理财政的研究还亟须加强。在论文中，研究东三省清理财政时大多只是作为清末新政、财政改革的一项措施，所以只是进行简单的叙述，并未进行深入细致的研究。在以人物为中心的研究中，同样是把清理财政作为这些人物各项改革措施中的一种，并未予以格外的关注。现有的财政研究也大多集中于对财政收入、支出和管理机构等方面的阐述，对其具体细节和过程，如财政的清查、预决算的实行、国地税的划分等都未有深入的研究。另外，对东三省清理财政的机构、人员、其中的人事问题、财政与行政的关系问题、成效影响、成败原因的分析等很少进行挖掘和分析。

　　通过对前辈研究的梳理，笔者认为对清末清理财政，特别是东三省的清理财政，还有进一步研究的必要和空间。

四、研究方法和行文思路

本书采用实证研究方法，充分、全面挖掘和解读史料，做到从史料出发；采取微观与宏观研究相结合的方法；运用比较研究的方法；运用政治学的利益分析理论、财政学等理论对清末的东三省清理财政进行考察。

本书主要是对清末东三省清理财政进行更全面、深入、动态的研究，而入手方法则主要是将清理过程置于各方关系和利益冲突之中，通过对各方包括上下行政层级之间、行政与立法机关之间围绕着清理财政而表现出的不同利益诉求和期许，及这种不同诉求导致的各方之间良性和恶性的博弈及其最终对清理财政的影响的分析，以期立体、动态地呈现东三省清理财政的过程；注重人与事的关联，理清众多复杂纠结的人事利益关系及其对清理财政的影响；兼顾政策条文与运行实效的考察，尽量全面客观地分析清理的实效及意义；结合内外因、主客观等因素，多维度、多层次分析其成败原因。对其中所涉及的中央与地方的关系、行政与立法的关系、财政与行政的关系、财政清理与清末宪政改革的关系、利益纠葛与改革成败的关系、财政体制的近代转型等问题进行系统和辩证地阐述。通过以上研究，总体上希望能对东三省清理财政及全国范围的清理财政有一个更为全面的认识；从清理财政的角度对当时的财政、人事、改革、宪政等问题有更加细致入微的理解；对影响改革成败的因素有更加具体和深入的分析。

根据此思路，各方之间博弈的平台，如清理财政局、外销和规费的清查、预算的制定和实施、国地税的划分、吏治的整顿等就构成了本书的几个主要章节。当然，还有对清理财政背景的论述及最后的结论。

第一章　清理财政的背景

　　清理财政是由度支部发起的全国性举措。东三省清理财政是全国清理财政中的一环，因此，东三省清理财政的背景要从全国和东三省两个方面来论述。从全国来看，财权下移愈益严重，作为庶政之基的财政困难重重，因此财政改革是实施宪政愈加的基础；而清理财政又被看作是财政改革的初基。作为龙兴之地却内忧外患的东三省进行了行省制度的改革，虽然为各项举措的实施提供了良好的契机，但财政严重不敷、体系混乱的局面，亦亟须进行清理。

第一节　清廷的清理财政

　　清政府的财权下移和困难状况成为财政改革的促因，而旨在集中财权、构建财政制度的清理财政则成为财政改革的初基。

一、财权下移与财政困难

　　清末新政、宪政迭兴，各项举措纷纷而起，而各项措施都需要财政的支持，但此时，中央财权严重下移，清朝的财政困难重重，并严重影响到宪政的进行，改革势在必行。

（一）财权下移

　　军兴之后，清政府实行的中央集权的财政制度受到严重的冲击。各省在经制之外的收入越来越多，外销款项的规模越来越大，在此基础上，并随着形势的发展逐渐形成相对独立的省财政，中央却无从知晓各省真实的财政情况，致使各省财政的自主空间越来越大，此盈彼亏，中央对各省的调控能力则越来越低。

　　由于财权下移、外销等款项的存在及有意隐瞒和截留，使得各省相当一部分收入中央根本无法获悉，度支部对各省岁入岁出真实情形缺乏了解。外销肇始于咸同之际军兴之时，这基本为史学界所公认。其产生的原因，大部分学者都归结于清政府僵化的财政奏销制度无法适应新形势的需要。①

---

①　"咸同以来，时事多故，疆吏以军糈紧适，每多就地筹款之举。而原有之款，则仍遵照旧制奏报，谓之内销款项。其新生之款，则由各省自行核销，谓之外销款项。"（贾士毅：《民国财政史》，商务印书馆1934年版，第128页）"自咸同军兴以后，各省财政收支内容，与原来报销制已不相吻合……故当时报销，一部份系造报以达中央者，谓之'内销'，一部份系不造报者，谓之'外销'。"（彭雨新：《清末中央与各省财政关系》，《社会科学杂志》第9卷第1期，1947年，第88-89页）"战后新增的各种开支，原有户部则例更无案可循，非由外销，无从奏销，各省干脆不报、不销，自行经营。"（周育民：《晚清财政与社会变迁》，上海人民出版社2000年版，293-294页）"外销之由来，盖因户部恪守部例，鲜有变通，外省核销支用时难以做到榫卯必合，常于收入中划出相当部分，自为核销，向不报部，这类自为核销的款项称作外销。"（刘增合：《地方游离于中央：晚清"地方财政"形态与意识疏证——兼评陈锋教授〈清代财政政策与货币政策研究〉》，《中国社会经济史研究》2009年第1期）

中央户部对各省财政的控制手段之一即奏销制度，但军兴之后，大量外销款项存在于经制之外，户部无从得知，更无法掌控，奏销制度名存实亡。"户部虽为总汇，而各处之虚实不知也。外省所报册籍，甲年之册必丙年方进，已成事后之物，更有任催罔应者。孰应准、孰应驳、孰应拨、孰应停、孰应减、孰应止，皆未闻部中下一断语，皆以'该督酌量办理，兼筹并顾'一笼统之词而已。"① 户部改组为度支部后，此种局面亦未能改变，度支部也抱怨各省销案未能如期奏报，应销之案有积至一二年还不奏报的，有的竟自军兴以后就未曾奏报过。② 度支部虽然迭次奏咨行催，亦仅云贵总督将云南地丁并案奏销，其他省份均未奏报。

由于财权不一，度支部又无从掌握各省财政实情，因此也难以从全局来调控财政运行。清末财政紊乱、财权不一的状况已非常严重。"中国财政统计表，除海关税每一年或十年报告外，各省财政从无与中央政府直接造册公示天下者。故论各国丰啬，皆据国民纳金多寡为断，而中国则不然。试据其奏案，就各省督抚及度支大臣等，问人民所出、国库所入，亦难自信无参差也。盖其财政蒙蔽侵耗、纷无纪律，故通国财源通塞未由稽考。"③ 由此哲美森讥笑清朝并非是完全整齐之帝国。可以说他非常准确地看到了中国因财权不一而导致的财政纷乱。而度支部对各省已无转移调剂之实权。新政创行，举凡一切兴学、练兵、工商、实业诸务都亟须兴办，但各省却以财政困难为由迭向度支部请款，而度支部存储无多就不得不酌量指拨他省协济，但协济省份却又大都托辞敷衍，"是部中虽有统辖财政之专责，并无转移调剂之实权。"④ 度支部本为全国财政总汇之区，京内各衙门和各省所有的出入款目都应周知，但到清末，中央各衙门经费往往自筹自用，度支部多不与闻；而各直省款项内销报部则尽属虚文，至于外销款项度支部更是无从查考。度支部已难符

---

① 金安清：《生财不如理财论》，《皇朝经世文四编》卷17，第8页。沈云龙主编：《近代中国史料丛刊》正编第77辑，文海出版社1969年版，第290页。

② 《度支部奏覆预算决算表折》续，1907年3月19日《盛京时报》，第2版。

③ 《请制定预算决算表整理财政疏》，《赵柏岩集》谏院奏事录卷2，第1页。沈云龙主编：《近代中国史料丛刊》正编第31辑，文海出版社1969年版，第971-972页。

④ 刘锦藻：《清朝续文献通考》卷71，浙江古籍出版社1988年版，考8282-8283。

全国财政总汇机关之称。

随着省财权的扩大，中央财政严重依赖地方。清朝实行解饷制度，税收虽在名义上都属于国家，但实际的征收是在各省，中央财政很大程度上依靠各省解饷来维持。但军兴之后，解饷制度遭到破坏，各省往往不能依限如额报解，如光绪三十年各省报部可供拨解银只有190余万两，此数与户部历年指拨的定额800万两相差甚多。[①]度支部所经管的财政收入远不及各省多，如光绪三十四年，"清政府财政收入已超过两亿两，但部库仅收入一千六百五十余万两，加上专储专用之练兵经费等款七百三十余万两，也不过二千四百万两，仅为全部财政收入的12%"。[②]中央款项日绌，必定越来越依靠地方，兴革之举大抵皆仰息于各省财政的支持与否。当时任资政院预算股股长的刘泽熙指出中央虽握财政机关，但不过是拥稽核的虚名而已，因为无论田赋、盐、茶等一切征权悉归地方督抚，致使中央"应增应减——电询督抚，若无回复悬为未决"。[③]度支部对各省的掌控能力太弱，并越来越依赖地方，这样就处于非常被动的地位。

（二）财政困难

财政为庶政之基。因此，财政困难往往成为改革的诱因。清朝财政困难在甲午战后加剧，特别是在庚子之役后要支付巨额赔款，使得本已困难重重的财政更是雪上加霜，支绌异常。而举办新政又需费甚巨，财政竭蹶不可胜言。财政的困难成为财政改革的促因。

甲午战后，面对内忧外患的形势，支出急剧膨胀，致使财政严重入不敷出。根据日本人根岸佶的研究，在光绪二十九年清朝岁入总计13 431.4万两，岁出却达15 458.7万两，[④]不敷甚巨。而新政期间，新兴各种事务需费浩大。只以行政各费为例，因进行机构的调整，新设机构多而旧衙门裁撤的少，因此，各种办公经费和行政开支就异常膨胀。光绪

① 陈光焱：《中国财政通史（清代卷）》，中国财政经济出版社2006年版，第280页。

② 魏光奇：《清代后期中央集权财政体制的瓦解》，《近代史研究》1986年第1期。

③ 刘锦藻：《清朝续文献通考》卷68，浙江古籍出版社1988年版，考8244。

④ （日）岸本佶著，李觉译：《中国财政改革私议》，《中国新报》第1年第4号，第137—159页。

三十三年，内阁拟加经费银5万两，翰林院拟加3万两，礼部拟加6万两，法部拟加6万两，理藩部拟加9万两，都察院拟加3万两，大理院拟加8万，"共每年拟加经费银四十万两"①。而法部称其初办须款20万两，以后每年须款12万两，还又追加开办经费8万两。此外，练兵、兴学、创办实业等更是款项支出的重头戏。

此时，各省的财政亦竭蹶异常，"经实际调查得悉常年亏款约十千余万之多"②，东挪西借万分为难。从光绪三十四年各省岁出入总数也可以看出各省不敷之数甚巨。除个别省份，如奉天、江北、山东、河南和四川分别盈余21.8万两、39.7万两、78.5万两、28.5万两和35.6万两之外，其他省份都是亏空，如吉林亏额达49.7万两，黑龙江为135.8万两，直隶为191.5万两，热河为3.5万两，江宁为24.8万两，江苏则更高达448.7万两，安徽也有73.5万两，山西为26.8万两，贵州为25.8万两，陕西为16.4万两，甘肃为16.9万两，新疆为17.5万两，福建为22万两，浙江为32.4万两，江西为32.5万两，湖北为197.6万两，湖南为39.6万两，广东为33.2万两，广西为10.1万两，云南为96.1万两，各省合计共亏1 290.3万两。③如此竭蹶的财政还要支付巨额的赔款，庚子赔款为4.5亿两，大都摊派到各省，如宣统元年年初应由沪上纳交各国赔款银就达386万两④，虽日期临近而各省却多未解齐，度支部恐引起交涉，一日三电地催促。此外，各省尚有大量地方赔款。地方赔款多是由领事、教士、教民和地方官绅议定，统计共有22 272 708两，尚有未计算在内的。⑤因此，各省财政亦有行将不支之势。

巨大的财政压力，使得朝野上下共同关注。作为总管全国财政的度支部屡次沥陈财政困难情形，大有司农仰屋之慨。因甲午、庚子两次赔款已使得国家财政元气大伤，而适逢多事之秋，大宗用款之处又很

---

① 朱寿朋编：《光绪朝东华录》，中华书局1958年版，总第5727页。

② 《各省财政情形》，1909年2月15日《大公报》。

③ 李振华：《近代中国国内外大事记》，转引自周育民《晚清财政与社会变迁》，上海人民出版社2000年版，第385页。

④ 《各省财政之近况》，1909年4月8日《大公报》。

⑤ 王树槐：《庚子地方赔款》，《中央研究院近代史研究所集刊》1972年第3期（上）。

多，如江北和云南等的灾赈、东三省设行省及移驻军队、延吉边务、川滇边务、藏卫要需、云南河口军务、广西和四川等编练新军、开办分科大学、筹练禁卫军、筹拨吉长开埠经费等都需款甚巨。不过幸好还有些款项可供度支部腾挪筹拨，如提用洋款盈余或由各关税项凑拨，或动支练兵经费及土药统税或由部库拨给。但是到清理财政前夕，这些度支部所恃款项也因种种原因而无着落。因磅价骤涨，不仅洋款盈余已拨无可拨，就连宣统元年四月还款还需由部垫拨银60万两；因奉明诏禁烟，各省分年减种或先期禁绝，于是土药分局均次第议裁，土药统税又成驽末；因铜圆充斥，经考察铜币大臣奏明分别裁并，铜圆余利一项又归无着。以至于度支部无奈地称，"罗掘之计既穷，而为用之途方广，奉头竭足以较锱铢，往往竭终岁之储无以当一事之用。至于苟且补苴促促不可终日，则臣等所为焦迫旁皇恐无术以持其后者"。①只能感叹罗掘之计穷、点金之乏术。而报刊也称，"庚子以后，岁需赔款千数百万，举办新政款千数百万，司农仰屋，疆吏束手"②。内外财政一体困窘。

巨大的财政压力给清政府新政、宪政各项事业的进行带来极大的阻碍，各项措施因无财政支持而中断或废止，"出一策则以筹款无着而中止，办一事则以经费过巨而缩小"③，致使陆海军不能振兴、学校教育不能普及、农工商业也不能发展。总之，因为无财，虽然屡屡议变法、谈改良，而庶政依旧不能振兴。

财政是庶政之基，而财权下移及财政困难会成为阻碍各项政务有效实施的根由。因此，财政的改革势在必行。作为全国财政总汇之所的度支部称"理财为庶政根本。"④御史赵炳麟也认为财政是庶政之母，财

① 《度支部奏财用窘绌举办新政宜力求撙节折》，故宫博物馆明清档案部编：《清末筹备立宪档案史料》上，中华书局1979年版，第34页。

② 《论各省因捐滋事案》，《东方杂志》第2年第4期，财政，第59页。

③ 《候补道吴剑丰条陈改良财政言路吏治学务陆海军警察等六事呈》（光绪三十三年三月十三日），故宫博物馆明清档案部编：《清末筹备立宪档案史料》上，中华书局1979年版，第182页。

④ 《度支部奏妥议清理财政办法折》（光绪三十四年十二月二十五日），故宫博物院明清档案部编：《清末筹备立宪档案史料》下，中华书局1979年版，第1034页。

政如果得到整理，则一切内外庶政皆可得以振兴，否则"官制兵制虽改而俸饷不匀，赋则税则议增而商民生怨，经费无出则教育、实业各美政亦有理想而无事功"[①]。内阁校签中书股济则从筹备行政经费方面看到对财政改革的重要性。因新政、宪政的进行而兴革之事屡起，与之相应地则是费用浩繁，若不通盘筹划，必有款项无着之虞。[②]出使奥地利的大臣李经迈亦指出对财政进行改革的必要性，"当此百废具举，筹款维艰之日，财政一事，尤为当务之急，第非将全国财政赋税出入细为调查，必且无从措手。比年以来，内外财政日行困弊，若不及早清厘，必有不复能支之一日。"[③]总之，财政改革对新政、宪政意义非凡，没有财政支持将万事不立。

二、清理财政的提出

财政该如何改革，怎样才能摆脱捉襟见肘的财政窘境，朝野上下多方关注。而基本的认识集中在两点上，一是须改变财权混乱不一的现状；二是须借鉴西方的财政制度对清朝旧有财政制度进行改革。基于多方面的考虑和时势的发展，旨在集中财权、构建财政制度的清理财政政策就应运而生。

（一）清理财政决策的确立

面对清末困难重重的财政，清理财政对宪政的重要性亦被朝野上下充分认知，清理财政被认为是筹备宪政的权舆。清理财政的政策是综揽全国财政的度支部吸收了众多的建议之后做出的，而较早提出整顿、清理财政之人是御史赵炳麟，并且他对清理财政中须集中财权、须借鉴西

---

① 《请制定预算决算表整理财政疏》，《赵柏岩集》谏院奏事录卷2，第4页。沈云龙主编：《近代中国史料丛刊》正编第31辑，文海出版社1969年版，第977页。

② 《内阁校签中书股济为预备立宪条陈经费建海军等二十四条呈》（光绪三十二年八月二十二日），故宫博物院明清档案部编：《清末筹备立宪档案史料》上，中华书局1979年版，第128-129页。

③ 《出使奥国大臣李经迈奏兴学宜重普及教育理财宜由调查入手折》（光绪三十三年四月二十二日），故宫博物院明清档案部编：《清末筹备立宪档案史料》上，中华书局1979年版，第200页。

方的制度来构建新的财政制度都有精深的论述，有力地促成了最终度支部清理财政政策的确立。度支部为了解决财权下移及财政困难等问题，也重点加强了对财权的集中和财政制度的构建，并源此而确立了清理财政的决策。

1. 集中财权

财政到清末变得如此窘困、混乱不堪，财权下移和不统一是重要根源之一。对各省财政的真实状况不能确切掌控正是促使度支部清理财政的原因之一。因此，采用新的、有效的方法集中财权成为财政改革的首要举措。随着载泽出任度支部尚书，该部加强集权的意图益愈明显，并且采取了种种措施，试图改变中央财权流失而各省财权坐大的局面。可以说，清理财政是度支部的集权措施之一。

为了改变财权下移的局面，度支部（及其前身户部）采取种种措施加强对财政的管理，以期规复集权之制，并解决财政困难的问题。从甲午之后直到决定进行清理财政之前，户部及其改组后的度支部已开始了对财政的整顿，并含集权之意。光绪二十三年，户部惊闻各省厘税实收之数竟数倍于报部之数，奏请整顿厘金，决定让各省将军督抚一面将该省外销各款数目向来取给于厘税的据实奏明分别裁减，一面将所收百货厘、盐厘、土药厘及常税杂税等项银钱数目据实报部，统限奉旨后三个月奏咨不得违逾。①但效果不著。两年之后，户部派刚毅南下查办关税、厘金和盐课等项，裁汰陋规，剔除中饱，责令各省将军督抚"各就地方情形考核责成司道、监督及局员等将见在收数无论为公为私，凡取诸商民者一并和盘托出，澈底清查，由该管将军督抚悉心综核究竟裁去陋规中饱之数若干，酌量提归公用之数若干，勒限三个月拟定章程专折奏报"。②但也遭到南方各省的敷衍，刚毅只是搜刮了相对于外销而言为数无几的款项后回京复命。光绪三十二年，户部鉴于各省协借之款不尽咨部核复，并且各省之间的协借拨挪已经严重影响到例支正项及报部候拨之款，因此请饬各省以后所有动拨款项必须先行咨部核查，等到部复后

① 刘锦藻：《清朝续文献通考》卷50，浙江古籍出版社1988年版，考8052。

② 刘锦藻：《清朝续文献通考》卷71，浙江古籍出版社1988年版，考8275。

再行照办。①其后，度支部及政府亦不放过任何可资利用的款项，采取种种措施加强对各省财政的清查，如咨饬各省整顿税务，责令各关实报实销，令各督抚破除情面认真厘剔，以清积弊等②。但是，即使度支部（及其前身户部）为了打消各省督抚的顾虑一次又一次声明绝不追究既往，并可为省预留一部分款项来支用，但因这关系到各省的切身利益，再加上度支部对全国财政缺乏充分的了解致使其调控全国财政的能力严重弱化，因此，迭次的清查都遭到各省不同程度的敷衍和抵制。

旧的方法已被证明无甚效果，而此时御史赵炳麟提出了新的方案。光绪三十二年十一月，他援引哲美森来论证财政紊乱、财权不一的状况，而被外人直言痛处，直叹"痛哉"。三十四年夏，他再一次奏请统一财权而整理国政，更直接深入地论及财政之散、财权之纷，各部经费各部自筹，各省经费各省自筹，度支部根本不知其确数，并且州县进款出款实数，本省督抚亦难详稽，"无异数千小国，各自为计"③。因此，赵炳麟上疏建议度支部派员到各省调查各项租税及一切行政经费，将各省外销及在京各衙门经费切实清查、通盘筹划，进而详细规定，改变各省凡有措置无不仰给部款、而其收入却仍在度支部掌控之外的局面。

改变财权下移、对各省财政不确知的状况正可借由清理财政来实现。针对中央"于各省藩、运、粮、关、局库之数，不能悉具。管钥之任既散属于诸州，金谷之供不全输于左藏。账籍既无概算，窠名且不尽知"④的状况，宪政编查馆编订了民政财政统计表。其中财政表中对省财政的统计表就有包括直省正杂各款岁入岁出总数、岁收地丁钱粮各项、岁收漕粮本色各项、岁收盐课税厘各款、关税抽收科则、协解邻省饷需经费分款、海关总分各口地方员役薪公、岁支交涉费、岁支民政费、岁支财政费、岁支教育费、岁支司法费、交代期限数目、库款实存数目、外销各款收入等88项。度支部对此项调查也非常重视，就是要改变对各

---

① 刘锦藻：《清朝续文献通考》卷71，浙江古籍出版社1988年版，考8279。

② 《咨饬各省整顿税务》，光绪三十四年四月十三日《北洋官报》，第12页。

③ 《掌京畿道监察御史赵炳麟奏请统一财权整理国政折》，光绪三十四年五月二十三日《政治官报》，第6页。

④ 《财政统计表式举要》，《吉林官报》第13期，附刊，第2页。

省财政茫不知晓的窘境，清理财政正可达到此目的。

载泽上任后的度支部本有集权之意，只因无切实有效的措施，致使其整顿举措屡遭抵制而失败。而中央大臣又身居皇城，无从了解各省的实际情况。中央想集权，而此时的中央与地方相欺相隐，相互隔膜，雾里看花一般，相互不知底细。在集权思想下、在清查和集权遇到阻挠的情况下，赵炳麟等提出中央要派员到各省对财政进行详细调查、统一财权的条陈正中度支部之意，就成为度支部新的理财措施的先导。光绪三十四年年底所定的清理财政办法，即度支部综揽清理财政之权，在中央设立清理财政处、各省设立清理财政局，由中央派遣监理官到各省进行督催清理的办法才应运而生。

2. 借鉴西方财政制度

清朝旧的中央集权的财政制度遭到破坏，中央度支部一方面要集中财权，试图规复旧制，但随着时势的发展，西方的财政体制亦成为清政府构建财政制度的借鉴因素之一。宪政本是西方之物，清末的宪政改革就是从清廷派五大臣出洋考察开始的，这也是向西方学习最好的明证。落实到财政制度上，西方的财政制度和理论通过各种渠道已经在中国得到传播，影响到清朝财政改革的思路。清廷还多次派人出洋考察，财政的考察受到重视。清政府及度支部亦明确表示了西方财政制度有可资借鉴之处。

清末，西方财政知识和理论通过多种方式在中国得到传播[1]，并对清朝官员的认知有很大影响，他们对此进行吸收，取法外国对财政改革进行建言。

赵炳麟是较早提出整顿财政之人，提议进行财政的整顿，实施预

---

[1] 如赵丰田认为，西方财政思想传播的主要人物和途径包括"一、侨华西人对于西洋政事学术之介绍；二、华人对于西洋政事学术之介绍；三、个人留学游历考察之所得"（赵丰田：《晚清五十年经济思想史》，哈佛燕京学社1939年版，第305页）；夏国祥认为西方财政学在中国的传播可划分为两个阶段，1900年以前为引进财经常识阶段，1900年以后进入引进财经理论阶段（夏国祥：《清末民初西方财政学在中国的传播》，《江西财经大学学报》2004年第6期）；陈锋在《晚清财政预算的酝酿与实施》（《江汉论坛》2009年第1期）中对预算制度的传入有详细论及。

决算制度。他虽称是"远师先王""近采列邦"，其实"远师先王"只是为学习西方而进行的一种比附，主要是借鉴西方的财政制度。他介绍预决算制度，并历数泰西各国及日本的预决算制度及其完善过程，并陈明预决算的作用，"盖东西各国之财务行政必许国民以两种监察，一期前监察，承诺次年度之预算是也。一期后监察，审查经过年度之决算是也。故国民知租税为己用，皆乐尽义务，官吏知国用有纠察，皆不敢侵蚀，所谓君民共治"。①他看到西方财政制度，特别是预算制度的优点，借鉴西方的意图非常明显。

随着形势的发展，财政亟须清理的观点在统治集团内得到越来越多的支持和关注，他们对清理之法进行建言，而多数官员是援引西方的财政制度，如预决算、会计、审计制度和国地税的划分等。给事中刘彭年在奏陈预筹财政问题时就取法日本，"日本大藏省总理财政，而银钱出入则帝国银行掌之，会计检查院以时稽核，又有储蓄银行以存民间之财，不问多寡咸收纳之，按日拆息，国家可得巨款以资周转，官民两益。"②可见他对日本财政的行政机关、国库制度、会计审查等都有所认识。殷济建言应颁下谕旨，饬责财政处、户部悉心妥议，并对究竟户部现存帑银若干、海关每年税银多少、各省地丁钱粮及各项厘捐进款若干和尚须添筹多少等进行调查，等调查明晰，再列表预算，才能免于窘迫。③李经迈对清理之法的建议主要是对全国财政进行切实调查，由度支部慎选洞明计学人员分赴各省和由各省督抚选派的藩司、运司等管理财政之员会同逐款查核，将每年收支情形列册送部，再由部臣综核决算，合力统筹；并且为了整理财政，对关系国家筹款的户口、田亩、人民生计、物产盈虚等情况都需要切实考察。只有调查得悉确情才能统筹全

① 《请制定预算决算表整理财政疏》，《赵柏岩集》谏院奏事录卷2，第1—2页。沈云龙主编：《近代中国史料丛刊》正编第31辑，文海出版社1969年版，第972—973页。

② 《给事中刘彭年奏立宪宜教育财政法律三者并举折》（光绪三十二年九月二日），故宫博物院明清档案部编：《清末筹备立宪档案史料》上，中华书局1979年版，第163页。

③ 《内阁校签中书殷济为预备立宪条陈经费建海军等二十四条呈》（光绪三十二年八月二十二日），故宫博物院明清档案部编：《清末筹备立宪档案史料》上，中华书局1979年版，128—129页。

局。裁缺通政使郭曾炘也认为，"若非将财政大加整理，预算、决算立表分明，酌盈剂虚，互为挹注，恐上下交困，政策终有所穷也"。①对全国财政进行清查，在详细调查的基础上通盘筹划、制定预决算成为多数人认可的解决财政困难的方法。

清廷还多次派人出洋考察，从考察政治、宪政，到专门考察财政，即随着形势的发展，财政越来越成为考察的重点。

光绪三十一年六月十四日内阁奉上谕，"特简载泽、戴鸿慈、徐世昌、端方等，随带人员，分赴东西洋各国考求一切政治，以期择善而从。嗣后再行选派分班前往，其各随事诹询，悉心体察，用备甄采，毋负委任。"②朝廷的目的很明确，择善而从，用备甄采。领旨后，载泽等亦表示各国形势发展迅速，需要参观博采，取善从长，并决定进行精深的考察。考察大臣的日记可以明显体现出向西方学习的目的。如戴鸿慈在《出使九国日记》中，几乎每到一个国家都有参观经济、财政机构或与各国政要讨论经济、财政问题的记录。如光绪三十一年十二月初一，前往日本正金银行参观；光绪三十二年正月初二，参观美国马里兰州户部衙门；十四日，到费城参观铸币局，对其机器铸币等甚为惊叹，并认为有可取法之处，"向者，各省所铸，各于其币上有小字为记，今则一皆中央政府之所造，无有歧异，此亦吾辈所宜措意者矣"③；五月初二，阅读意大利财政汇考，感叹于预算制度和量出为入的财政原则。大臣们参观银行、户部衙门、铸币局，了解币制、预算制及量出为入的财政理念，并且进行中外的比较，切身体会到差距，取得丰富的成果，上折奏陈改革措施，还议及设财政调查局。

李家驹被派往日本考察宪政，他对日本的财政制度十分关注，在考察的基础上，奏呈日本租税制度考10册、日本会计制度考4册。他认为首先要区分计臣与阁臣的责任、经济行政与财务行政。他对财务行政进行

---

① 《裁缺通政使郭曾炘奏宜徐议宪政折》（光绪三十三年七月五日），故宫博物院明清档案部编：《清末筹备立宪档案史料》上，中华书局1979年版，第207页。

② 《派载泽等分赴东西洋考察政治谕》（光绪三十一年六月十四日），故宫博物院明清档案部编：《清末筹备立宪档案史料》上，中华书局1979年版，第1页。

③ 戴鸿慈著，陈四益校点：《出使九国日记》，湖南人民出版社1982年版，第92—93页。

分析进言，指出岁入主要包括租税收入、租税以外收入和公债，而租税的原则包括财政原则、经济原则、公正原则和行政原则。增加收入则需要整顿系统，迅速清理，包括改良、归并和扩充旧税及增加新税。而租税以外的收入则包括官有财产、官办实业和政务公费；公债则分为强迫公债和随意公债。对于制出制入的原则和方法，李家驹认为，"言制出则酌剂财用必以政治方针为衡，以言制入则增进财源，首以统系税制为要"。①他对财政的论述非常具体系统，并希望政府能够采纳，从而促进财政改革的进行。

唐绍仪于光绪三十四年九月至宣统元年三月间奉清廷之命出使日、英、法、意、奥、德、俄、比八国专为考察财政，"方今商业疲困，国用艰难，所有应行举办各新政，多未能及时振兴，于保全治安之道极有关系。现派唐绍仪专使赴美致谢，着兼充考查财政大臣，历赴日本及欧洲诸大国，将诸国经理财政办法详细调查，随时奏闻，以备采择。"②将经理财政办法详细调查，以备采择，充分说明了向西方财政制度学习的意图。唐绍仪通过考察，上呈奏折，对于公债、划一币制、定虚金本位、造币、修改税则、保护民间财产、国有营业等方面给予奏陈，以资参考。

可以说西方财政理论在中国的传播，使得人们在传统财政改革方法收效甚微的情况下看到了改革的新路径，改变并拓宽了改革的思路。这些思想引起度支部的极大关注。在复赵炳麟的折子时，该部亦援引古法，论证财政改革的重要性。度支部对财政的困难更是有真切的体会，时事多艰而财政日形窘绌，所有一切新增用款，如各项洋债、练兵经费以及各省筹措举办新政之费大半是辗转腾挪，动辄不敷支应。该部还认识到中国历代实行的量入为出与西方的量出为入的财政理念的不同，中国旧法量入以为出，承平时期还可以支持，但非常时期或遭遇变故则就缺乏补苴之计，即无法增加、补充财政收入；而"泰西新法则量出以为

① 刘锦藻：《清朝续文献通考》卷48，浙江古籍出版社1988年版，考8034。

② 《着唐绍仪考查日欧各国财政上谕》（光绪三十四年六月二十二日），中国第一历史档案馆：《唐绍仪出使日欧八国考察财政史料》，《历史档案》1990年第2期。

入，凡经常岁入之不足者，或加赋或募公债补之"①。两相比较，度支部认为"财政者，所为亟亟于预算决算诸法"②。度支部还将春秋拨册例定奏销制度和预决算制度进行比附，即利用宣称西方的办法中国古已有之的比附来论证进行改革的合理性。在对现实的困难、改革的渊源和依据进行一系列论证后，度支部决定对财政制度进行改革，而预算决算成为清理财政的归宿，并先期奏请将各省销案及时清理、将收支款项做到详细尽知，通盘筹划，为实行预算决算制度做好准备。度支部还初步付诸实践，即首先成立调查处，派主事赵世荦、郑茂修襄办，先在该部清查，办理妥帖之后，即命所派各员前往各省将关乎财政之事彻底查出，以便实行预决算。③

西方的经济、财政思想影响了清朝财政改革的思路。向西方财政体制学习是清末财政改革及清理财政的重要观照，是否"深合立宪国之通例"④几乎成为判断措施可否实行的重要标准之一。向西方财政制度学习来补充自身之不足的意图非常明显。清廷旧有的财政制度与西方的财政制度格格不入，而实际的财政状况也与借鉴和实行西方的财政制度极度不接轨，如全国财政的实情模糊不清、财权散漫、规制外的财政收支庞杂、收支管理方式私人化和收支簿据不合理等都不利于实行西方近代财政制度，如预决算制度、分税制、审计制度、国库制度等的确立。因此，清理财政成为必然。

（二）清理财政政策的出台与制度安排

经过长时间的酝酿和论证，为立宪而清理财政的政策出台，而度支部也进行了相应的制度安排。

度支部本已有集中财权、借鉴西方财政制度来解决财政困难和补救及构建财政制度之意，在得到多方建言后遂有清理财政之举。光绪三十四年十一月二十八日，度支部奏清理财政宜先明定办法一折，提出

---

① 《度支部将调查各省财政》，1907年6月29日《盛京时报》，第2版。

② 《度支部奏覆预算决算表折》续，1907年3月19日《盛京时报》，第2版。

③ 《度支部将调查各省财政》，1907年6月29日《盛京时报》，第2版。

④ 刘锦藻：《清朝续文献通考》卷71，浙江古籍出版社1988年版，考8283。

清理财政的六条办法，奉旨著会议政务处妥速议奏。该部又于十二月初一日奏拟清理财政章程，称"宪政之成立，以整理财政为最要，而整理财政必以确定全国预算、决算为最要……清理财政者，为筹备宪政之权舆。"①奉旨著宪政编查馆迅速核复具奏。初十，政务处复奏度支部清理财政办法，谕再交度支部妥慎斟酌，另行具奏。十五日，谕宪政编查馆议复度支部清理财政折，仍交度支部详慎妥酌再行具奏。二十日，谕颁清理财政章程。二十五日，度支部再遵初十谕旨，根据会议政务处复奏该部清理财政办法，再次妥议该项办法。会议政务处虽对度支部集权之举不甚满意，但在复奏该部清理财政办法时也认为清理财政是预备立宪的大纲，如果财政不清，则庶政皆无从修举。宪政编查馆亦指出，"国民维紧之端，惟财政为密切，故宪政筹备之事，亦惟财政为权兴。财政不清，则计臣徒负财赋之名，国民终少信服政府之望，于立宪前途大有阻碍。"②在众多大臣建言和商讨论证之后，清廷最终也表示，清理财政为预备立宪第一要政，于光绪三十四年十二月二十日颁布度支部奏定的《清理财政章程》。

按照《清理财政章程》③的规定，清理财政是以截清旧案、编订新章、调查出入确数为全国预算决算的预备。以此为总纲，度支部对清理财政进行了具体的制度安排，包括职任的担当和行使、调查的方法和各事项的时限及惩处措施。

清理财政的职任由在中央度支部设立的清理财政处和各省设立的清理财政局担当。清理财政处由度支部选派司员分科办理，其职责包括开列各省出入各项条款交各省清理财政局进行调查等。而各省清理财政局则设总办一员，以藩司或度支使充任，会办无定员，以运司、关盐粮等道及现办财政局所的候补道员担任，此外还要设监理官二员，由度支部

---

① 《度支部奏拟清理财政章程折》（光绪三十四年十二月一日），故宫博物院明清档案部编：《清末筹备立宪档案史料》下，中华书局1979年版，第1019页。

② 《宪政编查馆奏覆核清理财政章程酌加增订折》（光绪三十四年十二月十五日），故宫博物院明清档案部编：《清末筹备立宪档案史料》下，中华书局1979年版，第1026页。

③ 《度支部清理财政章程》，故宫博物院明清档案部编：《清末筹备立宪档案史料》下，中华书局1979年版，第1029-1033页。

派人充任。清理财政局的职责包括：造送光绪三十四年出入款项详细报告册及宣统元年以后各季报告册；造送该省各年预算报告册和决算报告册；调查该省财政沿革利弊，分门别类编成详细说明书送部查核；拟订该省各项收支章程及各项票式簿式送部等。

为便于清理的进行，度支部还规定划分新旧案的界限，对新旧案采取不同的措施。各省出入款项截至光绪三十三年年底止一概作为旧案，而各省历年未经报部的旧案要分年开列清单，并案销结。各省出入款项自宣统三年起作为新案，而新案要编造预算报告册，并划分国家行政经费和地方行政经费。此外，各省出入款项自光绪三十四年至宣统二年年底止作为现行案。现行案除由清理财政局将光绪三十四年调查报告、宣统元年及二年按季报告外，仍由该管司道详请督抚将全年出入款项分别造册报销。

度支部规定了调查财政的方法。度支部将各省出入款项撮举纲要，开列条款，发交各省清理财政局，要求其将光绪三十四年该省各项收支存储银粮确数按款调查，编造详细报告册和盈亏比较表，并限至宣统元年底呈由督抚咨送到部。而各省清理财政局如有应行调查事件则要派局员至各衙门局所调查出入各款及一切规费；还要将该省财政利弊情形及兴革措施、正杂款项情形及性质等酌拟办法，编订详细说明书送部侯核。自宣统二年起，各省文武大小衙门局所还要将出入各款按月编订报告册送清理财政局，由局汇编全省报告总册按季呈由督抚咨部。

在详细调查的基础上，各省还要为全国预决算进行预备。各省的各衙门局所自宣统二年起要预算次年出入款项，并编造清册，于二月内送清理财政局，由局汇编全省预算报告册呈由督抚于五月内咨送到度支部；自宣统四年起，查明上年出入款项编造清册，于三月内送清理财政局，由局汇编全省决算报告册，呈由督抚于六月内咨送到部。

此外，度支部还规定了各项措施的时限及惩处措施。

至此，以调查全国财政确数为入手方法、以实行预算为归依、以集中财权和构建财政制度为目的的清理财政之策最终确定，之后便开始在全国实施。

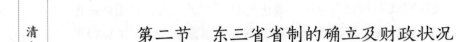

第二节 东三省省制的确立及财政状况

东三省地区作为满族的发祥之地，对清朝来讲意义非凡；而此地资源丰富，战略地位重要，因此又被外国，特别是日、俄两国所觊觎、侵占。在如此重要而又危机四伏的地区，改革势在必行。

一、省制确立

（一）独特的地位

作为清朝龙兴之地的东三省地区因其独特的地位倍受清政府和日、俄等国的关注，但各方却采取了不同的措施，直接导致了其势力在东三省的悬殊对比。虽然清政府对东三省一向给予特殊对待，但却由于这种特殊的照顾而在行政管理和财政状况方面都出现了问题，又面临越来越严重的外患，清政府不得不对其进行改制。

由于历史、地理等方面的原因，东三省倍受各方的关注。首先，东三省地区为满族发祥之地，也是清政府祖宗陵寝所在地。其次，此地资源丰富。徐世昌称奉天省"南襟渤海，鱼盐之所出；北控蒙疆，畜牧之所资；辽瀍流域沃野千里，泉甘土腴，黍稷蕃熟；而境内矿产之富，东边森林之茂，又为世界各国所公认"。[①]鱼盐、畜牧、农业、矿产、森林等资源丰富，可谓是巨大的宝藏。而黑龙江亦不输奉天，"兴安一岭倚若严疆，松、黑两江恃为天堑，中包兰苏林庆布讷之沃野、都朝瑚漠怀马之矿山与夫索伦乌图通肯莽鬴青黑等山之大森林。"[②]外国人对东三省格外关注，他们进行了调查，认为此地所出之粮足供全中国四百兆百姓食用。在西方人的启发下，国人亦进行调查，得悉"东三省共有肥田一万五千三百六十万英亩，每亩按中数计之，可出一千五百磅大麦，每年可共出大麦一万一千五百二十万吨，可养二万三千万人，若再将东蒙

---

①　徐世昌：《东三省政略》卷7，奉天省，第1页，总第4429页。

②　徐世昌：《东三省政略》卷7，黑龙江省，第1页，总第4785页。

古一带开垦种植，则中国四万万人无乏食之虑矣"①。东三省可待开发的资源非常丰饶，简直就是中国四万万人的命脉。再次，该地区战略地位重要。东三省的东部与朝鲜半岛毗邻，北部与沙俄接壤，西面与蒙古相连。对于清政府来讲，东三省是其统治的后方基地和保障，是其版图的边塞要地；而沙俄一向觊觎蒙古地区作为其南部边疆的屏障，"俄人自西伯利亚南下，寻求不冻港口，进出太平洋时，必须道经东三省"；②日本早在明治维新时期就制定了侵略扩张的大陆计划，而朝鲜和东三省成为其不同侵略阶段的重要跳板：在侵入朝鲜之后，向中国大陆进行势力扩张的阶段，东三省成为其入侵的端口。总之，"沙俄把'满洲'看成其争霸远东的'黄俄罗斯'，日本把东北视为其大陆政策的'生命线'"。③因此，东三省成为清政府固守疆域的重点，成为日、俄两国必争之地、角逐的战场，其他列强亦想涉足其中。

同样的关注，但清政府和日、俄却采取了不同的措施，当然也取得了不同的效果，使得其在东三省的势力出现悬殊。

清政府虽一直把东三省地区视为朝廷根本、畿辅屏藩，并鉴于该地区"在政治上作为王朝的兴发之地、经济上作为满洲贵族的养生地、文化上作为保持满族传统的根据地、地理位置上作为边塞重地"④等因素，一向给予特殊照顾，对东北地区的管理区别于内地和其他边疆省份，采取旗民分治的管理体制，实行封禁政策。清政府对其财政的支持也是不遗余力，存在明显的政策倾斜，"奉省财政地位迥与他省不同，一时之用而动涉远谋，一事之微而有关大计，种种需款不免缘以加多，部中且不惜挪钜款以济之"。⑤相对于其他省份可谓格外照顾，大力扶持。但

① 《东三省岂非我国四万万人之命脉》，1911年3月24日《申报》，第1张第5版。
② 张守真：《清季东三省的铁路开放政策（1905—1911）》，高雄复文图书出版社1995年版，第1页。
③ 常城：《东北近百年史应重点研究的主要问题》，《东北师大学报（哲学社会科学版）》1983年第1期。
④ 暴景升：《清代中前期东北地区统辖管理体制初探》，《云南师范大学学报（哲学社会科学版）》2009年第2期。
⑤ 奉天全省清理财政局：《奉天全省财政说明书·奉天财政沿革利弊说明书》总叙，第1—2页。中央财经大学图书馆辑：《清末民国财政史料辑刊补编》第7册，国家图书馆出版社2008年版，第3—4页。

是，东三省也正是由于这种特殊的对待而在行政管理和财政状况方面都出现了严重的问题。

东三省设置将军及盛京五部，将军职位虽崇，但职权却不及内地总督；实行旗民分治，并且很少或较晚才设置府厅州县等民治机构，导致行政系统混乱、政出多门，并引发旗、民官署矛盾，严重降低了行政效率。随着大批移民的涌入，民众数量迅速增加，旗、民矛盾日益加剧，而怎样加强对民众的管理等都成为棘手的问题。因此，旗民体制的统一、府厅州县等民治官署的设置成为急务。而封禁政策更导致东三省地区的经济发展程度很低，本为保障该地区的财政措施也因形势的发展变成导致其财政困难的重要原因。东三省资源丰富，如为我所用，必当取之不尽，用之不竭，创造巨大的经济收益，成为清朝经济发展的大后方和财政收入的重要来源，但是清廷却采取了保守而非开发的政策。封禁政策，使得如此丰富的资源没能得到充分的开发，并且清政府在此方面的无作为，引起了外人的觊觎。东三省地区的财政收入本由户部筹拨和依靠户部指定各省协济，自主的财政收入非常少，利弃于地而财无所出，这就使得东三省的财政严重依赖中央及各省。但军兴之后，清政府的统治力下降，而对各省的财政协调能力亦随之降低，这样东三省原来所依赖的财政来源都成了无法兑现的空头支票，致使其财政竭蹶异常，如东北的驻防八旗本来户部每年调拨饷银150多万两，至咸丰年间，因财政支绌，"户部调拨饷银减少一半，而且经常拖欠"。[①]可以说清政府在东三省行政和财政上的统治措施随着形势的发展效果却适得其反。清政府在东三省的统治越来越势微乏力。

在清政府统治乏力之时，日、俄两国却利用本身强大的经济、军事优势和清政府的低效作为而把势力延伸到东三省地区，并加紧掠夺和经营，使得东三省几乎没有清朝的立足之地。随着两国对东三省侵略的延伸，两国的利益出现冲突，而争夺亦随之而起，最后形成对东三省瓜分之势。

中日甲午战争充分暴露了清廷的无能，更进一步激发了列强对中国

① 杨余练、王革生等编著：《清代东北史》，辽宁教育出版社1991年版，第202页。

的瓜分，而东三省成了各列强争夺的重要目标。光绪二十二年，中俄东省铁路合同签订，沙俄"借地"在东北筑路，并取得在辽东半岛租地内自行酌定税则之权。二十四年，中俄订立旅大租地条约，俄国强租旅顺和大连。三十一年，日俄战争爆发，东三省成为战场，并在战后被列强瓜分。日、俄两国背着清政府利用《朴茨茅斯条约》以在中国攫取的特权作为谈判的资本做起了交易，划定势力范围。俄国将其在东三省攫取的特权，包括旅顺口、大连湾及其附近领土和领海的租借权、长春和旅顺口间的铁路及一切附属特权等让与日本。[①]但日本并不满足于俄国所转让的权利，随后对中国采取"日本战胜之报酬，不必迳取于俄"[②]的政策，转而直接向中国勒索更多的权利。三十一年十一月二十六日，日本强迫中国签订《中日会议东三省事宜正约》和其《附约》，中国政府"将俄国按照和约第五款及第六款允让日本国之一切概行允诺"，并增开辽阳、铁岭、长春、哈尔滨、齐齐哈尔和满洲里等16处为商埠，将安奉铁路归日本经营15年，日本还取得与中方合作采伐鸭绿江右岸木材等权利。[③]中国丧失了更多的权利。而日俄两国的交易还在继续，三十三年六月，两国签订第一次《日俄密约》，"擅自将中国东三省划为南满和北满，并规定北满为沙俄势力范围，南满为日本势力范围；沙俄承认日本在朝鲜之地位，日本则承认沙俄在外蒙之权益"。[④]日、俄两国遂对东三省形成瓜分之势。

日、俄两国随后进一步加强对东三省经济的经营。两国建筑铁路、扩充商务、建立拓殖局，并通过一系列的条约在东三省攫取开采煤矿、砍伐森林等特权。日本曾明确表示，多移一民即多增一分日本的势力，侵占东三省之心昭然若揭。日本对东三省极力经营，建立了关东都督府，并且把治理台湾的政策引用到金州半岛，还对该半岛进行了新的开

① 王芸生：《六十年来中国与日本》第4卷，上海书店出版社1932年版，第236-242页。

② 郭廷以：《近代中国史纲》，上海格致出版社2009年版，第240页。

③ 《清季外交史料》卷195，第8-12页，沈云龙主编：《近代中国史料丛刊》三编第17辑，文海出版社1985年版，第3145页。

④ 章开沅主编：《清通鉴》，岳麓书社2000年版，第1078页。

发，成功地消除了胡匪造成的威胁。①可以看出，日本在东三省的经营非常有力度，并且很有成效。

清政府在东三省的弱势和日俄等在此地的强势引起了朝野上下的严切关注。赵炳麟直言日本已把东三省作为囊中之物，"日本创修新沈铁路且向英国大借国债力图扩充，即以我东方土地财产作抵；新民、昌图、开原、安东、山城子、威远堡等处设有车捐；安东、大东沟、凤凰厅等处强收杂捐；铁岭、沈阳设商品陈列所、开博览会；营口、新民设电灯电话公司；复州盐滩运不纳税；营口、盖平、海城、辽阳等处专擅裁判，陵逼委员；安奉铁路各旅馆日人专利不容吾民营商；关东都督借口防盗编军人为警察遍于各城。经营东方日求进步，视为囊中物也久矣。"②自日俄战后两国对东三省划分了势力范围，囊括席卷，已视同己有。曾被派往东三省考察的农工商部尚书载振和民政部尚书徐世昌经过实地调查，对日俄两国在东三省的势力有切身的体会，不禁发出"名为中国领土，实则几无我国容足之地"③的慨叹。他们还指出日俄进一步发展的势头及其危害，因两国的入侵有进无退，数年之间，其势力必将西则蔓延蒙古，南则逼至京畿，扩张势头猛进。曾督办过吉林边务的陈昭常亦指出日俄势力的猖狂，"光绪三十三年日俄战后，而东三省边防亦由是日亟……他人方日伺于卧榻之侧，阳假仁义之名，阴行吞并之志，乘机攫取，如入无人之境"。④他们都充分表达了对于列强在东三省扩张势力的极大忧虑。日俄两国在军事、政治和经济等各方面进行极力扩张和渗透，吞并东三省的野心昭然若揭，东三省岌岌可危。

对清政府来说如此重要的东三省却是内忧外患，外有强邻压迫，内

---

① 黄光域译，吕浦校：《丙午中俄谈判及丁未设东省总督》，中国社会科学出版社1982年版，第138页。

② 《筹辽备倭疏》，《赵柏岩集》谏院奏事录卷2，第17-18页。沈云龙主编：《近代中国史料丛刊》正编第31辑，文海出版社1969年版，第1004-1005页。

③ 《农工商部尚书载振等为陈考察东三省情形事奏折》（光绪三十二年十一月二十二日），中国第一历史档案馆：《日俄战争后东三省考察史料（上）》，《历史档案》2008年第3期。

④ 陈昭常：《延吉边务报告序》。吴禄贞修，周维桢纂：《民国延吉县志·边务报告》（民国3年），第2页。

则行政管理混乱、财政窘困异常。处于如此的境地，改革变得十分有必要，"内政不修，外交日侮，不谋国防则边界蹙，不驭蒙旗则异心生，不将实业则利源去，不筹设铁路修濬江河流域则交通为之梗阻，不添置官吏敏捷行政机关则领土无以保存。"①改制亦承担了挽救危局的重任。因此不得不进行行省制度的改革，建立行政层级分明、管理相对严密的行省制度，提高行政效率，对内加强管理，对外加强抵御外侮的能力。

（二）改制及意义

改省制的提议其实由来已久，东三省也进行了一定程度的改革，但三省行省制度的最终确立是在光绪三十三年。东三省的改制具有非同一般的意义。

东三省改制前的最后一任盛京将军是赵尔巽。他对东三省的体制进行改革，裁撤盛京五部和奉天府尹、集权盛京将军等措施极大地改善了东三省原有的权力分散而又相互抵牾从而导致的行政混乱的局面，权力相对集中于将军，并且设立府厅州县，为东三省行省制度的改革做好了铺垫。

光绪三十二年九月二日，时任民政部尚书的徐世昌奉旨和农工商部尚书载振前往东三省考察，历时两个月，回京复命，上《密陈考察东三省情形折》，并附《考查奉天省情形单》《考查吉林省情形单》和《考查黑龙江省情形单》，后又续陈《宁古塔伯都讷蜂蜜山等处要地情形折》②，极言改革之必要。徐世昌后奉召入京，慈禧命筹议东三省事宜。徐世昌又上《密陈通筹东三省全局折》，不仅指出东三省要大加改革的必要性，更是对东三省督抚的权限等具体问题进行了详细的奏陈。鉴于外患日亟，三省之间的内政外交又均有利害相因的关系，他建议化散为整，联合三省，权属一人而收统一之效，因此，"拟请特设东三省总督一员，予以全权，举三省全部应办之事，悉之委之。除外交事件关系重要者，仍令与外务部咨商办理外，其财政、兵政及一切内治之事，均令

---

① 徐世昌：《东三省政略》卷7，述要，第2页，总4418页。

② 中国社会科学院近代史研究所近代史资料编辑室编：《近代史资料》总69号，中国社会科学出版社1988年版，第31页。

通筹综揽，无所牵制"。①他还建议：在三省分建行省；总督之下设奉天、吉林、黑龙江巡抚各一员，专理三省民事吏事，仍受总督节制；所有三省用人、行政悉听总督主持，对改制提出更为详尽的建言。

光绪三十三年三月八日，谕内阁："东三省吏治因循，民生困苦，亟应认真整顿，以除积弊而专责成。盛京将军著改为东三省总督，兼管三省将军事务，随时分驻三省行台。奉天、吉林、黑龙江各设巡抚一缺，以资治理。徐世昌著补授东三省总督，兼管三省将军事务，并授为钦差大臣。奉天巡抚著唐绍仪补授，朱家宝著署理吉林巡抚，段芝贵著赏给布政使衔，署理黑龙江巡抚。"②东三省行省制度的改革正式开始，东三省开始跨入与内地相同的行省行列。

徐世昌未到任前，已把《密陈通筹东三省全局折》等中的一些主张制定成可以作为改革依据的章程和办事要纲，并奏请实施，如其上奏《拟定东三省职司官制及督抚办事要纲折》，就附有《东三省职司官制章程》和《东三省督抚办事要纲》，并得旨允准。特别是《东三省督抚办事要纲》中进一步明确了总督独揽大权，东三省所有吏治损益、财款出入及一切事项皆准酌量变通，随时随事因地制宜的既有主张。同年十二月，徐世昌又提出"应行要政，逐渐措施"的要点，包括整饬吏治、开通风气、普兴教育、振兴实业、慎重裁判、推广警政，剿捕盗贼、清厘财政等③，这些都成为东三省改制的基本原则，并成为徐世昌施政的纲领。

此后，东三省在徐世昌的主持下在政治、经济、军事、外交等领域进行了一系列的改革，并取得一定的成效，特别是行省官制的改革。首先，设立三省行省公署。光绪三十三年四月，徐世昌奏拟定行省公署官制办法，于奉天、吉林、黑龙江各设行省公署，以总督为长官，巡抚为次官，于公署内设置承宣、咨议二厅；承宣厅禀承督抚掌理一切机要、

① 《密陈统筹东三省全局折》，《退耕堂政书》卷7，第13—15页。沈云龙主编：《近代中国史料丛刊》正编第23辑，文海出版社1968年版，第370—372页。

② 朱寿朋编：《光绪朝东华录》5，中华书局1958年版，总第5647页。

③ 《清德宗实录》卷584，光绪三十三年十二月。

总汇考核用人各事，咨议厅掌定法令、章制各事；就原有局署酌量归并，分设交涉、旗务、民政、提学、度支、劝业、蒙务七司。①后奉旨允准，依此实施。其次，在地方裁撤外城副都统，设置府厅州县等地方民治机构，并随着形势的发展和实际的需要而逐渐增改。如奉天改设了兴京府、营口直隶厅，添设了辉南直隶厅、醴泉县，移设了抚顺县，新设长白府，更定长白、磐石、临江、通化、抚顺等区划。②而吉林奏请添设密山府、濛江州、长岭桦甸两县等，到宣统元年又奏请升改6府、1直隶州直隶厅、1分防厅和3县。③截至宣统三年，东三省的行省建置已达到26府、19厅、10州、58县。而其中奉天下辖8府、5直隶厅、3散厅、6州和33县；吉林下辖11府、1直隶厅、4散厅、3州、18县；黑龙江省下辖1道、7府、6直隶厅、1州、7县。④从省到地方，废除了历时二百余年的旗民二重管理体制。

由于东三省特殊的地位，并且其改制是在非常特殊的内外环境下进行的，因此改革因由更为复杂，而意义也就更为深远。

首先，废除二百余年来的旗民二重体制，有利于新的有效行政体制的确立，提高行政效率，为东三省随后进行的各项整顿，包括财政的改革、清理等各项事业的发展提供了一次重要的契机。行省制度的改革，使得东三省完成了从特殊体制到全国一般体制的转变，并且权力相对集中于督抚，各署实行分科治事，不仅改变了原有旗民体制下事权不一而导致的行政效率低下的弊端，"对于调集三省人力、物力，进行资源配置，加大社会动员，都发挥了不可替代的作用"，⑤而且使得管理层面和范围扩大，有利于在政治、经济、外交、军事等方面各项改革的进行。

其次，有利于巩固国防，保护主权，加强清政府对东三省的统治力度。因为日俄等国曾以东三省体制与内地不同、与内地省份的联系较少

---

① 朱寿朋编：《光绪朝东华录》5，中华书局1958年版，总第5669~5670页。

② 徐世昌：《东三省政略》卷7，奉天省，第40页，总第4508页。

③ 徐世昌：《东三省政略》卷7，吉林省，第47页，总第4705页。

④ 刘锦藻：《清朝续文献通考》卷306~308，浙江古籍出版社1988年版，考10511~10533。

⑤ 高月：《清末东北新政与东北边疆现代化进程——以徐世昌主政东北时期的新政改革为中心》，《东北史地》2008年第3期。

而长期隔绝于关外等由头，企图把东三省分离出中国。而清政府在东三省地区的统治亦因其本身力量的削弱而逐渐弱化，更给这些国家以借口和契机。由于外国列强所取得的特权已经把东北地区的一些区域变成其势力范围和租借地，清政府在东三省地区的统治已受到严重的威胁，如果这种状况继续下去，那么清政府在东三省的统治地位将不保。有此因由，在此地改设行省，加强政府对东三省的统治力度，有利于保护国家主权。关内外改成同一的体制会加强向心力和凝聚力。"清季东三省的开放改制，除彻底废除二百余年来传统旗民二重体系，解除封禁，将东三省纳入中国行省体制之内，并可强化其地方行政功能，提升清廷在东三省的合法地位，实为鼓舞东土民心士气，稳固东北疆域的一个重要措施"。①东三省的改制也能弱化满汉界限，加强与内地的联系，以抵制外强，巩固国防。东三省改设行省注重移民实边也有利于巩固边疆。因为东三省与外国接壤的地区很多，并且日俄两国已扩大向东三省的移民，试图造成既成事实以侵占中国领土。俄国还企图利用其经济优势，逐步诱骗，达到侵夺中国主权的目的。而三省实行移民招垦屯田诸要政，虽然有开辟利源之意，但"殖民实边具有深意，不必其获利之多寡"，②更注重国防上的意义。此举有利于边界的固守和国防的加强。另外，强化军队建设，注重边务，加强交涉力度等等措施，都有利于国防的巩固，保护领土主权。发展经济，也有利于抵制外国列强的经济侵略，保护经济主权。

再次，东三省改制是官制改革的试点，并为其他省份的改革提供参考。清政府在进行外官制改革之前，就因为东三省旧习较少、见效较快而声明先在此进行试点。东三省改革官制，理顺行政系统，"公署各官分科分职，各有责成；省中各局所则以类分，隶于各司道，条理秩然，各有所统"。③这种分科治事、以司道为纲、以局所为附的行政机构组

44

① 张守真：《清季东三省的铁路开放政策（1905-1911）》，高雄复文图书出版社1995年版，第28页。

② 徐世昌：《东三省政略》卷7，奉天省，第70页，总第4567页。

③ 徐世昌：《退耕堂政书》卷34，第2页。沈云龙主编：《近代中国史料丛刊》正编第23辑，文海出版社1968年版，第1781页。

织方式，"改变了以往内地行省总督和巡抚衙门内官吏的设置，代之以司、局、厅等机构，涵盖了现代政府的诸多行政部门，在一定程度上实现了专门化管理和职能的扩展"，[①]也为他省提供了参考。

当然，东三省改制中也存在一些问题。总督权力非常大，此种设计有优点，亦有缺点。东三省形势之危急、清政府求变求治之心切促成了东三省总督握有大权，特别是徐世昌任职东三省总督期间，可以说东三省几乎一切吏治、财政、军事、司法等等都归总督统筹指挥，总督已然成为三省最高行政及军事长官。刚建行省，在内忧外患的情况下进行各项改革，适当的集权是必要的，有利于改革的顺利进行。但是，东三省总督握有大权也有不利的一方面，权力过大导致权力的失衡，矛盾就会产生。之后每任总督几乎都有和巡抚不和之事发生，影响东三省的行政及财政的清理。另外，各项措施齐头并进、规模宏大，过于铺张，冗员充斥糜费甚多，而收效有限。这些问题会一直影响东三省的各项改革措施，包括清理财政。

二、财政状况

财政状况是东三省清理财政最紧要考虑的因素。清末三省财政由于种种原因不仅收支不敷，而且体系混乱，种种弊端亟须清理整顿。

（一）收支不敷

从总体上来看，东三省财政收入不多，而支出浩繁，再加上一些客观因素，导致财政严重不敷。财政困难是各项改革的促因，成为清理过程中一个重要的因素，影响着方方面面的关系及清理的进行。

首先，由于历史的积习和现实的困难导致东三省财政收入无多。

东三省改制之后，财政困难的情况依然存在并很严重，这是封禁等保护措施造成东三省自主创收能力相对低下的结果。封禁和清政府所采取的一系列保护措施使得三省自主财政收入能力很低，十分依赖中央及各省协济。封禁之时，东三省地区几乎很少开发财源。清初此地只有

---

① 高月：《清末东北新政与东北边疆现代化进程——以徐世昌主政东北时期的新政改革为中心》，《东北史地》2008年第3期。

官屯，并且耕地数量少，又没有租税。如吉林，直至雍正年间，由于内地流民逐渐迁入、垦荒耕地增多才制定田赋制度而开始征收地租，而黑龙江省则在咸丰以前都没有租税收入，军政俸饷和行政经费等主要靠户部拨款和他省协济。特别是随着形势的发展这些来源都不可靠的时候，不仅使得东三省财政竭蹶异常，更是导致该地区的经济发展程度严重低于内地省份。虽然在军兴之后部款和协款不济的情形下，东三省也曾加强对财政的管理，增强自主的财政收入能力，增加租赋和税收等，但相对于内地大部分省份来讲，东三省依赖于部款和协款的程度还是要高很多。

东三省财政严重依赖部款和协款，但是各省协饷却屡请不至。庚子之后，各省财政亦是捉襟见肘，无暇顾及对其他省份的协济，对此徐世昌有着清醒的认识，"方今帑藏空虚，计臣仰屋，固无大宗的款可供经营三省之用，而东南各省偏灾时告，民不聊生，又屡经搜括，脂膏殆尽，自瞻不暇，遑论他顾？故三省行政之费，国库补助既已为难，即内地协饷之清还亦终无日。"[1]以致于东三省长期依赖的协饷拖欠数额巨大，拖欠年限积至很久。"自咸丰甲寅至同治己巳各省欠解协饷银一百三十六万余两，自同治庚午至光绪己亥各省欠解协饷银二百八十六万七千余两"。[2]东三省督抚不得不请旨严催，但是屡请不至。徐世昌因各省积年拖欠应解饷项以致奉、江二省垦荒事务不易开办，专折奏闻请旨饬催。经交度支部议奏，认为该督所奏确系实在情形，应由该部咨行各省照数汇解。[3]议复虽奉旨依允，但照办的省份却无多。到光绪三十四年腊月，徐世昌等奏请拨奉天、黑龙江己酉年的协饷并请催各省历次欠饷时，各省历年积欠东三省俸饷银已达4 035 170余两。[4]协饷不至严重影响到东三省的收入。

① 徐世昌：《密陈通筹东三省全局折》，《退耕堂政书》卷7，第13页。沈云龙主编：《近代中国史料丛刊》正编第23辑，文海出版社1968年版，第369页。

② 黑龙江全省清理财政局：《黑龙江全省财政说明书》卷下，第88页。中央财经大学图书馆辑：《清末民国财政史料辑刊补编》第1册，国家图书馆出版社2008年版，第428页。

③ 《议准代催协饷》，1909年2月20日《大公报》。

④ 《不准增拨奉黑两省的饷》，1909年3月5日《申报》，第1张第5版。

不仅各省协款不至，东三省多次向中央请款，虽有些邀得允准，但多数未能如其所请。如延吉边务经费，徐世昌因吉林省边务紧要，曾请款60万两，邀得允准按年指拨。一年之后，此项银两即将告罄，徐再次请款，但度支部以库帑艰窘而各关税又短解甚巨为由予以驳斥，并让徐世昌就地筹措以济地方之需。[①]其他请款应者亦不多。徐世昌等奏请拨给奉天己酉年的饷银26万两，黑龙江的饷银31.8万两。度支部怀疑东三省有欺饰瞒报之处，因此驳回了奏请的数目，只答应奉天省额拨俸饷银26万两，黑龙江省则仅拨给银16.7万两。[②]东督吉抚还因吉林财政困难，常年亏空达三百六七十万两，而请饬部筹议。[③]但度支部却称该部库储匮乏而各省又财力艰难，原边务经费60万两已属无可腾挪，而此次需筹及常年用款达300余万两，实属无从挹注。该部还认为东三省督抚原奏中所列岁出各项均未列细数，无凭确核，而所谓岁出不敷三百六七十万两亦"不过约举大数并非实在预算"，因此无法允准，而是让东三省将各项新政择要兴办，就地设筹。[④]度支部的奏复邀得谕允，此次请款未成。光绪三十四年十二月，江抚周树模因该省事繁款绌奏请饬度支部自宣统元年开始除旧拨26万两外，按年筹拨实银60万两，以30万两作为补助旧有各官及新设各官经费，以20万两改发巡防兵饷，以10万两合部拨10万专供沿边卡伦要需。但度支部认为该省入款并未能逐年分案报部，且养官费太多，而巡防、兵饷、卡伦等都已筹有的款，未便重叠请拨，予以驳回，[⑤]后又念边疆重要，不得不量情给予补助，在大连关征税项下提银10万两解赴黑龙江省。

由于历史的积习，东三省自主创收能力低，而各省和中央现实的财

① 《延吉边务经费奏驳》，1909年1月29日《盛京时报》，第9版。
② 《不准增拨奉黑两省的饷》，1909年3月5日《申报》，第1张第5版。
③ 《附吉林财政困难饬部筹议折》（宣统元年闰二月初八日），徐世昌：《东三省政略》卷7，吉林省，第42页，总第4694页。
④ 《度支部奏议覆东督等奏吉林财政困难情形折》，《吉林官报》第16期，折奏汇编，第3—4页。
⑤ 《垦拨常年经费折》（光绪三十四年十二月二十四日），《周中丞（少朴）抚江奏稿》卷1，第65—66页。沈云龙主编：《近代中国史料丛刊》正编第19辑，文海出版社1968年版，第138—139页。

政困难又致使其外部援助无力，导致财政收入无多。

其次，东三省兴办各项新政需款甚巨，还要应付中央的各种指拨，因此财政支出浩繁。

改建行省之前，东三省新政已开始实施，但财用已属竭蹶。奉天省自甲午之后所入税厘各款加上旗民两署所征地粮杂税以及各省协饷，总共岁入也不过240万，虽然官俸薪饷仍袭旧制，但岁出之数已有不敷。庚子之后由于丈量开放荒地、分设府厅州县等使得入款虽较前有所增加，又时值兵燹，又需添练防军、招抚赈恤，需款颇巨。光绪三十一年赵尔巽莅奉，通过改革官制、整顿财政，"岁入厘税增款至二百余万；创办清赋、税契等又增款至二百余万，较之从前，似有起色，约计每年入款有八百数十万之多"，[①]使得岁入骤增。但支出益多，如设奉天府和锦西、磐石、同江、法库、辽远、辽中、本溪各厅州县，酌定正佐各缺等次加给津贴，办通省巡警，推广男女师范、普通、实业、陆军小学、维城小学堂，修陵寝宫殿，开辟商埠马路等，"凡此应兴应革次第举行，虽未尽其绪，而萌芽之始，岁出之款要已倍于畴昔矣"。[②]出款至700余万之巨。如果按照应办要政来预算，只敷用十分之一二。而黑龙江省财政则地租杂项税捐不及百万，举办一切辄苦无可支之款。

改制之后新政更是大规模的展开，种种举措，如设官、练兵、学务、警务、农务、商务、林业、矿业、渔业、航业、边防等等，无不需要耗费巨额款项。对于东三省来说，以前很多改革措施严重滞后，现今要改革，多项措施需同时并举，这也使得东三省改革的规模宏大，需款更巨。虽然徐世昌上任之时，已从清廷获得300万两作为开办经费，并得到允诺会有后援款项予以接济，但亦架不住新政的各项用款。

三省之中，奉天的新政规模最大，而各项用款亦最多。首先，改行省更官制，薪俸及设治费用开支巨大。废除旗民二重体制，进行行省制度的改革，为加强民治和国防、边防建设的需要而新设置了府厅州县

---

① 《农工商部尚书载振等为陈考察东三省情形事奏折》（光绪三十二年十一月二十二日），中国第一历史档案馆：《日俄战争后东三省考察史料（上）》，《历史档案》2008年第3期。

② 徐世昌：《东三省政略》卷7，奉天省，第40页，总第4507-4508页。

进行治理，对薪俸进行新的规定，"自督抚、参赞、司道以下为之设额缺、定俸廉公费津贴，并定司法各官公费，更以旧日之道府州县及各旗署原定津贴未尽允洽量予增加。"①不仅薪俸增加，设治经费需款更多。奉天省虽对新设州县所需经费给予规定，凡建筑州县衙署准给5 500两，监狱给银1 500两，但各署系属新设地处榛莽用款往往都会多于此数。创办巡警也耗费甚多。据统计，"奉天一省警费至三百余万"。②其次，奉天工程用款，包括岁修三陵、敷设电线等工程用款亦颇多。供应三陵等处岁修工程及采买、成造各项器物，自光绪三十一年七月起至三十二年年底止，花费达银5 311余两 。③而修设营凤、奉临等处电线是工程用款的大项。营凤电线工程，共计线路786里，所用杆线钩碗、运费、家具、薪工、伙食、川资等项和开局经费统共支库平银足银40 199两有余。④另外，如把督廨改筑公署、立工程局以修道路、建各属营房，改建监狱及罪犯习艺所、设贫民习艺所等工程样样都需款。再次，为巩固国防，不得不大兴军事建设，因此军事用费亦为数颇巨。"改行省后奏裁奉军十之三，分为五路，以所裁之饷添练陆军一标，续练陆军二标，并增设督练处，别立宪兵学堂暨讲武堂以研究武备，收买商民所存枪械以绝匪用，订购北洋子弹以备军储"⑤，所费不少。另外，还有种种事项，如扩充学务、商务，振兴实业、农林，设咨议局等都需款项的支持。据统计，光绪三十四年，奉天岁出达银15 587 889两有余。⑥

吉林兴办各项新政亦较为齐备，因此用款也极为浩繁。吉林新改行省，增设民官，制度归于详备，行政官经费为数颇多，"三十四年，吉林行政官经费共用银十九万六千六百零零五钱五分八厘，钱

① 徐世昌：《东三省政略》卷7，奉天省，第40页，总第4508页。

② 贾士毅：《民国财政史》，商务印书馆1934年版，第23页。

③ 《东三省总督锡良奉天巡抚程德全奏三陵等处岁修工程动支银数折》，宣统元年七月七日《政治官报》，折奏类，第9—10页。

④ 《东三省总督锡良奉天巡抚程德全奏修设营凤奉临等处电线工程用款请销折》，宣统二年一月二十八日《政治官报》，折奏类，第8—9页。

⑤ 徐世昌：《东三省政略》卷7，奉天省，第40页，总第4508页。

⑥ 刘锦藻：《清朝续文献通考》卷67，浙江古籍出版社1988年版，考8234。

十三万二千六百五十六吊六百零八文。"①而新设各府厅州县亦因财政困难而屡次请款，鉴于此，经吉抚等议定，依兰、密山两府每年各发公费银12 000两，桦甸、大通和长岭三县及临江、濛江二州每年各10 000两。②虽然拨给公费，但这些新设府厅州县还有许多用款之处，如修建城垣、衙署、仓库、监狱以及桥梁、河渠、道路等各项经费都为数不少。边务极为重要，需大力经营。如延吉边务，奏派专员驻扎延吉勘定界务，此项边务经费在光绪三十四年一年中总共收度支部指拨各关汇解合沈平银619200两，而支出统计共用去沈平银548 081两有余，③所剩无几。该省光绪三十四年支款浩大，如部款中解部款共吉平银19 957.350两，本省支款中，行政总费共吉平银615 928.134两，交涉费68 842.743两，民政费296 548.669两，财政费为1 226 431.089两，教育费为359 994.907两，司法费84 123.341两，军政费为1 572 310.421两，实业费达1 077 011.681两，交通费也有56 133.528两，总共支出吉平银达5 377 281.863两。④以收抵支，不敷之数约银二百二三十万两。另外还有奉部停拨饷归自筹之款，如延吉边务费60万两、三省分摊陆军混成一协原饷70余万两，总共不敷达"银三百六七十万两。"⑤

　　黑龙江新政规模虽不比奉、吉两省，但所费亦颇巨。黑龙江改建行省，设治经费及各官薪俸等亦属不少。该省各司分科治事，分别设科并定科长、科员名目，科长月支薪津银150两，正科员月支80两，副科员月支各50两，司书、副司书月支薪水银24两、16两、12两不等。经酌定名额数目，综计每司各科每月定额共应支薪津银一千数百余两至二千三百余两不等，而各司应用各项听差、杂役、柴炭、灯油、心红纸张一切办

① 徐世昌：《东三省政略》卷7，吉林省，第47页，总第4705页。
② 《议定新缺公费》，1909年3月21日《大公报》。
③ 《东三省总督徐世昌署吉林巡抚陈昭常奏办理延吉边务经费报销折》，宣统元年三月五日《政治官报》，折奏类，第18—19页。
④ 吉林全省清理财政局：《吉林行省光绪三十四年分各署局支款说明》，《吉林行省财政各种说明书》。北京图书馆影印室辑：《清末民国财政史料辑刊（第四册）》，北京图书馆出版社，2007年，第621—635页。
⑤ 《附吉林财政困难饬部筹议折》（宣统元年闰二月八日），《东三省政略》卷7，吉林省，第42页，总第4694页。

公等项酌定每司每月共需公费银800两。①学堂用款亦为数甚多，如中学堂，经提学使等切实估工，共需江市平银98 000余两。②另外，设治、练兵、警务、农务、商务、林业、矿业、渔业、航业、边防等等，内政外交同时并举，因事属草创，并且形势危急异常，样样都需巨款。而该省岁入，包括部拨练饷、边防经费和本省捐税、大租、税契等项以历年岁入参考每年不过银八九十万两，而官俸、兵饷、边务、学堂等等每年则应开支银190余万两，其各项活支及建筑工程款项还未计算在内。"加以本年奏请新设之道府厅县各费，通盘筹算计每年将入款抵用外，约尚需银一百三四十万两毫无的款可指。比年库储乏竭，发放各款全用纸币周转，计度支司挪借广信公司纸币积久已至百万两以外"。③库储空虚，再加上亏空甚巨，财政捉襟见肘。据统计，光绪三十四年，黑龙江岁出达银2 290 906两有零，中钱2 596 495串有零，羌钱16 385元有零，银圆5 000元。④

如此竭蹶的财政，还要应付中央的各种指拨。如庚子赔款，据王树槐研究，4.5亿两是大赔款，此外尚有地方赔款；奉天的赔款数额为2 597 500两，其中的770 000两归入大赔款；吉林为260 000两。⑤在财政捉襟见肘的情况下还要偿还这么一大笔的赔款，对于东三省来说更是雪上加霜。

总之，东三省新政繁兴，振兴实业、广置屯垦、整饬蒙务、加强国防、创立邮船、开浚辽河、修筑道路、扩充电线、推广学堂、改良警察、编练军队等等，每办一事，都需巨款。经统计，三省内政外交一切用项依靠三省所入及部拨磅余，但新指协款未能如数汇解，共计约有

---

① 《东三省总督徐世昌署黑龙江巡抚周树模奏江省四司以下分设各科月支薪水等项请作正开销折》，宣统元年三月四日《政治官报》，折奏类，第15—16页。

② 《（东三省总督徐世昌署黑龙江巡抚周树模）又奏估造中学堂款项片》，宣统元年三月四日《政治官报》，折奏类，第14—15页。

③ 《垦拨常年经费折》（光绪三十四年十二月二十四日），周树模：《周中丞（少朴）抚江奏稿》卷1，第64—65页。沈云龙主编：《近代中国史料丛刊》正编，第19辑，文海出版社1968年版，第136—137页。

④ 刘锦藻：《清朝续文献通考》卷67，浙江古籍出版社1988年版，考8234。

⑤ 王树槐：《庚子地方赔款》，《中央研究院近代史研究所集刊》1972年第3期（上）。

1 500余万，"而按办事之用款已溢出六百余万两。"[①]面对内忧外患的形势，新政迭兴各项举措不容稍缓，但款项已不敷甚巨。

再次，本来就收入不足而支出甚巨，而东三省的用款却还存在虚糜等弊端，使得财政更加困难。

因事属草创，并且首任总督徐世昌又奉行优给薪俸的宗旨，追求规模宏大，东三省的开销非常之大，当然亦难免款项开支虚糜，各项额支活支漫无限制，遭到御史和舆论的奏参和批评。御史齐忠甲奏劾东三省冗员太多、用款太巨，亟宜改订官制。[②]舆论也进行批评，认为东三省财政困难并非由于经营新政，"而实困于经营新政之人也。今日五司视昔日之五部位职较卑而廉俸则厚，需人较少而薪津则优，即至走卒牧圉无不月给数十金。故新政在在之缺点正多，而财力已有入不敷出之慨"。[③]因此，东三省财政困难实因于用财太奢，并且财大多用于消费而未尝用于生利，所以会愈用愈少，愈出愈亏，势必山穷水尽而后已。

相对于财政的投入，所取得的成效不著亦是东三省迭被指责的原因之一。因其成效不著，才更显得款项是被虚糜而非被实际运用。如徐世昌赴任，提取300万两作为开办经费，加以前任所积存400余万，共700余万，不足一年而告罄，因此，徐督迭次连同吉、江两抚请款。徐世昌会同吉抚奏陈吉林省财政困难情形，称每年不敷370余万，其余如整顿边防、振兴实业等事所需约八九百万亦无着落。署名"北平"之人撰文对东三省督抚漫无限制的请款表示不满，并对三省新政不求实际而追求外观的行为发出质问："若东省则用款几及千万，筹备已将二年，宜乎稍有成效之可观。然边防莫要于练兵，试问东省兵力果足以御外侮否？筹边莫急于生财，试问东省实业果能一改旧观否？耗巨款以练重兵，而重兵无御侮之力；斥母财以兴实业，而实业无生利之时。交涉依然失败也，政务依然颓废也，破格用人之例徒长钻营奔竞之风、树开藩专阃之

---

① 徐世昌：《东三省政略》卷7，述要，第2页，总第4418页。

② 《御史齐忠甲奏东三省冗员太多用款太巨亟宜改订官制折》，1909年8月21日《申报》，第4张第2版。

③ 《论东三省财政困难》，1908年2月13日《盛京时报》。

威，曾无宏济艰难之略。无怪参劾之牍连篇而上，几几乎为众矢之的也"。①作者对东三省等边省虚糜款项愤慨异常。当然也应该看到，练兵、兴办实业等措施要想看到是否有效果是需要经过一段时间的，因为这些举措不是可以立竿见影的。不过东三省款项开支巨大确是有目共睹的。

而关于东三省总督徐世昌大肆挥霍的记录也很多，如其筑奉天公署"西式楼数楹，缭以复廊，其中帘幔、几榻、灯屏皆用舶来品，费至钜万"②，据称花费了30万，器具费10余万，奢华无比。甚至连皇族载涛也为之惊讶不已。而徐世昌自己住的眷属所也是陈设华丽，堪与公署相埒。"世昌营东三省之虚糜公帑，流于形式，则灼然可见。其广设骄枝机关以安插冗员，藉口破格用人而大开幸进之门，名为兴建衙署官邸实供个人起居享乐之用"。③

朝廷对东三省极为关注，求治心切，因此，在用款上尽量满足，相对于其他省份来讲确属格外恩遇。虽然因其新设，事同草创，需款甚多，有其必要之处，但相对于所取得的成效来讲，东三省用款之奢、糜费太多也是造成其财政困难的重要原因。

另外，外国经济势力的挤压也是致使东三省财政困难的原因之一。急剧的外患不仅成为东三省改制的促因，也是此后东三省进行各项举措所必须考虑的影响因素。

列强特别是日俄两国以租界为枢纽、以铁路为其势力延伸的前锋，"日人挟其战胜之威，不无居功之意；俄人惜其已失之利，思为桑榆之收，"④两国得寸进尺，得尺图丈，步步紧逼，投下巨资，觊觎并侵占东三省的金融、矿产、森林、航运、铁路等，加强对东三省的经济侵略，并取得巨大的收益。日俄两国在东三省的经济势力非常强大，并有各种条约的保护，有发展上的优越保障，因此对中国的经济财政造成极

---

① 北平：《论边省耗财之钜》，1909年4月24日《申报》，第1张第4版。

② 费行简：《当代名人小传·徐世昌》，转引自沈云龙《徐世昌评传》，传记文学出版社1979年版，第53页。

③ 沈云龙：《徐世昌评传》，传记文学出版社1979年版，第53页。

④ 《论锡督密奏治理东省情形》，1909年5月17日《申报》，第1张第3版。

大的影响和破坏。"日货无一有税，华货无一不税，且再税三税。是以日货畅销，而华货愈滞"。①而在金融市场方面，因中国现钱缺乏、银币不敷，而俄国的卢布、日本的军用手票、正金银行票等畅行东三省，致使市面日益混乱。在吉林，永衡官帖局因成本不足，滥发无节制，加以伪帖充斥，出现危机，俄人则借机以现银80万借铸银圆宝锭以济商民之用，从而掌握操纵之权。吉林省币制紊杂，俄人的卢布票到处通行，民间周转均用俄币，外币大量流入并操纵金融，致使利权外溢。日俄两国都掷无限赀财极力剥削东三省经济，"自路权属俄，而卢布之灌输于东三省者，已数千万，其后经营旅大输入更多，战事一开而日之军用手票又骎骎乎，有左提右挈之势，迨南北满之势成，两强更各挟其财力以相竞。日之改良安奉路线扩充抚顺本溪各矿，合并采木公司，更不知掷无限赀财于我之领土。"②日俄两国视东三省为其外府，相比较而言，清廷的措施却相对乏力。日俄两国如此操纵东三省财权，不必兵戎相见而清政府就已成坐毙之势。如再不改革，恐将上演由财权的丧失导致政权沦丧的惨剧。

内外各种因素的影响使得东三省财政困难已极。面对竭蹶的财政，东三省督抚司道等也采取了一些措施。如截留国家税收。徐世昌奏请截留安东大东沟关税作奉天省练饷之用，度支部亦考虑到奉天的财政困难，把本该专款存储报部候拨的关税允许其截留。奉天财政在东三省之中还算是最好的，但已是财力艰窘不敷支用，更何况吉、江两省。而吉林省的绥芬河、黑龙江省的满洲里已经设立税关，长春、哈尔滨、齐齐哈尔、瑷珲等处均为开埠之区，亦次第筹备设关事宜。因此，徐世昌再次奏请将这些关税全数截留，以作为两省办理新政及拨补边务之用。东省督抚司道还想办法限制岁出。他们加大对冗员冗费的裁汰力度，并核减督抚司道薪俸等，撙节财用。吉林省还限制新设各府厅州县的费用，如将密山、濛江、长岭、桦甸各属的全年开销以10 000两为限，如有溢出

---

① 《农工商部尚书载振等为陈考察东三省情形事奏折》（光绪三十二年十一月二十二日），中国第一历史档案馆：《日俄战争后东三省考察史料（上）》，《历史档案》2008年第3期。

② 徐世昌：《东三省政略》卷7，述要，第3页，总第4420页。

之款，公家决不认销。总之，想方设法增加财政收入、减少支出，但效果并不明显。

东三省财政严重入不敷出，导致其新政的实施受到制约。光绪三十四年，奉天省共收入银530多万两，而支出则高达780多万两；吉林省收入270多万两，支出500多万两；黑龙江省收入80多万两，支出190多万两。[①]出入相抵，不敷甚巨。因款项不足，办事处处受到制约。在奉天省，因经费支绌办事孔棘。该省四乡巡警总局因经费不敷，一切新政几乎半途而废。"至其余局亦大同小异，筹款之难实不堪设想"。[②]财政困难亦导致教育经费严重不足，不得不欠发或克扣教员薪金，影响学校正常运转。各学堂虽已放年假，而教习、办事员等却因没有领到薪水而不能回乡。[③]而铁岭劝学所因学费支绌，拟将教员薪水酌量少减。[④]奉天本有在宣统元年春季按乡设立小学之议，但因各区所筹学费不敷过多，只得推迟开学日期。[⑤]吉林亦如此，省城政务、学务、军务等各堂署局所本来大都定于光绪三十四年春间修筑，但因款项捉襟见肘不得不延搁。[⑥]依兰府为新设治之区，因财政困难致使所有役食等项无从筹给。[⑦]黑龙江省财政支绌更甚于奉、吉两省。直到光绪三十四年的九月该省因财政困难还未能设立审判厅。[⑧]此时中央与地方财政同属支绌，疆吏依靠中央，而中央则又责成于地方，相互推诿，款无所依，而民力又竭，实属困难重重。

（二）体系混乱

东三省财政体系混乱，向无统系，出入无定章，收纳无确数。财政管理机关不统一，致使财政局所林立，政出多门；征收章程混乱；款项

---

① 徐世昌：《上监国摄政王条议》，《退耕堂政书》卷34，第6页。沈云龙主编：《近代中国史料丛刊》正编第23辑，文海出版社1968年版，第1788-1789页。

② 《筹款之艰窘》，1907年4月2日《盛京时报》，第2版。

③ 《财政困难之现象》，1908年1月19日《盛京时报》，第5版。

④ 《拟考试教员》，1908年1月10日《盛京时报》，第5版。

⑤ 《学款支绌》，1909年3月2日《盛京时报》，第5版。

⑥ 《官款奇绌》，1908年5月3日《盛京时报》，第5版。

⑦ 《请发公费》，1909年1月12日《大公报》。

⑧ 《派员考察奉吉审判之情形》，1908年10月24日《盛京时报》，第5版。

收支无统系；币制纷繁等弊端不一而足。财政体系的混乱导致财政秩序混杂不堪，财政亦因之而更加困难。

首先，财政管理机关不统一。未改制前，三省财政向由户司管理，但户司对财政的管理缺乏统系。三省改制时设立度支司综理财政，成为全省的财政机关。但在度支司之外还存在相对独立的机关从事财政的管理。奉天财政虽以度支司为总机关，但还有官银号、盐务局等分而独立，并不隶属于该司，致使度支司的收入仅有民旗地丁、契税及粮货税捐等项，终究未能统一全省收支。此外，如粮饷局、旗务处、银圆局、仓务局、巡警局等的收入支出都各自分立，自收自支，只报告于督抚，非度支司所得闻问。吉林也存在同样的问题，甚至与奉天省相比有过之而无不及。吉林自改行省，凡议办一事、议收一税即另立一局所，致使局所林立。以税捐为例，征收管理者有统捐局、营业税局、烟酒木税分局、山海斗税分局、长春饷捐局和各属经征局，政出多门，难以管理。黑龙江本设有度支司总管全省财政，但后因该省事务较简，将其裁撤而归并入民政司兼管，财政竟无单独的管理机关。黑龙江省虽以民政司总管度支，但除此之外，局所衙门仍多有收入，大都自为风气，"报解不时借垫，坐支辗辘百出，事权纷杂，款目牵连"。[①]因此，东三省还未能改变财政管理政出多门、财权不一的弊端。

其次，东三省租税名目浩繁，税制紊乱。在奉天，就同一物件而征税就会因税则不同而名称各异，如同是茧税，依估价而纳税的则称茧税，依剪地而纳税的就称剪课。就同一物件征税，因征税时间不同名称也会相异，例如辽阳的木牌捐，征收于停泊之时为停泊捐，征收于抬送之时则为杠头捐。又如同是就木材而征税，就有木税、木植税、木植新捐之别；而商捐一项，就有商捐、商铺捐、铺户捐等种类和名目。[②]这些租税名目或因征收者不同、或因征收时间上的先后、或因用途不同、或因细分本地与外来税源等等致使同税异名，税目极为纷繁复杂。吉林情

---

① 《江抚周奏提前试办预算情形折》，1910年2月29日《盛京时报》，第3版。

② 奉天全省清理财政局：《划分国家税地方税说明书》，第7—9页。中央财经大学图书馆辑：《清末民国财政史料辑刊补编》第7册，国家图书馆出版社2008年版，第325—327页。

况大致相同，同一税源多次征收，并因用途等不同而名目相异。如农安县地方税捐大致有六种，包括坰捐、车捐、营业、协济、屠宰和牲畜特捐。其中坰捐就分为警察坰捐、学费坰捐和自治坰捐；车捐又包括警费车捐、学费车捐和司法车捐；营业税则包括警费营业税、学费营业税、自治营业税和司法营业税；屠捐则分为实业屠捐和牲畜特捐两种；而特捐又包括警费牲畜特捐和学费牲畜特捐等。[①]名目不一而足，使得民众根本无从知晓各种税目，而负责征收的胥吏正可借机浮收中饱，不仅增加了民众的负担，也使得财政弊病丛生。

再次，东三省款项的支用向无统系，款非固定，致使牵连套搭，因相互挹注而迭生繆辖，融销等弊也随之产生。特别是遇到财政困难、库储支绌之时，因款非固定，所以遇有大宗用款则往往东挪西凑设法应付，甲地之款被乙地所用，而甲地又挪用于丙地；明日之款今日用之，而明日又预支于后日，辗转腾挪繆辖之处甚多。如奉天省"有初抵旗饷之款后拨廉俸者，有初抵廉俸之款后拨旗饷者。且有省城发款不足由省外就近州县征存各款内零星凑拨足数行文给领者。此外如甲收乙支，此入彼出之款更属不一而足，牵连套搭棼如乱丝"。[②]款项的支用分散，又彼此纠结，重收重支误入误出之处不胜枚举。

第四，东三省币制紊乱，致使征收、发放单位都不统一，不仅导致规费等的产生，也使得财政更加混乱不堪。东三省钱法之混乱在全国也是首屈一指。徐世昌称吉林"最为危险最难整顿者则惟钱法一事"[③]。吉林省银价自光绪三十二年以后就日益飞涨，从前省城银价每银一两仅合钱三千一二百文，外城至四千左右，而到宣统元年，省城中银价每两已合钱五千有奇，而外城则更高。银钱折价波动异常，单位不统一，也致使款项发放标准不一，如吉林省发放薪水，有的以吉平实银计算，有的以官价银计算，有的以银圆计算，还有以官帖银圆、羌钱计算。除公

① 《民国农安县志》卷6，税捐，第20-25页。

② 《锡督奏陈奉省编造册报之为难》，1910年9月17日《申报》，第1张后幅2版。

③ 《附吉林财政困难饬部筹议折》，徐世昌：《东三省政略》卷7，吉林省，第42页，总第4696页。

署、提法司使用实银、度支司使用银圆银外，其余省城各署局员薪多以官价银核发，而官价银又有省城、滨江之别。省城的官价银以三吊三百文折算，滨江道则以三吊九百文折算，[①]总之，名目繁多，不堪究诘。货币本位不确定，使得银钱比价变幻莫测，既不利于征收，又会加重民众负担。银钱的折收还会给吏胥需索以机会，助长吏治的腐败，紊乱财政秩序。

总之，东三省财政不仅收支不敷，而且体系混乱，亟须清理。度支部面对东三省如此巨额的亏空和混乱的财政局面，不得不对其清理财政。经过调查，度支部认为各省财政以江、鄂、奉三省用款最滥，靡费过度。该部屡有派员前往东三省实地考察之意或举措。政府还因东三省财政自改设行省后支绌异常，特派良弼至东三省考察收支实情，以便通盘核算。[②]最后，清廷派定正监理官熊希龄、副监理官梁守纲、荆性成、甘鹏云前往东三省清理财政。

小　结

财政是庶政之基，而清末的财政困难重重，并已严重影响宪政的进行，因此，财政改革势在必行，成为实施宪政的基础。而旨在集中财权、规复中央集权财政制度，同时借鉴西方财政体制的清理财政成为财政改革的初基。

东三省地区作为满族的发祥之所，一向被称为龙兴之地。此地资源丰富，并且战略地位重要，也因此被日、俄等国所觊觎、侵占。虽然清政府对东三省一向给予特殊照顾，但也正是由于这种特殊的对待使得东三省在行政管理和财政状况方面都出现了问题，又面临越来越严重的外患问题，清政府不得不对其进行改制。东三省行省制度最终在光绪三十三年确立。此次改制具有非同一般的意义，有利于新的有效行政体

---

① 《东三省正监理官咨吉林财政局办理预算应行改革事宜文》（1910年），周秋光编：《熊希龄集》第2册，湖南人民出版社2008年版，第246页。

② 《考察东省财政》，1909年2月16日《大公报》。

制的确立，为东三省各项事业的发展提供一次重要的契机；有利于巩固国防，保护主权，加强清政府对东三省的统治力度；东三省改制又是官制改革的试点。当然也应该看到其存在的一些问题，比如总督权力过大引发权力的失衡，致使各种矛盾迭生；东三省改制各项措施齐头并进、过于铺张，冗员充斥，糜费甚多，而收效有限，并且这些问题会一直影响东三省的各项改革措施，包括清理财政。而在财政方面，因为收入渠道少导致收入相对较少，而新政等各项用款浩繁，又存在款项的虚糜，再加上外国经济势力的挤压，东三省财政严重收支不敷。另外，东三省财政体系也非常混乱，亟须进行清理。而由此种种原因导致的财政困难亦是一直困扰东三省各项改革进行的重要因素，它既成为各项改革的促因，更成为各项改革的阻力。

第二章　清理财政局的成立及运行机制

　　清理财政作为一项全国性的措施，在中央和省都设有机构，而不同的机构承担着不同的职责、扮演着不同的角色。作为清理财政的运行机构，东三省的清理财政局分别于宣统元年闰二月、三月间，在督抚督饬下，由度支使主持建立，由度支部派遣的正副监理官和本省司道等人员组成，实行分科治事，有严格的经费来源及运作规则。它们在实际运行中会与多方面产生关系。

第一节　组织及经费

三省清理财政局在度支部拟定的清理财政章程指导下，由三省督抚督饬设立，其组织及经费运行都是按照章程来实行。

奉天全省清理财政局于宣统元年三月八日在省城开办，由总督檄委度支使张锡銮为总办，度支司佥事留奉委用道赵翼、省城税捐局总办补用道齐福田为会办，并刊刻木质关防发交该局钤用，其余科长科员等差由总督饬令遴员派充。①至五月二十六日正副监理官熊希龄和栾守纲到差视事，关防启用，奉天省清理财政局正式成立。

吉林全省清理财政局是东三省总督徐世昌和吉林巡抚陈昭常在接到谕旨后督饬司道，于宣统元年三月十五日先就度支司衙署偏东屋设立，委派度支使陈玉麟为总办，劝业道徐鼎康为襄办，官帖局广西补用道张璧封为会办，并刊刻关防一颗。②所有科长、科员等差先行择要酌派。至五月，关防启用，副监理官荆性成到差，吉林省清理财政局正式成立。

黑龙江全省清理财政局于宣统元年闰二月二十二日就黑龙江省公署前院设立，江抚檄派试署度支使谈国楫为总办，垦务局总办分省补用道何煜为会办，并刊刻木质关防一颗，发交该局钤用。所有科长科员等差亦由督抚先行择要酌派。③六月四日，副监理官甘鹏云到任。黑龙江省清理财政局正式成立。

一、组织

三省清理财政局是按部章实行分科治事，分设三科：编辑科，主要负责编订各项收支章程、说明书及簿册式；审核科，稽核各衙门局所呈

---

① 《东三省总督徐世昌奏奉省设立清理财政局派员开办日期片》，宣统元年三月二十四日《政治官报》，折奏类，第8页。

② 《东三省总督徐世昌署理吉林巡抚陈昭常奏吉林遵设清理财政局并开办情形折》，宣统元年三月二十八日《政治官报》，折奏类，第6-8页。

③ 《东三省总督徐世昌署黑龙江巡抚周树模奏江省清理财政局开办情形折》，宣统元年三月四日《政治官报》，折奏类，第13-14页。

送的各项出入款项清册及报告册，汇编全省按年按季报告总册、预算决算各报告册等；庶务科，掌理该局一切出入款项及公牍案卷等事宜。[①]后又增设检查科，[②]但不久裁撤。科下又分课，如编辑科下辖纂述课和程式课；审复科下属有稽核课和汇编课；庶务科则有秘书课、文牍课和会计课等，以专责成。

奉天清理财政局成立时总办会办已由督抚委任，其他人员由督抚札饬度支使拟定。度支使拟定财政人员衔名呈报公署，包括提调1名，委官运局提调张弧担任；稽查1名，委度支部主事俞效曾充之。此外编辑、审核和庶务三科每科拟委任2名，另有绘表、收发各1员，书记长2员。[③]得督抚批准。监理官方面，正监理官首任为熊希龄，其后接任者为荣厚。副监理官为栾守纲。总办先后为张锡銮、齐福田和朱锺琪。清理财政是专业性较强的工作，需要专门的财政知识或理财经验，并且需要了解各方面的情况，比如编制全省预算表必须将各署局应办之事切实研究，才能既保证预算的科学性，又不妨碍行政的运行。因此，奉局添聘议员、延揽人才，于定章官绅之外，延请各司道署局中学识练达之员担任该局议员，借资助理。该局所添聘的议员包括，旗务处总办金梁、巡警局总办张俊生、大清银行总办保如、银圆局总办荣厚、官银号会办张允襄、营务处总理王安中、商务会总理田绪圣、工程局局长翁巩、交涉司金事袁良、地方自治都办处参事罗永绍、警务局提调叶大匡、盐务局提调程玉桂、度支司科长赵恭寅、地方自治筹办处教务科长杨德临、民政司科员韩其楫、提法司委员萧仲祁、提学司视学员李广第、劝业道委员韩荦、省城税捐总局委员余均、仓务总局文案委员邵闻恒、奉天知府王顺存、承德县知县金正元等。[④]这些人员都属于对财政有一定学识和认知之人，如承德县知县金正元，出身科第，为本省人员，对东省财政一切利弊较能洞悉，[⑤]因此被征聘为该局议员。

① 《东三省清理财政局办事通则》，档案号：39-1-1，吉林省档案馆藏。
② 万福麟修，张伯英纂：《黑龙江志稿》卷45，第29页。
③ 《财政局之人员》，《吉林官报》第15期，政界纪闻，第2-3页。
④ 《清理财政局议员名单》，1910年1月27日《盛京时报》，第5版。
⑤ 《财政局添聘议员》，1910年1月12日《盛京时报》，第5版。

吉林清理财政局人员包括部派副监理官、总会办及各科长、科员。部派副监理官，首任是度支部主事荆性成，于宣统元年五月到任，二年十二月，由奉天副监理官栾守纲兼理。栾奉命于宣统三年一月十三日到局视事。四月十七日荆性成假满回任。五月二十四日，度支部奏黑龙江副监理官甘鹏云调充吉局副监理官。闰六月二十二日甘鹏云到任。总办一人，由度支使兼任。正式成立时首任是黄悠愈，至九月由陈玉麟接任，宣统二年二月由继任度支使徐鼎康接任。会办，开办时为徐鼎康，其后由劝业道黄悠愈接任；候补道饶昌龄于开办时到差；候补道张祖笏于宣统二年春到差。各科设科长一名，科员分一、二等。编辑科人员包括，科长，开办时为俞效曾，后吴渊接差，宣统二年九月由正任伊通州知州张治仁接任；副科长由直隶州用、指分四川试用知县宋纯耀于二年九月调充；一等科员，先后为宋纯耀和湖北试用直隶州同刘善涵；二等科员，先后有章琢琪和县丞职衔附生粟邦任。审核科人员则包括，科长，宣统元年十二月由度支部主事已奏留用吉补用直隶州知州俞效曾调任；一等科员，先后有罗树森、李应韶等；二等科员，选用府经历何式璋和府经历张维忠。庶务科科长，先后为文锦和吉林补用知县罗树森；而一等科员，有陈景虞、前甘肃碾伯县知县吴宝琛和候选州同毛鸿勋；二等科员，先后有候选府经历史光笏和州同衔钱苇棠。后添设的检查科科长由罗树森于宣统二年调任，吴宝琛任一等科员，三年三月该科奉撤。另设有编审员若干名，先后包括县丞职衔的张文超、州同衔的姚江、考职典史严振骞、文童连际唐、附生曾逖、试用知县方鼎、中书科中书易象、府经历衔刘大宝、内阁中书胡熙寿等。①另外还有书记长、书记若干名。

黑龙江省清理财政局，副监理官先后为甘鹏云和楼振声。因锡良奏请裁撤黑龙江省度支司，将该司事务归并入民政司办理，此后就不是度支使参与，而是民政使任清理财政局总办。首任总办为度支使谈国楫，后继任的总办为民政使赵渊。而各科科长科员则有，编辑科科长是民政

---

① 《咨送清理财政局职员衔名总表请查照立案由》（宣统三年十月二十七日），档案号：39-2-27,吉林省档案馆藏。

部七品小京官王镇南，科员则包括：刘文嘉、通判职衔的龙骧和赵秉璋；审核科科长为候补缺后以同知直隶州用、仅先选用知县的刘作璧，科员为候补府经历云章、府经历陈聚奎和盐大使饶均艺；此外还有额外科员，包括候选府经历赵元熙、五品蓝翎不论双单月仅先选用从九的纯心和县丞职衔的文厚；而书记则有王国璋、书铭、刘人然、李允璋、荣禄、刘瓒、张宝华、赵永庆、王先深、李之本、王维翰、单鸿昭、杨德麟和陈国琛等。[①]

按照部章，各科长、科员应禀承总会办、监理官办理清理财政局一切事宜，由该局遴派该省曾学习法政的人员充任。从以上罗列人员及其衔名可见，他们原来大都职位卑微，或没有官阶。总会办、科长等有一定的理财新知或实际的理财经验，如吴渊、李应韶等经正监理官熊希龄推荐。吴是留学日本、精通理财新知之人；李原为江苏农工商机要科员。黑龙江财政局审核科科长刘作璧曾任黑龙江木税局提调和度支司税务科科员等职。三局总会办都是度支使、劝业道、关盐道、办理荒务等员，也较有理财经验。科员也大都选用有理财经验之人，如黑龙江财政局审核科科员云章历任奉天督销官盐局调查差使及黑龙江善后局主稿委员、度支司正科员等差使；而编辑科科员赵秉璋则任度支司税务科副科员。

二、经费

监理官的薪水、川资及出省调查费等，度支部严格规定由部发给，使得监理官在各省保持独立性。清理财政局的经费、局员的薪水由省发给。

部章规定，清理财政局办公经费由该省司库筹拨，准作正开销；总会办及议绅均不支薪水；科长、科员及书记生薪水由该局于办事细则内自行酌定。三省清理财政局的用费基本按照章程规定执行。三局的办公经费都是由度支司按月查照核发，并且省、部预算制定后，亦按照预算严格执行。奉局薪水，工食、杂用数目"现在此间已撰预算表，分为经

① 《清理财政局各员履历册》，档案号：45-1-2，黑龙江省档案馆藏。

常、临时两款，年约需五万余金"①。而吉局的常年经费经详订预算呈请督抚咨部核定，由庶务科核算每月经费呈报清理财政局咨请度支司按月拨给。如宣统三年二月该局共咨领银3 900两；三月为3 000两；四月为3 200两；五月经常费实银3 200两②，均由司库于田房契税项下如数提发。黑龙江省清理财政局宣统二年四月，经费预算为江平银2 431.914两，经减扣所领实数为1 989.515两，而实际支出的决算额为1 888.533两。③该局宣统三年上半年经费预算，包括薪工伙食、调查印刷费等，1至4月每月为江平银3 119.914两，5月至闰6月每月为2 735.298两。④

对需要三省共同出资的事项，如综核三省清理财政事宜的总核处人员的薪水、伙食、烛炭和派往调查三省财政有交互关系的币制、税务、盐务、军事、垦务、旗制、蒙务等项人员的薪公、川资等费均由三省摊给，垫发款项按月结算汇还。如总核处曾致电吉林、黑龙江清理财政局，声称该处经费及调查费需用急迫，让吉、江两局将应摊解之款预提三个月，并将前欠之数迅即电汇，以济要需。⑤该处宣统二年预算，经常岁出额共沈平银6 545.708两，临时岁出额共沈平银980.112两，合计总共沈平银7 525.82两，比较前年份预算增沈平银2 924.772 5两。⑥均由三省摊给。

三省清理财政局内部的经费运作有非常严格的规章⑦。首先，经费分为额支和活支，即经常费和临时费。各费均先立预算表，按表支发不得

---

① 《为核查官钞、编制报部册卷等事复荆存甫函》(1909年8月23日)，周秋光编：《熊希龄集》第1册，湖南人民出版社2008年版，第521页。

② 《咨度支司请领五月分经费由》，档案号：39-3-13，吉林省档案馆藏。

③ 《呈报本局四月分经费决算表并咨民政司查照》(宣统二年五月十六日)，档案号：45-1-119，黑龙江省档案馆藏。

④ 《黑龙江省清理财政局宣统三年上半年经费预算表》，档案号：45-1-119，黑龙江省档案馆藏。

⑤ 《请预提应解之款致吉林黑龙江财政局电》(1910年6月5日)，周秋光编：《熊希龄集》第2册，湖南人民出版社2008年版，第111页。

⑥ 《东三省清理财政总核处预算经费要求说明》(1910年)，周秋光编：《熊希龄集》第2册，湖南人民出版社2008年版，第230页。

⑦ 《东三省清理财政局办事通则》，档案号：39-1-1，吉林省档案馆藏。

滥用。出于预算之外但确为必需或当时预算所不及的临时费，庶务科须将应用理由开具说帖呈交监理官及总会办等核定后由局详请督抚才能批准核发。其次，严格银钱出入账簿，分为按日登记的流水簿、分类登记的坐簿和汇总登记总簿三种，均须编列字号骑缝盖印。再次，对各科领款和报销程序做了严密的规定，凡各科领款均须填请领单，先经本管科长再交庶务科长核准签印，请领人须在领单上签印才由会记科长支发；有调查事竣而旅费不敷的，需呈报事由才能补领；凡支出之款须注明某事某人，以便稽核；除特别费须呈请核准外，每月预支局员夫马薪水及一切杂用按日期照发；支用款项须照预算表按月报销。另外，对局员杂役的薪水、工资也预先规定。还对物品出纳，如局用器具的采购、立簿登记、请领手续、遗失赔偿、年终检查、离任交接等都做了详细的要求。

经费具体的运作，依笔者目前所见史料，清理财政局由司库提拨的办公经费基本能照章办理，按月给发。作为清理财政的专门机构，清理财政局内部的经费支销运作相对较为严格有序，订有预算，对薪工伙食、公费、调查印刷等费有具体的规定。在款项的运用上，监理官等还是非常注意公私款项的分明。熊希龄认为监理官由京到差的川资应实用实销，不必拘于定额；而自己因请假回沪，非直接到差可比，所以不请款报销。[1]他在将赴吉林、长春等的川资旅费报部核销上，坚持将公私款项分开，如"由大小河至吉林轿力、川资、车价三项，共用钱一百五十吊。查此项，弟既由长春赴吉开报车价一百四十四吊，则此举实由吉局格外支销，不便报部，应由吉局自行支销"[2]。而由吉林至长春的轿力，共用中钱550吊，此项用费是由于熊希龄身染疾病并且道路泞滑，由雇坐骡车改为乘轿，所以他认为此项应由其个人支销，不必报部，亦不可由局开支。他并将此项吉平银106.077两如数送交奉局查收，作为吉局存

---

① 《为核查官钞、编制报部册卷等事复荆存甫函》（1909年8月23日），周秋光编：《熊希龄集》第1册，湖南人民出版社2008年版，第520页。

② 《为报销川资旅费事致张岱杉太守函》（1909年11月20日），周秋光编：《熊希龄集》上，湖南出版社1996年版，第280页。

款。不过对于涉及三省清理财政局摊给的经费还是会出现拖欠和相互推诿的现象。

第二节　运行机制：与各方的关系

机构的运作需要上下层级的衔接、平行机构的协作和具体的人员来完成，因此，清理财政局的运行就会与多方面产生关系。

根据《各省清理财政局章程》规定，清理财政局遵照奏定章程专管清理各省财政事宜，有稽复全省出入确数、改良收支方法及调查该省财政一切沿革利弊之权，由度支部会同各省督抚督饬办理，即度支部和督抚都有权介入清理财政局的运行。而《逐年筹备事宜清单》也规定，调查和复查各省岁出入总数、试办各省预决算、厘订和颁布地方税章程、厘订国家税章程等需度支部和督抚同办，而只有会查全国岁出入确数、试办及确定全国预决算等关系全国的措施才是由度支部办理，[①]即负责清理省财政的清理财政局的运行需要度支部和督抚一起参与。因东三省特殊的关系，三省清理财政局之间也需要协作。而清理财政局在运行中，与各府厅州县衙署和咨议局也都有交集。

一、度支部对清理财政局的直辖

度支部作为全国财政总汇之区，是整个财政清理的发起者，既想集权，又要揽利，是整场的倡导和综揽机构。度支部确定清理财政的方针，颁布清理财政的各项章程，规定清理财政的内容、安排清理的进程，形成对财政监理官的直接管辖，加强对清理财政局的监督和指导，对整个清理财政进行督促综核。东三省清理财政局亦是在度支部的管辖下进行具体运行。

（一）组织上直辖

为了清理财政，度支部在其部内设立清理财政处，而在各省设立清理财政局，在组织上对清理财政局形成直辖式的管理。

---

① 故宫博物院明清档案部编：《清末筹备立宪档案史料》上，中华书局1979年版，第61~67页。

度支部清理财政处，由度支部选派司员分科办理，其职责为："一、开列各省出入各项条款，发交各省清理财政局，分别调查。一、综合京外光绪三十四年分出入款项详细报告册，并宣统元年以后各季报告册。一、摘录各项说明书，分门别类编成总册。一、会同各司稽核京外各处预算报告册、决算报告册。一、汇录京外各处预算报告册、决算报告册，编成总册。一、核定各项清理财政章程。"①可以看出，清理财政处具体指导和稽核清理财政局的工作，如开列条款让清理财政局进行具体的调查，稽核各省清理财政局送到的预决算册报等。而清理财政局则直接将各项工作的成果，如编制的财政出入报告册、财政说明书和预决算册等上呈清理财政处。即清理财政处直接与各省清理财政局及监理官进行业务上的上传下达。

度支部采取措施加强对清理财政局的监管。清理财政局"直隶户部，由部派员监理，开户部直接指挥地方财政机关之先端"。②度支部对清理财政局进行直辖式的管理。该部把清理财政局作为全省财政的总括机关，因此从组织上、人员安排上都有加强控制之意。该部有把清理财政局作为各省的财政总核机构之意，所以要求各省将从前各项财政局所一律裁撤归并以一事权，并将裁并情形详细报部查核。③如奉天省城北门外原设有粮饷局，度支部为加强清理财政局的事权，电饬东督裁去粮饷局，将该局所管一切事宜归并清理财政局办理。④度支部还咨行各省将所委清理财政局总办、提调、文案各员的衔名清册及开办日期、月支款数等详细报部，⑤加强对清理财政局人员的更调之权。度支部非常看重由自己奏请设立的清理财政局，加强直辖之意非常明显。

另外，度支部还颁布《各省清理财政局章程》，对清理财政局的设

① 《度支部清理财政章程》，故宫博物院明清档案部编：《清末筹备立宪档案史料》下，中华书局1979年版，第1029页。
② 罗玉东：《光绪朝补救财政之方策》。陶孟和，汤象龙主编：《中国近代经济史研究集刊》第1卷第2期，第269页。
③ 《催并财政局所》，1909年7月2日《大公报》。
④ 《粮饷局归并财政局之消息》，1910年4月2日《盛京时报》，第5版。
⑤ 《饬报财政局衔名》，1909年3月23日《大公报》。

员分职、职务、权限、奖惩等做出规定。①该部还在清理的过程中制定各种章程和办法、颁布各项册式具体指导清理财政局的工作。

再有，度支部控制清理财政局的工作进程。在《逐年筹备事宜清单》及后来的修订案划定宪政筹备年限进程的基础上，度支部对清理财政局各项事宜的具体进程和时限安排都做了详细的规定，并及时督促，还按照清理财政实际情况做出一些调整，如在全国财政岁出入款项的调查基本完成后，度支部决定把原定于宣统三年实行预算决算之期限提前到宣统二年内办理就绪。②到宣统三年，度支部尚书拟将各省清理财政设法提前赶办，并令财政处各员迅速筹订切实章程务期一年内清理完毕，并将各省监理官陆续撤回。③

（二）人事上的直辖

机关的运行是靠人来完成，因此，谁掌握了用人权谁就掌握了主动权。度支部主要是通过加强对监理官的直辖管理来实现在人事上对清理财政局的管辖。因为按照清理财政局章程的规定，监理官有"稽察督催该局一切应办事宜"之权，因此，清理财政局的运行将紧紧围绕监理官来展开，所以度支部牢牢握住对监理官的选派及直接管辖。度支部选派财政监理官，对其具有选荐权、甄别奖惩权；并加强对监理官的直接领导，如严格监理官的薪水发给、直接密电联系监理官、对监理官的权限进行规定、对监理官的业务进行指导等。

首先，度支部掌握对监理官的选荐权。简派监理官是载泽接受御史赵炳麟的条陈提出的，并得到监国摄政王的支持。宣统元年二月三十日，度支部奏定《各省清理财政局章程》，规定监理官由度支部遴员奏派，每省设正副监理官各一员。度支部严定选择标准，一方面考虑到此项人员责任甚重，自应遴选贤能之员；另一方面更基于信任的考量，载泽与度支部各堂只想在度支部内选人，不愿派外省人员，所以最先确定度支部左右丞参及丞参上行走者共10人。但因部务繁忙，人员无多，不

---

① 刘锦藻：《清朝续文献通考》卷121，浙江古籍出版社1988年版，考8812—8814。

② 《议缩短预算决算之期限》，1909年10月20日《大公报》。

③ 《泽尚书切实清理财政之计画》，1911年5月2日《大公报》。

得已才将外省人员列入。即便是外省人员，也都曾在其部"当差得力暨现充臣部评议员、现办臣部银行税务各员以及外省当差人员"。①总之，度支部选定的都是其知根知底、认为值得信任之人。选定后，该部开单请旨简派。闰二月十四日，清廷发布上谕正式简派监理官，其中东三省为分省补用道熊希龄。②在正监理官简派后十天，度支部又将各省副监理官派定上折入奏，其中奉天为度支部丁忧主事栾守纲，吉林和黑龙江则分别是该部主事荆性成和甘鹏云。③这样，东三省的正监理官只派熊希龄一人专驻奉天，吉、江两省仅派副监理官二人分驻。因度支部的选人标准，监理官的身份有一定相似性。三个副监理官都是度支部主事，不在度支部任职的熊希龄也因极具理财能力而深得载泽赏识。但他们的品秩都较低，部院主事才是正六品。监理官为简派官员，摄政王因清理财政与宪政关系重大，非委以官职不能得力，所以特赏三品或四品衔。关于任期，章程规定以两年为任期，任满后亦可酌量留任。但度支部诸臣及枢臣都认为，"监理官将来到任后应行调查之事甚多，必须久于任方见实效，若中途骤易生手，必存五日京兆之心，于事毫无所济。"④两年之后，正值试办全国预算之时，度支部鉴于事体紧要，不便遽易生手，所以拟请将所有已届任满各省正副监理官一律留任以资得力。⑤

其次，度支部掌握对监理官的甄别奖惩权，并加强对监理官的监督。为使清理财政的工作有连贯性而易于取得成效，监理官须久于其任，但若不按期甄别就会很容易出现辜负职守、与地方官通同舞弊等问题，所以度支部议定三年对其甄别一次，将办事勤勉者奏请奖励，而将不胜其任、因循敷衍或被指摘的立即裁撤。⑥监理官上任之后不久，迭次发生参案，度支部与各枢臣商议必须严定处分以昭儆戒，因此载泽奏请

① 《度支部奏请简各省清理财政正监理官折》，1909年4月18日《大公报》。
② 《上谕》，1909年4月5日《申报》，第1张第2版。
③ 《度支部奏派充各省副监理官折并单》，1909年4月18日《大公报》。
④ 《拟定监理官之久任》，1909年6月3日《大公报》。
⑤ 《又奏各省监理官拟请一律留任片》，宣统三年三月二十日《政治官报》，折奏类，第5页。
⑥ 《监理官三年甄别》，1909年6月23日《大公报》。

如果监理官有舞弊之处就按职官枉法受贿例则等治罪，[①]并把甄别年限从三年改为到任后一年。其后又因各省监理官到省未久就有办事因循失当之处，于是拟于宣统元年内就举行甄别一次，以定去留，而不再延至一年之后。[②]在三四个月的时间内对监理官甄别的年限就数次变更，并且时限越来越短，对监理官的防范也算是很严。一年之后，度支部各堂议定由该部按照章程查核各监理官办事成绩进行甄别，以判优劣而定去留，所以饬令清理财政处将各监理官所办事宜核定等次第呈堂复核，以便确定奖惩之法。该部决定在宣统二年第一届各省清理财政报竣后即将各省正监理官详加甄别，并拟定奖励分特保存记、简放度支使及加级两项，惩罚则分革职、撤差两项。[③]度支部在防弊的方面也没少下功夫，除了甄别外，监督之外又有监督。度支部等多次派员调查、监督监理官，以保证其能实心任事，并督促清理财政的进行。先是军机大臣有酌派度支部侍郎等大员出京调查各省财政之意。后度支部又议于宣统元年年终密派专员前往各省抽查藩库储款，与该省所报清理财政清册逐一核对。[④]此举有两层用意，一是查各省财政的盈亏实情，一是检验各监理官有无徇隐舞弊。载泽还拟亲赴各省调查财政，但因部务繁赜而改由该部侍郎代往，目的还是调查清理财政各事及各监理官是否受地方官的蒙弊及有无受贿串通舞弊等事。[⑤]度支部派该部左丞陈宗嬬前往东三省查办银行账目，监察财政的清理。[⑥]度支部牢握对监理官的甄别奖惩之权，加强对其的监督。

再次，度支部加强对监理官的直接管辖。在关系定位上，度支部认定监理官是该部"耳目所寄"[⑦]，所以对监理官加强直接管辖，如严格监

---

① 《严定监理官之处分》，1909年7月6日《大公报》。

② 《监理官甄别之确期》，1909年9月4日《大公报》。

③ 《核定各监理官之奖惩办法》，1910年4月18日《大公报》。

④ 《抽查藩库之风说》，1909年12月9日《大公报》。

⑤ 《绍侍郎有巡查各省之耗》，1910年3月10日《大公报》。

⑥ 《陈左丞赴东省查办银行》，1910年4月2日《盛京时报》，第5版。

⑦ 《为禁烟事致吉林荆监理、黑龙江甘监理电》（1910年5月29日），周秋光编：《熊希龄集》第2册，湖南人民出版社2008年版，第101页。

理官的薪水发给、直接并密电与监理官联系、对监理官的清理财政工作进行指导等。

关于监理官的薪水津贴度支部非常慎重。为防止监理官与地方官苟同舞弊，度支部坚定地批驳了各省关于将监理官津贴由外省发给的请求，坚持原定章程，"奏派各省财政监理官原定薪水及津贴各项均归度支部发给，其财政局经费准由各省作正开销。"①为防止监理官贪钱而共同蒙混舞弊，决定监理官的月支薪俸从优厘定，度支部曾经议订正副监理官月薪各1 000两和600两。但后来认为不甚妥洽而进行改订，最后厘定正监理官500两，副监理官300两②。另外，因为省外各道府厅州县款项多不肯实报，因此需要派员出省调查，但出省调查又需较多的川资等费，若都由监理官捐廉贴用恐难为继，因此，度支部决定按各省事务繁简酌为津贴由部发给。③即度支部不仅规定监理官薪水由该部直接发给，就连公费、川资等项亦皆由该部发给，各省不得参与其中。

度支部和监理官使用密电，保持直接、秘密的联系，一方面是加强对监理官的直接管辖，另一方面也可以绕过督抚，防止督抚对监理官清理财政工作的干涉。各省监理官未出京之前，就在部会同财政处人员编订密码专供监理官遇有秘密报告不令督抚闻知时使用。④此后的清理中，监理官和度支部之间保持频繁的密电往来，以保障信息的畅通。

度支部规定监理官的权限及责任。监理官是由度支部提议设立并遴选，因此对监理官寄予厚望，派定多项任务。针对清理宗旨、事宜及监理官的职责权限等，度支部与各监理官曾多次讨论。早在简派监理官前，载泽就与度支部各堂密议监理官到省后不仅要留意表面的报告册，尤为重要的是剔除中饱及调查弊端。后度支部各堂与在京各监理官拟定到省后办事宗旨，"仅将各省现在出入款项考核明确，其多年之案虽系

① 《慎重监理官之津贴》，1909年6月3日《大公报》。
② 《度支部札为黑龙江副监理官薪水由奉天分银行发给由》（宣统元年六月十一日），档案号：45-1-1，黑龙江省档案馆藏。
③ 《各省监理官添给调查费》，1910年3月11日《申报》，第1张第4版。
④ 《监理官会定密电本》，1909年5月7日《大公报》。

循例虚文，概不追咎，务使官不生忌、民不滋扰为宗旨"。[①]即分清旧案和现行案，对旧案只求各省和盘托出查其确数，概不追咎以往之失。现行案要严格按照现定章程办理。监理官的权限及责任是议论的重点。权限方面，监理官作为钦派人员，对于清理财政及清理财政局办事人员有一定特权，可以直接将各省财政流弊随时密告度支部；对有意刁难外来监理官及玩视清理的人员可直接报告度支部参处[②]；对清理财政局有稽查督催之权。当然，度支部还要求监理官不得越俎干涉财政以外的各种事宜。关于责任，度支部有集权之意，所以想经管的内容很多，因此对于监理官的工作领域是一再扩展，涉及财政的方方面面，如监督开办印花税、整顿盐政、清查盐厘、关税和库款等，对其寄予重托。度支部还让监理官参与筹款，责成其拟说帖集议海军筹款问题。[③]在清理财政进行一年之后，各省清理财政窒碍之处颇多，推其原因多由清理财政章程与监理官权限未能完善所致。鉴于此，度支部拟于宣统二年正月将各监理官办事章程及权限重新改订以资变通。宣统二年年初此议重提，拟定于各省第二期清理财政表册报齐，就将现行章程及监理官权限详加厘订另行增改以资完善。[④]

　　度支部加强对监理官和清理财政局的指导。虽然清理财政章程对清理财政局的职责进行了规定，但对其具体工作并未进行详细说明，因此，此后度支部不时对监理官发出指示，给予指导，进行督催。如让监理官加强对清理财政局及其人员的调查。度支部财政处电饬监理官查报清理财政局会办财政人员的衔名及订立的章程是否与奏定部章相符。[⑤]该部还密电监理官对该省督抚所派办理财政的人员详细调查，包括督抚有无瞻徇情面、所派人员有无滥竽充数之处等，密告该部以便派员复查，切实淘汰。度支部还责成监理官调查各项财政事宜。如电致监理官格外

①　《拟定监理官办事纲目》，1909年4月29日《大公报》。

②　《监理官之特权》，1909年5月3日《大公报》。

③　《预商筹款》，《四川官报》第16册，新闻，第4页。

④　《京师近事》，1910年3月18日《申报》，第1张第6版。

⑤　《电催查报财政局情形》，1909年9月16日《大公报》。

清查积弊甚深的盐、粮两道，以免蒙混。①度支部清理财政处因各省报告杂税牵混之处甚多而无法稽核，进而拟定调查表式通饬监理官一律按照新颁表式详细填报，②并电催监理官报销旧案、督催监理官报告清理情形等。几乎所有的行动度支部都要进行指导督促。度支部还经常召监理官入京商议财政事宜，一方面可以对监理官的工作进行指导，另一方面也趁机了解各省的财政情形。东三省监理官曾多次被召入京。熊希龄在清理财政开始后不久就曾被召入京商议东省财政问题。③度支部尚书于宣统二年年底，拟电调奉天、直隶、河南、山东等省监理官到京筹议第二年财政办法，并当面指授机宜。④直到宣统三年辛亥革命爆发前夕，度支部还电饬川、晋、奉、吉、黑五省监理官于八月内到京，听候该部面询一切事宜。⑤

另外，度支部还加强对清理财政局其他人员的管理。该部加强对清理财政局人员的更调之权，因为度支部在奏定各省藩司归部考核时已经叙明，凡关于财政稍为重要之事均须报部，而清理财政局为全省财政总机构，所以度支部咨行各省，清理财政局如有更动调委各事应随时报部。⑥度支部还对清理财政局会办的资格做出规定，该项人员需具有理财的实际经验，要求各省于选派该项人员时必须格外慎重，"将该员谙练经验情形考试明晰详细造报以便核办"。⑦为了专一职责和防止出现利益纠缠等弊病，度支部要求所有承办财政人员不宜再行兼差。⑧在人事方面，度支部还担负对于敷衍清理财政人员的惩处之责。虽然清理财政章程中已有对任意逾限人员的处分，但在清理实施的过程中，度支部还针对各项措施有单行的规定。如针对各省财政册报多迟逾误限，度支部颁

①　《电致各监理官注重案件》，1909年9月19日《大公报》。

②　《度支部颁发杂税调查表》，1910年6月11日《大公报》。

③　《泽尚书对于湘直奉监理官之意见》，1909年9月20日《申报》，第1张第4版。

④　《拟调各监理官晋京》，1910年1月28日《大公报》。

⑤　《电调五省监理官》，1911年9月29日《大公报》。

⑥　《财政局员更调亦须报部》，1910年4月10日《大公报》。

⑦　《泽尚书对于清理财政之注意》，1909年3月26日《申报》，第1张第4版。

⑧　《通饬财政人员不准兼差》，1910年5月5日《大公报》。

布逾限处分，①做了细致的规定。

但也应该看到，虽然度支部对监理官加强直辖管理，监理官自身的身份认同亦是部派之员，对度支部负责，向其汇报工作，但监理官毕竟是在省内进行督催清理财政，并且章程规定督抚有督饬之权，所以清理财政局的很多工作是必须要通过督抚才能完成。监理官虽有密电与度支部联系，但日常的事务还是绕不开督抚。监理官及清理财政局的饬令等需详报督抚批核实施。督抚有对清理财政局的用人权，可以掣肘监理官。但相比较而言，度支部对监理官的掌控还算较有成效，度支部对监理官掌控的主动权要多于督抚。

二、督抚对清理财政局的操控

三省督抚掌握各省的财政大权，既得的权力和利益使得他们对清理财政有一定程度的懈怠，但他们却是事实上的操控者。这既是度支部清理财政的制度设计，也是督抚实际权限及度支部对这种权势的忌惮使然。而从实际的操作来看，这也是最可行的方式。《各省清理财政局章程》规定，清理财政局设总办以藩司或度支使充任，主持该局一切事宜。由于三省特殊的官制，督抚还进一步通过度支使来实行对清理财政局的操控。

以督抚为首的东三省行省公署成为三省清理财政的实际操纵机构。度支部的绝大部分饬令都是咨行到省公署，再由省公署札饬各机构运行和实施。督抚对于清理财政局的权限在《各省清理财政局章程》中有明确的规定，清理财政局由度支部会同督抚督饬办理。清理财政局是在省内成立，具体的操作则完全由督抚来完成，所以在清理财政局成立的时间上、人员的安排上等等都充分体现了督抚的意志。督抚对清理财政局制定的规则有权驳核，如监理官熊希龄等将清理财政局通则及表册式样制订后呈督抚批核，督抚认为通则中添设总务、秘书两员不合部章，发还清理财政局更正。清理财政局因科员太少，不敷办公，增添2名科员和

---

① 《度支部会奏清理各省财政酌拟册报逾限处分折》，《吉林官报》第28期，折奏汇编，第9—10页。

30名书记也要禀明督抚。①督抚对清理财政局有督饬之权。

度支部把清理财政局作为各省财政总括机关，而东三省总督却在清理财政局之外另行设立财政机关，试图消解度支部通过清理财政局对东三省财政的控制。东督赵尔巽于奉天行省公署设立财政审计处，亲任审计长，亲派总办和各科人员，并规定所有三省财政统归该处稽核。他咨行吉、江两抚将两省所有出入捐税、地方行政薪俸、饷糈、公费等各项财政一律查明，造具详细表册咨送到该处，②使其成为综核三省财政出入的总机关。此外，还规定此后东三省一切关于财政的专件除造册呈送清理财政局外，还须另造一分迳呈审核处以凭稽核。财政审计处成为东三省财政的枢纽机关。

度支使作为一省专司财政之官，综理财政的方方面面，清理财政离不开度支使的参与。度支使还任清理财政局总办，主持该局一切事宜，监理官到任前设立清理财政局的工作由三省度支使筹办。清理财政局的很多事项须度支使与监理官议决后由度支使执行。度支部试图使度支使直辖该部，但东三省度支使在成立之初就是督抚的属员。虽然度支部有各省财政统归藩司或度支使的谕令，但敌不过东三省的实际情形。

度支部试图将省财政权集于藩司或度支使，对其进行直辖管理。宣统元年四月六日，谕令各省财政统归藩司或度支使经营③，包括将全省出纳款目等按月造册送藩司或度支使查核；关涉财政一切局所著各督抚体察情形限一年，次第裁撤，统归藩司或度支使经管；所有款项都由司库存储，分别支领，即由藩司等将全省财政通盘筹划，认真整顿。而度支部可以随时考核和劝惩藩司或度支使。各省关涉财政稍为重大的事件除详报该管督抚外，还需报度支部，以资考核。随后度支部根据谕旨，通饬各省将现设的财政各局所切实查明，其有会核之名而无查核之实的一律裁撤，将其事权一概责成该省藩司或度支使统为经理。④此举不仅扩充

---

① 《为清理东三省财政预定进行办法报请批示致度支部承参厅财政处函》（1909年9月22日），周秋光编：《熊希龄集》上，湖南出版社1996年版，第266-267页。

② 《咨请造送财政表册》，1911年7月15日《盛京时报》，第5版。

③ 刘锦藻：《清朝续文献通考》卷133，浙江古籍出版社1988年版，考8923。

④ 《严饬裁撤财政局》，1909年6月11日《大公报》。

了度支使的职权，也使藩司或度支使直接度支部。度支部将度支使直接归部管辖，加强了两者之间的联系，加强了集中财权的力度。

但是，东三省度支司的成立及度支使的职权和身份却与度支部所期望的有所不同。光绪三十三年，东三省改制时在行省公署设立度支司。奉天省将财政局归入度支司，由司使专司全省出纳、会计以及税务、垦务等事宜。[1]吉林省则裁撤原有户司，将其职掌并入度支司。黑龙江度支司设一司使，分设会计、田赋、俸饷、税务和庶务五科，管理全省财政。[2]度支司专司一省钱粮税项，像催解租税、制定租税新章、预算一省财政和派员稽查税契等，度支使成为专管财政之官。但是东省财政还是存在纷乱之状，"度支司虚拥管理财政之名，而实乏综核之能力，入款若盐务，若巡警费，若银铜元局、若劝业道、种种之租税，俱含有独立之性质，不能过问也。出款若支应处、练饷处、工程局、建筑所、钦工处、均含有独立之性质。不应过问"。[3]即度支使虽然为一省财政专官，但并没有能统辖全省财政事宜，有些事项还分隶于各种财政机关。此种情况下，三省度支使的职权与度支部的设想相差很大。此外，虽然度支部规定清理财政局以度支使为总办，而东督却有奏保度支使之权。根据东三省官制补署章程，三品以上大员准由督抚奏保堪胜人员请旨简放，或先奏请试署。如东督吉抚奏请以劝业道徐鼎康试署度支使[4]；赵尔巽力保与其有竹马之交的朱锺琪为奉天度支使[5]等。东三省清理财政局成立时，度支使为该局总办，亦经督抚札委。东三省又实行合署办公，督抚握有全权，度支使完全为督抚属员，禀承督抚意志办事，从而使作为综核全省财政的度支使的主持地位也无形中被架空，而督抚也正好通过度支使来实现对清理财政局的操控。度支部直辖度支使的期望从而落空。

另外，督抚对于清理财政局其他人员则直接任命或责成度支使筹

---

① 徐世昌：《东三省政略》卷5，奉天省，第16页。

② 徐世昌：《东三省政略》卷5，黑龙江省，第8页。

③ 《进步之预言》，1909年2月3日《盛京时报》，第2版。

④ 《东三省总督锡良吉林巡抚陈昭常奏请以劝业道徐鼎康试署度支使折》，宣统二年二月二日《政治官报》，折奏类，第12—13页。

⑤ 《朱锺琪特简度支使之原因》，1911年5月19日《盛京时报》，第5版。

划。东三省督抚札委清理财政局的会办等员。东督委任省城税局总办齐福田和度支司金事赵翼充任奉天清理财政局会办。[①]吉抚因该省清理财政局事务繁多，委任前署度支使黄悠愈为吉局会办。[②]黑龙江巡抚周树模派张国淦为清理财政局会办[③]，还奏调邮传部主事周贞亮为驻局会办等。督抚还责成度支使筹划用人事宜。吉抚在札委度支使陈玉麟为清理财政局总办后，把吉局会办以下各员均责成该司使一手筹划。[④]度支使既为督抚属员，亦禀承督抚之意而行事，省财政之权在督抚，督抚以下的官吏不过仰承上意而已。

度支部和督抚为了具体深入影响和掌控清理财政局的运行，在三省清理财政局的人事安排上进行了争夺。据沈乃正研究，度支部在对监理官、度支使的管辖上体现了该部对督抚权限分化的两种方式，一种是利用该部专管机关来分权，另一种是利用与督抚的共管机关来分权。利用该部专管机关就是"以一部分省中之事权，委任专隶于中央各部之机关或官吏，使其独立禀承中央主管部处理事务，而不受督抚之节制"。[⑤]监理官的简派就是例证。而利用与督抚的共管机关来分权就是"于督抚下设专职之机关或官吏，一面受督抚之节制，一面又受中央主管部之考核奖惩任免。"[⑥]度支部奏请直接考核劝惩藩司与度支使就是此种方式的应用。[⑦]

从总体上来看，度支部对于东三省度支使的期许在很大程度上都落

---

① 《派员会办清理财政局事》，1909年4月21日《盛京时报》，第5版。

② 《委派财政局会办》，《吉林官报》第28期，政界纪闻，第2页。

③ 周树模：《派张侍读国淦兼充财政局会办片》（宣统元年七月二十七日），《周中丞（少模）抚江奏稿》卷2（上），第62页。沈云龙主编：《近代中国史料丛刊》正编第19辑，文海出版社1968年版。

④ 《吉林之金融界》，1909年4月28日《盛京时报》，第5版。

⑤ 沈乃正：《清末之督抚集权，中央集权，与"同署办公"》，《社会科学》（二卷二期），1937年1月，第332页。

⑥ 沈乃正：《清末之督抚集权，中央集权，与"同署办公"》，《社会科学》（二卷二期），1937年1月，第332页。

⑦ 沈乃正：《清末之督抚集权，中央集权，与"同署办公"》，《社会科学》（二卷二期），1937年1月，第332-333页。

空了，而其集权意图在监理官身上得到了较好的贯彻，当然也受到客观形势的制约。因为，虽然清理财政局章程中规定监理官有"稽察督催该局一切应办事宜"之权，并且东三省正监理官熊希龄等对财政有一定的见解，并能较好地贯彻执行，可以说监理官对清理财政局操有很大的权限，但也应该考虑到监理官权限运用的具体环境。在督抚握有一省财政大权的情况下、清理财政局内的总会办、各清理人员又都受命于督抚，因此，监理官权限的行使受到很大的制约，度支部的集权效果亦是打了折扣，而督抚则通过其既有的财政权限和总管全省财政的度支使较为有效地影响了清理财政局的运行。

三、三省清理财政局的关系

由于东三省只设正监理官一人驻奉天，因此，三省清理财政局在运行时就会发生诸多联系。东三省本系一体，具有相对的整体性，并且三省之间有财政上的相关性，如涉及三省财政事务的事项所需经费都由三省摊筹。所以东三省财政监理官一正三副的设置就是为了收到统一综揽之效。三省清理财政局步骤一致、共守同一总则。因正监理官驻奉天综管三省，而三省总督亦驻奉天，吉、江两省新政等各项措施多以奉天为依据，因此，吉、江两省清理财政局在很大程度上是以奉天清理财政局作为榜样。但三省清理财政局之间因省情有所不同，并且副监理官亦有一定自主权等，所以也会出现不同步骤、不同意见的情况。

由于地理和历史的原因，东三省在很多时候都被看作一个整体，在财政上的相关性更是非常紧密。"东北地理的特点是，山连山，水连水，地相接，俨然如一不可分割的整体。"[1]从历史上来看，"国初以内大臣镇守盛京实兼综吉江事务。雍正初以船厂设永吉州、伯都讷，宁古塔设长宁、泰宁两县，则皆属奉天府。盖东三省壤地接轸，本如一省。"[2]其后虽因生聚日盛事务日繁而在奉天将军而外有吉林省将军、

---

[1]　李治亭：《东北地方史研究的回顾与思考——写在建国60周年》，《云南师范大学学报》2009年第2期。

[2]　徐世昌：《东三省政略》卷7，吉林省，第77页，总第4765页。

黑龙江省将军各治一省，但东三省之间的行政区划有些地方直至清末还未划清。清末改建行省，虽分设三省，却仍统于一总督，以收统筹合举之效。三省之间很多相关联的事情需要三省财政共同支持，存在公用款项。鉴于此，光绪三十三年六月，徐世昌奏请在奉天省城设行营支应处，^①三十四年改为东三省支应处，派专门人员负责，作为支配公用款项的机构，其款项来源除部拨边务经费外，由三省摊筹。赵尔巽为谋统一，奏请设立东三省文牍总核处和审计处，所需廉俸经费照章都是以十成计算，奉天省五成，吉林三成，黑龙江二成，三省摊筹。^②

鉴于此种情况，三省清理财政局公议设立总核处，由三局各派科员一人，办理总核之事，凡复算册报、转行部电、拟定收支簿票各式及涉及三省的调查报告等件，均由总核处办理，而总核处的经费是由三省摊筹。总核处及正监理官对三省册报有审核之责。在对吉局财政册报查核时发现错误甚多，正监理官致电吉局，"尊拟办法殊与弟意不合，查此次尊处春秋季报，既无各府、州、县款目及规费专册，已欠完全，似应赶紧补造。其次则三十四年年报，须由本局汇编送部，万不可将原册塞责"，^③请其勘误。总核处函致黑龙江省，询问该省为何没有将追加及续编等预算送到，预算核定时是否与行政各官进行接洽，并且问及规费调查等情形。^④

东三省自改行省，吉、江两省就以奉天为根据，一切新政皆效法进行，清理财政中正监理官综管三省财政册报，奉天清理财政局经常担负督催之责，吉、江两局多以奉局为准。鉴于此，奉天省清理财政进行得尤为精详，以资吉、江两省取法。奉局经常督催吉、江两局，如就财政

① 徐世昌：《设立东三省支应处折》，《退耕堂政书》卷16，第25页。沈云龙主编：《近代中国史料丛刊》正编第23辑，文海出版社1968年版，第870页。

② 《东三省总督赵尔巽奏设立文牍总核处三省摊筹经费片》《（东三省总督赵尔巽）又奏设立审计处三省摊筹经费片》，宣统三年五月二十七日《政治官报》，折奏类，第9—10页。

③ 《就各册报事复吉林财政局电》（1910年1月17日），周秋光编：《熊希龄集》第2册，湖南人民出版社2008年版，第14页。

④ 《总核处函为江省并无追加及续编等预算送到，是否无遗漏，又核定时是否与行政各官接洽，规费调查明年实行时有无他种困难祈见覆由》（宣统二年十月十七日），档案号：45-2-140，黑龙江省档案馆藏。

调查事项、季报、年报、预算册的造送等等进行督促。①奉局的很多做法正监理官也要求吉、江两省一体遵照办理，如设立收支委员、颁布各项册式等。三局拟定《东三省清理财政局办事通则》，共同遵守。熊希龄还对吉、江两局提出建议。面对吉局用人方面的不当，熊希龄提出建议，"文书绅于税捐事极熟练，置之庶务，未免闲散，公何不以税捐事务令其担任。俞主政系属京秩，置之科长亦属太屈，可否转求简帅，任以学务书局等差，较为优异。此议能行，则以宋令任庶务科长，罗令任审核科长，而后再于两科（指编辑、审核）科员选当其才，则局事可以完全无缺。其有不能者，随时淘汰，毋令滥竽充数"。②他还为吉局推荐人才，电调江苏农工商机要科员李应韶等到吉局任职。③奉局还负责转发度支部关于清理财政的各项指示。吉、江两局则多以奉局为准绳。吉局电致奉局索要会计法及检查例的成稿，还屡次致电索要预算册式、调查各官业署局册式、各种簿记和税局月报册式，④并且派员到奉就应行商议之件进行请示。吉局还因核减预算事宜电请正监理官熊希龄来吉会商，"办理此事，必待台驾来临，乃能会商一切庶不致误。拟请惠念吉林省办理为难，日内立即启程，俾得早日承教，否则万事皆无从措手。"⑤

三省清理财政局之间既有统一之处，亦有根据各自情形变通的情况。在拟定《东三省清理财政局办事通则》时，三局之间相互有商议，"尊处所拟调查条款，甚为相妥，已遵示归入通则第三章，作为附

---

① 《就陋规平余款等事致吉林财政局电》（1910年1月14日）、《为季报支册等事致黑龙江财政局电》（1910年1月14日），周秋光编：《熊希龄集》第2册，湖南人民出版社2008年版，第8—9页。

② 《谈吉林财政清理诸事致度政司陈玉麟函》（1910年1月14日），周秋光编：《熊希龄集》上，湖南出版社1996年版，第300—301页。

③ 《调派李应韶赶赴科员致吉林财政局电》（1909年12月27日），周秋光编：《熊希龄集》上，湖南出版社1996年版，第282页。

④ 《电奉天财政局预算册式并为规则请赐发由》（宣统二年正月二十二日）、《函正监理官将调查各官业署局册式寄局由》（宣统二年二月二十八）、《电正监理请补寄各种簿记并请示覆税局月报册式》（宣统二年五月十一日），档案号：39-4-1，吉林省档案馆藏。

⑤ 《电奉天财政局熊监理请来吉会商一切并先赐详电》（宣统二年四月十七日），档案号：39-4-1，吉林省档案馆藏。

则。"①即副监理官亦自有主张，并且三省细则可根据各省情形在通则的基础上酌情施行，以期做到既统一又分明，三省之间也可变通办理。三省副监理官可以单独上禀度支部，陈述财政情形及条陈清理财政办法。有时他们之间也会有意见分歧。如就光绪三十四年册报应取区域主义还是行政性质主义，是否应饬各属派统计员到省编造等事，甘鹏云不同意熊希龄的意见。熊希龄建议用区域主义，并通知各属派统计员到省编造。甘鹏云认为，这样只是能为清理财政局省事，但不符黑龙江省情形，因为黑龙江省领域寥廓，交通不便，文报往来需时甚久，如此办理必误期限；并且黑龙江省各属设治伊始，助理机关还未完备，若令来省必荒废职务；另外，各处为此次造报都是穷日夜之力，若令到省另编，未免劳民伤财。而送部册报取区域主义，他认为与法理不合，"清理财政局必须确知各属局出入实数者，为筹办省预算计也。省预算既定，度部据之以定全国预算，遂不劳而理矣。故据区域主义，以调查各属局出入实数，复据各署局出入实数，而统计全省出入实数以报度部，此清理财政局之责任也。若仍以分册送部，是以清理财政局之责任移之度部也。"②甘鹏云认为取行政性质主义汇编报部较合法理。对此，正监理官表示对于册报并无成见，意在择善而从，可以变通办理，"药樵在江，心力交瘁，劳怨不辞，果其册式详备，吾辈亦不忍过拂其意。请即由处综核，仍用正误清单，随同送部，听候部示。其册式有可为吉、奉所取法者，无妨由奉局科员仿照办理，倘与吉、奉两省情形不合，则江省另制一式，未尝不可。"③黑龙江的册报与奉、吉两省有所不同。

三省清理财政局间有时会产生摩擦。如摊款等问题奉、吉两局出现分歧。因《东三省清理财政局办事通则》第六条规定，三省财政有交互关系者派员调查的薪公川资等费均由三省摊给。吉局委员刘善涵、胡熙寿奉清理财政局之命调查黑龙江省及吉林依兰一带垦务、旗务和币制等

---

① 《为核查官钞、编制报部册卷等事复荆存甫函》(1909年8月23日)，周秋光编：《熊希龄集》第1册，湖南人民出版社2008年版，第521页。

② 甘鹏云：《覆熊秉三》(己酉)，《潜庐续稿》卷11，第9—10页。

③ 《咨来函诸事致罗通甫函》(1910年2月5日)，周秋光编：《熊希龄集》第2册，湖南人民出版社2008年版，第22页。

事，因两委员川资的摊款及吉局欠解摊款等问题，吉局与总核处产生了一些不快。[1]熊希龄与荆性成之间也有出现不协之处。如熊希龄屡次函电荆性成，商议询问核减办法以及改革吉林财政意见书等事项，但吉局并未见"公同会议，见诸施行，亦未见以片纸复示"[2]。三省清理财政局之间也需要很好的协调才能有利于清理财政的进行。

其实，清理财政作为一项全国性的措施，需要从上到下逐级由机构及其成员来承载具体的工作。清理任务通过机构逐级下传实施，清理结果逐级上达进行汇总复核。清理过程充满着上上下下的呈递往来，但是不同的机构承担着不同的职责、扮演着不同的角色。

除了度支部、行省公署、清理财政局之外，各府厅州县衙署则因为财政清理采用了中央直接参与和地方自行清理相结合的方式而成为清理工作的实际落实者，因此，与清理财政局的关系也非常密切。具体的清理工作是在清理财政局及监理官督催下由府厅州县完成的。作为清理的初基，府厅州县的实际工作做得如何直接影响到清理的成效。因此，三省清理财政局非常重视对各府厅州县的督催，而各府厅州县也在清理财政局等的严催下忙于收支账目的清查、册表的造报等。但是清末，府厅州县也有一定的征收权限，形成相对独立的利益，既得利益者为保持其利益不受损害，对清理财政局的措施有抵制和敷衍，此点会在第三、四、五章中有所论述。

而东三省咨议局作为省级准立法机构，有议决本省应兴应革事件、岁出入预算决算事件、税法及公债事件等权限，在清理财政中担负起审查地方预决算和监督财政及官员有无违法等职责，即清理财政局制定的预算决算等都需咨议局议决，因此，在清理财政局的运行中也会和咨议局产生交集。宣统元年九月初一，按宪政编查馆规定，三省咨议局同时开会，[3]宣告咨议局正式成立。三省咨议局议长，奉天是吴景濂，当选时

---

[1] 《奉天监理官咨明刘委员两用川资》（宣统三年四月二十四日），档案号：39-3-9，吉林省档案馆藏。

[2] 《望和衷共济赶办册报复荆性成函》（1910年8月17日），周秋光编：《熊希龄集》上，湖南出版社1996年版，第363页。

[3] 曲晓璠：《清末东三省咨议局述论》，《社会科学战线》1990年第4期。

年龄为37岁，举人出身，曾就读于高师大学堂，并赴日本考察，曾任内阁中书、奉天教育会长等职；吉林咨议局议长为庆康，举人出身，试用州同衔；黑龙江咨议局议长是王鹤鸣，时年43岁，为同知补同通判衔。[①]奉天副议长是进士出身的报送知府孙百斛和岁贡出身的遇缺即补州县袁金铠；吉林副议长为分省试用的庆山和赵学臣，赵学臣毕业于北洋法政学堂，官至内阁中书；黑龙江副议长为战殿臣和李品堂。[②]他们的学识和经历使其对西方的权力制衡、对立法机构的职权等有较为明确的认识，维护自身权力的思想比较强。咨议局作为准立法机构，负有议决预决算和监督财政等权，有制衡行政机关之权，并在一定程度上行驶了自身的权限。

小　结

东三省清理财政局是财政清理的运行机构，它是为了清理财政而特别设置的。清理财政作为一项浩大的系统工程，需要有专门的机构来从事。度支部的设计，清理财政在中央有清理财政处，在各省有清理财政局。东三省的清理财政局根据章程的规定在督抚督饬下，由三省度支使主持成立。三局采用分科治事，设置编辑、审复、庶务等科，科下分课，专司其责。以度支使任总办、劝业道等为会办，另有驻局会办等。根据清理财政章程，清理财政局有稽核全省出入确数、改良收支方法及调查该省财政一切沿革利弊之权；该局事宜，责成司道切实筹办，部派监理人员，旨在稽查督催。

虽然机构的设治、运行都有明确的章程规定，但是机构作用的发挥却深深受到各种因素的影响，因为毕竟各项事宜都要由具体的人来实行。由于人的能动性和差异性使得原本刚性的规定出现变化，使得原本

① 李守孔：《清末之咨议局》。中华文化复兴运动推行委员会主编：《中国近代现代史论集》第16编，台湾商务印书馆1986年版，第304页。

② 张朋园：《清季咨议局议员的选举及其出身之分析》。中华文化复兴运动推行委员会主编：《中国近代现代史论集》第16编，台湾商务印书馆1986年版，第359-360页。

明确的条文发生异动，使得原本确定的东西生发出无限的不确定。具体人的动机、观念、立场、能力等都贯穿整个清理的过程。另外，机构运行需要具体的实施环境，不可能脱离上下层级机构而独立运行，不可能脱离各种复杂纠葛的利益关系，各方对清理财政机构的期许深深影响着清理财政的进程和成效，使得实际的效果与条文的规定产生偏差。

第三章　外销和规费的调查

　　东三省财政确数的调查，主要是外销和
规费的清查。因为经制内的各项册报大都已
经奏报度支部，所以该部已掌握了其账面上
的收支数目，但账面外的收支情况才是度支
部急切想要了解的，这就是在清政府原设定
的奏销制度之外而形成的不为中央所知晓的
外销和规费。当然，有些经制内的册报东三
省也并未能及时上报度支部，并且账面上的
数目确切与否也是度支部试图通过清理财政
进一步确认的事项。外销和规费存在于财政
的方方面面，因此，要全面确切了解它们就
要对财政的各个方面进行调查稽核，找出那
些隐匿的款项。查与隐的矛盾在中央与省、
省与府厅州县之间就此凸显，从而使得财政
的清理扑朔迷离、困难重重。

第一节　外销和规费的状况

一、产生的渊源

外销和规费的产生虽不相同，但却都有较深远的渊源。

（一）外销

就晚清时期全国来讲，外销肇始于咸同之际军兴之时，这基本已为史学界所公认。其产生的原因，大部分学者都归结为清政府僵化的财政奏销制度无法适应新形势的需要。此点前文（第一章第一节）已有论及。笔者认同此观点，外销产生的原因之一就是清朝中央集权财政管理体制相当保守和僵化，只能适应承平年代的常例，很难应付突发性的大宗巨款的收支。随着时势的发展，特别是以太平天国战争为契机，新的大宗款项因此产生，主要是厘金和捐输等款项。这样大宗经制外的收入严重挑战了旧有的财政奏销制度。户部的奏销旧例太过僵化，不知变通，不能适应形势发展的需要，使得各省为报销的方便而把收支款项分为内销和外销。内销报部，外销则隐匿，自收自销。

其实，外销的产生还有一个重要原因，就是事权要求与之相对应的财权，即事权与财权相一致的客观要求使然。按照清朝旧制，各省没有独立的财权，并且所留支的款项数目很少，但所要办的事情却很多，特别是随着洋务运动的兴起，各省基本承担了洋务的发起和兴办，因此所兴举的事项就更多，此种状况严重违背事权与财权相一致的原则。而随着厘金等的兴办，各省又有了大宗的收入，使得本该并早想拥有的相适应的财权需求有了变成现实的资本。虽然在清政府的旧体制内这种财权只能是以隐匿的形式存在，它是事权扩大的必然结果。

相对于全国其他内地省份来讲，东三省的外销款项在形成初期，时间上稍晚，规模较小。因为军兴以前，东三省的财政主要靠部库筹拨和外省协济，自筹款项非常少；军兴之后，中央的财政控制能力下降，加上各省的财政自顾不暇，户部的拨款和外省协济不能像以前那样及时并足额，致使东三省款不敷用，因此，开始部分自筹，厘金的创办、税项的征收才逐渐兴盛。但是三省之间情况也不尽相同，总体上，在时间的先后和数量规模的大小上，依次为奉天、吉林、黑龙江。自筹自支过程中，一方面因款项不敷而提留厘税收款隐匿私用；另一方面因奏销旧例的要求，不得不隐匿所收款项，外销就逐渐产生。之后随着东三省自筹款项数目越来越大，外销的规模也就愈来愈大。

田赋地租中有大量外销款项的存在。在奉天，街外余荒地、学田、充公地等所收的田赋地租都是不报部的款项。①吉林省田赋之中，"小租一项，向系外结。章制亦不统一，故有解司者，有拨充旗署公费者，有留作地方官公费竟不报解者"。②该省地租也分内结外结两种，内结部分即清赋放荒局查挤入额按年奏结之地，以三千六百弓为一垧，每垧额收大租钱六百或银一钱八分；而外结则为旗属的办公地、津贴地、随缺地等所收租赋，或归地方行政费用或作旗民各属官帖费用，不报部。③黑龙江省小租是例以七成解省，以三成留充各地方办公之用，也为外销款项。④

捐税的征收中更是存在大量的外销款项。东三省在军兴之前，捐税数量寥寥无几，之后才开始征收厘捐杂税。厘金是外销的重要来源。厘金产生后，大理寺少卿潘祖荫曾奏请整顿厘捐，"十分之中，耗于隶仆者三，耗于官绅者三，此四分中又去其正费若干，杂费若干，国家所得几何？"⑤国家所得甚少，相对应的是各省私收自用之数甚多。咸丰六年，奉天因库储支绌兵饷匮乏，由盛京将军庆祺奏请开设铺捐等。

---

① 奉天全省清理财政局：《奉天全省财政说明书》田赋，第36、40、86页。中央财经大学图书馆辑：《清末民国财政史料辑刊补编》第7册，国家图书馆出版社2008年版，第56、60、106页。

② 吉林全省清理财政局：《吉林行省财政利弊说明书》。北京图书馆影印室辑：《清末民国财政史料辑刊》第4册，北京图书馆出版社2007年版，第508页。

③ 吉林全省清理财政局：《吉林行省财政利弊说明书》。北京图书馆影印室辑：《清末民国财政史料辑刊》第4册，北京图书馆出版社2007年版，第515页。

④ 黑龙江全省清理财政局：《黑龙江全省财政说明书》卷上，第2页。中央财经大学图书馆辑：《清末民国财政史料辑刊补编》第1册，国家图书馆出版社2008年版，第174页。

⑤ 户部：《遵议整顿厘捐章程疏》（同治元年）。王延熙，王树敏：《皇朝道咸同光奏议》卷37，第5页。沈云龙主编：《近代中国史料丛刊》正编第34辑，第1993页。

据统计，奉天省厘捐"自咸丰六年六月开办起，每年所收厘捐，总在一百二、三十万千有奇。同治年间，亦在一百万余千"[①]。吉林的厘金有七、四、九厘捐，统称货厘。吉林省从咸丰七年开始征收铺商日厘捐，统计"每年捐钱九万余吊"，后改章七厘征收，收数不断增加，"每年约可收钱二十四万余吊，较从前原定之额增至一倍有余，较近年收捐之数增至数倍不止"。[②]而四厘捐于光绪十年议定于货厘捐外抽收四厘充宝吉局铸钱经费，通省岁收捐钱大约十二万吊，款归外结，不造册报。黑龙江省虽无厘金之名，但有类似厘金性质的百货一成捐、牲畜一成捐和粮石一成捐。[③]

随着税项的增加，税收机关更是叠床架屋，因征收的混乱，很多机关都有自行征收的权力，进而形成外销。作为主要征收机关的各税务局在征收报解的过程中就拥有了外销款项，"奉省税捐虽以一五经费报部，实则从前财政局所定章程，各局对于产销场等税只留一成，于酒等税只留五厘，其一成所余之五厘，仍须缴解度支司，作为外销之款"。[④]各局本该留用的款项被提走之后，收额不足的各税局为了增加办公经费等，就多加抽局费、票费、罚款等项以资弥补，即使收额有余的各税局也无不加抽局、票等费。就此款而言，如奉天省城、辽阳等局各总办每年能盈余多至万余两，这就形成了各税局的中饱款项。又如盈余一项，奉天省在光绪三十四年六月以前有征钱解银的余利，在宣统元年六月以后则有以大洋加收小洋的余利。[⑤]虽然自元年秋季以后，度支司另订解款新章，准以小洋上兑，因此以大洋加收小洋的盈余大减，但由于货币单位不统一，盈余款项一直存在。这些解司留用之款、税局中饱、盈余之款都是外销款项。

---

① 朱寿朋：《光绪朝东华录》3，中华书局1958年版，总第2837页。

② 长顺修：《吉林通志》卷43，第6—7页。

③ 孔经纬：《东北经济史》，四川人民出版社1986年版，第97—98页。

④ 《为酌改奉省各税务局办法及规定廉公各经费咨财政局文》（1909年），周秋光编：《熊希龄集》第1册，湖南人民出版社2008年版，第671页。

⑤ 《为酌改奉省各税务局办法及规定廉公各经费咨财政局文》（1909年），周秋光编：《熊希龄集》第1册，湖南人民出版社2008年版，第671页。

各属各处也有自行征收的权力，随着税收款项的增多，各种捐税或自立名目或附于正款纷纷出现。如在奉天的正杂各捐项中，亩捐、车捐、船捐、辽河船捐、房铺捐、货床捐、菜市捐、户捐、质捐、屠宰捐、牲畜捐、戏捐、女伶捐、卫生捐、盐梨鱼花捐、木牌捐、煤炸捐、窑捐、渔捐、网捐、渡捐、桥捐、城捐、驮捐、青苗捐、菜园捐、参园捐、茧捐、斗秤捐、斧捐、路灯捐、牙捐、盐粮捐、粮捐、车头捐、河饼捐、房墙捐、银圆经纪捐、客店捐、验牲畜捐、妓捐等都不报部。①吉林则有木行课、磨坊课、鱼网课、鱼秤课、吉林府土货售价二厘捐、营业附加税、出口货捐，及各种杂税，如车捐、附加车捐、船捐、渡捐、屠捐、铺捐、戏捐、妓捐等，也都是由各属自行征收不报部的外销款项。②三省中饱之弊甚深，没有报解的款项规模巨大。奉天省由于官治不修等原因，官吏多以厘税为自肥之地，如奉天、新民各府昔日报解斗秤捐仅数万，而经整顿后收数却猛增至20余万，足以证明昔日解额之少、官吏所得之多。而吉林省财政入款以地粮厘捐为大宗，合计约有250余万，但经调查得悉，民纳之数并不止于此，因为中饱很多。如吉林道、新城和长春等府及烟酒木税局各差一向被视为优缺，而在报解的过程中或百不报一或十不报一，大量款项被隐匿，"故有谓吉林省财政如果澈底清厘，当可增至数百万者，盖非虚语。"③

和全国一样，东三省也存在因格于奏销旧例而滋生外销的情况。如山海关副都统衙门历年报部例销生息各款就因格于旧例使得款项名实不符，产生外销。该衙门向有生息银钱和市面房间官地基租钱，每年共银1400余两，均归该衙门津贴差费等项之用，于每年岁终报部核销。但是此项销册却名实不符，原因在于该衙门只在报部之初立有一销案，虽然

① 奉天全省清理财政局：《奉天财政沿革利弊说明书》正杂各捐，第1-63页。中央财经大学图书馆辑：《清末民国财政史料辑刊补编》第7册，国家图书馆出版社2008年版，第199-261页。

② 吉林全省清理财政局：《吉林行省财政各种说明书·拟分吉林全省税项表二》，《吉林行省财政各种说明书》。北京图书馆影印室辑：《清末民国财政史料辑刊（第四册）》，北京图书馆出版社，2007年，第557-578页。

③ 《农工商部尚书载振等为陈考察东三省情形事奏折》（光绪三十二年十一月二十二日），中国第一历史档案馆：《日俄战争后东三省考察史料（上）》，《历史档案》2008年第3期。

历时已久，款项收支情形早已迥异，但册报却一直按照旧案进行，"报销向循成案，陈陈相因，已非一任，遂致名实不符者比比有之"。①外销、融销之弊因此产生。收款项目有所变化，但销册无法体现；开支限于常额，但实际需用却不断变化，隐匿之弊借以出现。黑龙江省也存在此种情况。如该省民政司所称，"以未改行省以前向沿旗署习惯，历年具报出入数目系属额征与例销，而近年收数既已大增，而开支又非例销可比"。②长期因袭，遂成上下相朦的积习，弊端甚多。

总之，东三省外销款项种类繁多，形式各异，有各种另立名目的杂税、杂收、捐课，有附于各种正项的加征、附加等项，"总以税厘为多，其余公款生息、裁提中饱、盈余、摊捐、罚捐等项，色目甚繁。"③并且，外销数目不菲。各属视行政事务的繁简自行定章征收，奉天每年的外销收入能达"二百四十一万两"。④

（二）规费

由于各级官员薪俸较少，各衙署又没有确定的办公费用，怎样维持衙署的公私支用是个很棘手的问题。因此，下级官吏及各州县等衙署征收时利用征收标准和额数不确定等各种空隙，巧立银钱折价、耗羡、火耗、平余、折色等种种名目，在经征时私征私收、加征税捐，形成陋规。陋规所得成为各州县官私人收入和各衙署招募差官衙吏等的重要财源。官员之间私相授受，他们再把其中一部分以各种方式供给上级衙署官员。上级接收下级的馈赠和各种孝敬礼金成为积习，并凭此维持衙署的公私支用。"浮收一事，不仅官吏利害一致，上官亦利其进奉，官官相护，不虞有失。"⑤相对于外销，陋规的产生渊源更深。

---

① 《山海关副都统儒林奏声明历年例销生息各款名实不符请准更正折》，宣统元年九月八日《政治官报》，折奏类，第10页。

② 《民政司咨将三十三年以前未销各款截至三十三年年底结清，其前所收之款请免予造报各情节由》（宣统元年十二月二十七日），档案号：45-1-68，黑龙江省档案馆藏。

③ 《财政统计表式解说下》，《吉林官报》第19期，附刊，第55页。

④ 胡钧：《中国财政史讲义》，第347页，转引自周伯棣《中国财政史》，上海人民出版社1981年版，第486-487页。

⑤ 马大英、汪士杰等编：《田赋史》下，正中书局1944年版，第363页。

因征收机关不统一、征收标准和额数不确定、租税名目浩繁、钱法币制混乱等，使得财政缺乏规制错杂纷纭，征收中弊端丛生，成为官员胥吏中饱私囊的利薮，成为陋规款项滋生的温床。

田赋征收中规费就很多。在奉天，因为地亩有旗民之分，并且是陆续放垦的，所以名目混杂。"如面积计算，有晌、亩、绳、天、日之分，而物品征收有银、钱、米、豆、草之别"，"错杂纷纭，盖不下四十余种"。①国家正供虽有确定银数，但是各花户应纳正课却多为数零星，若一律交纳实银，在实际操作中多有不便，并且原定征米征豆的地段为图便利也不再实征本色而改为折征钱文。但是因币制复杂、银粮价格又向无法定，所以征收机关不免照数多取，以保有余而不亏，无穷弊窦无不缘此而生。田赋契税等在正税之外又有倾镕、火耗、补平、起解等费，不肖之徒就从中取盈，在征收过程中借端需索侵蚀正供、侵渔影射之处不一而足。总之，因正银、耗银、额征、折征各种名称手续至为复杂，民众无从知晓应纳确数，而征收官吏又因各种私心而有额外的苛求，使得规费得以产生并长期存在。

在厘税的征收中规费亦大量存在。"奉省官吏向以情贿为进取之阶，以厘税为自肥之地。经该将军锐意整饬，参劾至二十余员，岁入厘税增款至二百余万。"②可见官员私收数目之巨大。吉林省的牲畜税、田房契税向归州县经收，匿漏之弊不一而足。奉、吉两省牲畜税每年约征银500余万两，上缴者仅120万，其余则悉归中饱。黑龙江省也因税章紊乱而滋生多项陋规：有正款之外加收的底钱；有税票之外加收的票钱；牲畜按头征税，则另收余头钱；烟麻照包收税，要另收包头钱；其他斗秤课行用征收银款，则又有火耗、补平等费。此外，"烟税麻税不足一吊者，有零烟零麻等称。又如已税油酒复就篓口封识过印则曰篓口。已税牛只复加烙印以为识别，则曰牛火烙。凡此等类难以缕数，名虽涓滴

---

① 奉天全省清理财政局：《奉天财政沿革利弊说明书》田赋说明·总论，第1—2页。中央财经大学图书馆辑：《清末民国财政史料辑刊补编》第7册，国家图书馆出版社2008年版，第21—22页。

② 《农工商部尚书载振等为陈考察东三省情形事奏折》（光绪三十二年十一月二十二日），中国第一历史档案馆：《日俄战争后东三省考察史料（上）》，《历史档案》2008年第3期。

归公，实与规费无异，且所收票底各费均不列载税票，商民不免滋疑，司巡藉以舞弊"。①

东三省各衙署特别是州县中各种规费名目繁多。黑龙江省的规费就有10大类99项之多。其中，由正款截留类包括三成小租、五成街租、街基小租三成、街基经费、押租经费一成、蒙界街基押租、省界熟地三成小租、蒙界熟地三成小租、税契副税一分、二分四正税一厘、税契领契尾费、税契浮费、荒价办公、升科地照费一五经费、押租照费一五办公、余夹荒价加价、六厘典税、牲畜捐、清丈浮多地亩经费、一成烟亩税、官膏一成和出境粮捐；杂捐类则包括响捐、转运费、蒙界省辟羊草刀费、省界羊草刀费、木炭捐、屠铺捐、网捐、船捐、船课、渡船捐、木牌捐、窑捐、店捐、油榨费、油榨报开费、油榨税、烧当开办费、小醋报开费、鱼课及鱼课办公和荒地加捐等；补扣类则有大小租底钱、烧课耗羡补平、当课耗羡补平、牌帖耗羡补平、网场课耗羡补平、基租底钱、街基底钱、街基小租底钱、押租耗羡、荒价补色、荒价底钱、城泡大小租底钱、草甸大小租底钱、荒价耗羡和三费底钱等；印纸类有大小租票钱荒地票钱和街基租票钱；交涉类包括过江票费过境牛草费和卖马执照；报捐类有荒价报效和报效杂款街基归公；诉讼类包括讼费诉讼纸费二成追债费和息费保呈费和结呈费；赃罚类规费有赃物变价、禁烟罚款、罚金和赎金等；杂租类包括草甸大租、草甸全数小租、柳通大租、城泡全数小租、蒙界城泡三成小租、蒙界草甸三成小租、津贴熟地租、水泡租、晾网地租和废署圆租；另外还有税契过割费、税契验契费、税契验小照费、税契验大照费、税契领照费、大小租钱价盈余、税契零余、税契折价盈余、查验木炭羊草费、投税呈费、三合费、街基保证经费、更名钱和牛马锅口费等属于杂规类。②总之，种类繁多，名目不一。

二、对财政的影响

首先，外销和规费的存在，壮大了东三省的财政实力，有力地支

① 张伯英纂，万福麟修：《黑龙江志稿》卷18，第6页。

② 《规费名目》，档案号：45-1-103，黑龙江省档案馆藏。

持了各项行政等事业的进行。因为以往只靠部拨和各省协济的款项基本是固定的，军兴之后数目又出现短欠，根本无法适应进行各种改革的需要。从这个层面来讲，外销和规费的存在有利于东三省行政事务的有效运行及各种改革事项的进行。

外销是维持衙署公私支用和各官吏私人收入的重要财源。隐匿收入避免中央的干涉，并再以款项支绌为由向户部邀款，是各省通用的集财方式。"各省隐匿虚报已经是公开的秘密。因为有隐匿收入，所以各省无不有各种'小金库'。"[1]省的外销款项数目不菲，巨额的外销严重影响了中央的控制力，同时也说明了省财政收支的自由度有了很大的空间，如果运用得当则有利于省内行政完善及各项事业的发展。东三省也有各种小金库，对于外销款项是自筹自用，自用自销，自行经营。东三省的外销款项一部分被用于行政经费。奉天度支司通过每年印发不下数千万张的税单票照等所得收入不薄；而其余纸张刊刻印刷等费也为数不少；度支司还有扣收而充办公之用的各项经费，而此种种收入向不奏销报部，是为外结款项。度支司一切办公杂款均由税捐经费项下开支，"俟支过有余再拨充别项公费"。[2]这说明度支司的外销款项除了开支自身的办公杂款外，还可以再拨充他项公费，比如支付奉天行省公署需用。公署中督抚随时选派巡捕、差遣、侦探等人员的应支薪水向无定额，均于度支司税捐经费项下动支，也不奏销报部，属于外结款项。在省内开支中，除了行政费，外销款项还被大量应用。如交涉费中，交涉司会丈局由该局所收经费项下开支，如有不敷再于各租项下动用，为外结款项，并无定额。而民政费中巡警局杂支和奉天各属巡警局所的支用款项也是向不奏销报部的外结款项。在财政费中，中江税局由耗羡项下支销，从未报部；兴凤道苇课局的支用也为从不报部的外结；而各统捐局中的辽河船捐局和怀仁县老黑山船捐局由经征捐款项下留支，为外销。司法费中也有外销款项，如各署习艺所，除犯人衣食杂支等项由

<hr>

① 周育民：《晚清财政与社会变迁》，上海人民出版社2000年版，第293页。

② 奉天全省清理财政局：《奉天全省财政说明书·岁出经常类》，第38页。中央财经大学图书馆辑：《清末民国财政史料辑刊补编》第7册，国家图书馆出版社2008年版，第498–499页。

工艺余利项下动支不另用款外，所有所中员司薪水、工役、工食等项各属办法不同，有由车捐或罚款项下动支的，也有由办公或杂捐项下动支的，都为外销款项，从不报部，也无定额。军政费中的奉天巡防营务处的军费杂支随时由度支司请领，在节饷和各巡防营缴到的截旷项下动用，属于外结款项。[1]吉林省地租中的外结部分或归地方行政费用，或作旗民各属官帖费用。[2]黑龙江省的街园基租为外销之款，公署或借以抵充地方官修署的亏累也用以办理地方新政。[3]

规费所得也成为行政经费的来源。奉天省民旗米地折价征收，于向章之外征收的经费等各项陋规则作为征收机关的办公经费。[4]奉天各地方的呈词规费、牙帖规费、当帖规费、店帖规费、船帖规费等用来津贴房书；安东修船规费、锦县的车船小费等则用以充县署办公之用。吉林省的规费也成为各官吏私人收入和维持衙署公私支用的重要财源。"从前府厅州县各衙门所需办公费及官吏薪津全恃征收钱粮之耗羡银逢零作整及各种漏规为之挹注。"[5]农安县知县的个人出入款项，岁入包括牲畜税正款、牲畜税帮款、牲畜补底款、牲畜税票费、店课、当课等杂税和领款两部分，共库银214两，吉银3 693.237两，吉钱十三万五千零四吊六百文，其中的杂税收入基本都属于规费收入。而知县个人岁出则包括内结款、外结和县署公费三部分，内结款直接提解度支司库，而外结款项中很大部分是作为津贴上级及中央衙署之用，如通政司衙门津贴、都察院经费、钦天监经费、法部振销费、抚院提本公费、法宪狱局经费、高等审判厅、户司核销费津贴等。还有一部分是作为县署公费，维持县衙署的正常运行，包括署内饭食柴炭油烛心红纸张杂用等项、署内车夫马乾

---

① 奉天全省清理财政局：《东三省奉天光绪三十四年支款说明书》，第1-129页。中央财经大学图书馆辑：《清末民国财政史料辑刊补编》第7册，国家图书馆出版社2008年版，第461-589页。

② 吉林全省清理财政局：《吉林行省财政利弊说明书》。北京图书馆影印室辑：《清末民国财政史料辑刊》第4册，北京图书馆出版社2007年版，第515页。

③ 黑龙江全省清理财政局：《黑龙江全省财政说明书》卷上，第15页。中央财经大学图书馆辑：《清末民国财政史料辑刊补编》第1册，国家图书馆出版社2008年版，第187页。

④ 《议请奏裁征收之陋规》，1910年12月16日《盛京时报》，第5版。

⑤ 王春鹏纂，王永恩修：《民国海龙县志》（民国26年）卷4，第2页。

等项、文案委员、收发委员和收支委员的薪金、署内更水夫扫夫堂役厨役仆丁等工食、晋谒省府川资旅食车马等费、正法人犯棺木等费、房书办公伙食杂费、邮电各费、岁修衙署添置铺垫等费、各项报张费等等。① 此外，吉林省契纸费、斗税工食、勇饷扣建、典当帖费等规费收入一向为司署津贴之款。②

总之，随着全国财政日益困难，户部或度支部对东三省的拨款和各省协款经常不能如数到位，向户部、度支部请款的难度也越来越大，所以东三省行政机关的有效运行和各项事业的开展越来越依靠外销规费等款项。

其次，对外销规费款项壮大的需求，也使得东三省加征各种杂税杂捐，就地筹款，使得民众的负担更重，同时也加剧了财政管理的紊乱。"因为是外销款，督抚也无法加以合理化、制度化，加上与原来的中央指拨的京饷、协饷以及地方留支各款相牴牾，使得地方财政的整个收支情况几乎是一笔烂账。"③

前文已述，外销和规费运用得当则有利于省内行政完善及各项事业的发展，但如果运用失当，则成为各级官吏侵渔中饱的利薮。如奉天46州县向为分局缴税，共有捐局28处，统计每年约收捐款500余万两，但据有关人员称，奉天省捐款若能涓滴归公每年可筹1 000万两以上。④即是说，捐局的征收中所形成的外销和陋规高达500余万两。虽然不能尽信，但也从一个侧面反映出款项外溢数目之大，官吏中饱侵吞数目之大。外销和规费的产生大部分就是依靠征收过程中官府的私收吞没、吏胥的尅扣等，"县官征收钱粮则抑勒洋价，柜书经收钱粮则以荒作熟，卡员则任意勒索，差役则敲诈百出，皆以相习成风而不足为怪，小民层层受累而无可告诉"。⑤不过民众的承受能力也是有限的，负担过重就会引发反

---

① 朱衣点纂，郑士纯修：《民国农安县志》（民国16年）卷6，第35-38页。
② 吉林全省清理财政局：《吉林行省财政利弊说明书》。北京图书馆影印室辑：《清末民国财政史料辑刊》第4册，北京图书馆出版社2007年版，第510页。
③ 周育民：《晚清财政与社会变迁》，上海人民出版社2000年版，第293-294页。
④ 《奉省捐税之统计》，1911年8月23日《申报》，第1张后幅3版。
⑤ 《时评·其三》，1910年9月14日《申报》，第1张第6版。

抗，东三省就出现了大量的聚众抵制车捐、抵制加捐的风潮。①

再次，由于中央对外销和规费款项越来越多的关注，有些外销款项为政府所知，并提归其中的一部分协助中央用款。因为有些外销款项是经过奏咨立案为户部所知晓的，但仍旧归于外销。在既成事实和财政困难的情况下，户部因实际需要承认了外销的存在，并且打起各省外销规费等款项的主意，借故提拨，因此，外销各款也不尽为地方所用。户部曾多次提出整顿税厘，令各省将外销和规费和盘托出上报该部。这些措施，一方面是要整顿奏销制度，加强中央财权，另一方面也说明，户部注意各省外销和规费已非一日。当然，由于东三省本为受协省份，财政困难是众所周知，并且作为清朝龙兴之地的特殊地位，政府在财政上对东三省是相对倾斜的，所以以外销款项协助中央的方面，与其他省份相比，东三省的作用相对小一些。

另外，外销增加三省财政实力的同时，也会增加其对中央的离心力，因为旧有的奏销制度现在已无法对三省在财政上形成多大的约束。外销的产生消解了中央集权的财政制度，形成了为中央所不知晓的大量款项。对于这部分款项三省督抚拥有自主支配之权。外销款项的征收、支出、管理都配套形成。即是说明三省督抚不仅只是拥有了不为中央所知的财源，更为重要的是督抚自主支配的权力严重侵蚀了中央统一的财政制度，消解了中央政府通过财政支配各项政务的权力。"以厘金、捐输为基础的外销制的出现，使清代单一的财政中央集权体制开始瓦解，进而分化为中央户部与地方各省两个并立且平行发展的财政系统。"②而且随着省自主权的越来越大，就地筹饷发展到了就地筹款。就地筹款发展的结果，"正式形成了地方财政大于中央财政和中央财政完全依赖地方的局面。另一方面，就地筹款促成了地方利益的发展。"③

① 《东三省通信·宁古塔加捐之风潮》，1909年3月31日《申报》，第2张第2版；《东三省通信·珲春官盐局之大风潮》，1909年4月1日《申报》，第2张第2版；《集议抵制车捐》，1909年12月8日《大公报》；《东三省近事·安东乡民又议抗捐》，1909年12月12日《申报》，第1张后幅2版。
② 李治安主编：《唐宋元明清中央与地方关系研究》，南开大学出版社1996年版，第381-382页。
③ 刘伟：《晚清"就地筹款"的演变与影响》，《华中师范大学学报（人文社会科学版）》2000年第2期。

为了解决财政困难和规复集权的财政制度，中央决定对无从知晓又如此巨额的外销和规费进行清查。

第二节　清查与隐匿

清查外销规费的过程中，为了"权"和"利"，层层隐瞒。相对于中央，省为一个利益整体，省内各级官员通同隐匿相护相维。宪政编查馆责备各省督抚司道放任各属挪移隐饰，任由外销款项的存在以致财政困难不已，并尖锐地指出，各督抚之所以甘愿任其入不敷出而未敢和盘托出是因为"恐并夺自专之费"，"恐转失自有之权"。①不仅在于各督抚有监督各属之责，如果发现下属有问题，督抚也会受到连带责难，还在于他们的利益有关联性，下属所收陋规一部分是要供给督抚司道的。因此，上级会睁一只眼闭一只眼，故意视而不见，而下级也正可以借机假公济私。同样因为"权"和"利"，在一省之内的官员也并非铁板一块。由于财权不统一，官吏无论大小，凡得与闻经管财政的莫不各自把持违饰而自成利益。"各省报部核销之款往往任意延玩，有迟至数年者，有迟至数十年者，有外用外销从不报部者。州县之于督抚也亦然。"②这样看来，中央对省的外销私费等款项无从知晓，而督抚对于各州县的款项也不尽知；中央对省的财政调控能力有限，督抚对府厅州县的掌控程度也不能过高估计。当然，利益边界也不是如此泾渭分明，也有犬牙交错相互渗透之处。利益的表现不同，联盟的边界也随之变化。

有了逐级的隐匿，也就有了逐级的清查。清查和隐匿的较量在中央与省、省与府厅州县之间就此展开，各种明争暗斗的戏码在清末东三省清理财政的舞台上相继上演。中央与省、省与府厅州县之间的较量是贯穿于同一个清理的过程，只是由于直接负责的对象不同，而产生了两对矛盾。

---

① 《宪政编查馆奏覆核清理财政章程酌加增订折》（光绪三十四年十二月十五日），故宫博物院明清档案部编：《清末筹备立宪档案史料》下，中华书局1979年版，第1026页。

② 毅：《一年内政府与国民之大举动》，1910年1月29日《申报》，第1张第3版。

一、中央与行省

中央户部（及其改组后的度支部）要清查各省的外销和规费由来已久。外销产生后不久户部就有心整顿，规复奏销制度。尤其是从光绪朝中叶以后，整顿外销和规费的谕旨越来越频繁。直至三十四年清理财政，首先确查各省财政数目，外销和规费成为了首项。

先前的清查，户部没有多少建设性的措施，只是寄托于各省将军督抚能激发天良，自行和盘托出，其效果可想而知。户部（及其改组后的度支部）或出于解决财政困难或为了规范奏销制度而加强对各省财政的控制，虽然为了打消各省督抚的顾虑一次又一次声明绝不追究既往，并可为省预留部分款项用来开支，但因这关系到各省的切身利益，都遭到各省不同程度的敷衍和抵制。如光绪二十九年政务处奏定内外钱粮格式，经度支部将出入款目开单飞咨各省，限一个月查复，但直至三十三年尚未复齐。①经过历次的失败，光绪三十四年开始的清理财政，度支部采纳赵炳麟的条陈②，决定取法西方实行预算，并统一财权，对外销进行管理。为减少阻挠，度支部将外销比附于西方的地方税，决定让督抚通盘筹划悉数奏明，以后便当作正开销，无须再进行隐讳；如果确实为必需之款即予以划留，以期"在各省无私用财赋之嫌，在臣部亦断不至有竭泽而渔之举"。③为打消督抚的顾虑，一再表明既往不咎。在此基础上度支部颁布清理财政章程，调查财政确数。

（一）外销的"和盘托出"

颁布清理财政章程之后，奉旨再议财政办法，度支部的主旨还是将各省所入地丁及正杂各税"查明实数"④。为了揭出各省的隐匿款项，该部采取了多种措施，下了不少功夫。度支部咨行各省清理外销的饬令非常频繁，不论是旧案还是现行案中的外销款项都是该部格外关注的，而

① 刘锦藻：《清朝续文献通考》卷71，浙江古籍出版社1988年版，考8281。

② 《请制定预算决算表整理财政疏》，《赵柏岩集》谏院奏事录卷2，1—4页。沈云龙主编《近代中国史料丛刊》第31辑，文海出版社1969年版，第971—978页。

③ 《度支部奏覆预算决算表折》续，1907年3月19日《盛京时报》，第2版。

④ 《再查各省财政》，1909年1月6日《大公报》。

东三省却各有应对之方。

首先，度支部非常重视旧案外销款项的报销，却遭到东三省督抚的"变通办理"。

清理财政一开始，度支部就咨行各省将从前未经立案的开销各款统限三个月咨部，①迟则纠参。但各省大都并未遵办，因此，度支部再次将查清光绪三十四年以前的未销案件作为"现在立待报告者"②让各省赶办。在监理官未到省之前，度支部已通知各省，清理光绪三十三年以前未经销结各款。

旧案本以核销为归，而核销则以核实为重，但东三省督抚却对度支部频繁的造报旧案外销的饬令进行了消解，他们的法宝就是"变通办理"。清理财政章程第五条规定各省出入款项截至光绪三十三年底一概作为旧案，其历年未经报部者应分年开列清单并案销结。但由于外销款项纷繁复杂纠结不清，湖广总督陈夔龙奏请遵照新章，将湖北省未经报部各款于调查报告册内截结列叙，于光绪三十四年现行报告案内归并正款列收造报，并申请将以前外销各款免除分年开报。有此先例，吉林巡抚陈昭常、黑龙江巡抚周树模等纷纷奏请将本省内结外销各款参照湖北案例办理。

宣统元年八月十二日，陈昭常奏请将旧案变通办理。他首先陈明用款未能咨部立案是事出有因，主要是自改行省后新政迭兴，兴学、练兵、提倡实业、增添局署、修建各项工程等用费浩大，而历次改变旧章以及举行各项新政所需款额都难以预定，所以未能先行奏明。吉抚所列的种种原因虽有确实之处，但也难免有诿过之嫌。据吉抚称，经过清查吉林省各署局外销而未经报部的款项包括：旗马场地租、官学经费、浮多地丁外结、大小租遣费、酿酒公司票课、烧锅漏课以及各项发商生息、正杂盈余归公等项，此外还有木植华洋票费、各项税捐之四厘捐及一五经费等，常年收数颇巨。而外销款项的用途也极为广泛，该省一切练兵、兴学以及津贴各属办公、筹办地方善举等均取给于此，但从未报

---

① 《清理财政之严厉》，1909年2月28日《大公报》。

② 《清理财政之先务》，1909年6月25日《大公报》。

部，以致大多未奏结，甚至有的历时二三十年未经奏销。所以，陈昭常称如要分年逐案造销实属无从着手，在据度支司的详请之下、会同总督上折具陈，拟将应归内结的款项于造册报销时把增改章制详细叙入而免逐案具奏；而外销款项则汇入清理财政局报告案内列销，免其分年开报。即奏请将"历年未经报部者分年开列清单并案销结"变通为"免其分年开报"。[①]

基于基本相同的原因，黑龙江巡抚周树模也奏请将内结外销未经报部的各款变通办理。该省未报部之款情况不一，有随时提拨款虽预定而未能先行奏明的，有向系外销提充公用历经照章办理的。该省向来未经报部之款种类繁多，有牲畜杂税、土药亩税、木植、山本、街基、船捐、煤税、羊草、畜牧等税，柳条税、枪票费、鱼网课、皮毛捐各项，还有大租的办公、火耗、补平，荒价的平余、部费、补色，税捐的杂款、头底票等项。而通省办理新政、开支局费以及历年津贴各署办公、调员川资、地方善举等款都随时酌核由外销款项动支。可以看出，外销款项名目繁多，并且用途甚广。鉴于此，周树模沥陈遵案办理的困难情形，"历时久则稽核为难，积案多则著手匪易，实属无从核办"，[②]请求变通。

有黑龙江巡抚的奏请在先，该省民政使也咨请将光绪三十三年以前未销各款截至三十三年年底结清，其前所收之款免予造报。因为历年收入支出各款头绪极为纷繁，并且事已多年，官经数任，其款因牵连套搭莫可究诘，清理实难。虽然款项未经报部，但都是实用实支。该民政使请将牲畜杂税于三十四年及宣统元年各季报告表册内注明外销款目，而烟酒税项也照案附入牲畜杂税数内，并于表册内说明额征原起。至于三十三年以前所收之款既已列入外销尽征尽报，"兹若仍循旧章以额数造报，殊非核实之道，且核与督抚宪前奏本省未报部之外销杂款截结列

① 《督抚宪奏吉省内结外销各款援案办理陈请立案折》，《吉林官报》第27期，折奏汇编，第1页。
② 《黑龙江巡抚周树模奏内结外销未经报部各款请援案变通办理折》，宣统元年十月二十一日《北洋官报》，第4—5页。

销原案不符"，^①因此，还请将税款截至三十三年年底结清实存确数并入外销各款另文汇报，其以前历年所收之款则免于造报。

当然，从实际的操作层面来讲，如此年代久远的开支、如此混杂的收支用项，分年开列清单是项极为繁难的工作，当然更不能排除东三省督抚有意隐匿的私心。督抚司道同心同德意见一致，一起会陈，要求仅将外销汇入清理财政局报告案内列销，如此办理则度支部要明了外销款项数目和支销情况的目的就被消解于无形，根本不可能确知东三省外销的规模。虽然度支部信誓旦旦要严查，并确立造报期限，但是各省督抚的变通及展限请求最后基本都被允准。即是说，到最后妥协的总是度支部，主动权大都掌握在督抚手里。

其次，度支部设法严格现行案的奏销，但其饬令在东三省的执行遭到敷衍。

针对现行案，度支部非常注重外销和各种款项的奏销，使各款项做到实收实报、实支实销，严禁外销款项的存在。度支部通行各省，迅速将光绪三十四年至宣统元年所有外销之款和盘托出，不得丝毫含混。^②

度支部为做到对款项收支的了如指掌，以严密的奏销杜绝隐匿私藏外销款项的存在，但此项办法遭到东三省督抚的消极对待。总督徐世昌致电枢府，称三省财政一向极为繁杂，而新辟府厅州县荒垦杂款更属繁难，若遵部章限期奏报，恐致逾期而不能结清，请求将以后三省新辟州县的进出各款奏报变通办理。^③度支部虽明文规定报销册的期限，但徐世昌却以清理财政伊始，各厅司道局所的所有各项耗款均须截清报销开列详细清册致使端绪纷繁一时造办不及为由，电请度支部展缓报销期限。^④东三省督抚不仅要变通度支部奏明的财政奏报方法，还不遵照该部所规定的造报时限。度支部的饬令在东三省的执行受到了敷衍。

注重款项的报销，明了款项应用的真实情况，也是避免隐匿、滥

① 《民政司咨将三十三年以前未销各款截至三十三年年底结清，其前所收之款请免予造报各情节由》（宣统元年十二月二十七日），档案号：45-1-68，黑龙江省档案馆藏。

② 《咨饬和盘托出》，1909年3月6日《大公报》。

③ 《电请变通奏报财政》，1909年3月14日《盛京时报》，第5版。

④ 《徐钦帅电请度支部展期报销》，1909年4月27日《盛京时报》，第5版。

用、浮报款项的措施，但因东三省奏销不尽详明，往往引起度支部对其款项收支存有怀疑。如徐世昌奏请拨给奉天己酉年的饷银26万两，黑龙江的饷银31.8万两。度支部怀疑东三省有欺饰瞒报之处，"该省征收租钱折合向有例价，此次册报除钱款列抵外，约剩钱七十三万二千三百余吊，实应折合银二十九万二千九百余两，册内仅折合银十四万六千四百余两，即使钱价涨落无常，亦万不至悬殊若此"。[1]据此度支部认为东三省隐匿了部分钱款基本确定无疑，因此驳回了徐世昌等奏请拨给的数额，只答应拨给奉天26万两，黑龙江省则仅拨给银16.7万两。度支部因吉林省通年所需款项约500万，而常年进款只200余万，不敷甚巨，进而怀疑吉林常年用款太多，存有浮冒滥用之嫌，因此咨开吉抚将边防、陆防各军常年款项核算清晰造册送部核议。[2]

度支部想尽办法得到详细数据，免遭敷衍而禁绝隐匿和款项的滥用浮报，但东三省针锋相对，尽量维护自身的利益。这在东三省300万磅余款项来来往往几经周折的报销中有充分的体现。度支部拨300万两作为东三省的开办经费，而东三省共实收市平银184.280 88万两有奇。到光绪三十四年年底，东三省对款项的支用进行奏销，请销共市平银221.656 42万两有奇，以收抵支，不敷达37.375 53万两有余。东督虽声称"需款之多寡一视各事注重之所在，分别缓急酌量拨用照数登记"[3]，并且保证各项工程都是投标包办，勘估、监察、验收等都有专员，所以工坚料实，绝无偷减情弊，其余支用各款也均实用实销，毫无浮冒，但却要求只开具简明清单免造细册。但度支部却认为东三省虽然大举办理新政，但到部奏明动用磅余款项的甚属寥寥，而东督开单奏销之数却达到市平银221万余两，按单查核，大半都未经奏咨立案，间有奏案的也没有估需银数，单内也未将年月日叙明，总之疏漏之处很多；并且此单还含混笼统，只有购买房地数款有散数可稽，其余则只有总数而无散数。比如公署和

---

① 《不准增拨奉黑两省的饷》，1909年3月5日《申报》，第1张第5版。

② 《京师近事》，1909年7月10日《申报》，第1张第5版。

③ 《附奏部拨磅余银两逐款请销折》（三十四年十二月十七日），徐世昌：《东三省政略》卷7，奉天省，第43页，总第4513—4514页。

督抚衙门用银23万余两，但并未声叙某署建筑若干、工值多少，开办经费用银12万余两，但却没有详列置备器具的名目和件数等。"此案用银二百数十万之钜，列款至三四十案之多，总汇并作一单，实有未能详细之处，所请照单准销之处实属碍难照准"。①予以驳斥，并奉旨依议，督饬东督另行造报详细清单。针对度支等部的附奏，徐世昌提出了不同的意见。针对民政部认为请销工程等项太过笼统，与例案不合，应将工程用款分析造具清册并具明各项保结才能咨部核销的意见，徐督钻了清理财政截清年份的空子，认为此次请销磅余银两内各项工程、营房、衙署地基购买估造以及创办一切之需归民政、度支和陆军三部核销之款都是在光绪三十三年以前陆续核发动用，"自应遵照度支部奏定新章免造细册以清尘牍"。②针对度支部会同陆军部将用过银两详稽案卷另行分案开具详细清单送部核销的要求，东督却认为此案列款虽多，但所用银两均在磅余项下动支，事属一起，毋庸分案开单。针对原奏"该省核发工款向有折减定章，应俟分案各单送到再行酌核办理"一节，东督认为，奉天省各项工程不能按照折减旧章办理，并且各项工程均为投标承办，竣工之后款已实发，势难按照折减追回。"若于销款内照章折减，则既不能责承管局所赔偿，仍是公家亏累，是实用而不能实销，必于另案核销时设法弥补，似非部臣整顿财政之意。"③因此奏请照单准销，免予折减。不论东三省有无折减，但关于此点徐世昌的反驳倒是很有力度。一次奏销几经周折，不信任的气息弥漫其中。

再次，度支部令监理官及清理财政局调查财政的各个方面，以期发现隐匿外销。监理官及清理财政局也多方调查，但因利益的固守，要各属据实奏报难度很大。

度支部通电监理官，外销款项最繁，"毋任隐匿，勿畏难，有玩忽

---

① 《奏饬东督详细报销磅余》，1909年4月18日《盛京时报》，第5版。

② 《附奏请销磅余银两按照部饬另缮清单仍恳饬销折》（宣统元年闰二月二十八日），徐世昌：《东三省政略》卷7，奉天省，第48页，总第4524页。

③ 《附奏请销磅余银两按照部饬另缮清单仍恳饬销折》（宣统元年闰二月二十八日），徐世昌：《东三省政略》卷7，奉天省，第49页，总第4525页。

者呈部奏参"。①还令其在奏报外销时须将浮销、融销、中饱和漏规财政四弊切实清查，严行斥禁，据实开列。②监理官的清查主要是针对现行案及新案。度支部请简各省财政监理官后即将调查各省岁出入款目单详细拟定颁发监理官照单清理。从清单③可以看出，调查款目不可谓不全面。在各项的调查中，度支部非常重视一切不列正款的捐税和无定进款。捐款杂税是外销的重要来源，得悉各省杂项捐税几乎数倍于正额，而东三

① 《专电·电四》，1910年1月11日《申报》，第1张第3版。

② 《节清财政四弊》，1909年9月5日《大公报》。

③ "（甲）岁入项下：部款：协款：一各省关协饷，二各省关拨补厘金；本省收款：一田赋：地丁，租课，荒价；二漕粮：漕粮，漕折，漕项，屯卫粮租；三盐课税厘：场课，灶课，盐课，盐厘，加价，税捐，帑利，羡余，杂捐；四茶课税厘：茶课，茶税，茶厘，截羡，杂项；五土药税：正费，公费，行店各捐，牌照各捐，杂项；六关税：常关税钞，海关税钞；七杂税：税契，当税，牙税，烟酒税，牲畜税，矿税，斗秤税，落地税，出产税，销场税，其他各项杂税；八厘金：百货厘金或统捐，米谷厘金，丝茶厘金，烟酒厘金，牲畜厘，金竹木厘金，磁货厘金捐，药材厘金，其他各项厘捐；九杂捐，房铺捐、烟酒捐、屠捐猪肉捐、其他各项杂捐；十捐输：常捐，赈捐，代收部捐（指免保留省两项）；十一官业：制造官厂收入，官银钱号余利收入，官电局收入，官矿局收入，造纸局印刷局收入，其他各项杂收；十二杂款：生息，各种变价，其他各项杂收。（乙）岁出项下：解款：一京饷；二练兵经费；三解度支部各款；四解各部专款；五解各部院饭银；六解内务府经费；七例贡；八采办；九织造经费；十解还赔款；十一解还洋款；十二解上海滩浦经费；协款：一协解协饷；二拨补厘金。本省支款：一行政总费：督抚衙门经费，各巡道衙门经费，各府厅州县衙门经费；二交涉费：交涉使衙门或洋务局经费，接待赠答各费，教案赔款血款，派员出洋游历考察等费，其他各项杂费；三民政费：民政使衙门经费，巡警道衙门或巡警总局经费，各府厅州县巡警经费，赈恤各款，补助善举各款，其他各项杂支；四财政费：藩司或度支使衙门经费，粮道衙门经费，盐政衙门经费，各关经费，厘捐局经费，善后或筹款财政等局经费，各州县衙门征收钱粮经费，其他各项杂支；五典费：祭礼费，学宫费，时宪费，修缮费，旌赏费，庆贺费，其他各项杂支；六教育费：提学司衙门经费，学务公所经费，省城各官立学堂经费，各府厅州县官立学堂经费，补助私立各学堂款项，图书馆经费，劝学所经费，遣派出洋游学费，其他各项杂支；七司法费：臬司或提法使衙门经费，各级审判厅经费，发审局经费，臬司或提法使监狱费用，各府厅州县监狱费用，其他各项杂支；八军政费旗营饷项：绿营饷项，防营饷项，新军饷项，陆军水师武备各学堂经费，制造军火军械局厂经费，购办军装军械费用，转运粮饷费用，临时操防费用，军塘驿站经费，兵差经费，牧厂经费，其他各项杂支；九实业费：劝业道衙门或农工商务局经费，农事试验场经费，商品陈列所经费，工艺局或各项官办制造厂经费，矿务局或各处官立矿场经费，垦务局经费，其他各项杂支；十交通费：官办铁路经费，电报官局经费，文报局经费；十一工程费：河工经费，海塘经费，各处修缮道路桥梁渡船经费，其他各项杂支。"（《度支部颁发调查各省岁出入款目单》，1909年8月21日《申报》，第1张第4版）

省等尤多，度支部饬令监理官迅即调查该省各属一切不列正款的捐税捐款是否全数充公。①款项因其"无定"才更容易成为外销的来源，度支部令监理官将该省的税关、船钞、局卡等历年变价充公货物和各项罚款以及各项无定额的进款进行核实。②厘税是外销的重要来源，度支部饬下各省认真整顿，"至于中饱如何剔除、规费如何裁革以及一切整顿之法"③更应切实调查，以除积弊而清财政。此外，还有盐务和关税平余等亦是度支部关注的款项。盐务盐厘是收入大宗，也是中央与各省争夺的主要对象，并且盐务中存有大量的外销款项。

东三省清理财政局在度支部密集的饬令下开始了对外销款项的清查，通饬"从前各署局之归入外销并各府厅州县之缺中习惯进出各款均须无覆不发有蕴毕宣"④，外销规费均须和盘托出。为此，三省清理财政局做了大量的工作，虽然为了减少清查的阻力做出一些让步，但还是遭到各署局的敷衍和抵制。

清理财政局派员调查各署局款项。三省清理财政局设有特派调查员，不设定额，用人多寡以事务繁简为依据，随时遴委，专司调查省内外各衙门局所收支款目事宜。调查宗旨为"固须调取局署征收等册按籍而稽，亦宜广采舆论考究实在征以册籍是否相符"，即账目清查与现场调查相结合。调查分随时调查和特别调查二种。随时调查，即凡于编辑审核之时遇有疑义可随时调查各处或派员亲往查卷；特别调查，即清理财政局成立六个月以内将省城各衙署局所现存款目盘查清楚，九个月以内将省外各衙署局所现存款目盘查清楚，作为清理的根据。为防止受贿舞弊，局章规定，调查员赴各处特别调查时"其火食纸张等项皆须自带，不受丝毫供给"，⑤被调查的衙局只需准备公室一间，以便调阅案卷

---

① 《京师近事》，1909年7月25日《申报》，第1张第5版。

② 《议筹核实无定进款之办法》，1910年5月25日《大公报》。

③ 《度支部寄省各省监理官公函二》，第98页，度支部编：《度支部清理财政处档案》（清宣统间铅印本）。北京图书馆影印室辑：《清末民国财政史料辑刊》第1册，北京图书馆出版社2007年版，第233页。

④ 《清理财政局开办之通饬》，1909年7月10日《盛京时报》，第5版。

⑤ 《东三省清理财政局办事通则》，档案号：39-1-1，吉林省档案馆藏。

核对账目。如吉局为了达到清查的目的，派官膏局收支委员陈灼、邬焕尧、度支司科员方茂桢、恩澍、审判厅推士王荣昌、李培元、投效吉林四川试用府经历乐绍奎、湖北试用县丞陈嘉立等人分赴各属衙署局所调查案卷账目等。[①]

监理官和清理财政局为减少阻力做出一些让步。正监理官鉴于"三省未设局清理以前，所有督抚饬支无名之费若一律和盘托出造册报部，部驳则业经消耗，无从赔偿，且与不究既往之旨相违；部准则万一司官据理直争，堂宪亦碍难答复"[②]，所以拟请此类收支各款不列正册而另行开单呈报，一律请免核驳，并电告三省副监理官及总会办和各科员查照办理。将大多为外销款项的无名之费请免核驳不追既往就是为了减少阻力，是对彻查外销做出的让步。虽然清理财政局一再声明调查只为得财政确数，绝不追究既往，但各税捐局册报仍多不实不尽，"所报员司薪工，或以无为有，或以少报多，甚有多立名目，为融销地步"。监理官也充分表达了其谅解之心，认为此种情况在各局原为盈虚酌剂，有不得已的苦衷，但还是要求各税捐局将局中出入款项每年实在收支之数、共用员司几人、共有分卡几处、常年局费究用多少等均从实开列清单。为了打消各税捐局的疑虑和后顾之忧，监理官不得不再次声明，"所有单开数目，即与前次册报不符，决不计较。本局现当酌定公费之际，盖欲得真实数目，以凭核办。酌定之后，仍必使各税局公私两得，其当不致因之为难。"[③]

因利益的固守，要各属据实奏报难度很大。奉天清理财政局要各税局详报各款用途，而各局多有敷衍和隐匿，所造清册大多追求账面上的收支适合，甚至还有著名的优差局所竟称经费不敷，而自报款有盈余的却不多见。但是，如果各属局都是入不敷出无所盈余，各官员又何必趋之若鹜地争相赴任。辽阳税局捏报开支数目，竟将总办薪水不列于内。

① 《清理财政进行之状况》，1909年9月16日《申报》，第2张第3版。

② 《将无名之费另行造册呈报致东三省财政局电》（1909年12月14日），周秋光编：《熊希龄集》第1册，湖南人民出版社2008年版，第595页。

③ 《为申报收支款项咨各税捐局文》（1910年），周秋光编：《熊希龄集》第2册，湖南人民出版社2008年版，第258页。

奉天各税局的种种作为致使熊希龄不禁感叹，"责各局以开报，又不奋导之作伪，何也？利之所在，孰垦自揭其隐"，"人心之诈，未始非利之所为也"。①又有什么敌得过实际的利益！吉林清理财政局通饬各属将所有出入款目以及杂收等项清理明晰，分缮四柱清册报局以便清理，而旗属各署并未遵从，有某旗署竟敢明目张胆将所收半季税款5000余吊捏报支销，分文无存。②黑龙江省清理财政局恳请巡抚札饬各司局处道府厅州县遵照度支部奏定章程将光绪三十三年以前未经报部之案分案据实开列详细清单，从速报呈巡抚以便送部核销。③但一个月后，遵札呈报者寥寥无几，清理财政局不得不再次催促。甘井子巡防局称该局光绪三十三年为荒务行局，其收支各款早经前总理等随时报销在案，并无未销旧案。④铁路交涉局也称该局并无未经报销之案。⑤清理财政局的札饬再次遭到敷衍。

虽然因为利益的驱使，外销款项的彻底清查从根本上来讲是个不可能完成的任务，但在度支部的严饬下，加上监理官及清理财政局对款项进行了全面整理等各种努力，虽然不能一律搜剔净尽，涓滴归公，但外销还是得到了一定程度的显现，清查取得一定的成果。

首先，三省清查出外销的款目及一定的数额。如盘查奉天各库得库款数目，各署局截至宣统二年六月底，共存内结外销等款市平银267.9208082万两，另存平余等款共市平银146.3780149万两。⑥平余即在内结外销两款之外所存而向由长官随意支销之款，包括度支司的另存、

112

---

① 《为酌改奉省各税务局办法及规定廉公各经费咨财政局文》（1909年），周秋光编：《熊希龄集》第1册，湖南人民出版社2008年版，第673页。

② 《清理财政进行之状况》，1909年9月16日《申报》，第2张第3版。

③ 《为恳请分饬各属将三十三年以前未销各案从速查明报销》（宣统元年六月十日），档案号：45-2-80，黑龙江省档案馆藏。

④ 《甘井子巡防呈为本局并无未销旧案将三十四年收支各款开单呈报由》（宣统元年七月十九日），档案号：45-2-80，黑龙江省档案馆藏。

⑤ 《铁路交涉局呈覆光绪三十三年以前该局并无未经报销之案由》（光绪元年七月九日），档案号：45-2-80，黑龙江省档案馆藏。

⑥ 《盘查奉天库款情形禀稿》（1910年），周秋光编：《熊希龄集》第2册，湖南人民出版社2008年版，第271页。

粮饷局的截旷节余、官银号的公积官息余利、银圆局的积余、仓务局的盈余、盐务局的平余等。

前东督徐世昌和奉抚唐绍仪提用的外销款项也经查出，并奉旨准其销结，从中可以略窥外销的数目及支销用途。

奉天度支司三十四年外销项下：呈解督抚宪，截至本年正月十八日止，各项外销利息等项市平银十二万九千零九十五两二钱四分五厘三毫，又东钱十一万四千七百二十六吊七百九十五文，又小银圆一万二千五百圆零零三角七分；呈解督抚宪，截至本年腊月二十日止，外销各款市平银二万四千四百零四两四钱四分四厘五毫，又东钱五万三千五百六十二吊一百七十文，又小银圆一万三千三百八十圆零六角八分八厘；提出备解督抚宪，旗地三园税契户管工本四成公费市平银七百六十二两四钱；奉前钦帅徐面谕，由本部堂存司外销款下拨给钱参赞能训赴京川资市平银五千两；奉督抚宪批发带京皮货等件，共用市平银七百三十四两；奉督抚宪谕，送给段总镇芝贵川资市平银六千两；支督抚宪带京皮货等件市平银七百三十四两。陆军粮饷局三十四年截旷项下：奉批发津贴唐少帅出使经费银五千两；奉批汇京贡礼炭敬各项经费银四万二千两；奉谕发给光绪三十三年部销润费并三十四年一年润费银一万一千三百五十七两三钱四分八厘。陆军粮饷局宣统元年截旷项下：奉批提赏会议交涉人员银二万两；代购洋马三十二匹，价银三千九百零二两七钱四分二厘；拨武中军国栋赴京送马川资等银九百零二两九钱三分。东三省盐务局三十四年平余项下：支汇唐抚台赴德外交应酬费省平银二万两。东三省支应处三十二三四年官银号红利项下：支拨钱参赞能训编辑政书经费省平银二万两银三十三万四千八百九十三两一钱九厘七毫，东钱十六万八千二百八十八吊九百六十五文，小银圆二万五千八百八十一圆五分八厘。①

吉林清理财政局也将该省外销款目及征收机关分别查清。如晌捐，为大租的附加税，由各属视行政事务的繁简而自行定章征收；三姓金税，则按照采金数量由三姓金矿局定章征收；置本七四厘捐是按营业者

---

① 《前任奉省督抚提用外销细数》，1911年1月25日《申报》，第1张后幅2版。

置货资本千分之七征收，解又加征四厘，均由统税局并征；吉林府土货售价二厘捐改作省城巡警总局经费，由山货发行店按售价收入千分之二代收；营业附加税则视各属地方行政事务的繁简由地方官会同绅商酌定税章自行征收。还有由各属征收的木行课、磨坊课、船捐、铺捐、戏捐和妓捐；由三姓宁古塔等处旗署征收的鱼网课和鱼秤课；由统税局定章征收的车捐；由巡警局定章征收的屠捐等。此外，还有出口货捐、附加车捐、渡捐等。①

黑龙江省有些衙署局所也在清理财政局的札饬下将外销呈报。如垦务局将截至光绪三十三年年底实存外销各款数目开单呈报。其中有善后局经理的外销款项，包括呼兰大赍税局税款、三姓木税、白杨木河木税、浮记京减平、税契杂款、值百抽五洋税、土药亩捐经费补平、头底票、牲畜税、票本、枪价子母银、泰来洋行军火误期罚银、日本火车缴回浮收脚价银、牲畜经费杂税、税课司银、牙帖银、牌帖银、船捐银、船捐钱、山本钱、山本羌帖、捐税经费钱、拨存各属各军办公津贴银、拨存各军津贴钱和税课司钱等，统计共钱一百零八万六千二百五十二吊二百八十六文、银八万二千四百八十二两九钱一分一厘一毫九丝、羌帖五千五百四十八张三角一分五厘。另外还有户司经理的外销之款，包括发商生息司旗荒价津贴、发商生息、掩埋骨殖在商务会生息、满汉官学在商务会生息、兵司交布特哈抽练兵饷备解学费、黑龙江赈抚款内归还前借便民会银、应发未领拜泉县学堂经费银、省城官房租、省城旗属各处基租、买房税契、依协领捐款银、依协领房价银、本省报捐翎银、变价小麦价除款钱、由奉汇银余平银、由股票提拨肇州厅学堂经费银、由股票提拨安达厅学堂经费银等，共计银269 729.119 773 4两，钱二万六千七百六十一吊三百二十文。②

其次，一些衙署局所将包征额解陋习改为尽征尽解，将外销款项归

① 吉林全省清理财政局：《吉林行省财政各种说明书·拟分吉林全省税项表二》，《吉林行省财政各种说明书》。北京图书馆影印室辑：《清末民国财政史料辑刊（第四册）》，北京图书馆出版社，2007年，第535—577页。

② 《督抚宪札局垦务局呈报截至三十三年年底实存外销各款数目等因粘单饬知由（并清单）》（宣统元年十二月二十九日），档案号：45-1-68，黑龙江省档案馆藏。

入内销。吉林一向将山海关税和烟、酒、木税正税项下按总数扣除一五经费作为应支收税员司薪膳等费，此项一五经费除开支工食外，余款作为外结不入报销。清理财政需将所有内外销名目销除，所以吉林省先是奏报免扣山海关一五工食，一切支款均实报实销。其后又奏请从光绪三十四年起不再在烟、酒、木税正税项下划分一五名目，其应支局用膳费等统按实用开报，外销之款也归内结报部。各种款项统收统支，以实数报部。[1]吉林试办斗税是为抵放民官各署俸饷，其中提取一成充员役工食之用，至光绪二十八年因入不敷出，于原额外增收税钱。因属包征额解，所以存在外销款项。后进行改章，将所有包征额解陋习改为尽征尽解，并取得成效，综计三十四年收银89 400余两，增加较多，并将溢收之款全数归公，[2]亦属将外销归入内销。山海关副都统儒林奏请将八旗津贴息银每年720两归部核销。[3]津贴息银也是外销款项。

　　在看到成绩的同时也应该看到，因为利益的驱使，度支部清查东三省外销遭到敷衍和不得已的变通办理，彻底清查是个不可能完成的任务。度支部本想借清理财政搜罗出各省的外销款项，但东三省却因用款拮据，款不敷用而不停请款。[4]虽然度支部一再规范部款的起解和严禁侵蚀解京款项等，但东三省的截留不曾停止。[5]从这个层面来讲度支部的意图也没达到。度支部还怀疑东三省隐匿私藏，用款太滥，屡次催其撙节财用，驳斥其请款。度支部与东三省之间的相互不信任导致督抚与度支部的关系相当紧张，屡次发生督抚与度支部尚书冲突的事件。吉抚陈昭

---

① 刘锦藻：《清朝续文献通考》卷48，浙江古籍出版社1988年版，考8033。

② 刘锦藻：《清朝续文献通考》卷48，浙江古籍出版社1988年版，考8028。

③ 《（山海关副都统儒林）又奏八旗津贴息银请归部销片》，宣统元年九月八日《政治官报》，折奏类，第11页。

④ 《锡帅入都请款志闻》，1909年7月20日《盛京时报》，第5版；《请拨二百万之开埠费》，1909年7月24日《盛京时报》，第5版。

⑤ 《又奏请仍将二四盐厘截留备用片》，宣统元年七月九日《政治官报》，折奏类，第7-8页；《（东三省总督锡良奉天巡抚程德全）又奏陆军额饷仍恳截留二四盐厘拨补免定年限等片》，宣统二年一月二十八日《政治官报》，折奏类，第9-10页；《东三省总督锡良奏陆军第二十镇额饷请将三年经征二四盐厘截留拨用片》，宣统二年十二月二十八日《政治官报》，折奏类，第11-12页。

常对朝廷以"苛法相绳，常情相待"东三省，"是进行者受促于前而掣肘者阴随于后，举动皆疑于浮滥不免惩羹而吹齑，行事不论其是非将使削趾以适履，驯至危亡不顾倾覆不知"①而表现出来的疑虑和猜忌表示出极大的不满，并萌生辞职之意。此时出现了疆臣埋怨部臣，部臣埋怨疆臣的局面。

（二）规费的"化私为公"

规费的清查，不仅是清理财政的重要内容，还关系到吏治的整顿，并直接影响了公费的确定，因此度支部非常重视对各省规费的清查，多次通饬各省衙门局所将旧有各项陋规严行查明一律化私为公。②度支部通饬各省监理官迅速切实清查并严行斥禁的财政四大弊端之一就有陋规。厘税的征收种类繁多、局卡林立，其中规费就更多，积弊甚深，因此度支部命令各省整顿厘税，详议规费如何裁革。③另外，由于盐务陋规清除与否直接关系到盐务整顿的成败，因此对于各省盐务陋规度支部也极为关注。④

在度支部的严密饬令下，东三省清理财政局拟定了清查规费的方法、并设法清查各署局所的规费款项。

规费的清查关系到公费的确定，进一步关系到预算的制定，因此，奉天清理财政局拟定了查明规费的方法。根据清理财政章程第二十七条规定，在官俸章程未经奏定之前，除督抚公费由会议政务处议筹外，其余文武大小各属及局所等处应由清理财政局调查各处情形，一面禀承督抚及度支部酌定公费，一面提出各款项规费，除津贴各署外，概归入该省正项收款。鉴于此，东三省正监理官熊希龄上呈总督，提议遵照定章切实调查，一面酌拟公费数目，一面严饬各属将所有各项规费据实报

---

① 《吉林巡抚陈昭常奏遵旨并议御史赵炳麟等请定行政经费折》，宣统二年九月十三日《政治官报》，折奏类，第9页。

② 《严饬化私为公》，1909年1月27日《大公报》。

③ 《度支部寄各省监理官公函二》，第98页，度支部编：《度支部清理财政处档案》（清宣统间铅印本）。北京图书馆影印室辑：《清末民国财政史料辑刊》第1册，北京图书馆出版社2007年版，第233页。

④ 《严查各省盐务陋规》，1910年6月2日《大公报》。

明，悉数提出，然后由清理财政局核明汇呈督抚。[1]虽然监理官札饬各属呈报，并且部章为"免瞻顾而祛隐饰"，声明在未定公费以前规费因事属相延不咎既往，但奉天省各署并未能据实陈明，报称无规费者反居多数，并且还有干脆不呈报的。各署声称无规费纯属虚言，因为凡属未经立案而私收私用之款都是规费，而这种款项在奉天省各府厅州县非常普遍，如各属造报的三十四年册报中钱粮盈余、粮票规费之类都是规费，现在又称没有规费，岂不自相矛盾？实属不实不尽。针对于此，监理官再次声明"不敢以不肖之心待人，苟非有重要事件，决不侦员四出，致形滋扰"，但要借鉴东西各国财政通例，将收支各款向国民公布，以期能收弊绝风清之效。因此，议定办法，由"监理官将各府、厅、州、县暨各税捐、盐厘局所报规费分别列表，其虽报无规费，而三十四年册报所载之款，其性质确为规费者，亦为详细列入，一面登载东三省日报，一面移行等处，裨众周知。如于列表之外仍有私收之款，准由地方绅民随时控告，庶贤者借以自明，而隐匿者亦因之自警。其未经报到各署、局，仍由财政局迅速行催，俟报到，再行续编"。[2]清理财政局是要借助舆论和士民的力量清查陋规等规费。

清理财政局对规费进行了清查。奉天存在大量由经征局于正税及经费之外征收的以供局用的各种局费，此项收入全以留局办公为名并不起解，因此奉天清理财政局认为此项收入与规费无异，不得由税局自为征收，应该革除。[3]吉局通饬各属将所有出入款目以及杂收等项清理明晰分缮四柱清册报局以便清理。针对各属呈报之件多有含混取巧之处和旗属各署隐匿捏报的情况，吉局除严格驳饬外，又将注释表式若干份咨送旗务处，让其转饬所属各旗署，将出入正款以及各种陋规、杂收、津贴、

---

① 《为东三省清理财政呈东三省总督文》（1910年），周秋光编：《熊希龄集》第2册，湖南人民出版社2008年版，第251页。

② 《为酌定各署局公费饬据实报明各种规费札》（1910年），周秋光编：《熊希龄集》第2册，湖南人民出版社2008年版，第243—244页。

③ 奉天全省清理财政局：《划分国家税地方税说明书》，第10页。中央财经大学图书馆辑：《清末民国财政史料辑刊补编》第7册，国家图书馆出版社2008年版，第328页。

心红等项数目遵照表式上的注释进行填注。①该局以统税局经收斗税向有盈余，并且税契照纸每年可收钱十四五万吊为由，并不报部，因此拟将此款化私为公，为民政司加养廉银3 000两，公费2 000两，度支司加公费12 000两，其余各司道每季应领公费也按照十成库平支发，免扣一成。②鉴于黑龙江省征收租税正款，有经费杂费等名目，此外带征之款还有火耗、补平及头底票等各种规费，而此种收款又有被全数截留的，有除开支外余则节省的，还有先提若干解省余则开支的，规制分歧纷繁复杂，并且相沿日久百弊丛生，以致有尽数开支及挪用正款之弊。鉴于此，副监理甘鹏云呈请江抚将经费等名目一律剔除，将所有征收数目统作起解正款，各税局款项一律作正开销，③使款目不至于混淆而积弊亦可杜绝，规费自然也就得到清理。宣统二年四月，黑龙江省各项税捐票底钱都被裁革。后清理财政局又建议将租赋中征收的票底钱，如呼兰府的网场课加收耗羡补平、大通县的晾网租加收票底钱、安达厅的草城大小租补收底钱等一概免收以纾民困。④

清理财政局还将陋规等规费另立册表。在议定报告册式及方法后，鉴于各衙署局所学堂等处的陋规各费造报不齐，奉天清理财政局将已报者提出另立一册，等全部调查后再进行汇编，便于观察全省正收正支之外还有多少规费，以凭清理。后监理官与度支部商定季报收支册式，决定将亩捐、警学杂捐和一切规费另列一类，以示区别。⑤吉林省清理财政局因司处向有陋规平余等项，拟另册报部，但清查不易迟迟未能上报，熊希龄不得不请吉局先将此项收支总数迅速电示。⑥

在度支部的谕令和清理财政局的严查下，督抚司道也进行了自我

① 《清理财政进行之状况》，1909年9月16日《申报》，第2张第3版。

② 《吉林财政详志》，1910年8月19日《大公报》。

③ 《改良收支税款》，1910年6月23日《大公报》。

④ 黑龙江全省清理财政局：《黑龙江全省财政说明书》卷上，第3页。中央财经大学图书馆辑：《清末民国财政史料辑刊补编》第1册，国家图书馆出版社2008年版，第178页。

⑤ 《告知季报收支册式致吉林黑龙江财政局电》（1909年12月13日），周秋光编：《熊希龄集》第1册，湖南人民出版社2008年版，第593页。

⑥ 《就陋规平余等事致吉林财政局电》（1910年1月14日），周秋光编：《熊希龄集》第2册，湖南人民出版社2008年版，第8页。

清查，将部分规费化私为公。但是在化私为公的同时却都为自己留了余地。

吉林巡抚将部分陋规所得化私为公。吉抚陈昭常到任后将木税项下的陋规款项化私为公。①

吉林各任度支使也将该司陋规款项有条件地化私为公。陈玉麟于交卸前将该司陋规和盘托出，请公署一概化私为公，拨充各项新政之用。陈玉麟选择在交卸前将该司陋规款项化私为公，不知是否忌于离任时的交代。陈玉麟化私为公的款项包括：斗税，全年除额征外余钱17万吊，其中包括斗税报销应需部费银约600两；各属大小烧锅票费共收银1 200两；核销事件摊解费共存银1 200余两，钱4 000余吊；烟酒木税提扣一成工食项实存银5 300余两；司库经收各属批解地丁杂税及田房税契耗羡等款时所收平余银每年5 000余两，钱6 000余吊。总共提存归公银7 700余两，钱18万余吊，加平余岁增银5 000余两，钱6 000余吊，按官价共约合银七万数千两。②但在将规费化私为公的同时，陈玉麟还为司署服役人等的工食津贴及提赏奖励费用作了预留，"本司管理部分尚有当帖一项，请领时向缴公费银三十两，岁可收一二百金；又税契一项，每尾一张解司中公费吉钱一吊五百文，岁计可收中钱数千。此二项约在千金左右，拟请准留此款作为司署一切服役人等工食津贴及提赏奖励之用，以免难乎为下之疑"。③督抚则以当帖契纸规费无多为由，准留作津贴赏耗之用。

有陈玉麟的先例，其后继任的两任度支使办法如出一辙。署理度支使黄悠愈在陈玉麟的基础上进一步"据实直陈，化私收为公用"，将税务处犒奖在事司员及津贴各分局伙食杂费的罚款、票底钱两款呈报，但只将饷捐罚款银5 932.0635两、钱92 074吊又70文提归公用，而将"票底两项总局所收者，拟请援照当帖契尾原案仍旧作为员司年节犒赏，但须将收支数目按季呈报宪署，以资考核。至外局截留票底罚款亦请毋庸

---

① 《化私为公之两大款》，1909年10月7日《民吁日报》，第2页。

② 《度支司详化私为公积存各款请立案文并批》，《吉林官报》第15期，公牍辑要，第2—3页。

③ 《度支司详化私为公积存各款请立案文并批》，《吉林官报》第15期，公牍辑要，第2页。

提取，仍留为员司津贴并各项杂费"。[1]该司使同样在化私为公的前提下预留一部分款项，让私费的存在在"示体恤而励廉隅"的名目下变为合情合理。后经督抚批饬，将所有现存饷捐罚款银钱及以后无论何项一切罚款悉行存库，归作公用册报，不准私挪。至于署司陈请预留部分也邀得督抚允准。之后继任的徐鼎康也把津贴司署之款化私为公。其款目有四项：一为斗税工食，即截留斗税一成工食，宣统元年共截留八万零九百九十七吊五百一十五文，自徐鼎康到任后即扫数归公，比元年岁增钱八九万吊；二为契尾工本，按照该司使的估计，该项契费每年可增出钱24万吊；还有为数不多的勇饷扣建和典当帖费。以上四项每年约得六七万两。[2]但是徐鼎康并非将契尾工本费全数提归公用，而只是提了其中的一部分。因为每契尾一张收钱十吊，十吊之内提解工本钱三吊，由司核收二吊作为纸本及司署服役人等一切工食津贴及提赏奖励之需，自余一吊为公署印发经费；其余七吊则以二吊给予代卖绅者，二吊津贴分局，总局截留三吊备充公用及员司勇役的津贴犒赏。徐鼎康是将契费中解公署一吊及津贴绅者与各分局的四吊仍旧办理，司署工本仅暂提刷印工本钱二百文仍须实用实报，所剩余四吊八百文才全数归公。

可以看出，各任度支使在化私为公的同时都为自己留下了余地，并且度支使都是向督抚陈请立案，督抚司道的利益当然有相关之处，有些规费的存在就是督抚见好于僚属、僚属孝敬于督抚的结果。因此，督抚无一例外地批准了度支使预留款项的请求，让部分私费的存在变得合情合理光明正大。

东三省对规费的清查有所成效，使得一部分的陋规私费得以显现。奉天清理财政局在电致度支部财政处时称奉天省"各府、厅、州、县规费，现据呈报数目，已有沈平银四十七万六千二百一十五两"[3]，若各属报齐应该还会更多。黑龙江巡抚更是在奏折中不无溢美邀功地称"已将

① 《度支司详税务处尚有罚款票底和盘托出文并批》，《吉林官报》第23期，公牍辑要，第2-3页。

② 吉林全省清理财政局：《吉林行省财政利弊说明书》。北京图书馆影印室辑：《清末民国财政史料辑刊》第4册，北京图书馆出版社2007年版，第510-511页。

③ 《为州县设佐治员堂宪事致度支部财政处电》（1910年4月29日），周秋光编：《熊希龄集》第2册，湖南人民出版社2008年版，第55页。

全省正杂各款及各种陋规杂费一律搜剔净尽，涓滴归公"①。规费的清查不仅使私费公开化，也有利于整顿吏治，减少侵渔等弊。而将私费化为各署公费也有利于各署的有效运行。

但规费的清查并不彻底。在督抚司道等的化私为公中也只是部分私费的划归公用，并有意进行敷衍，所以其中还有为数较多的款项被隐匿。

陋规等规费直接关乎官吏的私收，让其涓滴归公不啻虎口夺食，何其难哉。"官场者一陋规之官场也，上官取之下属，下属取之百姓，公费一而陋规百，廉俸一而陋规千，声色狗马之奉莫不于陋规乎是赖，故作官之目的在发财，发财之源泉在陋规之种类甚多，陋规之门径甚秘"。②虽然度支部表示各省将陋规等私费化私为公之后会酌定公费、优加督抚俸薪以资养廉并作为剔除陋规等费的补偿，以保证各省衙门局所的办公开支，想以此来解除各省的后顾之忧、瞻顾之路。但是如果确定公费，其数目定会远远少于私收之数，并且即使定有公费，公费款项的支用将会受到中央的限制，远不如外销和规费的使用那样自由。锡良竟声称奉天与内省情形有别，因为自改建行省后省城督抚司道均为新设官缺，各衙署并无丝毫规费，所以无须调查。③显然不是实话，而是在敷衍度支部，阻止对规费的清查。

陋规清查不易，还在于其种类甚多、门径甚秘，不仅查不胜查，更是查无可查。陋规的清查之难，使得舆论感叹，"使泽公而果能清查陋规者，中国之治不远矣"。④规费的清查如此之难，无从下手，度支部尚书与枢府也已认识到各省督抚及道府州县隐匿私征的杂税杂款为数甚多，不便一一详查，拟请通发廷寄，饬各督抚及府州县自行检举和盘托

① 《江抚周奏清理财政局依限编成本年春夏季出入款项报告册折》，1910年2月24日《盛京时报》，第3版。

② 《时评·官场之陋规》，1911年8月8日《申报》，第1张第6版。

③ 《东督锡奏陈明奉省总督司道原定公费并请酌加民政使廉费折》，《甘肃官报》第48册，宣统二年九月第4期，第11页。

④ 《时评·官场之陋规》，1911年8月8日《申报》，第1张第6版。

出。①但此无奈之举未免太过天真，结果也是可想而知。

并且此处化私为公的"公"只是相对于督抚司道官员原本的私收而言，"官吏额外之收入有若陋规、有若中饱、有若浮收、有若侵扣。美其名曰出息，质言之则藏私而已。今因清理财政令各衙门将每年进款如以上各项和盘托出，即将所报之数定为公费，而向所视为不法之藏私遂一变而为正当之酬报。评者曰是之谓化私为公"。②如吉林度支使徐鼎康在将津贴司署之款化私为公之后，吉抚立即奏请照章将公费另行核定，请将吉林省原定公费由九成核发改为十成支放，并将各司养廉、公费增加，统共每年增出银27 960两，刚好可以以度支司归公津贴之款拨抵。③而此处的民政司、度支司养廉和公费也只是各司使的个人收入。即使对规费进行清查，中央亦无法得到所求之果。

二、行省与府厅州县

（一）省与府厅州县的隔阂

在财政管理上督抚对各府厅州县的控制力不能被过分夸大。在清末清理财政的过程中，东三省督抚与各府厅州县官之间因固守"权""利"而在清查外销和规费的过程中展开了较量。

清朝州县官吏在财政上有一定的权限，并在暗地里能逐渐扩大已有的权限形成相对独立的利益，这是由清朝的赋税征收制度造成的。在清朝的赋税征收中，税额的总量是由中央制定，但其征收过程却基本由各省来完成，更具体地说是由各州县实现。不过从征收到运送至藩库部库所需费用甚多，"包括经征人员的开销、票据规费、款项或米粮的包装、银两的倾铸损耗、钱粮的运输等"，④这一部分成本在征收的过程中又都加入税率之中，但是这些费用完全由各地自定，国家没有统一的规定。因此，这就成为州县官吏浮收中饱的利薮，成为州县衙署办公经

---

① 《议饬检举隐匿私款》，1909年9月20日《大公报》。

② 无妄：《闲评二》，1010年7月27日《大公报》。

③ 《吉林巡抚陈昭常奏拟定巡抚司道养廉公费折》（宣统二年七月十六日），吉林省档案馆，吉林省社会科学院历史所编：《清代吉林档案史料选编》上谕奏折，1981年，第231—232页。

④ 周育民：《晚清财政与社会变迁》，上海人民出版社2000年版，第16页。

费等的重要来源。为了应付应完成的赋税任务，并为新政中地方事业的兴办提供资金，各州县就在正税之外加收加征。这其中到底有多少外销和陋规被隐匿，督抚司道也是无从得知。"督抚绾一省疆符之重，而于最紧要之财赋其盈虚舒疾之数尚懵然无所知；即藩司握财赋之全权，而红绳所束簿书山积，亦不能约其总核之实在"。^①一方面说明清朝的财政确实是混乱不堪，另一方面也说明了督抚藩司亦无从确知该省的财政实情。按照清朝税收制度，州县没有自行征税之权，但到清末，各州县也都自行筹款，征收各种杂捐杂款，^②即是说州县已有征税权之实。在这个基础上，州县的独立利益也就形成。

东三省督抚对财政的掌控受到州县固守利益的挑战。如东三省的田房税契盈余归各地方官征收，报解者寥寥无几。^③虽由徐世昌进行了整顿，重订章程，酌留一部分为地方官办公之用，余皆一并解交司库，即整顿也是在部分承认地方官利益的前提下进行的，但是之后的报解还是存在不实不尽之处。黑龙江巡抚周树模也抱怨，"各属自筹自用之款向不报司，尤为私弊所丛"。^④即各属存有向不为督抚及度支使所知的外销等私密款项。

因为"权"和"利"的固守与争夺，清查与隐匿的游戏由此上演。

（二）清查

州县外销和规费，特别是陋规的清查不仅关系到财政确数的调查，还关系到州县公费的确立。州县官为亲民之官，责任甚重，他们的办公费用应该得到制度性的保证，而并不能仅仅凭借私收的规费。他们与民众的关系最近，因此，他们的盘剥民众感受最切，也最容易引起民变风潮等。因此，州县外销和规费亟宜整顿。

州县为一省财政的初基，其出入款目更应该通盘查核，因此度支

---

① 嘉言：《论监理财政机关之必要》，1910年10月4日《申报》，第1张第2版。

② 彭雨新：《中国近代财政史简述》，《中国经济史论文集》，中国人民大学出版社1987年版，第417页。

③ 徐世昌：《东三省政略》卷7，吉林省，第1页，总第4613页。

④ 《江抚周奏清理财政局依限编成本年春夏季出入款项报告册折》，1910年2月24日《盛京时报》，第3版。

部严格饬查州县外销和规费。州县各项规费以钱粮为大宗，傜税次之。规费有有定之费，有无定之费，且例征规费之外还有单费、柜费等名；而差傜一项则有大差和常差、有额和无额、出钱和出夫之别。总之，名目繁多，亟宜清查。度支部通饬各省速将所属州县陋规等规费私费进行清理，一律归公；查明州县各缺肥瘠分别酌加津贴；并将昔日所有对上司的供应一律裁去，确定公费。但各省并未完全遵办，"多有未据实行者"①。地丁钱粮为大宗入款，度支部还电致督抚督饬所属各州县将光绪三十四年八月起的所有丁地钱粮，无论已结未结都要造具清册和详表迅速报部存查。②度支部还责成监理官对府厅州县的出入款目进行详细调查，要求按照该部所开各款参酌地方情形逐一开列，为匀给州县津贴、酌定外官公费做好预备。杂捐最易滋生弊端，如滥收、侵蚀、中饱、陋规等，从而也最易产生外销规费款项，因此度支部格外关注。为剔除各省隐匿私征杂捐，该部决定于宣统二年正月起由监理官将各府州县的一切学捐、警捐及各地方杂捐核清开支数目刊列公表悬张各处，其未列公表的捐款及有关不实之处，准各议员、绅商、乡民等据实禀揭究查惩办以杜绝中饱积习。③鉴于调查地方杂捐为稽核正税及清理地方用款最重要的基础之一，度支部尚书又一次通行监理官饬查，要求将其分为官办、商办两类，并把开办年限、抽收数目和支销情形等详细造册送部。④虽屡次通饬各省详细查报，但遵办者寥寥，因此度支部不得不厘订调查地方杂捐表颁发各省要求一律按表切实调查，并勒令其限期复报。其表包括征捐的年月、征捐的原起、征收的数目、征收的开销四部分。⑤总之，度支部非常重视对府厅州县外销和规费的清查。

东三省督抚也设法调查州县外销规费。总督为清理财政，了解各府厅州县的财政实情而不受蒙蔽，就要将各衙门所有规费查核清楚，所以派员前往各府厅州县调查每年征收地亩赋税及折价、扣秤、盈余等各项

① 《电饬清查陋规》，1909年2月14日《大公报》。

② 《饬报地丁表册》，1909年5月10日《大公报》。

③ 《宣布公捐表之时期》，1909年11月28日《大公报》。

④ 《通行稽查杂捐》，1910年4月6日《大公报》。

⑤ 《议厘订调查地方杂捐表》，1910年5月25日《大公报》。

规费，并要求逐一详注清册呈报到署，[①]以便转送清理财政局核夺。吉林巡抚也派员调查各属岁收情形，包括平余、陋规、盈余等项。接到上谕豁免州县摊款改定公费，但只有详细调查各属进款才能量其缺分而定等差，所以吉抚派员分赴各属查明其每年收大租若干，有无他项平余，收各项税捐若干，此外有无别项陋规及是否呈报有案等等。[②]该抚当然也知道各府厅州县从前不无隐匿私征税款等事，在派员清查的同时也督饬并警告各地方官如有私款需自行检举和盘托出，才能免予议处，否则一经查明或被告发定将严参不贷。[③]他还借宾州厅长官将厅署岁入盈余禀请提充公用的机会，由公署通饬各府厅州县迅速将各该署岁出入款项实数及有无盈余等情况和盘托出，以便区分地方繁简而议给公费。[④]为方便清理财政局人员调查各衙门局所出入各款及一切规费，督抚通饬各属谨遵部章，"务即据实报出并检阅真切簿据赶日移送俾资清理，"据实呈报，不然"稍有抗延隐饰情事，由局查明呈报本大臣、署院，惟有遵章办理。宪政所关例限綦迫，断不能稍从宽假除"。[⑤]督抚也是想尽办法，既派员调查，又责成各府厅州县自行清查，并严格惩处，以期彻查府厅州县的外销和规费。

清理财政局也多方清查州县外销和规费。一方面是迭次通过督抚通饬各府厅州县将一切陋规等名目和盘托出。虽然清理财政局非常重视对州县外销和规费的清理，但州县款目纷纭复杂，"非再切实清查未可遽言真相"，清理财政局将部定应查出入各款目抄单令各州县遵办，"迅将光绪三十四年出入款目分别造具表册据实列报，不得笼统含混，亦毋稍玩延欺饰。统限文到一月内专差申送来局以凭核办，倘敢饰延定干未便"。[⑥]宣统元年七月九日，吉林清理财政局札饬各属照发给的表册填

---

① 《派员调查征收各款》，1910年7月19日《盛京时报》，第5版。

② 《委员各属捐税》，《吉林官报》第10期，政界纪闻，第2页。

③ 《抚宪清查私款之通饬》，1911年4月21日《盛京时报》，第5版。

④ 《饬查岁出入盈余款项》，《吉林官报》第16期，政界纪闻，第1页。

⑤ 《督抚宪通饬为财政局已经成立所有通省一切款目自应派员详细调查以凭咨报》，《吉林官报》第19期，公牍辑要，第7页。

⑥ 《财政局清查各属款目》，1909年9月23日《盛京时报》，第5版。

报，将进款和盘托出，①这也包括外销规费等款项，但各处遵办者无几。在吉局看来，各府厅州县固守私利已成习惯，并且不信任清理财政局，把该局所谓的开布之诚、不追既往视为诱饵，所以讳莫如深。因此，吉局通过督抚通饬全省局署须将公私款项一律从实详报，并声明"本局既有清理之责成，即有调查之义务，与其将来委查终归败露，何如自行报出，化私为公。况部颁章程内载饰报及隐匿者查实奏参，各省局如代为徇隐亦干议处等因处分綦严，本局未便代人受过，务望查照前次公牍事理一体遵办，千万毋稍违延"②。希望各属能忌于严厉的惩处而自行清查。黑龙江清理财政局为调查各府厅州县的规费还制定《黑龙江省某道府厅州县规费一览表》，共六项，第一项为种类，包括禀准截留之款、禀准自收之款和未禀准自收之款三类；第二项为缘起；第三项为征收惯例；第四项是实收之数；第五项为用途；第六项是合计。③黑龙江清理财政局以期通过此表对规费进行详尽的清查。

另一方面，清理财政局派员进行实地调查。为了调查各州县款目，东三省清理财政局办事通则作出规定，特别调查员遇有出省调查时，"对于各府厅州县应查款目如查有欺饰情等应据实禀局，如果扶同徇隐照清理财政章程第九条办理"；并严格规定，"出省调查员须遵部章，所历各地方不得丝毫需索，违即重参"。④清理财政局还派员前往各府厅州县调查每年征亩税若干，除缴正税外能剩盈余多少，⑤待调查清楚即将该盈余款项提局归作正款报部。

（三）成绩

在督抚和清理财政局的督催下，府厅州县也进行了自我清查。他们奉札调查款项并造送各种册报，包括外销和规费，亦非常忙碌，有些能将外销款项开报列销。

① 档案号：39-1-29，吉林省档案馆藏。

② 《吉林清理财政局为通饬通省局署将公私款项一律从实详报的函》，档案号：39-3-74，吉林省档案馆藏。

③ 《黑龙江省某道府厅州县规费一览表》，档案号：45-1-103，黑龙江省档案馆藏。

④ 《东三省清理财政局办事通则》，档案号：39-1-1，吉林省档案馆藏。

⑤ 《派查各地方官盈余款项》，1910年5月21日《盛京时报》，第5版。

府厅州县的清理财政工作也相当繁琐。如新民府清理财政的过程中，所有款项以至细微之处都须详细注明。该府应查项目包括：人员廉费，须将员数、月支廉费单数等注明；夫役工费，要将名数、月支工费单数注明；零雇工役，要将名数、每日工费单数注明；伙食，要将等次、员数、每员月支单数注明；物品，要将件数、每值平均约计单数注明；邮电，则要将次数、每次税金注明；电话，要将座数、每座月支单价注明；服装，还应将件数、每件单价注明；刊印，要将枚数、每枚单价注明；电灯，要将灯数、每灯租单注明，如果用电表还要将每日早晚度数注明；牲畜喂养，则要将正数、每月每正料数料价注明。就连秫秸、煤炭和灯油等也都要将每日消耗及单价等详细注明。[①]款项调查甚为繁赜，其他州县情况相似。

州县清查账目、造报正杂各款报销册、按季按年造报收支册等，工作繁杂异常忙碌。以新民府为例：该府迭次送到奉天清理财政局的各种札饬，如从速将光绪三十四年及宣统元年春季收支册造送、[②]将三十四年关于巡警、卫生、学堂、习艺所等各项账目分类呈报、[③]将光绪三十四年及宣统元年春季夏季正杂各款报销一律限七月底造册呈报等。[④]迭奉札饬，府署及各局所也因清理财政一事未便延宕，并且期限又极为迫促，所以自长官以至司员均异常忙碌，"珠算声、核对声达于户外，甚至有终宵达旦者"。[⑤]经过该府管知府协同员司日夜在办公处赶造，穷两月之力才把有关清册造报完毕，共有七八百本之多，呈送调查局、督抚和清理财政局等。报刊称其内容"甚为完备，闻勘作全省之模范"[⑥]。其他各处，如开原、辽阳、铁岭等衙署亦是忙碌异常。[⑦]为了册报的顺利按时造

---

① 《清理财政之繁赜》，1910年5月24日《盛京时报》，第5版。

② 《清理财政之起点》，1909年7月8日《盛京时报》，第5版。

③ 《清理财政之起点》，1909年7月31日《盛京时报》，第5版。

④ 《清理财政之繁难》，1909年8月24日《盛京时报》，第5版。

⑤ 《清理财政之忙碌》，1909年9月7日《盛京时报》，第5版。

⑥ 《清理财政告竣》，1909年9月21日《盛京时报》，第5版。

⑦ 《填造出入款项表之忙》，1909年9月11日《盛京时报》，第5版；《造报清理财政册》，1909年9月12日《盛京时报》，第5版；《造报财政册之忙迫》，1909年12月22日《盛京时报》，第5版。

送，各府厅州县在清理财政局的要求下派员到省造具表册；^①个别州县还借助绅董清理财政。长春府何太守谕饬薛景洲等绅董调查该城各局所账簿，以便裁减糜费清理财政。绅董们也不负重托，查得巡警局有浮费无着款项，包括屠兽场捐钱及道沟罐牛检查费账簿不符之处共24 070吊有余。^②

部分府厅州县还将外销款项开报列销。黑龙江省肇州厅奉清理财政局的札饬将光绪三十三年所有已销未销各款开单呈报，除开列呈报在案的已销款项外，该厅还开列了未经呈报的未销款项，即外销款项，如收内城街基底票钱一千三百四十八吊六百八十四文；收附郭荒地底票钱一千零七十四吊八百一十二文；七区巡警用款四万七千三百一十一吊九百三十四文，^③请求列销。塔城子分防朱历经因修署亏款甚多，禀请督抚由夹荒加价进行弥补，并邀得督抚允准将该城附近夹荒所加之价免于报部，以为挹注。因此，该分防将一分耗羡截留弥补亏款，并不在禀准之列。该分防奉清理财政局札饬将此款项开列，"所有光绪三十二年分共放出夹荒实荒二千一百四十五晌一亩五分，收加价银六百四十三两五钱八分七厘九毫，一分耗羡银三十两零零三分二厘一毫"。^④另外，兰西县也将收支规费表完成后送到局。^⑤

总之，在督抚及清理财政局的通饬及清查下，再加上各府厅州县为各种目的而纷纷和盘托出化私为公，并把外销款项开单列销，府厅州县外销和规费的清查还是取得一定的成绩。

（四）问题

清查府厅州县的外销和规费，虽然取得一定的成绩，但问题也很多，

---

① 《荣笔政进省》，1909年11月30日《盛京时报》，第5版；《长岭县为遵札委派佐治委员赴省造具收支表册的详文》（宣统元年九月二十日），档案号：39-5-3，吉林省档案馆藏。

② 《清理财政之效果》，1910年12月10日《盛京时报》，第5版。

③ 《肇州厅呈为报光绪三十三年所有已销未销各款开单呈报由》（宣统元年十月十一日），档案号：45-1-68，黑龙江省档案馆藏。

④ 《塔城子经历呈声覆禀准夹荒加价弥补修署亏款年月暨光绪三十二年宣统元年放出夹荒收进加价耗羡银两数目由》（宣统元年九月十七日），档案号：45-1-68，黑龙江省档案馆藏。

⑤ 《兰西县呈覆收支规费表业已填送请查核由》（宣统二年六月二十五日），档案号：45-1-103，黑龙江省档案馆藏。

如化私为公和盘托出中的折扣，此外，还存在有意的隐匿、敷衍和延宕。

首先，府厅州县在督抚及清理财政局的通饬下将外销等私费和盘托出、化私为公的同时也努力变相地维持了自身的利益。禀请将衙署盈余悉数归公、改定公费已然成为"县缺升降之机"[①]。即州县官充分利用清理财政的机会，投上级之所好，以禀请化私为公作为升迁之机。

很多府厅州县上禀的将公私款项和盘托出、将私费化为公用的呈文中都充分运用了语言表述的技巧，使得既已完成任务，又维持了自身的利益。如宾州厅主动禀请将厅署盈余各款悉数归公改给公费的呈文就充分体现了这一点。在清末的奏折禀文中"惟"字的运用很多，也颇值得玩味。宾州厅的禀文中也有"惟"的运用。在"惟"字之前，厅署长官表明化私为公的决心，将所属私入之款列出，共有三种，包括杂税盈余，每年可收16万吊；税契饭银，每年可收银10 000两，添办当契后每年可多收银6 000两；小租余款，每年可收钱14 000余吊。统计每年可收实银48 000两左右，即可以和盘托出之款共48 000两左右。"惟"字之后，文意峰回路转，接着就是请款，"惟宾厅地居冲要，政务殷繁，年需用实银一万五千两，拟请宪台发给成数以资公用而免枵腹"；"惟宾署各房向无薪津积弊难清……拟将各房分为民政、学务、度支、农工商四科，各设科长一人及书记若干名，慎选用人分任职事。其班役一项年得役食甚微，现如催租赋、传文报等事极为繁琐，拟汰弱留强，酌设差遣队二十名，一律发给工食，俾免滋事。以上薪工两项年须开支银九千余两。"[②]即连同该署公费须银23 000余两，再除去摊款银5 000余两，之后所呈化私为公之款项就只剩下20 000余两了。督抚批准了该厅呈请由度支司酌给公费，但对于禀请将岁入盈余由厅截留作为审判厅费用一项表示还应妥议而宛转拒绝。如果连这也答应了，估计和盘托出之款都不够所请之款。

吉抚借宾州厅将私入和盘托出之际饬令各属一律照查办理，各属

① 朱衣点纂，郑士纯修：《民国农安县志》（民国16年）卷6，第35页。
② 《宾州厅禀请将厅署盈余各款悉数归公改给公费文并批》，《吉林官报》第14期，公牍辑要，第4—5页。

也先后援案办理。如双城厅通判奉札后将私入之款开列，包括"杂税余款中钱七万六千五百三十九吊，合银一万五千三百两零；税契饭银二千两，又改章后预计一年约可加银二千两；小租银八百七十余两"，①总计私入可得银20 300两有余。而支出则包括通判署内一年私用银，如各项薪水、工食、杂费等共银11 260余两，再加上摊款银和意外支用费14 000两，出入相抵盈余银5 000两。该通判将此盈余银5 000两化私为公，但请自宣统元年六月起所有该厅税款及大租收数每年除摊款外，要拨归厅署实银14 000两，将余下之数归公，即厅署每年14 000两实银的收入名正言顺地有了保障。

宾州厅、双城厅清查的技巧随后就被各属相继学习沿用。绥芬厅在接到通饬后亦援案办理，将盈余各款和盘托出，包括每年所收牲畜木税额解外的余钱40 000余吊、称课额解外的余钱610余吊、田房税契多收钱5 000余吊和三岔口银圆余利8 000余吊，统共岁入约钱六万三四千吊，银七八百两。②但声明该厅可以化私为公的盈余款项应该是将官厅收入除去摊捐各款和署中用款。此外，该厅征收钱粮大租向有票钱底钱等名目，每年可收1 000余吊；税契官纸常年可得2 000余吊，此两款项要被用作厅署书吏的办公工食。长春府在将统税局所收饷捐、山海、斗税、烟、酒、木、桑股所附收的底票、贴水、斗夫钱等从前或未具报或收多报少之款和盘托出之时，亦请以此款弥补局中上下伙食，并邀得允准。该府还请酌加统税局薪工，吉抚鉴于额定新章薪工一项已较前增多，并且各局薪工每银一两都是照中钱三吊三百文核发，该局未便独异，所以予以驳斥，但给予通融，准其将应加体恤之处由随时所收杂款的盈余项下酌量提给。③

可以看出，不论是主动的陈请，还是被动的应对，各属的办法如出一辙，使得和盘托出、化私为公大打折扣。

---

① 《双城厅禀报私出私入各款和盘托出请示遵文并批》，《吉林官报》第18期，公牍辑要，第2-4页。

② 《绥芬厅禀盈余各款和盘托出文并批》，《吉林官报》第23期，公牍辑要，第1-2页。

③ 《督抚宪批长春统税局禀接办统税沥陈下情开折呈请示遵文》，《吉林官报》第22期，公牍类，第3页。

其次，州县隐匿收支，敷衍抵制造报，导致册报错误、简而不详，不失之无，即失之略。

奉天省清理财政局屡次札饬各属详造真实簿据送局查核，但各署所造簿册多有含混之弊。临江州送到的册报不仅含混隐匿，而且月出月入竟无丝毫盈亏，①作假到如此明显之程度。洮南税局因奉清理财政局札饬将私收规费和盘托出，经知府饬由坐局委员岳树声自行检举将宣统二年以前所收规费和盘托出，共计银2 400余两，并经该知府具报有案。但咨议局据洮南府城厢议事会称，该府税捐局委员存在舞弊之处，税捐局所呈规费数目严重不符，②督抚不得不饬令度支使派员前往洮南调查各商簿据逐款核对。当度支司饬令将陋规和盘托出，新民府署及儒学经历各衙门长官竟称各衙门陋规经前任沈叔瞻和管洛笙先后革除，现已并无陋规。③各府厅州县对清查明显存有故意隐匿和抵制的成分。

吉林省也遇到同样的阻力。吉林省在光绪三十四年曾将三十三年各属公私出入款项款目调查一次，但各属填报"互有异同，出入数目未必尽实"④。以长岭县为例，吉抚札饬各属将宣统元年春夏两季出入各款按月按款遵照详细清册加其总表，并查明有无陋规等一并据实罗列申送，该县县令竟称该县为新设并无别项陋规；⑤在代造前知县宣统元年五至十月的报册中，缺少公费、讼狱二项细数清单，也没有将正、五、十、冬、腊等月比较表错误之处声明原因；⑥清理财政局虽严饬将光绪三十四年出入各款分别造具表册据实列报，并要求必须将各款沿革源流随案声叙，但该县令称该县设治未久无卷可稽，只能将自设治起至年底止所有

---

① 《东三省要政汇纪》，1909年8月30日《申报》，第1张第4版。

② 《奉天咨议局记事·洮南府城厢议事会请议税捐局委员舞弊一案回批》，宣统二年十二月十日《盛京时报附张》第68号。

③ 《清查陋规》，1910年2月18日《盛京时报》，第5版。

④ 《督抚宪札饬度支司将光绪三十四年吉省岁出入总数查案造表并拟调查各属公私各款办法呈候核定文》，《吉林官报》第22期，公牍辑要，第1页。

⑤ 《长岭县为遵送光绪34年至宣统2年分收支各款表册的详文》（宣统元年八月十五日—宣统三年一月二十二日），档案号：39-5-2，吉林省档案馆藏。

⑥ 《长岭县知县为遵照批饬代造曲前知县宣统1年5至10月报册请鉴核的详文》（宣统二年六月五日），档案号：39-2-33，吉林省档案馆藏。

收支各款造具报告表。该县的种种作为都遭清理财政局的批驳。吉局认为该县造送收支款目极其简单，历任造送到局之册未能适合体例，存在敷衍塞责之处；对该县令诿过于前任表示不满；认为该县竟对清理财政局的驳批不审复"实属藐玩"，"足见该县并各前任于此事漫不经心，而所谓统计员复不细心领会本局迭出批札文件，均属疏玩已极"。[①]不得已吉局令其另行改造。其他各属也无不如此，虽经通饬，迅速将从前所有隐弊和盘托出，但各属呈报之册概多含混，甚至驳不胜驳。按照度支部定章应将呈报含混之员报部奏参，但是针对驳不胜驳的情况，吉局不得不再申前令，通饬各属无论从前隐弊有多久、所得弊款有多少，只要将现时出入款项的实在数目赶造清册报局，前事即予免究，亦不追缴弊款。做出如此让步，但效果依旧不明显。各属送到清理财政局的季表"眉目既不清晰，款项且多混淆，均不合报部之用"。[②]

黑龙江省情况相似。如都鲁河矿务局称该厂厂事不旺款项奇绌，工人也寥寥，所收余平猪马税等项全年数量无几，即以作地开销经费以外毫无所收以充于规费。[③]虽经该省清理财政局迭次行催各处将规费表依限造送，各处已经陆续送局，但西布特哈总管，铁山、包通肯两协领，余庆、汤原两县令和呼兰、海伦、肇东、景星镇四经历还未将该管衙署规费造送清理财政局。该局于宣统二年八月十三日再次督催。[④]但海伦府经历、余庆县令还是坚称各署向无各项规费或并没有隐漏未报各项规费。[⑤]但清理财政局表示怀疑，仍令各署将规费表遵照原颁条例据实详报。十

---

① 《长岭县为遵送光绪34年至宣统2年分收支各款表册的详文》（宣统元年八月十五日—宣统三年一月二十二日），档案号：39-5-2，吉林省档案馆藏。

② 《长岭县为遵札委派佐治委员赴省造具收支表册的详文》（宣统元年九月二十日），档案号：39-5-3，吉林省档案馆藏。

③ 《都鲁河矿务局呈覆本厂向无规费相沿情形由》（宣统二年四月二十日），档案号：45-1-103，黑龙江省档案馆藏。

④ 《咨札各处将规费表如限造送以凭汇核》（宣统二年八月十三日），档案号：45-1-103，黑龙江省档案馆藏。

⑤ 《海伦府经历呈报本署向无各项规费碍难填列由》（宣统二年八月二十七日）；《余庆县呈覆本县并无隐漏未报各项规费由》（宣统二年八月二十九日），档案号：45-1-103，黑龙江省档案馆藏。

月八日该局再催景兴镇、余庆县、呼兰府造送规费表。景星镇和呼兰经历依然坚称没有丝毫规费。不得已，清理财政局只得批复，"异时如查有隐匿情节，惟该经历是问"。①面对于各府厅州县的有意敷衍，最后总显得清理财政局举措乏力无奈。

再次，州县的造报往往不能依限完成，延宕之处更是不胜枚举。奉天清理财政局札饬各府厅州县及各衙署局所将光绪三十三、三十四两年和宣统元年夏季各项出入款项逐细查明造具清册，于七月内呈报到局，而送到者仅承德、镇安二三处。不得已监理官又严催各署造具呈送，并提出警告，如再延宕定指名参处不贷。②吉林自设立清理财政局后迭经督抚通饬各府厅州县将一切陋规等名目和盘托出，而遵照办理者仅宾州、双城两处，其余大都含糊呈报。③

针对府厅州县的延宕，督抚及清理财政局也定章予以惩处。如光绪三十三、三十四两年应办民政、财政统计各表限期已满，而各属依限报送的却寥寥无几。东督据民政使详请明定功过，严定处分：逾限一月不复者记过一次，二月不复者记大过一次，三个月以上按月递加大过一次；其查报不实敷衍塞责者将酌量轻重记过撤参。其记大过积至三次或记过积至六次无功可抵的将撤任停委，以儆玩泄。而依限查报精确的则记功。④吉抚也札饬各属，所有三十四年奏销各款无论正杂均限至宣统元年三月底完清，四月内造送印白各项册籍以凭汇案办理。而通省各署延迟过十日以上，承办的现任官员记大过一次，罚银30两；过一月以上，记大过三次，罚银90两，再限十日造报，如果再迟，将被一面撤参一面委员守提以示惩儆。⑤并声明言出法随，绝不稍从宽假。吉林清理财政局

---

① 《景星镇经历呈覆现无收入规费无可填报并声明延迟情形由》（宣统二年十月十四日）；《呼兰经历呈为并无丝毫规费由》（宣统二年十月十三日），档案号：45-1-103，黑龙江省档案馆藏。

② 《清理财政局严催报销册》，1909年9月8日《盛京时报》，第5版。

③ 《清理财政纪闻》，1909年9月18日《盛京时报》，第5版。

④ 《东督锡札催各属填送民政财政统计表文》，宣统元年八月一日《北洋官报》，第8页。

⑤ 《督抚宪札饬各属赶造上年正杂用款印白各册文》，《吉林官报》第4期，公牍辑要，第1-2页。

认为临江州所报各款不实，予以记大过处分。①黑龙江省各府厅州县呈报征收租赋税契款项多有逾期，江抚札饬民政使转饬各属如有逾期不报将随时惩办。②

另外，省与州县的矛盾，在财权的争夺上，还体现在款项的请驳和截留，及财政支用的自由度上。

省规范州县用款。吉林省新设治的蜜山、依兰、濛江、长岭、大通等处设治经费由收存荒价项下动用，但蜜山等各府州县所收荒价"率皆借动无遗，印委叠更，亏悬累累，清厘弥补智力俱穷"。吉抚准劝业道呈请札饬各属"应支营缮活销等费均须详侯公署核夺批准，方许动支，如非报明批准有案，擅自开支及查有不实不尽，自应将在事各员分别参处，以示限制而昭核实"。③督抚司道严格规范了州县款项的动用。

州县请款，督抚多不允准。农安县知县禀称该县财政匮乏，因办新政经常各费常有不敷或没有的款，四乡警饷已欠发数月，学堂开办费多为赊贷，常年各款更属无着落。综计该县全年收入34万吊，而支出至43万吊，出入相抵，新政经费不敷之数达9万吊而无从筹措，不得不请款。但督抚却认为该县新政措施规模太过铺张、费用太多，"以一州一邑地方岁入款至三十余万吊之多，尚不敷钱近十万吊，较之大郡销费尚有过之"，甚至怀疑该县存在虚浮款项、位置闲冗等弊，因此谆谆教导地方官理财行政要仰体时艰撙节用款，核减支出，"惟有就地筹办，决不能由省补助"。④磐石县详请缓办地方化公费并筹议统计经费、监狱借款等。针对此请求，督抚先是责斥该县畏难不前，请求缓办各事都没允准。至于所请统计经费拟照直隶办法在征收大租项下开支，遭督抚批驳，认为大租为国家维正之供，毫丝不容擅动。而修狱经费令该县自

①　《宁安府知府谨将宣统元年五月起至本年四月初十日止往来文件案由抄具清折呈送查核须至清折者》，档案号：39-1-29，吉林省档案馆藏。
②　《报告财政不得逾期》，1910年10月25日《大公报》。
③　《札饬蜜山府等处动用荒价须先详侯批文》，《吉林官报》第10期，公牍辑要，第1页。
④　《农安县禀陈财政困难情形文并批》，《吉林官报》第3期，公牍辑要，第5—6页。

筹。①总之，各府厅州县新政要办，但国家正供之款不容丝毫动用，至于款项来源，只能自行筹措。州县也是非常困惑，左右为难，全力兴办新政则被批摊子铺得太大糜费太多，请缓办新政则又被责畏难不前，而款项的筹集又无出路。督抚既要清查州县外销和规费，但不给举办新政的资金，却又给予各州县"自行筹措"之令，不啻为州县外销和规费的存在大开方便之门。

总之，在督抚及清理财政局的通饬及清查下，再加上各府厅州县为各种目的而纷纷和盘托出化私为公之后，府厅州县外销和规费的清查还是取得了一定的成绩，很多府厅州县也把外销款项开单列销。虽然是打过折扣的，但有些私费还是得以公开。通过清查，对各府厅州县的私费私款的收支有一定程度的了解。如宾州厅、绥芬厅、双城厅、肇州厅等都将私费收支详细列出，双城厅通判还将个人私入之款详细开列，使私收私入公开化，对吏治的整顿也起了较大的策动作用，给公费的确立提供了标准和依据。另外，陋规等规费产生的原因之一就是征收制度的紊乱，清查规费也促进了征收制度的改良，将包解私征等弊端革除，努力将征收制度化、公开化。

如果从事权与财权不一致的程度来看，州县官也确实有很多实际的困难，特别是在没有明确合理的公费、俸饷制度的情况下，州县官要承担的事项的确是很繁琐困难的，其办事权限及自主权又很小，而所收取的在督抚司道控制之外的私费却又是被清查的对象。筹款无路，请款被驳，自行筹措的结果必然还是依靠外销和规费。在合理的办公经费和俸饷无从确立之时，收受陋规私费在所难免，并且清查的难度大，清查与隐匿的较量还会继续。

---

① 《磐石县详请缓办地方化公费并筹议统计经费监狱借款请示文并批》，《吉林官报》第11期，公牍辑要，第8—11页。

第三节 监理官的困境

监理官是"以身徇国乎，抑以国徇身乎"，这是舆论对监理官提出的质问。此处的"国"不仅指国家、朝廷，还指国民，即国民的期望。这既是对监理官提出的质问，也是对监理官困难境地的担忧。

东三省监理官是度支部派遣到该省清理财政的人员，他们的直接上司是度支部，度支部的目的是要清查东三省财政，找出隐匿私藏的收入。监理官带着这样的使命前往了"权""利"之网已很严密、财政已渐成体系但又问题重重的东三省，将要面对怀着严重戒备心的督抚司道大员，并且是孤身前往，作为客官寓居他省。在触及多方利益的这场清理中，众多人事关系复杂纠葛，矛盾重重。特别是因"权"和"利"不同情况下的不同表现会导致人的立场的转变，而人事关系也会随之变化，这使得问题更加复杂。加上制度设计的缺陷等因素的羁绊，使得监理官的权限不明，身份尴尬，处于中央与地方矛盾的风口浪尖之上，处于利益纠结、政见相异、派系纷争的漩涡之中，困境由此产生。

一、制度设计的缺陷

一项改革措施的实行，一定是先有制度的设计，即改革的宗旨、改革的内容、实施者的权限、改革实施的步骤等等都要事先有周详的筹划和设计。此项筹划和设计要求改革者的意图非常明了，不能摇摆不定，模棱两可，并在计划中要有充分的体现。权责明确是最基本的要求。设计更要有可操作性。当然，尽量减少既得利益者的阻扰，适当照顾他们的利益也是设计制度需要着重考虑的问题。而清末度支部实施的清理各省财政的制度设计在以上各方面都存在很大的缺陷。

（一）权限不明

由于中央宗旨不明，意见不统一，忌惮于督抚的权力而试图搞权力的相互制约，从而导致事权不一，监理官权限不明。

首先，中央派系纷争，意见不统一，导致宗旨不明确，在制定章程时对度支部集权、对监理官权限等就有不同的理解，导致监理官权限不明。

光绪三十四年十一月二十八日，度支部奏清理财政宜先明定办法一折，奉旨著会议政务处妥速议奏。未等会议政务处议复，度支部已于十二月初一奏拟清理财政章程，奉旨著宪政编查馆迅速核复具奏。初十，政务处才复奏度支部清理财政办法，谕再交度支部妥慎斟酌，另行具奏。十五日，谕宪政编查馆议复度支部清理财政折，仍交度支部详慎妥酌再行具奏。二十日，谕颁清理财政章程。二十五日，度支部再遵初十谕旨，根据会议政务处复奏该部清理财政办法，再次妥议该项办法。度支部、会议政务处、宪政编查馆三方往返奏议数番，有报刊称其"财政所系者大，一章程一办法，皆经三往返而后定，慎重可知"①。事情远非这样简单，根本的原因是中央各处因派系斗争而致使意见不统一。会议政务处反对度支部集权。度支部在奏陈清理财政办法六条时明显是要使财权集中于该部，包括：外债的借还归度支部经理；在京各衙门所筹款项归度支部管理；各省官银号由度支部随时稽核；各省关涉财政之事随时咨度支部以便考核；直省官制未改以前各省藩司由度支部直接考核；造报逾限实行惩处。②集权之意非常明显。对此会议政务处有不同的看法，认为内外不通不信导致财政困难，而度支部对此应负很大的责任。因此，该部不应该过度集权，应"内外上下相通而不相隔，相信而不相疑"③，部臣疆臣应开诚布公互相体谅，通力合作，才能使财政清明，还对度支部的六条办法逐条进行了驳诘。针对会议政务处的驳诘，度支部则以宪政筹备以清理财政为初基、而清理自当以统一财政为先务为立论基础，又逐条驳斥了会议政务处的奏复，重申了集权该部的措施。对于度支部和会议政务处的相互驳诘，时任度支部会计司副司长、后出任江西省副监理官的普润回忆：对于度支部清理办法六条，"内阁

---

① 《记载一·光绪三十四年十二月大事记》，《东方杂志》第6年第1期，第11页。

② 《度支部奏陈清理财政办法六条折》（光绪三十四年十一月二十八日），故宫博物院明清档案部编：《清末筹备立宪档案史料》下，中华书局1979年版，第1018页。

③ 《会议政务处覆奏度支部清理财政办法折》，故宫博物院明清档案部编：《清末筹备立宪档案史料》下，中华书局1979年版，第1025页。

会议政务处大臣，也就是军机大臣庆亲王奕劻和袁世凯首先不满（内阁会议政务处是由军机大臣等兼管），把度支部所拟六条办法逐条议驳……而当时的度支部尚书载泽，是少年气盛，一向对于奕劻的揽权纳贿，久已轻视，而又以袁世凯附和奕劻，互相勾结，不以为然。及所拟的清理财政办法六条遭到批驳，遂立刻顶奏上去，等于双方开了笔战，绝不让步"。①中央的派系斗争浸润贯穿到清理财政的整个过程中，各方的考量出发点为各自派系的利益，因此无视、忽略清理财政的真正实质及重要性。私利压倒了公利。中央的不统一，给财政清理政策的实施带来很大的阻力。

对于监理官的权限，章程制订时就模棱两可。度支部在奏拟清理财政章程时也只是规定各省清理财政局设总办一员，以藩司或度支使充任；设监理官二员，由度支部派员充任，②对监理官的权责并未进行明确划定。针对于此，宪政编查馆在奏复中指出，度支部所派监理二员与该局总会办司道办事权限尚未明定，建议"所有各省清理财政局事宜自应责成司道切实筹办，部中所派监理人员只在稽察督催而非主持综揽，所有职任均照该部原章所定办理，庶使职掌分明以免诿卸抵牾之弊"③。度支部吸取了宪政馆的意见，认定监理官权限为"稽查督催"。但"稽查督催"四字太过空洞，导致监理官办事无所适从，并且也无法据此拟定办事细则。对如此含混的规定，监理官们也要求详订章程明确权限。但直到监理官上任，甚至整个清理财政的过程，度支部对监理官的权限也未能给予明确的规定。

其次，中央忌惮于督抚的权力而试图搞权力的相互制约，但却适得其反，致使清理财政事权不一，监理官权限不明。

度支部充分考虑到督抚的反应和既有权限。督抚财权扩大的既成

① 张运谱：《清末清理财政的回忆》。石玉新，杨小波主编：《文史资料存稿选编》晚清北洋（上），中国文史出版社2002年版，第43页。

② 《度支部奏妥酌清理财政办法缮单呈览折》（附清单）（光绪三十四年十二月二十日），故宫博物院明清档案部编：《清末筹备立宪档案史料》下，中华书局1979年版，第1029页。

③ 《宪政编查馆奏覆清理财政章程酌加增订折》，《陕西官报》第2年第2期，政治文牍，第45页。

事实是度支部在进行制度设计时必须考虑的重要因素。因为中央财政困难已极，新政又用款浩繁，严重依赖地方，因此不得不顾忌督抚。首先，为了打消督抚的森严戒备，度支部在奏拟清理财政章程时就明确表示，"在部臣此举，不为搜括之谋，更无吹求之念，既往之弊，不加追咎"。①为了进一步解除督抚的后顾之忧，声明查出的款项仍可存留，各省既不用回护，也无须讳匿。虽然有些一厢情愿，度支部还是充分表达了愿与疆臣同心协力、同图匡济的美好愿望。其次，为了减少督抚对清理财政的阻挠，就要保障督抚的既有权力，也就不得不限制监理官的权限。不论是度支部尚书还是监国摄政王都多次谕饬监理官毋侵督抚权限。熊希龄被摄政王召见时，蒙谕令，"预备立宪自应从清理财政入手，然遇事须守和平，尤不可侵督抚之权"。②其他监理官也得到了大致相同的告诫。"政府为督抚之积重所劫持，既欲摹拟宪政，又不敢不迁就疆臣，故以部员奉旨监理财政，亦若不使敌体于督抚"。③度支部的态度及措施使舆论甚为不解，"对于督抚若有所忸怩觳觫，投鼠忌器，此岂有国之成规？"④度支部为国理财，对于疆吏本无所愧，现在却唯恐拂其情，其实理由很简单，就是因为省的财权够大，使得督抚敢于藐视度支部，藩司敢于藐视监理官。监理官虽为大都京堂之员，亦不得不忌惮于督抚的权威。度支部本身也很矛盾，要清理各省财政就必须防范督抚在清理中对监理官的抵制；但督抚权势已大，又不得不予以安抚，不然引起他们的抵制，清理也将无法进行。

当然，为了达到清理财政的目的，度支部等对督抚也做了防范，试图帮助监理官扫除阻碍。因监理官为数过少，不足以与各省司道抗衡，故降旨崇其品秩以免到省时受人钳制；载泽因各省财政纠葛颇多，准各监理官往返直接咨部以免阻隔之虞，并且度支部与监理官往返电商财政事宜均用密电，可以绕开督抚。同时还变通监理官奏事之权，原定监理

① 《度支部奏拟清理财政章程折》（光绪三十四年十二月一日），故宫博物院明清档案部编：《清末筹备立宪档案史料》下，中华书局1979年版，第1021页。

② 《摄政王谕监理官纪闻》，1909年6月11日《盛京时报》。

③ 《记载一·宪政篇》，《东方杂志》第6年第13期，第452—453页。

④ 《记载一·宪政篇》，《东方杂志》第6年第13期，第466页。

官非特旨交查之件不得专折奏事，其余都须与本省督抚会衔具奏，但如此办理，则监理官想上奏对督抚不利之事将很困难，所以度支部准监理官电达该部代为转奏，进行变通。①除了加大监理官的权限之外，载泽及枢府也对督抚藩司给予警示，如果各督抚藩司或所属各员含混蒙蔽，不将财政内容和盘托出以致监理官无从措手从而阻碍财政的清理，则将按侵蚀公款之例严行惩处。②

其实，度支部试图平衡双方势力，使之相互制约。度支部此举本为防弊起见，岂不知这样的安排才是产生弊窦的重要渊源。

清理财政局的章程规定，清理财政局由度支部会同各省督抚督饬办理；遇有重大事件应随时详报该管督抚；各衙门局所如查有虚报造假之事，由局将该管官员详请督抚从严参处；办公经费由该省司库筹拨准其作正开销；办事细则由该局拟订，呈请督抚核准施行报部备案。③即督抚有督饬办理之权、有参处各衙门局所之权、有复核清理财政局办事规章之权，并握有清理财政局的办公经费。可见，督抚的权力是很大的。但度支部规定的监理官的权限为稽察督催该局一切应办事宜，给予监督各衙门局所及该局总办等的权力，权力似乎也不小。度支部还努力使监理官保持在各省的独立并相对单纯的身份，言明监理官是部派之员，直接对度支部负责，该省不得派充他项差事，期满后该省督抚不得奏留，其奖惩由部决定，其薪水川资及调查费由度支部给发。章程中赋予督抚督饬清理财政局的权力，给予监理官稽察督催的权力，是在平衡两方关系，使之相互制约。

如果这种平衡两方、使之相互制约的关系在下发的明谕中表露不明显的话，在私下的函电中则有较为明确的体现。在清理财政局人员的任命上督抚有权力，在用人行政上可以掣肘监理官。熊希龄感慨，"在此无用人行政之权，徒事督催。过于严切，各署局不过草草塞责，往返驳

---

① 《变通监理官奏事专章》，1909年8月10日《大公报》。
② 《议定阻碍清理财政处分》，1909年7月16日《大公报》。
③ 刘锦藻：《清朝续文献通考》卷121，浙江古籍出版社1988年版，考8814。

诘，不免迁延，欲速反迟，此中曲折非面谈莫能罄也"。[1]看来给监理官以不小的麻烦。但度支部又给了监理官监督的权限。度支部晓谕监理官，清理财政局科股各员必须是熟悉财政法政的人员才可充补，如督抚再将其视为闲员之位，即行禀报该部奏参。[2]但随即，度支部又致电各督抚，让其随时考查各监理官有无串通藩司舞弊或恃势影射之处，如有此弊，可以立时密电咨报。

度支部如此安排本为防弊起见，岂不知这样的安排才是产生弊窦的重要渊源。度支部及摄政王一方面对监理官委以重任，将关系国家命脉的财政相托，希望其能破除情面秉忠办公，上答国恩下阜民生，从而防范虚糜而使国家财政充裕；另一方面又顾忌督抚的反应，而对监理官多方限制，致使监理官无从措手。这样的安排直让人费解，"恐外任大员之不足信也，别委任监理官以监理之；又恐监理官之骚扰也，乃多方以牵掣之。即委任之又牵制之，是何也？"[3]即使这样，御史胡思敬还因派遣监理官侵害了督抚的权限而表示不满。[4]权限不明、事权不一则势必大开攻讦之风，监理官则势处两难之境地。

（二）措施可操作性差

度支部对监理官职责的安排很有问题：赋予监理官的职责太泛，期限又严迫，使得监理官及清理财政局的事务繁重，工作延宕在所难免；对监理官的指令，特别是办事的程序及方法纷繁复杂毫无章法，致使监理官茫然无序，措手不及，疲于应付而实效有限。度支部清理措施的可操作性太差。

首先，度支部给监理官安排责任时严重低估了清理的难度，职责太泛，限期过短致使任务过于密集，并且部章规定与实地情况多有不相符之处。

度支部对监理官的期望甚高，致使监理官的职责太泛。按照章程，

---

[1] 《谈东三省清理财政情形致度支部清理财政处函》（1909年11月12日），周秋光编：《熊希龄集》上，湖南出版社1996年版，第278页。

[2] 《限定清理员资格》，1909年4月14日《大公报》。

[3] 《闲评二·是何也五》，1909年9月27日《大公报》。

[4] 刘锦藻：《清朝续文献通考》卷115，浙江古籍出版社1988年版，考8748。

清理财政局应将光绪三十四年及宣统元年及以后每年按季按年各项收支存储、银粮确数按款编造详细报告册及盈亏比较表；盘查司道局库，将存储实数查明造册；编制全省预算决算报告总册；拟定该省各项收支章程及各项收支簿式票式；拟定各项改良征收章程；照部颁预算决算报告册式分别编订各项出入款项册式；调查各衙门局所公费等级表并附各项规费多寡表送部查核。①监理官对这一切都要稽察督催，并实际负责办理。除此之外，度支部尚书又任督办盐政大臣，税务处也归并入度支部，因此，度支部为省繁琐，责成监理官清查盐务、关税税务等，并且负责清查监督银行和兴办印花税等事宜。监理官们也曾提出异议，认为责任太重，特别是印花税、盐务、银行三项关系重大，恐有检查不及之虞，要求载泽免去其中一二项。②并且，很多超出财政范围的事项，如"各省州、县病故人员任内所欠公款，应赔应免，俟后不由本管督抚派员勘查，改归监理官查报；各省划一币值后，平余一项折销，由监理官预行统筹抵补之项收入之办法，并办理划一币值事宜；代行勘察各省盐政奏销；监理官到省后，严汰藩署书吏，以清积弊；令监理官赴省后彻查各省亏空"③等，度支部也责令监理官负责，致使监理官职责范围太广。度支部奏定的清理财政章程拟定二年以内要将各项调查册报等事项一律清结，时间非常急迫。度支部唯恐监理官有观望以致延误之处，不断催促，望其于期限内清理完结。

监理官及清理财政局的事务非常繁重苦于应付，有时不得不请求展限。由于奉天各署局堂所将光绪三十四年及宣统元年春夏两季册报全数汇送清理财政局，全部册报到齐有万数千册以上。将百千万条复杂的款目廓清整理，其繁难情况难以言表。由于该局审核科人员缺乏，如果详细稽核，每人每日不过30册，以审核科5人清理万余册报则须数月才能完成，而编辑上报还需时日，因此难于按期完成。鉴于此，熊希龄向度支部诉苦，"本局虽开办至今已有四月，而册籍到齐全在此刻，实不啻

① 刘锦藻：《清朝续文献通考》卷112，浙江古籍出版社1988年版，考8813。

② 《监理官难任艰巨》，1909年5月20日《大公报》。

③ 刘子扬：《清代地方官制考》，紫禁城出版社1988年版，第161页。

以六旬时日而办理光绪三十四年全年及宣统上半年之册报。转瞬秋季又来，几至应接不暇。本局职员，扼于经费，未能增加，将来不知何以交卷。"①并且部章规定，季有季报，年有年报，宣统二年以后还有预算册报，并且财政局不仅要把各署局所送册报汇总，更要进行详细查核以得确实详明的财政数据，而各署局送到的册报，事项繁琐款目纷纭，错杂之处几于驳不胜驳。致使监理官万分为难。由于工作量大，东三省清理财政局不得不屡次招募书手、书记员从事缮写等工作。②

其次，度支部对监理官的指令纷繁复杂毫无章法，致使监理官茫然无序，无从措手，疲于应付而实效甚微。就以度支部到底让监理官先做什么这一点来看，度支部就缺乏通盘筹划的章法。先是政府诸臣与载泽讨论清理财政办法，拟选派监理官后首先赴该省详细调查亏累确数，然后再调查其他财政事项。③载泽则认为财政监理官应以调查中饱陋规据实报部为宗旨。④与监理官议商清理财政事宜时，经议定，载泽面谕监理官先由各省陆军报销政要入手，待将此项政要调查详细明晰再行核办其他。⑤监理官赴任后，度支部又密电监理官，清理财政时须先将各盐道、粮道的积年案卷调查清楚，再入手清理别项。⑥后该部又电饬监理官，到省后须先查核光绪三十三、四两年的报销旧案，因为此项册报是预算决算的基础。⑦度支部的意见几经变更，毫无章法可言。

总之，度支部的急迫心情和对清理财政缺乏全盘清晰的策划，使得其严重低估了清理的难度，限期又过短，导致任务过于密集，致使监理官任务繁难；并且度支部缺少章法，措施可操作性太差，致使监理官疲于应付而实效有限。

① 《为清理东三省财政预定进行办法报请批示致度支部丞参厅财政处函》(1909年9月22日)，周秋光编：《熊希龄集》上，湖南出版社1996年版，第266-267页。

② 《清理财政局之忙迫》，1909年10月7日《盛京时报》，第5版；《财政局招考书记》，1910年3月16日《盛京时报》，第5版。

③ 《度支部派员清理财政之预备》，1909年3月30日《申报》。

④ 《泽尚书清理财政之宗旨》，1909年4月5日《申报》，第1张第4版。

⑤ 《清理财政种种》，1909年5月1日《申报》，第1张第5版。

⑥ 《部电各监理官述闻》，1909年7月21日《大公报》。

⑦ 《电催监理官报销旧案》，1909年8月1日《大公报》。

（三）清理之人即为被清理之人

清理之人即为被清理之人，不啻以盗止盗。

督抚司道等各员兼具清理者和被清理者的双重身份使得清理更为复杂。权、利、人事的纠葛使监理官的清理甚难。参与财政清理的人员，只有正副监理官是中央度支部派遣而来的外省人员，其余人员，包括本省督抚、清理财政局内的度支使、劝业道、关盐等道，局内的办事人员也大都是从本省拣选的熟悉财政的原有官员。清理的进行就是各级衙署局所等的官员自行清理，再加上监理官的督催稽查。而每省只有两名监理官，吉、江两省则只有一名驻扎在省，很难顾及各个衙门局所。而所谓的督催稽查虽间有清理财政局派员到各属进行调查，但主要还是文牍上的往来驳还函电催饬。所以说财政的清理基本是省内各级官员自行清理各自衙署的财政，而财政的自行清理主要靠各官员的自律和责任心，但是，官吏的自律、责任心及对中央政府的敬畏有多大程度抵得过对切身利益的关心？两江总督竟明目张胆地说："何至己与己为难"。①这就是清理者同时又是被清理者的必然后果。

从监理官未到省之前各省财政的清理也可以看出督抚的有意敷衍。度支部为便于监理官到省后清理财政，令各省做好前期的准备工作，如造册具报现办财政人员衔名、财政报销册等以备各监理官到省接洽办事。但这些大都遭各省敷衍，收效甚小。度支部通知各省务必遵章查明光绪三十三年以前所需各款数目，凡未经销结的应于监理官未到省以前办理清晰，以免新旧牵混致难核办。②虽然该部称事关要政，不得稽延导致贻误，但让各省自行清查，结果可想而知。因为各省督抚有意敷衍，并未按期调查造报，以致后来各省春季、夏季报告册，度支部都不得不奏请展限。③

清理之人即为被清理之人的设计使得监理官的清理绝非易事，因为

---

① 《记载一·宪政篇》，《东方杂志》第6年第13期，第467页。

② 《通饬各省核销旧案》，1909年7月6日《大公报》。

③ 《部奏展限财政报告》，1909年8月7日《大公报》；《议定展期报告财政》，1909年9月6日《大公报》。

官员大半是利用财政紊乱之机谋求利益而得安于其位，如果财政一旦清理，则大部分官员的目的将很难达到，因此各官员为保全自己的利益也不可能切实进行彻底的财政清理。清理财政的调查机关是清理财政局，而负责监督的却是督抚，所以虽然清理财政局章程规定如有应行调查事件的，派局员至各衙门局所调查出入各款及一切规费，如遇有抗延欺饰，该员可呈报到局，查实后禀请督抚参处；如所派之员有需索扶同弊混情事，由该局禀请督抚参处。但参处的主动权掌握在督抚手中，如果督抚为顾全自己的利益，或者碍于下属的情面而不愿全力清查，则无法形成监督机制，财政的确查也就难上加难。从清理财政局方面来看，该局虽是新设，但其人员却都是省内原有的现任官员，所以他们即使能认真清查其下属的局署，却很难做到如实清查自己的局署，就更难以确查督抚直接管理的局署。"使以调查财政之全权授予督抚，而实际从事调查者又属督抚而下之人，如是而欲其秉公办理毫无偏徇，岂非强人以所难。"①

在利益整体形成后，每个成员都要服从这个整体的利益需求，甚至会出现如数开报者受到上级的挑剔和同僚指责的情况。即在整体利益面前，已形成制度化、习惯性的准则，无形的力量惯性地促使整个团体运行。因此，从事于清理的官吏为既得利益者，就好比以盗止盗。当然，客观地讲，度支部所进行的清理财政，是在各省的财权已经很大、又没有独立的财政监督机关、民众也无法实行监督权的情况下进行的，所以根本无法绕开各省督抚司道而独立的开展，因此，借助于他们的力量也许是最具操作性的、并在短时间内最有实效的方法。如此办理也注定财政不可能得到充分的清理，只能是在原有基础上小打小闹的修补，并给监理官的清理带来极大的障碍。

二、利益关系的纠葛

改革本来就是利益的调整。只要有利益在，财政就很难真正得到清理。利益关系的纠葛导致了人事关系的复杂。复杂纠葛的利益人事网

---

① 《清理财政之核实方法》续，1909年2月4日《大公报》。

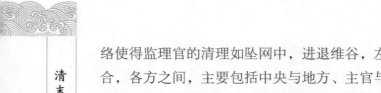

络使得监理官的清理如坠网中，进退维谷，左右碰壁。而清查须多方配合，各方之间，主要包括中央与地方、主官与客官、省内各官等的关系融洽与否都会影响到财政清理的进程和效果。此外，东三省官员之间派系利益之争也会间接影响财政的清理。因为种种的关系不仅仅是人与人的关系，更是利益关系，钱权关系。因此，各方都是寸利必争，寸权必护，关系相当纠葛。

（一）中央与地方的矛盾

一方清查，一方隐匿，矛盾是显而易见的。度支部整顿财政意在统一财权，此举将严重影响督抚的权利，因此纷纷因循观望，敷衍塞责。东三省督抚与度支部尚书的矛盾更是公开化。

锡良和赵尔巽都曾与载泽有过较大的冲突。锡良和载泽在盐务、币制、借款、解款等问题上各存意见已久。载泽在度支部设立督办盐政处，统一盐政，遭到以锡良为首的各省督抚联名反对，锡良甚为积极。锡良请款建设银行，度支部未允，又奏借外债兴办银行，还是遭度支部驳斥。度支部议定新币制，决定将各省官钱局纸币一律收回，锡良却认为度支部根本不知道东三省的艰窘情形，遽言收回纸币对于东三省实非易事，锡良竟直接请载泽不必干涉。载泽进行反驳，身为度支部尚书，币制之事为何不可干涉？如果他省都如东省，新币制还将如何办理？锡良还和载泽讲起条件来，称度支部如欲干涉，必须代东三省担筹5 000万银圆的责任才可以，不然他就只好立即辞任。最后竟以辞职相迫，矛盾冲突很是激烈，以至军机大臣徐世昌等特邀锡良和载泽至内廷会晤，为之调和。此事更是引起摄政王的关注，不仅交该两大臣手谕各一道，大加申饬，并进一步调解。在召见载泽时还进行规劝，称东三省自兵燹后天灾频仍，民气凋伤，并且内政急待举行，外交又日益紧迫，用款未免浩繁，此非锡良之咎，劝载泽以后对于东三省的财政不可视同各省而过于认真。①矛盾的加剧更是导致锡良的调任。而继锡良之后上任的新督赵尔巽与载泽的关系也很紧张。赵尔巽与枢部筹商练兵、开垦、移民各政事，但因无款可拨而迟迟不肯上任。而在整顿财政的举措上，赵尔巽很

① 《监国调剂泽锡两大臣再志》，1910年9月13日《盛京时报》，第5版。

不赞同载泽的做法，并认为该尚书因无外任阅历而不谙各省情势，所以才会与各督抚意见多有龃龉。①他公然指责载泽的财政政策，并把督抚与度支部的冲突归结于载泽的不通省情。赵尔巽与军机大臣徐世昌也政见相异。本来两人是商讨东省各要政，但因两人所持宗旨不同，徐取放任主义，赵取收敛主义，所以达成共识之处很少。②

监理官是度支部所选派，直接听命于度支部、对度支部负责。但监理官工作的场所却是在督抚的直接管辖范围内。督抚作为一省最高长官握有一省财政大权，成为清理财政的实际操纵者，很多工作都要依靠督抚才能完成。因此，监理官就处于中央与地方之间矛盾的风口浪尖之上，两相为难。如在吉林官帖局发行纸币的问题上，监理官处于度支部与督抚中间，非常为难。度支部鉴于吉林官帖发行太滥，责成监理官切实核查，并且该部有限制各省纸币之意。但是就像锡良所称，东三省财政非常艰窘，财政的运转严重依赖官帖局、官银号等发行的纸币，如果限制纸币将会极大地影响三省财政的运转，所以三省督抚都不愿对纸币进行限制。熊希龄到吉林查阅官帖局册报后发现，该局已发纸币近5 000万，而未发行的钞票尚有4 373万吊，上海订印未到的钞票还有6 000万吊，为数过巨。鉴于此，熊希龄与官帖局商议，纸币先暂以5 000万为额，后恐此举滞于周转，又将库存中已编号用印的405万吊和未编号的一吊、二吊钞票百万吊留济目前之用或以资兑换，此外的纸币则概用点封。即熊希龄限制了部分纸币流入市面。为避免矛盾误会，熊希龄随即向吉抚陈昭常解释，此举万无冒昧限制之理，并对官帖局发行纸币内资周转外恃抵制之举表示理解，但声明纸币发行数目事关市面金融，监理官此举也是权其利害轻重，为吉林省市面金融着想，出发点"必不与钧旨相违"。并进一步询问吉抚"是否有当？乞谕示"③。可以看出，监理官的认识与度支部是一致，但也不得不顾及督抚的意见，与其商议限制纸币事宜。

① 《赵制军对于整顿财政之异议》，1911年3月30日《大公报》。

② 《徐赵政见之不合》，1911年4月7日《大公报》。

③ 《为官帖局发行纸币事复吉林陈简帅电》（1909年10月16日），周秋光编：《熊希龄集》第1册，湖南人民出版社2008年版，第552页。

（二）主客官的矛盾

监理官是度支部派遣人员，他们本身的身份也是部派人员，要绝对秉承度支部的意旨，遇有疑义及酌量变通办理事宜都须咨明度支部请示办法。相对于本省官员，监理官是作为客官寓居于此清理财政。而清理财政对因省财权扩大而受益的既得利益者，即东三省各级官吏是极大的威胁。因为在国家是为清理财政，而在个人看来就是出让权利，有谁会愿意把已经握紧的权利拱手相让？更何况面对监理官，省内官员已经形成利益联盟，"督抚授意于司道，司道授意于府厅，府厅授意于州县，如用兵者四面设伏，专俟监理官之至，以逸待劳以主制客"。①主客之间的矛盾也在所难免。

熊希龄刚到任不久，奇怪的事情就接连发生。还未等清理财政办有头绪，外间议论早已沸腾，既有匿名揭帖、报纸举证，又有官员呈递弹章，即报刊和各官员并未给监理官施展的时间和空间，就急于进行举证弹劾。如北京《中国日报》就报道"监理官巧取官银号"，称奉天省官银号痼弊已深牢不可破，自锡良到任后改派周克昌接办，但毫无效果，又派徐某，也无起色。进而指责熊希龄以威胁手段索取官银号8万两，并授意官银号人员舞弊。财政的清理并非一朝一夕所能完成，一时之间成效不可能非常明显，而此时报刊和官员早已亟亟于对监理官的攻击，目的恐怕并不单纯。清理财政如果真的在监理官的督饬下像度支部设想的那样卓有成效，恐怕这样的成效才不是省内官员所想看到的。可能正是怕监理官有所成效才急于举证弹劾，疆吏联手言官、奏章辅以舆论一起围剿。这样着急的攻讦更像是早有预谋，蓄势待发的。当时就有人指出，报刊受了人的指使，监理官受到了既得利益者的打击。

受到报刊攻讦，熊希龄义愤非常，为洗清嫌疑上呈载泽，自请严查。"如查实监理官有至一两之赃款，即请斩监理官以谢天下。除赃款外，如查实监理官有与各署局行政官吏私函请托之片纸只字，亦请奏将监理官斥革，以警天下之言不副实者"。熊希龄已经深刻认识到自己所处的险峻位置，"为怨府所归，又处嫌疑之地"，可谓困难已极。办事

---

① 《论咨议员当为监理官之后援》，1909年8月3日《大公报》。

则左右为难，"严之则以为敲诈，宽之则以为串通。苟其不知检束，稍涉疏忽，即为各省官吏所藉口"。①并且熊希龄声明自请核查不仅是为一己之私誉，更为清理财政能顺利进行，即他的遭遇完全是因为清理财政引起的恐慌所致。为便于清理的进行，应再次声明清理只是为了"实事求是"并非为难各省，请各省官吏放心。"怨府所归"，"处嫌疑之地"可谓准确诠释了熊希龄等监理官的困境。

熊希龄对于改革和清理财政的困境有着非常清醒准确的认识，"凡一事之改革，均有不便于官吏人民之私，则群起而生阻力，乃理势之所不能避也"。而具体到清理财政，"无论京外各署，所有利弊底蕴毕宣，已往之事既不能隐，未来之事复不自由，怨愤所积，众魔环攻……夫清理财政，如治乱丝，非截而断之，不足以解纠结。今欲以一旦之间，澄清数十百年之积弊，各省疆吏疑虑横生，不必其明阻也，即大官漠视，小官观望，而监理官已陷于无可如何之地位"。②论述可谓精当至极，亦是其切身的体验所得。

其实为减少清理过程中的矛盾、阻力和被攻击的口实，监理官已经采取了诸多措施。首先，三省监理官下车伊始即为保持独立的身份，免除一切与该省的利益纠葛而做出声明，"一切职任悉守部章，凡有用度酬应及道途旅费，均归自备③，无烦地方官署及各局所供应。"④监理官下车伊始的声明可谓用心良苦。一方面，作为监理人员本就应该保持独立的身份，只有这样才能避免一切利益纠葛，真正做到切实的清理。另一方面，监理官的声明也在向两方表明清理的态度，一方是为度支部，该部严防监理官与该省官员的通同舞弊，监理官的声明无疑是为了

---

① 《为报载监理官巧取官银号不实请派员查办呈载泽文》（1909年7月上旬），周秋光编：《熊希龄集》上，湖南出版社1996年版，第252页。

② 《上泽公爷论清理财政书》（1910年），周秋光编：《熊希龄集》第2册，湖南人民出版社2008年版，第290—291页。

③ 自备之意不是由监理官自己垫付，而是监理官的薪水在其没出京之前就已宣统元年四月十一日由度支部支给酌发，远省各监理官发三个月，近省发两个月。（《度支部札为黑龙江副监理官薪水由奉天分银行发给由》（宣统元年六月十一日），档案号：45-1-1，黑龙江省档案馆藏）

④ 《与副监理官栾守纲分布札饬部下示》（1909年7月中旬），周秋光编：《熊希龄集》上，湖南出版社1996年版，第253页。

给度支部以保证书；另一方是说给该省各级官员的，表明清理的原则。其次，为了清理的顺利进行，消除东三省官吏的戒备心，熊希龄在未到任之时就表明清理宗旨，"志在得一真账，决不追及既往"，并通过清理财政局通咨各署局。这又无疑是给东三省的各级官员以定心丸，即此次清理只为得财政确数，度支部监理官已做出承诺，不为吹求，不是钓饵，不追究既往责任，所以各级官员可以放下包袱，尽管和盘托出据实造报。再次，下车伊始，监理官就表明做官箴言，并严厉约束仆从，免贻口实。监理官们表示会严加约束随带仆从等人，不得有所需索；声明并无亲戚子弟在外谋事，除因公事用印文、派员调查外，监理官决不为亲戚子弟及乡人、僚友说人情，私函请托。①监理官虽然战战兢兢如履薄冰，采取了诸多减少矛盾的措施，但是"财政一清官场将无生活"，"陋规一去官场将无进款"，②因此，财政的清理特别是外销和规费的清查，关系到官吏的切身利益，饭碗问题，所以争夺极为激烈。各种矛盾复杂的利益纠葛还是给监理官清理东三省财政带来很大的困难。

在主客官关系方面，东三省正副监理官的境遇也不尽相同。相对来讲，除《中国日报》事件之外，熊希龄虽在某些问题上与督抚司道有些不同意见，关系处理起来有些微妙之处需谨慎小心，但总体上还算融洽。而之后继任的正监理官荣厚和吉、江两省副监理官荆性成、甘鹏云等都和本省官员有矛盾冲突，严重影响了清理财政的进行。

对熊希龄来讲，有些问题还是会出现和督抚司道意见不同之处。如前述，在吉林官帖局纸币问题上，熊希龄与吉抚陈昭常意见有所不同。在张岱杉的任用上，熊希龄与锡良有不同看法。吉林省官运局因商店的卖价参差而倍受指责，锡良对该局甚为不满而罢免了其提调张岱杉。但熊希龄认为，官运局事件实有些误会，并认为张岱杉是三省中不可多得之才，非常赏识其品行学识，所以请吉林度支使及吉抚陈昭常准张岱杉

---

① 《与副监理官栾守纲分布札饬部下示》（1909年7月中旬），周秋光编：《熊希龄集》上，湖南出版社1996年版，第253页。

② 梦幻：《闲评一》，1010年12月20日《大公报》。

销了官运局提调差事，而专办财政局事务。①在与三省司道等的关系上也有相当微妙之处，需要熊希龄小心谨慎地处理。还是在官帖问题上，熊希龄与吉林度支使本已约定遇有商务化实为虚之事，由度支使电告熊希龄即行酌办，但"不料数月以来，均系简帅直接电商，溯之前约，实不相符，公亦无从言及此"。熊希龄不禁问道，"此中奥窍令人难测，究竟实在情形果属如何？尚乞密示其详"。②在为清理财政事宜致函陈玉麟司使时，熊希龄一再声称用财行政之权均操自度支使，突出度支使的权力，极力协调双方关系。在各署局设立收支委员问题上，熊希龄与黑龙江省民政使意见有异。熊希龄有在各署局设立收支委员之举，但黑龙江省民政使却有缓设之意。对于此，熊希龄咨文黑龙江清理财政局，谓"请设收支委员之意，期在将从前私人名义之账房，变为公人名义之收支委员，庶官吏虽有交卸，该收支委员仍继续担其责任，不致蹈从前账簿要据席卷而走之覆辙。奉省既已照办，江省未便独异。现值整顿吏治之际，州、县撤换事所常有，若一属官吏叠更，而又无收支委员担其责任，则簿据永无留存，则财政永无清理"，并不禁诘问，"追溯其源，咎将谁归？"③考虑到该司使反对的隐含理由可能是怕上级派人来监督财政进而侵犯他们的既得利益，熊希龄进行了释疑，称此项收支委员并非专由上派，只需各属官吏指名呈请，取具殷实官绅保结，即可由司加札委充。熊希龄请该局详请江抚札饬各署局将收支委员一律从速设立，并声明如果延不照办，将派员调查，各署局并无真实簿据以至清理有碍，该监理官将不任其咎。虽然有意见不同之处，但从已见到的材料来看，熊希龄与东省督抚司道的关系还算融洽，至少没有像其他省份那样公开的尖锐。熊希龄也称，"受业到东后，清理财政，虽较各省为难，幸督

① 《为吉林官盐局人员安置致吉林度支司函》(1909年11月20日)，周秋光编：《熊希龄集》上，湖南出版社1996年版，第279-280页。

② 《谈吉林财政清理诸事致度政司陈玉麟函》(1910年1月14日)，周秋光编：《熊希龄集》上，湖南出版社1996年版，第301页。

③ 《为江省各署、局仍应设立收支委员咨黑龙江财政局文》(1910年5月24日)，周秋光编：《熊希龄集》第2册，湖南人民出版社2008年版，第98-99页。

抚推诚相与，尚无掣肘之处，假以时日，当可蒇事"。^①此语出自熊希龄的私人函件中，应该还算属实。

相对于熊希龄，荣厚与赵尔巽的关系就并不怎么融洽。赵尔巽奏请于督署设立审计处，审计三省财政事宜，并且亲任审计长。赵督此举无疑扩大了自身的财权。正监理官荣厚对此甚为不满，有数千言的长函投呈度支部尚书，称该督设立审计处是侵害清理财政局的权限，向度支部请示办法。^②赵尔巽也以财政审计所不便行政，请度支部划清权限。^③双方都把问题诉诸度支部，载泽对于此事甚费踌躇，曾将荣厚的呈请交财政处妥议办法，后出面调停此事。度支部虽赞许东督设立审计处的目的是在规划三省财政事宜，用意甚美，但是认为该处的权限仍须划分清晰，因此电致东督，请其将该处详细章程迅速据实咨送到部；另一方面也致电荣厚，让其查明自审计处设立后对于财政事项有无侵夺权限之事再行电复该部。^④后经度支部调查，决定撤废审计处。但赵督与各司道商议未果，对此结果不满。^⑤明显地，度支部也在顾忌东督财权的进一步扩大，而倾向于监理官一方。东督与监理官显然是在争夺权限。

吉林副监理官荆性成与清理财政局总会办之间冲突龃龉之处甚多，严重影响了该省清理财政的进行。吉局内部人员因利益、派系等纷争纠葛不断，导致耽误局务。副监理官荆性成与该局总会办等人不和，致使荆甚为欣赏的审副科长张弧因人诬告而辞职。管理盐务、被认为是三省中不可多得之才的张岱杉也因被群疑而坚辞差务，致使吉局无主持坐办之人。熊希龄不得不由奉天省遴派科员一人、电调他省二人赴吉局协同办理，但吉局旧日科员还有与之不和者，致使事权不一。且吉局因各长官互有意见，各科员"无所禀承，朝三暮四，毫无一定标准"，致延误

① 《保荐体操教习上朱其懿函》（1910年2月11日），周秋光编：《熊希龄集》上，湖南出版社1996年版，第302页。

② 《荣厚反抗东省之审计处》，1911年7月16日《申报》，第1张第5版。

③ 《专电》，1911年8月13日《民立报》，第2页。

④ 《度支部注意审计处权限》，1911年8月2日《申报》，第1张第5版；《专电》，1911年8月1日《民立报》，第2页。

⑤ 《专电》，1911年8月13日《民立报》，第2页。

局务。熊希龄专门致函度支部讲明吉局副监理和总会办意见冲突之事。他认为，"吉局相距甚远，荆副监理人又长厚，既与总会办不和，则一切办事困难自在意中"。[①]为此，熊希龄同时致函荆性成，建议其"不宜再有冲突，务乞我公和衷共济，日与总督会办切实商酌，迅速办理"[②]。三省之间相比较，吉林省的各项册报错误、延误之处最多，这和吉林清理财政局内部的严重不和有很大关系。

黑龙江副监理官与总办会办也有纠葛。虽然熊希龄认为甘鹏云心精力果，劳冤不辞，办理成绩最优，但也难免与总办会办之间有冲突。民政使赵渊是清理财政局的总办，他到任以后与监理官甘鹏云、会办周子幹数番龃龉。但后来甘鹏云却又与周子幹产生矛盾。甘鹏云与周子幹本为同乡，而甘又因周是江抚周树模的族弟，所以格外器重。本来两人感情颇好，但因详报度部公文，甘鹏云尚未划行至周会办阅后迳行发出。"甘监理尚拟将公文内添改数处，询之谓早已发出，甘遂不悦。周亦怒云，不发更待何时，两人因之互有意见"。[③]清理财政局内部发生冲突定会影响财政的清理。

另外，监理官还要处理好与各府厅州县官的关系。监理官虽然和各府厅州县官没有直接接触的机会，所以产生直接冲突的可能性很小，但监理官的清查经常遭到他们的延宕敷衍。因此，监理官不得不屡屡严饬，不过监理官还是努力避免与州县等发生冲突。具体的清理工作是在监理官督催下由府厅州县完成。府厅州县的延宕一方面是由于官吏懒于政事，但根本上还是利益在作祟。各种规费是州县运行的重要经费来源，也是州县官吏收入的重大组成部分。因此清理财政局设立后虽迭次通饬各府厅州县将一切陋规等和盘托出，而遵办者寥寥无几。此问题上文已有论述。其实监理官也努力在避免与州县官有不必要的冲突。如针对荆性成所拟清理财政局细则的条款中有暗访等句，熊希龄与栾守纲

① 《条陈清理财政办理诸事致度支部财政处函》（1910年8月17日），周秋光编：《熊希龄集》上，湖南出版社1996年版，第362页。

② 《望和衷共济赶办册报复荆性成函》（1910年8月17日），周秋光编：《熊希龄集》上，湖南出版社1996年版，第363页。

③ 《财政局会办之风潮》，1910年9月6日《盛京时报》，第5版。

"恐各地方官见之惊疑"而删易之。[1]表明监理官也深刻认识到他们的工作肯定会引起地方官的恐慌，为了安抚地方官、去其抵制之心并使自己的工作能顺利进行，尽量避免任何不必要的矛盾和抵牾。监理官派员到三省所有各衙门局所调查，怕遇到阻碍，呈请督抚批饬各衙署给予调查员以方便。[2]监理官借助于督抚的力量减少与府厅州县官员之间的摩擦。

（三）省内官员不和

省内官员也非铁板一块，也有利益纠葛、派系斗争和意见不合之处。他们的冲突也会间接、直接影响到财政的清理。

首先，东三省督抚之间有不同的利益诉求。三省督抚在与中央争权时基本是作为一个整体，不过在他们内部仍有权利之争，都有自己的利益表达。特别是在东三省这个特殊的地区和制度下，三省督抚之间的权限和关系随着形势的转变和总督的交替而产生变化。三省之间由于历史的原因和现实的需要，很多事项都是统一进行的，"诸凡用人行政率须三省通筹，自未便划疆而治"[3]，财政也在很大程度上具有相关性，需要很好的协调。三省督抚的利益诉求导致的不和定会影响清理财政的进行。

徐世昌督东时期三省督抚关系还算融洽。首先，因为周树模和陈昭常都是跟随徐到东三省的北洋系成员。其次，总督邀得全权，有其必要性，并得到清廷的认可。徐世昌拟定的东三省督抚办事要纲规定了东督有绝对的权力，三省巡抚没有专折上奏的权力，成为总督次官。东三省同署办公，总督掌管一省行政大权。"东三省地处边要，事属草创，若仍拘泥例章，恐致诸多贻误，拟请嗣后东三省所有吏治损益、财款出入及一切事项皆暂准酌量变通，随时随事因地制宜，分别奏咨核办，俟数

---

① 《为核查官钞、编制报部册卷等事复荆存甫函》（1909年8月23日），周秋光编：《熊希龄集》第1册，湖南人民出版社2008年版，第521页。

② 《公署准督宪奉抚咨各项调查员到剀切指陈和衷协助通饬遵照文》，《吉林官报》第30期，公牍辑要，第2-3页。

③ 《（督宪）又奏吉江两省会奏事件分别例行特别办法片》，《吉林官报》第21期，折奏汇编，第8页。

年后筹办渐有端倪再查看情形奏明办理。"①总督邀得全权，权力之大可谓极少有之。当然，从清廷对东三省的重视、日俄相逼的外部环境、新改省制等情形来看，刚开始集权于总督有一定的必要性。由于督抚属同一派系，从而也掩盖了如此集权可能导致的矛盾和权力之争。即便如此，奉天巡抚唐绍仪还是因为权限问题与总督互生意见，后借事离任，所留奉抚由东督兼管。

锡良督东时期，东三省的省制改革基本稳定，御史和枢府都对东督的集权有所不满，纷纷要求缩小其权限，特别是变更三省巡抚的奏事权。当然，锡良也顺势提出让三省巡抚具有专折奏事权。但是，东督与奉抚还是产生了矛盾，并且此次的矛盾导致奉抚最终被裁。自唐绍仪离任后，奉抚一直由东督兼管。后政府有拟任程德全为黑龙江巡抚之意，但程力辞。而锡良请训时却认为程德全熟悉东省情形，办事认真，面保程署理奉抚。枢臣们本顾虑督抚同城之弊，而锡良的面保打消了他们的顾虑。因此，宣统元年四月五日发布上谕，以程德全署理奉天巡抚。程德全的任命是由于锡良的面保，按理说两人应该可以相处融洽。政府也非常注重东三省督抚的关系，在程德全上任后不久，即致电东三省督抚，希望能和衷共济，勿各存意见，以期收治理之效。②但这也说明政府对他们关系的担心，还有可能就是此时东督和奉抚已有不和的传言流出，这一点从对程德全实授奉抚之事也可得印证。有枢臣面请摄政王将奉抚程德全改补实缺，但摄政王有所顾虑，恐程与锡良意见不合，致起纷争，所以准备先考察其政见是否相宜再行改为实授。③摄政王的担心不久就呈现于报端，随后矛盾又进一步激化。程德全密奏摄政王，拟请率司道驻扎洮南。④即移扎抚辕，试图改变督抚同城的现状，改变受总督掣肘的局面。而锡良遂有裁撤奉抚的奏请。政务处诸大臣同意了锡良的奏

---

① 《呈酌拟东三省督抚办事要纲清单》（光绪三十三年四月十一日），档案号：03-5095-016，中国第一历史档案馆藏。

② 《电饬督抚和衷办事》，1909年7月1日《大公报》。

③ 《程雪帅暂缓实授》，1909年7月5日《大公报》。

④ 《程雪帅之愤懑》，1909年8月30日《大公报》。

请。后程德全自请辞职。①督抚矛盾已不可调和，宣统二年三月十七日，谕旨调程德全为江苏巡抚。两天之后，奉抚裁撤，东督锡良兼管奉天巡抚事。东督奉抚交恶明显有揽权之嫌。

随着锡良与度支部尚书等的冲突越来越明朗，并且东三省内外形势也进一步严峻，锡良多次以病请辞。而此时东三省总督之缺竟成为烫手山芋，谁都不愿接任。经摄政王等多次温谕，赵尔巽继锡良出任东三省总督。赵尔巽为邀全权，充分表达了对吉、江巡抚权限过大的不满，经赵督的奏请，巡抚的奏事权再次被剥夺。②这无疑又会引起督抚的不和。赵尔巽既不满意于吉、江两抚权限之大，也不满意两抚的才干。③总之，欲撤之而后快。而同时赵尔巽的集权也致使吉、江两抚不满，屡次请辞。三省督抚之间的矛盾再一次凸显，对此，内阁不得不出面调停。④

东三省督抚不仅因派系和权限问题出现冲突而间接影响财政的清理，具体到财政问题上，督抚之间也时常出现误会或矛盾，直接影响了清理财政。由于吉、江两省财政较奉天省困难，所以两省的摊筹款项往往不能按时解交奉天省，出现欠缴而由奉天省垫款的情况，因款项的催缴也会产生矛盾。如黑龙江省欠缴奉天公署垫款甚多，截至宣统元年年底，除由奉天划收山东协饷及测绘学堂摊购机械等项银两外，仍欠25.2万余两。虽迭经奉天公署催缴，但黑龙江省都以该省瘠苦财政困难为由，声称若摊派过多，恐力有未逮，咨行锡良请免缴垫款。⑤奉天行省衙门却迭次进行催缴，并称嗣后用款来日方长，若有垫无归将贻误甚多。为弥补垫款奉天省还将拨归黑龙江省的款项截留，江抚周树模对此极为不满，认为俸饷关系计授，若长此截留将贻误政事，咨请锡良将拨归款项如数转解黑龙江省。⑥因款项无着，东督与江抚出现了扣留和要求如数转解的矛盾。东督和吉抚曾就盐务问题产生误会而互生意见。吉林省盐法

---

① 《程中丞有去奉之意》，1909年9月15日《大公报》。
② 《东督特权之披露》，1911年5月18《盛京时报》，第5版。
③ 《辇毂下之人物表·赵尔巽》，1911年4月18日《申报》，第1张第4版。
④ 《吉黑两抚仍不准开缺》，1911年6月22日《申报》，第1张第4版。
⑤ 《咨请免缴垫款》，1910年7月2日《大公报》。
⑥ 《咨请免留协饷》，1910年7月1日《大公报》。

由于局秤和商秤相混淆等致使商店卖价参差而招人控告，东督对吉林省盐法及官运局极为不满。而吉抚却不以为然，认为局秤来自奉局，所以咎不在吉林省。因此，督抚所见不同，奉吉两局又各执一说。熊希龄担心"此事不设法变通，则三省盐局，言人人殊，终必有大龃龉之日，非三省之福"①，所以不得不出面澄清误会，并化除两省意见。东督赵尔巽为集中财权，奏请于奉天公署设立财政审计处专管三省财政。赵督在审计处成立、各科所有人员分别委派之后，咨行吉、江两抚将两省常年行政经费及征收各项租税数目汇造清册咨送到奉。但该两抚接此咨文后与各司道讨论颇费踌躇。②显然是对东督集中财权之举有所不满。

东三省之间有财政上的相关性，很多财政清理事项都需要统一进行，需要很好的协调。督抚为清理财政的实际主持者，督抚不和定会影响清理财政的进行。东三省督抚的矛盾还涉及督抚的财政权限之争。

其次，黑龙江清理财政局内总办和会办纠葛不断。黑龙江民政使赵渊自上任后就与监理官甘鹏云、会办周子幹不和。后又因移民实边问题更形交恶。监理官、会办等率同员绅讨论筹备安插饥民的方法，拟以锡良筹拨的赈捐银两作为安置开办费，并议由清理财政局拨支30万两以为补助。讨论妥帖后商请赵渊呈请督抚。赵司使却以各处多遭风雹雨水之灾省内存粮无多，而清理财政局经济又十分困难，30万银两碍难筹备为由，不同意监理官与会办等筹商的办法。③民政使为清理财政局总办，出现总办与监理官、会办不和。但随后形势发生变化，会办周子幹与副监理官甘鹏云产生矛盾，周子幹又调转方向，不得不屡次请人说情来缓和与赵渊的关系，但由于积怨已深，赵渊势必令周离开清理财政局方能后快。后周子幹被派充高等审判厅厅长，而搬出清理财政局，致使该局会办无人。人员的冲突影响了清理工作。

另外，奉、江两省督抚与民政使均有不和。黑龙江巡抚周树模和民

---

① 《为吉林官盐局人员安置致吉林度支司函》（1909年11月20日），周秋光编：《熊希龄集》上，湖南出版社1996年版，第279页。

② 《东三省通信》，1911年7月26日《申报》，第1张后幅2版。

③ 《赵司使对于移民实边之政见》，1910年7月29日《盛京时报》，第5版。

政使赵渊因防疫事宜竟出口大骂致生矛盾，周树模参赵渊刚愎任性，喜怒无常，遇事把持。①江抚也因此负气，致电枢府恳请开缺。冲突的结果是赵渊被从严惩处，连同降用。鉴于此，政府还有旨廷寄各省，希望督抚司道能和衷共济。此廷寄不久，奉天省民政使张贞午就因与赵尔巽政见不合，呈请开缺。②

还有，如度支使张锡銮、劝业道黄开文、王怀庆不满意锡良调叶景葵来奉天襄助财政事宜。③黑龙江民政使与庶务科科员交恶，因赵司使是锡良最亲幸之人，而该科员又为某部小京官，致使江抚颇为为难。④黑龙江省政界还有派系之争，向分楚晋两党，屡起冲突。晋党之魁就是民政使赵渊。因此，周树模参赵渊亦有派系之争的因素在内。⑤

清理财政的过程始终伴随着权利的争夺，不论是中央与地方之间、监理官与省内主官之间、还是省内官员之间，无不矛盾重重，使得监理官身处各种复杂纠葛的利益关系之中。特别是督抚司道等既得利益者对于清理财政一事虽不敢进行积极的反对，却不免于消极的奉行，即阳借清理之名而阴行阻挠之实，其对于监理官也外示以礼貌而内掣肘其事权。对于监理官来说，是以一二人之力来面对整个既得利益集团，想不受朦弊阻挠都很难。因此，监理官清理财政之路更加坎坷曲折。

总之，由于制度设计的缺陷和各方利益纠葛的牵绊，使得监理官面对着各方面的阻挠和敷衍，再加上度支部对监理官的期望很高，所需办理事项繁多，办事期限又很严，可谓事繁期迫，东三省正副监理官因清理甚难屡有请辞之举。熊希龄屡次向度支部密陈困难情形，"东三省财政困难已极，亏款甚多，清理甚难，各属册报牵混延宕，尤以吉林省奏报多有不符之处"。⑥并且财政清理因牵涉多方，其中存有种种纠葛及困难，加以身体不适，熊希龄屡次陈请辞差。因度支部为赶筹预算决算起

① 《黑抚奏参赵渊原电》，1911年3月19日《申报》，第1张第6版。

② 《东三省通信》，1911年7月26日《申报》，第1张后幅2版。

③ 《京师近事》，1909年5月12日《申报》，第1张第5版。

④ 《赵司使之脾气》，1910年10月20日《申报》，第1张后幅4版。

⑤ 《黑省政界之风云》，1911年3月21日《民立报》，第4页。

⑥ 《监理官报告为难情形》，1910年1月13日《申报》，第1张第4版。

见，曾连次电催各省监理官迅速清理财政，所定期限甚严。各省监理官接电后纷纷复电称不敢应承如此重任，黑龙江副监理官楼振声也电陈该省财政异常纷乱，万难依限办清，恳请代奏开差另简干员接充。[①]总之，东三省监理官处于困境之中，陷于尴尬的境地。

小　结

　　因为旧有的财政奏销制度太过僵化、事权与财权的严重不平衡，以及官俸制度的不健全、吏治腐败等因素，清末财政出现了外销和规费。这些外销和规费对东三省来讲非常重要，有了不为度支部所知的款项，督抚司道及各府厅州县官等就有了不为度支部所掣肘的自由支配的收入，不论是各官吏的个人收入，还是各衙署的办公经费，外销和规费都是非常重要的组成部分。但是，外销增加东三省财政实力的同时，也会加强其对中央的离心力，因为旧有的奏销制度已无法对东三省在财政上形成多大的约束。中央对东三省外销等款项无从知晓，而东三省督抚对于各府厅州县的款项也不尽知，因此需要逐级清查。

　　在度支部的严饬下，加上监理官及清理财政局的努力等，东三省外销和规费款项的清查取得了一定的成绩，至少使得一部分的外销和规费得以显现。但外销和规费关系各级官员的切身利益，因为有利益在作祟，大大小小的利益团体都有各自的利益诉求，在中央、省、府厅州县之间出现逐级清查而又逐级隐匿的情形，致使清理财政局依据各属造送册报而编造的报告册难逃官样文章、奉行故事的命运。因此，东三省外销和规费款项的彻底清查是个不可能完成的任务。度支部本想借清理财政搜罗出各省的外销和规费款项，但东三省却以用款拮据、款不敷用为由不停请款、截留，从这个层面来讲度支部的意图也没达到。度支部怀疑东三省隐匿私藏，用款太滥，屡次催其撙节财用，驳斥请款。度支部与东三省督抚之间的相互不信任导致双方的关系相当紧张，屡次发生冲突事件，酿成疆臣与部臣相互埋怨的局面。东三省督抚也未能完全明了

---

① 《监理官之纷纷请退》，1911年3月18日《大公报》。

其下属府厅州县的外销和规费情形，虽然也极力规范府厅州县的请款、截留及款项的动用，但加强管理和集中财权的效果并不明显。

清理财政过程中，监理官处于非常尴尬的境地。首先，度支部清理财政的制度设计存在极大的缺陷，权责不明、缺乏可操作性、没能恰当处理既得利益者的阻挠等。本为防弊的设计却因运用不当导致权限不明、事权不一局面的出现，成为产生弊窦的重要渊源，也使得攻讦之风盛行，监理官势处两难之境地。其次，清理财政的过程始终伴随着权利的斗争，不论是中央与地方之间、监理官与省内主官之间、还是省内官员之间，无不矛盾重重，使得监理官身处各种复杂纠葛的利益关系之中。特别是面对既得利益者或积极的反对，或消极的奉行，监理官处处受阻扰，事事受掣肘。对于监理官来说，是以一二人之力来面对整个既得利益集团，处在中央与地方矛盾的风口浪尖之上，处在利益纠结、政见相异、派系纷争的漩涡之中。再加上一些客观的因素，如二百数十年来的财政积弊，陈陈相因，已经使弊端成为习惯，使旧例成为准绳。各级官员也乐得因循敷衍、墨守成规。纯属故意隐蔽的外销和规费的革除就更难上加难。旧例即将革除、新规还未能确立，历年积累下来的各级之间相欺相隐的痼疾也横亘在清理财政的道路之上。难怪清理财政局人员抱怨，"机关既未统一，规则又复纷岐，习惯相沿，整理不易"。[①]监理官要在短短的两年之内将积弊全部厘剔，将隐匿一律清查，难度之大可想而知。因此，监理官清理财政之路极为坎坷曲折，调查财政确数取得的成果也十分有限。

---

① 《东三省总督锡黑龙江巡抚周咨度支部文》（宣统二年八月三日），《黑龙江全省财政说明书》咨文，第1页。中央财经大学图书馆辑：《清末民国财政史料辑刊补编》第1册，国家图书馆出版社2008年版，第157页。

第四章　预算的制定和实施

　　预算制度是近代财政制度的重要组成部分，是财政制度近代化的标志之一。清末的清理财政是以预算的实行来实现厘清收支、厘清中央与地方的关系，为了实现即使加税筹捐而民也不疑的目的。因此，度支部把预算的实行作为清理财政的归依。在预算的制定和实施中，为了尽可能地维持和扩充自身的利益，不仅在上下行政层级之间出现了相互的讨价还价、争取利益最大化的局面，而且在行政与立法之间也出现了冲突。

第一节　东三省试办省预算

在各种因素的作用下，清政府充分认识到预算的重要性，并根据财政清理的情形决定提前试办预算。清理财政是以预算的实施为归依的，"今朝廷预备立宪，特饬臣部清理财政。清理财政者，为筹备宪政之权舆，而其包涵全体，贯澈初终，必办至编定全国预算，乃为就绪"。①度支部奏定的清理财政是以列款调查为入手办法，以编定预算决算清册为归宿。因此，清查各省正杂入款及饷需薪俸等各项支销，彻查外销规费确定全国财政确数等都是制定预算的基础。到宣统元年下半年，各省清查财政确数的册报大都陆续送到度支部，度支部与政务处核议，认为各省的清理财政已经办有端倪，因此，预算亦须提前赶办，把原定于宣统三年内实行预算的期限提前到宣统二年内办理。并为此饬令各省严格财政册报，检查以前部订的通筹全国财政表、预算草略、会计调查表册、会订审计院试行法则合议案等以备参核，作为筹议预算决算的入手办法。②该部还酌定试办预算册式及例言二十二条，附以比较表等，③通行在京各衙门及各省清理财政局依式填注，为提前试办预算做好准备。

而因为东三省已有实行预算的雏形及基础，并在监理官的提议下，在度支部决定试办预算之前，东三省已奏请试办省预算，借资练习。东三省省预算的制定在一定程度上为宣统三年全国预算的制定奠定了基础。

一、预算的雏形

具有预算形式的"岁计政书"在东三省较早出现，特别是吉林在清理财政之前已经实行了预算的办法。虽然与预算的性质还是有差别，但形制上已很相似，并且东三省督抚对造报预算的必要性、预算的权威性

---

① 《度支部奏拟清理财政章程折》（光绪三十四年十二月一日），故宫博物院明清档案部编：《清末筹备立宪档案史料》下，中华书局1979年版，第1019—1020页。

② 《筹议预算决算之入手办法》，1910年3月23日《申报》，第1张第4版。

③ 刘锦藻：《清朝续文献通考》卷72，浙江古籍出版社1988年版，考8289。

等都有了相当的了解。

东三省最早是在什么时候开始使用预算的形式不得而知，但据《民国农安县志》来看，光绪三十三年就已经开始。"光绪三十三年冬十二月，督抚宪饬将县署岁出岁入各项编列统表送侯会办"，该县奉札列出光绪三十四年度预算表，该表所列各项包括：全年各项经费收入钱数、全年各项经费支出银折钱数、全年各项经费亏盈数、各项经费共收入钱数、各项经费共支出银数、各项余胜及超过各数等项，最终统计该县光绪三十四年度预算数：全年岁入合银124 906.615 7两，支出合银130 718.721 5两，比较尚不足银5 812.105 5两。①该县光绪三十四年的款项支销就按预算表实施。此表完全符合预算形制，在前一年年终预估次年岁入岁出，并分列各项岁入岁出及比较盈亏之数。

吉抚陈昭常鉴于吉林省度支困难，总核每年钱粮捐税各项进款只有300余万，而用款则日益加增，实有入不敷出之势，因此在光绪三十四年年底通饬各属及各局处学堂以后每年所需用款除额支外，其活支各项也须于每年年终将次年用款预算列表送度支司汇总，以便稽核而预为筹划，以免款项无着落。他还宣称各处倘若不预先声明，除非临时核准实为万不得已的用项，否则一律不准开报。②应于每年年终将次年用款预算列表，以免临时竭蹶，此即预算之精义。吉林省造具预算时注意拟定划一规制，并要求各属切实核减预算表；当各署呈表到度支司时，度支司详细查核，将应支额数汇成总表呈督抚核查；在预算的实行中，规定度支司要按季核发，制为定案，将来用款即以此为限制；并声明此后非有不得已之处，不准借词变更，以便维持预算的权威性。当然，也对现实的实际需要预为考虑，如支款实在有特别用处，允许随时开折禀商，酌量准驳；不在预算之内的也准许追加，但要将拟定办法章程及应需款目先开具清折呈督抚发饬度支司筹措的款呈复后才行。③当时将各署局所的预算列表报齐发交度支司总核，然后由度支司编成册籍，称为"岁计政

① 朱衣点纂，郑士纯修：《民国农安县志》（民国16年）卷6，第46-47页。

② 《饬造预算活支款预算表》，宣统元年正月初八《北洋官报》，第11页。

③ 《督抚宪通饬造送支款统计预算岁计各表文》，《吉林官报》第1期，公牍辑要，第3-4页。

书"①。

　　随着形势的发展，各属所造报的预算规制越来越详备。如农安县造报宣统元年正月至四月地方行政费收支款册，该册就分为两类，一是关于国家行政费，一是关于地方行政费，并另立详细预算表式。②预算虽是预备立宪第三年筹备之事，但宾州厅于宣统元年在岁出入数目查明的基础上就试办了宣统元年预算。该厅自设立财政局后，即将光绪三十四年岁入岁出造具总分各表作为该厅光绪三十四年度决算，然后根据此决算表酌核该厅各项行政情形，"宜减者减，宜增者增，宜裁者裁，宜留者留，复统筹本年应行举办各事，分别列入汇合统计，以为本厅宣统元年之预算"。③

　　当然，此时的预算和真正的预算还有所不同，各州县"仅按地方财力酌予编造，并无项目之区分。所编列者，只供地方支用而已"④。此时的预算不仅不够详细，并且应用范围较小。虽然全省的岁计政书与预算之制有所不同，没有经过立法机构的审议，但岁计政书也须奏咨立案。预算之后，经常用款如有不敷即请度支部筹款协济；并且经此次奏咨后，除非有万不得已的特别用度，各署局是不准于预算表外多报分厘的，因此有了预算的实际作用。另外，在地方上还将收支数目缮具清单并公布周知，召集地方士绅各界首领开会，当场报告收支款数及经过情形，并将所收所支项目分列清册印刷数十份分送各机关备查，也使得预算的实行有所监督，做到一定程度的公开化。东三省已有实行预算的基础。

二、制定和实施

　　向真正的全省预算转变，开始于东三省清理财政局的呈请。三省清理财政局的准备工作也很早就开始，先邀得度支部允准提前试办省预

---

① 《拟编岁计政书》，宣统元年正月二十七日《北洋官报》，第11页。

② 《查造财政表册》，《吉林官报》第19期，政界纪闻，第3页。

③ 《宾州厅禀请本年筹备宪政事宜文并批》，《吉林官报》第24期，公牍辑要，第1—3页。

④ 王春鹏纂，王永恩修：《民国海龙县志》（民国26年）卷4，第46页。

算，为省预算延揽人才、编制册式等，并在预算的制定方法、程序、国地税、公费、财政的司法监督、地方自治费等方面都进行了较为明确的阐述。东三省根据清理财政局的部署进行了省预算的制定和实施。

宣统元年九月，监理官熊希龄等上呈度支部，拟令东三省各署局试办预算法，借资练习。鉴于预算是以国家政策的长远规划为依据的，并非仅仅是就已办之事量入为出，即一切关于国利民福的待兴之业都必须预为规划，款若不足就付之议会，以期利于国家的长远发展。但是预算初办会有诸多困难，因为缺乏经验往往有应需经费在制定预算时没能虑及，而预算定订后又不便增加，办事遂不免有所迟滞。因此，熊希龄和栾守纲"拟令奉省各署、局、所先于年内编制预算表册，一面交由财政局照章汇编报部，一面即于宣统二年正月起试办预算，此后所支经费，一依预算项目而行，不得溢于预算范围之外。果有事实确为必需而预算未能及料之处，准其声报情形，转陈钧部，则于宣统三年之预算编制不无俾补。"①很明显，省预算的制定是为全国预算的实施做准备，收循序渐进之功效。熊希龄等将东三省预算提前赶办的想法得到度支部和东三省督抚的允准，并把东三省试办的宣统二年预算名为省预算。

监理官还为试办预算延揽人才。因为是初办预算，对各项经费进行切实审定实非易事，如军事、外交、学务、司法及农工商各署局堂所都关系到专门的学识，何者为必需之款，何者为可减可缓之项，如果没有专门的知识储备和见解，是不足以确定其预算费用的；并且如果不能权衡轻重，不仅不能达到预算应有的效果，反而会阻碍各项事业的进行。鉴于外国的经验，"北美合众国制度，于户部中特设各部度支官以备咨询，日本各行政官署亦均置有技师以资器使"，②熊希龄和栾守纲延揽各署局堂所科员中有学识者委充清理财政局议员，在该局例定会议及编辑预算报告表册时召集各该议员入座讨论，以收集思广益之效果。后选定

---

① 《为酌议清理财政办法与栾守纲呈度支部文》（1909年10月29日），周秋光编：《熊希龄集》上，湖南出版社1996版，第272页。

② 《为酌议清理财政办法与栾守纲呈度支部文》（1909年10月29日），周秋光编：《熊希龄集》上，湖南出版社1996版，第270—271页。

包括旗务处总办金梁、巡警局总办张俊生、大清银行总办保如、银圆局总办荣厚、官银号会办张允褒等在内的22人作为议员。[1]

东三省提前办理省预算，清理财政局在预算的制定方法、程序、国地税、公费、财政的司法监督、地方自治费等方面都有较为明确的论述，不仅为此次预算，还为其后全国预算的制定给予了很大的帮助。此项预算在很多方面起到了过渡性的作用。

熊希龄等提出编定预算的提议案十二条，作为制定预算的指导。包括收支统一提议案、指定库储提议案、本年余款处置提议案、平均预算提议案、另编预算副册提议案、查明亏款提议案、划分国家地方两税提议案、会计检查提议案、公费核定提议案、废两用元提议案、各署局公费津贴名义更正提议案和地方经费提议案。[2]提议案提出后，定于宣统元年十二月初旬以内召集各署局行政长官及议员、议绅等会同议决，三省必须统一，吉、江两省应一律办理，所以熊希龄致电该两省清理财政局各派代表一人，于十二月初五以前到奉讨论，定于九日开议。[3]他还让即将去吉局襄助预算事宜的总核处文牍员吴渊也参与商议预算办法的讨论，以便之后到吉局仿办。但由于很多官绅对预算还是缺乏认识，所以集思广益的效果并不明显。讨论中，各员对于此项议案唯阿称诺，并不能提出有建设性的意见和建议，只有调查局总办李兰洲有所陈说，赞同将全省财政权统一，并且主张仿行各国国库制度，将原设的官银号裁撤，以大清银行为出纳之所。[4]不过此提议案只是成为了清理财政局制定预算的指导。

关于册式，清理财政局将预算书籍等发交各署，饬令管理财政人员悉心研究，以便制定预算。预算册式，在参酌熊希龄办湖南磁业学堂、南洋印刷工厂、苏州农工商局等时制定的预决算表册及奉天省西安县所

---

① 《清理财政局议员名单》，1910年1月27日《盛京时报》，第5版。

② 《东三省奉天清理财政局关于编定预算之提议案》（1909年），周秋光编：《熊希龄集》第1册，湖南人民出版社2008年版，第628—636页。

③ 《为预算事致吉林、黑龙江财政局电》（1910年1月5日），周秋光编：《熊希龄集》第2册，湖南人民出版社2008年版，第6页。

④ 《东省清理财政之大会议》，1910年2月4日《申报》，第1张第5版。

呈册式的基础上，经研究决定一概按照西安县的方法办理。奉局最终拟定的预算册分三段，第一段说明本年原委，第二段为预算出入总表，第三段为名目明细书。该局还将刊印好的各预算表式及预算传习要义等书册议决后寄呈吉林、黑龙江省清理财政局一体遵办。[①]虽然札发了统一的预算册和关于预算的书籍，但是各处送到的预算册还是纷淆杂糅，大都仅有岁出预算而无岁入款项。监理官分析其致误原因，大多由于承办之员对预算性质不甚了解，并且各处对于清理财政局所发书册也未能详加参阅。因此，清理财政局再一次详细陈明预算方法[②]，为各处的预算造册又做出了非常具体的指导。但册报还是有问题，误会之处颇多而合定式者甚少。主要原因在于各属造送之册多半是依照清理财政局元年预算表式造报，但该局是新立局所，其元年预算册并没有与上一年的进行比较，并且按照清理财政章程，清理财政局是按月造报，因此有每月之间的比较，但省预算部预算均属全年预算，必须以年为单位进行比较。针对各属册报错误，清理财政局还发出公告，令各属遵办。规定预算表内次第分为五段，包括说明书、岁入总数表、岁入预算各目明细书、岁出总数表、岁出预算各目明细书，[③]以期各属能依限造报以便于预算的制定。

在三省清理财政局的督饬下，各的开始制定宣统二年省预算。在时间的安排和进程上，根据清理财政局的规定，宣统二年各署局预算册均须在宣统元年十二月初十以前到局，二年正月初一日各署局即照该局核定的预算册开展工作。[④]但其后因迟缓而有所推迟。

制定宣统二年预算的步骤，根据清理财政局的部署，首先，各属根据清理财政局颁发的预算表册在该局的主持下，在详细调查各自财政

---

① 《为东三省预算致黑龙江财政局电》（1910年1月18日），周秋光编：《熊希龄集》第2册，湖南人民出版社2008年版，第15—16页。

② 《为奉天创办预算咨各局司道处文》（1910年），周秋光编：《熊希龄集》第2册，湖南人民出版社2008年版，第257页。

③ 《奉天财政局预算条例》，1910年3月27日《北洋官报》，第10—11页。

④ 《为预算事复奉天财政局电》（1909年12月18日），周秋光编：《熊希龄集》第1册，湖南人民出版社2008年版，第595页。

实情的基础上预算宣统二年的财政收支数目，造报预算册。在清理财政局的札饬和督促下，各属纷纷赶造预算册。新民府各衙署局所遵照奉局札饬赶办宣统二年预算事宜，非常忙碌，几有日不暇给之势。其警务局预算宣统二年全年经费额支每月须用小洋15 390元，年共184 687元；活支每月须用小洋2 892元，年共32 337元，全年经费统计217 025元，编成预算案送府核办。①黑龙江省木兰县于十二月二十九日呈送宣统二年预算表。②但因各属册报有迟缓之处，册报的时间不得不一再推迟。原定于十二月报送，后奉清理财政局札饬各衙署局所编辑的宣统二年预算案统改限正月造成送省核夺。③黑龙江省绥化府于宣统二年正月二十八呈送宣统二年经费预算表，该表包括，第一类为由司给领之款，共实银17 992.073 916两；第二类为由府自收经常之款，共银1 434.182 968两；第三类为由府自收临时之款，共银7 093.561 5两；第四类为由府自筹经常之款，共银4 031.265 12两；第五类为由府自筹临时之款，共银3 816.8两；第六类为地方行政经费，共银38 437.652 5两。总共入款银72 805.535 746两。④而该省兴东道署宣统二年出入预算，岁入包括经常部分的3 820俄币、20 580.116银两、4 890钱和临时收入银900两；而岁出则包括经常部分俄币1 200、银20 501.581、钱1 440和临时岁出银12 784.129两。⑤

随后，各署局把制定的预算册送交清理财政局，由局进行汇编，之后一面报部，一面送呈督抚。清理财政局不仅要将各署局的预算册汇编成全省的预算总册，还要针对其中不符预算原则和实情之处进行核驳，责令各处进行修正和重新造送。

最后，督抚核夺清理财政局送呈的汇编好的全省预算册，东三省

---

① 《警务局之预算》，1910年2月18日《盛京时报》，第5版。

② 《木兰县呈为遵札造送宣统二年预算表由》（宣统一年十二月二十九日），档案号：45-2-127，黑龙江省档案馆藏。

③ 《预算之期限》，1910年3月4日《盛京时报》，第5版。

④ 《绥化府呈送宣统二年经费预算表由（附清单）》（宣统二年正月二十八），档案号：45-1-137，黑龙江省档案馆藏。

⑤ 《黑龙江省兴东道署宣统二年分出入岁计预算表》（宣统二年三月五日），档案号：45-1-135，黑龙江省档案馆藏。

宣统二年省预算最终成立。到宣统二年二、三月份，东三省督抚纷纷奏陈试办省预算的成绩，三省于宣统二年就开始按照预算来实现财政的收支管理。奉天省由清理财政局制定预算册式，经东督等通饬仿行；确定自宣统二年起即照预算办理；为试办预算，总督督饬各属一律设收支委员，使办理预算时有所依据，借收循序渐进之效。①黑龙江省清理财政局则查照各国预算体裁并参酌黑龙江省情势，采用法国递增预算法，以上年报告的成案为本年预算的根据，并拟定表式、编订条例通饬各属于宣统二年正月内送核，二月内实行。②

东三省宣统二年的省预算由于种种原因导致实施的情况不甚理想，但也在一定程度上开展了起来。如黑龙江省清理财政局分别于宣统二年四月、五月间制定了按照预算进行支销的宣统二年三月、四月份经费决算表，并咨民政司查照。该局三月的预算为江平银1 971.914两，经减扣所领的实数为1 613.189两，而决算额即实际支出为1 393.647两，尚盈余249.542两。而临时部分，月预算额为江平银460两，经减扣所领实数为376.326两，决算额为96.976两。共计该局三月预算额为江平银2 431.914两，经减扣所领实数为1 989.515两，而实际支出的决算额为1 490.623，两相比较，三月份盈余498.892两。③而该局四月的预算额和所领实数与三月份相同，但该月决算额为江平银1 888.533两，还盈余100.982两。④

三、局限和作用

（一）局限

由于首次在全省范围内试办严格意义上的预算，各属对预算的精义

---

① 《东三省总督锡良奉天巡抚程德全奏报第二年第二届成绩并下届筹备情形折》，宣统二年三月九日《政治官报》，折奏类，第15页。

② 《黑龙江巡抚周树模奏庐报江省第二年下届筹备宪政成绩并本年办理情形折》，宣统二年二月十五日《政治官报》，折奏类，第8页。

③ 《呈报本局三月分经费决算表并咨民政司查照》（宣统二年四月二十三日），档案号：45-1-119，黑龙江省档案馆藏。

④ 《呈报本局四月分经费决算表并咨民政司查照》（宣统二年五月十六日），档案号：45-1-119，黑龙江省档案馆藏。

缺乏了解，加上工作有延宕迟缓之处，东三省省预算在制定和实施中都存在一些问题。

首先，在预算的制定中问题很多。第一，在时间上一推再推，各属有延宕之处。原先根据清理财政局的规定，宣统二年各署局预算册均须宣统元年十二月初十以前到局，二年正月初一各署局即照该局核定的预算册开展工作。但随后清理财政局更改了造报的时限，规定各属表册限宣统二年正月底送到该局，由该局核定，呈请督抚批准，于三月初一实行。但实际的进程是介于两次时限之间。进程有所耽误的原因主要是各属的预算册纷纷迟误，清理财政局不得不推迟日期。如黑龙江省绥化府于宣统二年正月二十八日呈送宣统二年经费预算表时，该府学堂和警局的预算表还未送到府署。[①]该省兴东道署宣统二年出入岁计预算表于宣统二年三月五日才编送到清理财政局；[②]而提学司学务公所宣统二年岁出预算表则于宣统二年三月十八日才送达清理财政局。[③]

第二，各属明显存在重视岁出预算而模糊岁入预算之处，并且预算收支不敷甚巨。预算本重在收支合理，但东三省新改行省，规制不完备，各属州县往往各立员司名目，薪水既参差不齐，费用也是公私不分，"就其所造本年省预算册观之，不独不能适合，且更较上年出逾一倍"。[④]黑龙江省呼兰府所呈的乡镇巡警费岁入之款约19万吊有奇，而支出也达19万有余，[⑤]此项预算只有在该府所预算的岁入全数收入并且没有任何意外用款的情况下才能基本出入相抵，即并没能考虑到意外之需，因此，清理财政局让其酌加裁减，令稍有盈余。该府学款预算也存

---

① 《绥化府呈送宣统二年经费预算表由（附清单）》（宣统二年正月二十八日），档案号：45-1-137，黑龙江省档案馆藏。

② 《黑龙江省兴东道署宣统二年分出入岁计预算表》（宣统二年三月五日），档案号：45-1-135，黑龙江省档案馆藏。

③ 《黑龙江省提学司学务公所宣统二年岁出预算表》（宣统二年三月十八日），档案号：45-1-96，黑龙江省档案馆藏。

④ 《就奉天财政预算上度支部堂宪禀》（1910年），周秋光编：《熊希龄集》第2册，湖南人民出版社2008年版，第261页。

⑤ 《呼兰府呈乡镇巡警改定区段章制并宣统二年分预算册均悉由批》（宣统二年二月十二日），档案号：45-1-136，黑龙江省档案馆藏。

在类似情形。而木兰县的预算则入不敷出，其预算表册中所列官厅费全年需款21 430余两，学警两项需款28 380余两，而该县行政经费入款合计银仅21 000两有奇，地方行政经费入款合计银27 100两有奇，[①]如此计算已有所亏，更不要说考虑到各种变数。很明显，该县未能通盘核计量入为出，并且在填造表册书写银数时具体到了毫、丝、忽，按照清理财政局的要求以厘位为止即可。总之，问题很多，这些问题在随后的宣统三年、四年预算中也都程度不同地存在着。

其次，在预算制定后的实施中，也存在一些问题。虽然三省督抚都宣称要从宣统二年开始实施省预算，但由于各局所衙署等的延宕，使得本定于宣统元年年底制定完成的，却从二年正月开始实施的省预算推迟到宣统二年二、三月份才造报完成开始实施。恰在此时，又赶上度支部要求提前试办全国预算，因此，导致省、国预算在时间上发生冲突，致使省预算的制定匆匆收尾。而度支部对全国预算要求甚严，因此，三省清理财政局的工作立刻转移到全国预算的制定中，而各属也在清理财政局的督促下迅速转移重心，从而影响了三省省预算的严格执行。

（二）作用

当然，东三省省预算毕竟是提前试办，虽然存在一些问题，但作为先行试办还是取得了较为显著的成绩。宣统二年就开始按照预算办理，不只为宣统三年的预算起到了过渡性的作用，更为宣统三年及更长远的预算提供了借鉴和帮助。

省预算的提前试办本就是为了实现向全国预算的过渡，所以在很多方面都体现了较明显的过渡性质，并有利于这种过渡的实现。如对预算中限制支款问题的处理就有明显的体现。对支款如果不限制则会漫无制约，如果限制则又恐室碍行政机关的运作。监理官提议，先悬拟一个改革章制限定支出数目，以期在宣统三年实行，而利用奉天省试办省预算的时期内"将各署、局预算册概由财政局全照新章核定，并令展期七月初一实行预算。则各署、局于此数月中酌量更张，应并者并，应裁者

---

① 《据木兰县预算表册任意浮开饬令照重颁表式切实核减由》（宣统二年二月二十日），档案号：45-2-127，黑龙江省档案馆藏。

裁，既不致操之过切，亦不致为员司所要挟。迨至七月以后，果其所定支数有出于预算之外者，当可随时详陈，由财政局按照部章试办预算例言第二十二条，转请部示改订，以便加入宣统三年预算册"。①在此，省预算就起到了过渡性的作用。

东三省试办省预算时对预算问题的探讨和实践，为宣统三年及更长远的预算提供了借鉴和帮助。如在奉天清理财政局编制的预算提议案中，针对奉天财政机关不统一的弊病，提议支拨各款尽征尽解度支司，各署局不再承担支出的责任，以达到统一收支之效，这不仅有利于预算的制定，也有利于财政的管理；在指定库储提议案中，指定大清银行及官银号为存储全省收入库款之所，而将各署局的存款一概提交该处存储借拨，有利于国库制度的建立；在本年余款处置提议案中提出预备金制度；平均预算提议案中借鉴西方的预算方法指出预算的制定方式，并且能考虑到现实的需要，拟于宣统二年用递增方式，三年再用推测方式；在查明亏款提议案中，提议查明亏款之处及筹抵方法；在划分国家地方两税提议案中，提议国地税划分的标准等；在会计检查提议案中，提议设立会计检查制度，称在财政的监督上，会计检查为司法监督，咨议局为立法监督，督抚为行政监督，而司法监督要独立于行政监督；在公费核定提议案和各署局公费津贴名义更正提议案中议及各府厅州县的官制改革和公费的制定；在废两用圆提议案中提及货币的单位问题，拟采渐进之法；在地方经费提议案中议及地方自治事业的经费问题。②以上的各项提议案，可以说都非常有见地，在财务行政、国库制度、审计制度、税项划分等方面都有较好的立论，为此后的预算案提供了非常好的借鉴意义。

---

① 《就奉天财政预算上度支部堂宪禀》（1910年），周秋光编：《熊希龄集》第2册，湖南人民出版社2008年版，第262-263页。

② 《东三省奉天清理财政局关于编定预算之提议案》（1909年），周秋光编：《熊希龄集》第1册，湖南人民出版社2008年版，第628-636页。

第二节　全国预算中行政层级间的讨价还价

一、中央与省

东三省在制定省预算之时，也在督促宣统三年预算册的造报。为了追求自身利益的最大化，在全国预算的制定和实施中，中央与东三省之间矛盾纠葛不断，在预算造报中存在延宕和惩处、预算制定和审查中存在核增核减和抵制、预算实行中有翻异和追加等各种问题。

（一）预算造报的延宕和惩处

本来定于宣统三年开始编订全国预算，宣统四年开始实行，但度支部于宣统二年正月二十六日具奏提前于宣统三年就试办预算。[①]试办宣统三年预算表册度支部曾限定于宣统二年三月底由各属汇齐，于四月初一律报部，但遭各省的延宕，及至四月，各省尚多未复报，度支部财政处不得不通电各省督抚，进行催促。[②]

东三省的册报出现迟延。东三省督抚及清理财政局接到度支部试办宣统三年预算的通饬后，遵照办理。虽然提前试办了宣统二年省预算，但是清理财政局还是要求展期宣统三年的预算册报。据该局称主要是因为东三省财政困难，亏款太大，各属造送到局的预算表册又多不遵照局式，基本都是入不抵出；而吉林财政尤为浮糜，这些都与预算之制不相合。为达到收支相合就必须节流，要节流就必须裁汰冗员冗费，裁节糜费、酌定公费等措施都需要较长时间才能完成。再加上吉林、黑龙江两省的册报送到奉天省，往返需十多日，再由总核处加以准驳又需时日，如此办理则肯定逾限。但如果不实施这些措施，则预算必定以入不敷出收场。所以正监理官请求度支部财政处"宽假时日，勿以定限相绳，庶

---

① 　《度支部寄各省监理官公函一》，度支部：《度支部清理财政处档案》（清宣统间铅印本）。
　　北京图书馆影印室辑：《清末民国财政史料辑刊》第1册，北京图书馆出版社2007年版，第228页。

② 　《电催各省速报预算表册》，1910年5月17日《大公报》。

几能照尊函办理"。①鉴于各省的册报纷纷延宕，度支部不得不把期限展缓至五月底。但吉林省预算册"当试办之始，或款目不免纷歧，或表册不中程式，往还驳造，稍致稽迟"，②一直到七月内才一律告竣。这还不包括临时发生事项需赶办的追加预算。

东三省由于预算册报部逾限，根据宣统二年八月间度支部会同吏部上奏各省清理财政酌拟册报逾限处分折，遭到度支部尚书的参处。东三省都属逾限，吉林巡抚、度支使交吏部照例议处，度支使罚俸九个月，吉抚陈昭常罚俸六个月。当然均为公罪，当日即已奉旨著准抵消。③度支部还过问吉林造送预算分册迟逾对各属的处分，虽然吉抚已奏参有案，度支部还是行令该省将迟误之属由督抚查取职名分别咨送照例议处，以儆玩泄。

虽然宣统四年的预算暂行章程对编制的时限做了严格的规定，但还是挡不住东三省的迟延，纷纷请求展限。宣统四年预算暂行章程规定，各省应编国家岁入预算报告册、地方岁入预算报告册和比较表都限于四月十五日以前送到度支部，各省文武大小衙门局所应编造国家岁入、地方岁入预算报告分册和比较表统限于二月初十以前送清理财政局汇总编制。④但东三省还是出于各种原因出现册报迟延，不得不请求展限。

吉林清理财政局鉴于所办宣统三年预算屡遭部驳，在办理四年预算时，于宣统三年年初就由公署通饬省城所有各局所务必于正月二十日前一律咨送该局，以便报部而免驳诘。并声明如有迟延不到，定会区分轻重记过撤参，决不稍宽。⑤度支部还特别通饬各省监理官对宣统四年预算严加钩稽，对抗查及蒙混的各局所衙署进行严惩。⑥即便频繁的督促和严

---

① 《为预算册事致度支部财政处电》（1910年3月21日），周秋光编：《熊希龄集》第2册，湖南人民出版社2008年版，第36页。

② 《吉林巡抚陈昭常奏报第四届筹备宪政情形折》，宣统二年九月十五日《政治官报》，折奏类，第13页。

③ 《吉省预算迟延之处分》，1911年4月29日《盛京时报》，第5版。

④ 《全国预算暂行章程》，《广西官报》104期，财政，第511页。

⑤ 《催办四年之预算》，1911年2月11日《民立报》，第4页。

⑥ 《通饬监理官严查财政》，1911年3月7日《大公报》。

格的惩处，也禁不住各署局的迟缓，最终加以各种原因导致三省预算册报逾限。

黑龙江巡抚周树模上奏要求将该省造报预算的时限延长一个月。因为江抚认为相对于该省实情，度支部规定送部期限较为严迫，该省根本无法按期完成。黑龙江省辖地廖远交通不便，致使文牍来往动辄累月，就是单把部颁条例、表式送达到各属，远者就须到二月中旬才能发到。再由各属编造送局又须时日，加以瘟疫蔓延致使交通阻隔，各属预算案送局势必逾限。各属预算册到局后还需经过审查、驳诘、编辑、缮写等，又需多时。种种原因致使宣统四年预算册难以依限报部。所以江抚请求援照宣统三年湖南展限之例，展限一个月。①除去各署局所的懒怠延宕，江抚的解释倒也算合乎情理。由于各省督抚及各部院衙门等都对宣统四年预算不甚积极，度支部不得不把时限又展缓十日，统限四月二十五日以前送部。②由于东三省及其他各省的迟缓延宕使得预算造送的时间一再推延。

（二）预算制定中的核增核减

预算的制定要求基本的收支平衡，但经调查发现东三省财政入不敷出甚巨，度支部断定以目前的财力根本无法补苴财政的亏累。所以在东三省预算造册的过程中，即还未送部之前，已明令其撙节财用，不敷之处让自行筹措。东三省预算册送交度支部之后，该部进行了审核，发现了很多问题，主要是预算册中有不实不尽之处，错误甚多；三省所呈报的预算册都是以赤字收场，不敷甚巨。因此，度支部极力督催三省对原有册报岁出进行核减，岁入进行核增，以期达到收支平衡。东三省督抚虽然在预算造报的不同阶段都进行了一定的核减，但出于实际的困难和顾及自身利益的考虑对度支部的核减进行了抵制。

1.造册过程中的撙节财用

经过财政确数的调查，东三省财政严重不敷。东省先期预算每年用款不敷就约达到200余万，致使度支部格外注意东三省的预算，并采取多

---

① 《江省依限造报预算之为难》，1911年3月9日《申报》，第1张第4版。

② 《京师近事》，1911年5月28日《申报》，第1张第6版。

种措施促成其预算收支的平衡。

度支部迭次令东三省督抚撙节财用。首先，咨行三省督抚以"量入为出"为原则，"由各省将所管出入款项通盘筹画，凡有不敷，或设法筹措或实力裁节，务期收支适合为度"。[①]而不敷之处要自行筹措，以期收支相抵以免拮据之患。督抚也在一定程度上遵照办理，通饬各司道讨论核拟办法，因此，东三省有裁员节薪、裁节浮糜等措施。其次，为达到极力撙节旧用、又能另筹新款的目的，度支部拟定划一办法，电令各省把所有宣统三年以前已办之事和已有之款分别岁出岁入进行登载，并将总数列于册表末尾；再将宣统三年应办之事和可筹之款也分别岁出岁入切实筹计，亦将总数列于册表末尾，并将两数合为一总数，即对所用及所需款项有大致的了解。在此基础上，将宣统三年以前应用之款大力裁节期于适合，如有不敷应赶紧设法弥补；而宣统三年应备之款应如何筹措和撙节，度支部让各省在比较表内的说明格中详细述明。[②]总期达到收支适合。黑龙江巡抚周树模接到该电，通饬各司局处以及府厅州县赶紧造表呈复，以便汇总报部。[③]面对度支部的催促，江抚也一再表示，该省试办预算表的过程中，查核支款章程及各种惯例发现应行改革之处确实很多，并且认识到由于每年出入不敷过巨，必须详加查核重新核定才能使得预算得以确定，因此，也在积极地札饬清理财政局详细查核，对于稍涉浮滥之款一律从严删除，以期符合部章。[④]因财政严重不敷的实际状况，加上迭奉度支部令其收支适合和自行筹措的咨文，三省督抚也通饬各司道局所学堂及各府厅州县，"嗣后务将各政认真整顿，财政实力撙节，以期与预算相符而免竭蹶之虞"。[⑤]再次，度支部还指定核减，即

① 《度支部寄各省监理官公函一》，度支部：《度支部清理财政处档案》（清宣统间铅印本）。北京图书馆影印室辑：《清末民国财政史料辑刊》第1册，北京图书馆出版社2007年版，第227—228页。

② 《抚部院准度支部电咨暂定宣统三年预算画一办法缘由行清理财政局遵办文》，《广西官报》第64期，财政，第344页。

③ 《度支部电饬造送预算表》，1910年6月25日《盛京时报》，第5版。

④ 《电覆度支部》，1910年7月14日《盛京时报》，第5版。

⑤ 《撙节用款通饬》，1910年6月28日《盛京时报》，第5版。

将各省宣统元年的清理财政报告册进行通盘核计，将其认为应行裁并核减的款项一一指出，咨饬各省按照该部所指各款切实撙节。[①]

东三省清理财政局也迭接度支部电咨核减款项，因此，三局对各衙署局所所报款项进行核减。

奉天清理财政局对锦新、兴凤两道各府厅州县和各属警务及各税捐局进行改革，将各衙门应领正杂各款和所得规费切实调查，进行通盘筹划：按事务的繁简酌分等级另定廉公各费；对于警务则厘订名目裁汰浮滥，核减开支；将各税捐局经费、规费一律归公，分等级定廉费。锦新、兴凤两道五十四府厅州县原报三年预算支款共库平银1 705 577.046两，各属警务原报2 602 653.979两，各税捐局原报423 889.468两。经过一系列的改革，按照奉局规定的预算支款数目进行比较，各道府厅州县共减库平银510 103.137两，各税捐局共减库平银19 329.282两，核减幅度已属较大。该局还对省城各司道廉费杂费进行整顿，按照督抚奏定的各署局员司薪津、伙食等薪膳表核实删减；对一切杂费，如笔墨、纸张、油烛、柴炭之类一律从严限制以免滥用；该局参酌陆军部、学部定章对军政、学务进行核减整顿。通过以上各项措施，最终将省城各署局及附属各堂场处所预算共减库平银309 329.089两，共减军政各局处预算库平银126 918.032两。[②]核减还是卓有成效的。

吉、江两清理财政局也急于完成预算的核减。吉局以核减作为办理预算着手的第一步，因此电请熊希龄到吉林会商，并要求将奉天办理核减的方法详细告知，以便入手核减吉林省预算。[③]但此时奉天各署局酌定公费及核减冗费的办法正在办理之中，因此，针对吉局的电邀，熊希龄电复待奉天省定议之后吉林省亦必一律办理，并将奉天核减办法由吉局科员照抄带回以便吉局照办。并要求吉局须将各署局的省、部预算册及比较表和收解、存欠五项表册迅速催齐之后才可据以核定预算数目。但

---

① 《度支部撙节财政之通告》，1910年6月1日《大公报》。

② 《为东三省清理财政呈东三省总督文》（1910年），周秋光编：《熊希龄集》第2册，湖南人民出版社2008年版，第252—255页。

③ 《电奉天财政局熊监理请来吉会商一切并先赐详电》（宣统二年四月十七日），档案号：39-4-1，吉林省档案馆藏。

吉局的核减存在很多问题，遭到熊希龄的反驳。如吉局拟将各署局光绪三十四年及宣统元年支领款进行比较，平均十成核减三、四成。"查预算者，在确定其用途之是否核实，冗者裁之，浮者减之，贵在使各署、局不至冒滥，而又不掣其行政之敏活也。若如尊拟办法，全系任意损益，不独各署、局不服，且恐于办事者有无穷之窒碍，非核定预算之理也"。[1]熊希龄对吉局的任意核减表示不满。吉局还拟只将各署局及各属预算支款所报总数进行核减，而其中细数令其自行酌减。此法显然不合预算宗旨，有使预算变成空文之虞，并大有推诿敷衍之嫌，遭熊希龄驳斥。但吉局也有切实可行的核减措施，如各署局薪津酌定后不准擅加，得到熊希龄的肯定。黑龙江省副监理官也对该省财政出入进行统筹，并致函度支部指明应增应减之款。[2]

东三省宣统三年预算册经过自行撙节核减和度支部指定核减后，终于造送到部。但面对赤字预算三省督抚却表示财政如有不敷，还将酌量追加，并请求度支部解决其财政困难。不仅为预算不敷找到借口，还为向中央请款寻到由头，把弥补财政不敷的责任推给度支部。

在督抚及清理财政局的核减之后，除地方自治范围内的收支款项，奉天全省宣统三年预算收支约数共计岁入库平银16 183 311.591两，岁出库平银16 121 927.852两，出入相抵，共盈余银61 383.739两。但岁入门内有地方官吏自筹新政经收之款银666 274.567两，东督和清理财政局认为此款项应归地方办理新政，不便移充国家行政经费，所以应从岁入中剔除，因此奉天省亏银604 890.828两。但岁出门内有第二预备金60万两，若除去此项，收支相较奉天省岁出仅亏银4 890.828两。[3]相比较而言奉天省亏累较少。

① 《东三省正监理官答复吉林财政局预算办法各条》（1910年），周秋光编：《熊希龄集》第2册，湖南人民出版社2008年版，第235页。
② 《度支部寄各省监理官公函二》，度支部编：《度支部清理财政处档案》（清宣统间铅印本）。北京图书馆影印室辑：《清末民国财政史料辑刊》第1册，北京图书馆出版社2007年版，第232页。
③ 《东三省总督锡良奏清理财政局编成预算册表办理情形折》，宣统二年八月二十八日《政治官报》，折奏类，第14-15页。

吉抚在奏陈预算册告竣时信誓旦旦地表示，在造报预算过程中，经巡抚督同清理财政局悉心稽核，已将款项浮糜之处切实删减。吉局编制预算总册1本，分册287本。吉林省宣统三年预算共岁入银8 440 075.385两，全部岁出共银9 342 715.977两，以收抵支不敷银902 640.592两。在将吉林省城、长春、延吉三处开埠经费亏额提出后，计亏实银568 462.665两。面对56万余两赤字的预算，吉抚还表示，吉林省财政本已困难，又为外国所觊觎，为捍卫国土请求度支部予以大力维持。理由也很简单，即使省财政困难，也绝不能因一味追求收支适合而贻误政事，而部臣清理财政也应以有利于国事为宗旨，而不能只是为了清理而清理，一味追求表面上的收支相符。"至于节无可节，理固在多计取盈；复至于筹无可筹，势必须旁求协济。"①而在吉抚看来吉林省实属筹节两穷，不得不请求度支部加以维持。吉抚此言当然不无道理，但同时也有寻找借口并推卸责任之嫌。

黑龙江巡抚周树模向度支部保证该省预算册已由清理财政局将各分册逐款详查，"凡出款稍涉增溢者，均令一再核驳，切实删除；即照定额开支者亦必详确查明，按其实用情形从严核减"，②因此已将所有浮滥开支剔除净尽。最终由清理财政局根据各处分册按照部颁册式表式编成岁出入预算总表、预算总册、岁入预算比较表、国家行政经费预算比较表和地方行政经费预算比较表等。该省预算，岁入共库平银540余两，岁出共581万余两。此项预算存在赤字，但江抚称因该省本为边瘠省份，相对于往年亏累之数，此次的预算不敷已属较少，尚可勉强支持。经厘剔、核减，黑龙江省宣统三年预算册终于告成，但同时，江抚也表示将来如款不敷用或别有事件需用款项应请酌量递加，并且该预算已宽筹预备经费，为推行新政留有余地。

制定宣统四年预算时，度支部为确保收支相符，拟在正册外另造附册，并给予款项的应用以一定的灵活度。鉴于经常之款有定数，而兴办

---

① 《抚帅会同督帅奏为吉林试办预算表册编造告竣咨部核定者》，《吉林官报》第21期，宣统二年八月十一日，章奏类，第1—2页。

② 《奏报江省预算成立》，1910年8月20日《申报》，第1张第5版。

新政事项繁杂，所需之款却难以预为限制，所以办理宣统四年预算时，度支部拟定办法，于编制总预算案之前先将岁出与岁入酌量支配，以待内阁会议政务处协商；而新增特别重要事件所需款项则另编附册随同正册造送，由主管各衙门与度支部分别区分缓急予以核复准驳。"正册取量入为出主义，以保制用之均衡，附册取量出为入主义，以图行政之敏活。"①

即便如此办理，三省督抚也声称已经切实核减，并按照正册附册造报，但结果是正册大抵收支相符，而附册却严重不敷，东三省预算入不敷出的状况仍未能改变。据吉抚称，吉林省在制定预算时已经考虑到财政困难的现状，所以在制定预算之初巡抚就与监理官及清理财政局总会办等一再筹商，督饬局员严核浮滥以期出入适合，并取得一定的成果，预算正册仅不敷银5万两左右，并且还有关税收款未列入。但是，附册却因筹备之事太多计划用款太巨而亏银100余万两无从筹补。"所赖部臣维持于上，疆吏综核于下，应如何通盘筹画酌济盈虚之处，应请饬下度支大臣、国务大臣会同资政院确核详议施行。"②吉抚又把筹措之事推给中央。江抚周树模在奏陈江省预算困难时也指出黑龙江省边荒初辟百废待兴，岁入只有此数而岁出却逐年增加，司库也异常支绌，预算达到收支适合非常困难。③

2.到部审核时的核增核减

东三省预算册送部之后，度支部进行了审核，发现预算册中有不实不尽之处，错误甚多；最重要的是三省的预算册都是以赤字呈报，严重不敷。度支部令其修改重造，并极力督催对原有册报进行核减，以期达到收支平衡。

三省预算册存在错误之处，特别是吉林省问题更多。吉林预算册在造报中就问题重重，屡经正监理官驳诘。经度支部审查时问题依旧严

① 《为试办全国预算拟定暂行章程并主管预算各衙门事项缮单》，《广西官报》104期，财政，第510页。

② 《吉林财政之窘状》，1911年7月25日《申报》，第1张第4版。

③ 《黑龙江预算三困难》，1911年5月30日《申报》，第1张第4—5版。

重，错误之处颇多，三次被驳，令其重造。^①在宣统三年的预算专册中，滨江关竟未造送预算册，不得已由督抚据该关已经奏报的四结收支数为之代编。吉局也承认，试办三年预算因事属创办，司署旧案也大都没有准确完全的数目，所以"岁入岁出各款多就各属自报，与旧案参观互证，迁就编造"^②，不确之处很多。

宣统四年的预算册也有很多错误。度支部财政处于宣统三年四月二十二日函致吉林省清理财政局，称该省预算册中岁入预算按册复核发现舛错之处很多，有与宣统三年预算之数不符的，有应作为专册而仍旧笼统的，有各类连接填写难以分划的等等，不一而足，款项参差不齐，散总数目也不相合。此外，宣统四年预算与三年预算有很大的不同，因两税初步划分，国家行政经费、地方行政经费等都会因此产生变化，这些内容在该省预算册中完全没有体现出来，并且仅就形式而言也多未合部章。因此，度支部要求该省将四年预算与三年不相符的理由逐细奏明开单补报，并将国家行政和地方行政经费进行明晰。^③针对于此，吉局也进行了辩解，如三年预算本有不确之处，所以难以作为标准，并因吉林大火的原因使册籍散失等。但此种理由并不充分，因为吉林省预算造报的很多问题就是由于吉局办理的疏忽。如度支部早已奏咨各省试办预算各项册报皆以库平为主，在三年预算时该部已一律改折库平核定，并知照吉林省。但吉局在造报七四九厘金数目时，银两数目单位却不统一，时而用库平银，时而用吉平银，致使与三年预算相比较时把应减少库平银107 222两误作为减少银74 785两。

最为严重的问题是预算严重不敷，赤字颇高，以致度支部根本无法将预算总表入奏，不得不再次严催督抚切实撙节。在度支部撙节、核减的严令下，东三省督抚进行了核减，但核减之数并未能达到度支部预期的效果。在此过程中，各司道纷纷表示无法核减，进行抵制；而督抚也

① 《一塌糊涂之预算册》，1910年11月24日《民立报》，第4页。
② 《函复遵饬声明宣统四年预算收款不符之处由》（宣统三年五月二日），档案号：39-4-20，吉林省档案馆藏。
③ 《函复遵饬声明宣统四年预算收款不符之处由》（宣统三年五月二日），档案号：39-4-20，吉林省档案馆藏。

迭称减无可减、裁无可裁，和度支部讨价还价。

经度支部汇核，发现东三省所亏最巨。按照三省的预算册报，吉林实亏568 462.665两，黑龙江预算不敷41万两，奉天亏银68万余两，三省不敷之数保守估计也有160多万两。如此亏绌，度支部根本无法筹抵，所以不得不再次电致锡良另行撙节造报。[1]不仅如此，度支部还将各省所列支款种类详加查核，将其应行撙节之处分别指出，于宣统二年六月二十八日电告各省逐加查复，统限于七月八日以前一律电复以备核办。[2]度支部对东三省预算核增核减之款也进行了指定，大致是议增岁入议减岁出，以期收支平衡。

度支部对东三省预算指定核增核减数目，核增岁入，核减岁出。该部认为，奉天省在岁入方面，税捐局票照、罚款、杂费都应议增；预算册中岁入门内的官吏自筹新政经收之款约66.6万余两，奉天省认为应归地方办理新政不便移充国家行政经费，但度支部却认为在国地税未划分之前，该省地方行政，包括警务、学务等开支"同为民财，同归国用，自未容置诸预算以外，蹈向日自收自支旧习"，应归入国家行政经费内。议增岁入的同时，也议减岁出经费，如认为巡警、审判各项都宜裁节，总共"部饬认减国家经费一十九万九千三百八十三两三钱六分二厘"。[3]对于吉林，度支部认为该省工程等类开支过多，应该核减；而田、矿、森林等还有大量未被开辟，如果能进行开拓，收数将不可限量，所以此种岁入应该议增。吉林省预算原不敷银最少也达568 462.665两，经过度支部的核增核减，不仅可以弥补不敷之款，还能盈余10多万两。总共度支部拟令吉林省岁入增加51.7万余两，岁出减少47万余两，即核增核减之款合计达98万余两。此外度支部认为该省还有应行增减各款有待商榷，待确定后再咨行认增认减。针对黑龙江省的预算册，度支部认为，岁入方面，如酒税、粮税、盐务等可增30余万，而岁出中移民费用等应该核

---

① 《东三省之愿大难筹》，1910年7月13日《大公报》。

② 《京师近事》，1910年8月11日《申报》，第1张第6版。

③ 《遵旨核减预算行政经费并追加款折》（单二件）（宣统三年四月二十一日），锡良：《锡清弼制军奏稿》奏稿卷7。沈云龙主编：《近代中国史料丛刊》续编第11辑，文海出版社1974年版，第1330页。

减；并且不认同该省将官业余利19万划归地方而不提入民政司弥补亏欠的看法，因为在国地税未分之前"所取无非民财，所办无非官治，未容将此款置诸预算外"①，应加到岁入之中。度支部虽承认该省贫瘠，但同时也认为该省入款大有增加的空间，只要整顿相宜定能增收。比如该省存在大量未垦的荒地，林、渔、矿产又蕴藏丰富，如果能实力开发岁入必大增，并且还有工艺局、电话局、库河金厂、火磨、蚕业等公司如实力经营也是入款的大宗，因此议增之款是可以实现的。

在度支部的严饬下东三省进行了一定的核减，但核减的过程充满矛盾和曲折。督抚的核减遭到各司道的抵制，而督抚本身也不满意于度支部的核减和度支部讨价还价。

督抚及清理财政局在度支部饬令下进行一定的核减。度支部既令东三省核减，即认为三省用款有浮冒之处，如黑龙江省宣统三年预算案内司法经费一项，度支部认为司法各科薪公26 000余两，支出过多，高等审判厅推事、录事员数太多，而龙江府所立地方审判厅经费3万余两也应切实核减以期收支适合。②江抚不得不饬提法、民政两司会同清理财政局核办以便咨复。度支部认为东三省预算行政经费不敷过巨，司道公费也均漫无限制，为求撙节该部规定司道公费每年不得超过4万两，以示限制。锡良接电后当即咨行吉、江两省，并札行各司道将各该属的经费认真厘剔，自己也身体力行对公署经费进行核减。他将公署参事薪水各减50两，撤去50两以上各员的伙食，将督幕一律撤去改为公署参事或助理员；③将公署差遣、先锋、委员、护队等一概裁撤，仅留马戈什三名以资差遣。④此外，还删去一些其他用款，节省了不少款项。据统计，将署中经常、临时各费核减121 000余两，督辕充差各项人员共裁减薪俸124 000余两，⑤并决定以后会随时详查酌量核减，务求出入相抵。清理

---

① 刘锦藻：《清朝续文献通考》卷68，浙江古籍出版社1988年版，考8236。

② 《司法经费被驳》，1910年11月5日《大公报》。

③ 《谈财政清理预算册报事复吉林度支司徐鼎康函》（1910年10月），周秋光编：《熊希龄集》上，湖南出版社1996年版，第386—387页。

④ 《督宪裁员减薪》，1910年11月20日《盛京时报》，第5版。

⑤ 《东三省通信》，1910年11月30日《申报》，第1张后幅2版。

财政局也按照度支部的电文对各属预算进行核减。宣统二年八月八日，黑龙江省副监理官甘鹏云致电度支部，称黑龙江省预算应增应减之款正在严催办理，三、四日内将呈请电复，还编订核减实数表、预算补正等册，约一两日内就可以送部。①

但是督抚及清理财政局的核减遭到了各司道局所抵制。锡良迭次饬令各司道核减经费。他札饬陆军清理财政局将所有出入款项详加核算认真删减。②为节省经费，锡良将各司道书记每月薪金进行裁减，头等书记改为16两，二等12两，均以两改圆以期节省。③他还拟将各署局的金事一律裁撤。但饬令下发后多日，各司道局所多未造册呈报，敷衍塞责，进行消极的对待。在为裁减行政经费而通饬各司道切实裁员减薪时遇到明显的抵制。如度支使齐福田认为该局人员在一年以内已裁汰两次，所留人员比之原数只剩不过十分之三，已经不敷办公之用，实再无可裁减，因此不能遵办。④东督核阅后也只好批准。

黑龙江巡抚及清理财政局在接到度支部来电饬减经费后，遂行文各司局所节减经费，而各处皆以黑龙江省所定经费本远少于他省，已属拮据万状，若再裁减恐不足办公为由，纷纷驳复，但清理财政局之意甚坚，要求必须按照所拟办理不可，因此出现矛盾。该省提法司原拟预算岁出共计48 938两，但据江抚及江局札发的度支部电文却提及提法各科薪公至26 000余两。提法使复电清理财政局，对该局在预算报部时对该司原表所列各项多有删减表示不满，责问清理财政局何以来电仅有26 000余两，"惟不知所减何项及共减若干，并未准贵局知照，本司实难悬揣"。⑤要求江局查照该司原表及该局报部之表详细核对究竟减去何项若干，共减若干，开单示知。该提法使对清理财政局核减的此数已很不满意，更何况是度支部要求的再次核减，"无从核办"便是该司使的

---

① 《通饬为据清理财政局奉交部电核减预算等情札饬各署局所依限迳送该局核夺以便覆部由》（宣统二年八月二日），档案号：45-1-89，黑龙江省档案馆藏。

② 《详核陆军财政预算表》，1910年11月3日《盛京时报》，第5版。

③ 《拟裁司道书记薪金之消息》，1910年12月9日《盛京时报》，第5版。

④ 《度支司呈覆裁员之为难》，1910年11月16日《盛京时报》，第5版。

⑤ 《提法司覆》（宣统二年八月五日），档案号：45-1-89，黑龙江省档案馆藏。

答复。提学使则称教育费内各科科长、科员、司书及议绅薪津均经奏明在案，实在是极力撙节无可裁减，无法按照度支部指驳的预算单进行核减。①调查局也称三年预算薪水等项本已难支持，无可再减。②筹练陆军处也称每年已减省银13000余两，此外实在无可再减；并称军装等军用各件是统照宣统二年买价核算，如果之后物件有涨落仍将随时据实增减。③甘鹏云派科员数名赴各学堂调查经费以便裁减，后接准各员禀复，东、南、北三路小学用款甚多。据此，甘监理拟按照该三小学所递经费表册照十分之二裁减。④但此举却遭到各学堂监督的极力反对，均称黑龙江省学堂经费较之他省已少数倍，不但教员等薪金微薄，伙食也异常粗疏几不能下咽，而学生等的公费也是减之又减，以致数起风潮，如再裁减只有将学堂停办。高等巡警、南路农业及两级师范各学堂监督则拟定禀稿将清理财政局议减经费的条文一一辨驳，呈请经管长官转详巡抚核办。⑤核减预算遇到很大的阻力。

由于度支部措施的失当、东三省财政困难的实际情况和督抚司道维持本省利益等原因，度支部撙节财政的咨文和措施也遭东三省督抚司道的抵制和讨价还价。

度支部所指定的让东三省核减核增之数，是从该部的认知角度来确定的，其中有想当然的成分，不一定符合东三省的实情。特别是核增的部分，度支部核增的基础大都是潜在的财源，但把潜在的财源变成实际的财政收入需要各种条件的成熟和配合，更需要时间，所以在短时间内让东三省认增如此巨额的款项是不太现实的。至于核减部分，度支部对各衙署局所的工作繁简程度也不甚了解，因此，所指定核减之数也未能

---

① 《提学司咨请按部指驳预算单开教育费内各科科长员司书及议绅薪津银两均经奏明在案，委系极力撙节，无可裁减由》（宣统二年八月四日），档案号：45-1-89，黑龙江省档案馆藏。

② 《督抚宪札据调查局呈部驳三年预算薪水等项现在已难支持，无可再减，候饬民政司会同本局汇核办理等情饬知由》（宣统二年八月二十六日），档案号：45-1-89，黑龙江省档案馆藏。

③ 《筹练陆军处咨奉部电指拨三年预算巡防各营增加银两实难减缩，并减银各节附送应购军装款项价目比较表请查核由》（宣统二年八月十八日），档案号：45-1-89，黑龙江省档案馆藏。

④ 《裁减学堂经费纪闻》，1910年8月30日《盛京时报》，第5版。

⑤ 《各学堂对于裁减经费之意见》，1910年9月7日《盛京时报》，第5版。

从各处的实际需要出发。基于此，并考虑到自身的权益，对于度支部的核减核增，东三省也只是认减认增了其中的小部分，其余大部分表示无法认定。

度支部曾因部库帑藏奇绌无法援助各省，分咨江抚减给该省各员的薪费。但周树模咨复时却称，黑龙江省地处极边百物昂贵，在差各员本已异常清苦，所订薪水实属减无可减。[①]东三省鉴于财政的实际困难，并以部章规定各省"实在应办要政款项无出可由督抚与部筹商"为依据，不时向度支部请款，但大都被驳回。如奉天省因经常用款亏耗甚巨曾专折奏请协济，但度支部出尔反尔，对部章做出不同的解释，称各省无着落款项可参考督抚与部筹商的条文"不过言论上应有之层次，并非可行之事实"[②]，如果各省款项都入不敷出，而部中实属无可指拨。因此，奉天省所有不敷之款还是须由该省各署局自行撙节核减。锡良也因财政困难而多次入京请款，并以辞职相要挟，但大都被驳，或只邀得少量的协助。

三省督抚在奏陈编制预算时也都是给自己留有后路，或声明会酌加款项，或声请度支部给予财政上的支持。锡良在遵旨核减奉天宣统三年预算行政经费时，在减支岁出银92.4万余两的同时也追加了80.8万余两的款项。[③]虽然在宣统三年预算的制定中，度支部试图并极力要求东三省撙节财用、核减岁出款项，东三省也相应遵办，但却有所保留，对核减进行或消极或积极的抵制。总之，东三省的撙节财用是有条件的，充满了度支部与督抚、督抚与各司道等的讨价还价。

虽然过程充满波折，但经多方核减，不论是出于自愿还是被迫，东三省预算支出之数还是有所减少。如奉天省交涉司减去活支，提学司减少了高中各学经费，提法司酌减了各级审判厅经费，劝业道酌减了森林、农业各堂场经费，共约有20余万两。[④]东督把此作为核减成绩汇核咨

---

① 《部咨裁减经费》，1910年10月6日《大公报》。

② 《奉省财政难望部款协济》，1910年4月11日《申报》，第1张后幅2版。

③ 刘锦藻：《清朝续文献通考》卷72，浙江古籍出版社1988年版，考8296。

④ 《遵饬核减预算财政款目》，1910年11月18日《盛京时报》，第5版。

部备案。在东督札饬下，民政使张贞午在警务公所传集各区区官、巡官会同局长、各科长科员等讨论撙节办法，议定将巡警、消防、探访等队酌裁四成以节经费。①锡良也将署中经常临时各费、督辕充差各项人员薪俸等进行核减，共计节省24万余两。监理官在度支部的饬令下也对预算进行了核减。度支部饬令奉天清理财政局将预算册中入款内的二四八厘和部拨练饷剔除，共银25万余两。②熊希龄鉴于度支部的札饬和奉天督抚衙署及各司道局所的核减方法，在"收支适合，重在核减，亦不能以局意为损益，致碍行政之敏活"③的宗旨下建议吉林省遵照奉天省的办法将佥事等人员一概裁减。监理官还针对各署局购置、消耗等费浩繁，拟定统一的限制条款，并酌定各州县廉费公费各条款，以此作为各衙署局所进行核减的标准，还让吉局人员抄样本带回吉林，以便仿办。吉林省认减之数包括认部减和随后的追减，统计共核减经费库平银277 784.141两。④据黑龙江省清理财政局致度支部的电文可知，"江省三年预算已将各处分册核减六十余万金"，在实属无可再减的情况下，又将入款增加了73 200两，出款又减75 830余两，预备金、移民费和筹还旧欠减少24万两。⑤

东三省宣统三年的预算案在制定中存在很多问题，是在东三省和度支部的讨价还价中勉强制定的，其中暗藏了诸多矛盾，这也导致了此预算案的实施将会问题重重，东三省与度支部产生矛盾冲突亦在所难免。由于度支部核减各省预算册的饬令不仅遭到东三省的抵制，其他省份也大都敷衍塞责，宣统三年预算总册虽在度支部和各省督抚的讨价还价中基本完成，但致使该预算总册最终以赤字交议，并且存在较多矛盾。鉴

① 《会议节减警费办法》，1910年11月3日《盛京时报》，第5版。
② 《为预算册事宜致奉天财政局电》（1910年9月），周秋光编：《熊希龄集》第2册，湖南人民出版社2008年版，第171页。
③ 《谈财政清理预算册报事复吉林度支司徐鼎康函》（1910年10月），周秋光编：《熊希龄集》上，湖南出版社1996年版，第386—387页。
④ 《度支部咨为覆核吉省宣统三年预算国家岁入岁出比较院之数目增减由》（宣统三年十二月三日），档案号：39-4-57，吉林省档案馆藏。
⑤ 《电度支部为先俾再减出入款项预备金移民费筹还旧欠银两总数奉覆并赶紧详咨以凭汇奏由》（宣统二年八月十六日），档案号：45-1-89，黑龙江省档案馆藏。

于各方的抵制和不满，为缓和矛盾、并使三年预算较为顺利的实行，清廷于宣统二年十二月二十八日颁布预算案时，许诺"若实有窒碍难行之处，准由京外各衙门径行具奏，候旨办理"[①]。这也给其后预算在东三省的实施出现变数留下余地。

（三）预算实行中的翻异和追加

由于种种原因，宣统三年预算案潜藏了很多矛盾，在实行中问题不断，几有被推翻之虞。虽然，度支部为了使该预算案能得以实施不得不两次奏陈维持预算办法，要求各省仍应将预算册内出入各款严行查核；在实行预算时将款项统筹盈虚慎重收支；鉴于各省对自行认定的核减核增之数借词翻异，该部规定"宣统三年预算臣部与各省商定增减之款不得翻异……嗣后凡有将认定之款复议更改者，除臣部不准立案外，仍将各省承办人员照玩视库款例奏请议处，以示惩儆"；[②]同时还规定，以后各省追加之案需先筹有的款，否则度支部一概驳斥。总之，宣统三年的预算案要严格执行，将款项的收支详细造册，收支以有盈无绌为度，不准随意追加。但是，此举也未能补救预算案中的问题。因此，即便预算案已经制定，在实施的过程中问题依然层出不穷，存在对原认增认减之数的"翻异"和预算外的追加等。

1.认增认减的执行及翻异

虽然度支部称各省是自行认减认减，但因部限甚严、时间仓促，东三省按照度支部和资政院核减核增要求分别予以认增认减之数是格于部令勉强核定，而实际上入不敷出的状况并未得到改善，因此在对预算案进行施行的过程中，东三省虽也对其中的认定之处予以践行，但还是有不少与原案不符之处，并对原认定之数提出异议。

预算案既已成立，度支部又多次设法维持预算案，东三省也采取多种措施在一定程度上实施预算案。

首先，为了预算的实施，清理财政局制定宣统三年决算章程及支出预决算比较明细各表，严格款项的支销。按照部章，各省文武大小衙门

---

① 梦幻：《论资政院预算案之无效》，《大公报》1911年2月10日。

② 《奏为陈明维持预算实行办法》，《广西官报》105期，财政，第565—568页。

应将收支款项按月编订报告册送清理财政局，然后由局按季造册送部，并且预算既已实行，又叠奉部咨不准超越翻异，吉林省清理财政局拟定试办宣统三年决算简章、收入决算表、支出预决算比较表、明细表等详请督抚鉴核，并通饬各署局堂所从宣统三年正月起一体遵照办理，不得稍有歧异。按照该决算简章，预算既已成立则凡款项收支必须造报决算以待检查，将所有从前报销名目一概废除；支款决算数目要按月计算，和预算不符之处要详细述明理由；严格各署局决算册报时间，省城各署局上月决算应于下月十五日前编送到局，而牵涉到省城外的则予以变通办理；对迟延册报者规定惩处；还对决算的范围进行界限，对收入、支出款项的造报等都做了详细规定。此外，还规定了清理财政局对于决算的权限，预算虽已定案，但清理财政局办理决算时仍有检查不实不尽之权，而各局署不得以已经预算为借口而阻挠。[①]决算章程的制定起到了一定的作用，有利于对预算的严格执行。如宁古塔旗务承办处为了决算册报的完成不致遭到批驳，咨请清理财政局饬发决算表式，以便补报和造报。[②]清理财政局还因各属所造月报与预算不符令其重造。如吉林岔路河统税局申送宣统三年春季月报，将该局宣统三年正月收支捐税、银钱各款数目申报度支司查核，还具造收支款目清册、收支底票清册和开支局费清册各一本，申报清理财政局。[③]但吉局查核后，发现该分局造送的正月报册与现案不合，所以发还令其照式填造。[④]清理财政局此举利于规范预算的执行。

其次，在预算的实行中，三省清理财政局奉部饬对该省浮滥费用进行裁减。度支部认为黑龙江铁路交涉局开支浮滥，饬令清理财政局切实核减。江局将该交涉局总办及各分局车马费减去，还裁撤正、副书记

---

① 《酌拟办理决算简章》，档案号：39-4-63，吉林省档案馆藏。

② 《宁古塔旗务承办处等为请发决算表式等情的咨呈文及清理财政局批》（宣统三年四月十二日），档案号：39-4-17，吉林省档案馆藏。

③ 《岔路河统税局申送本年春季月报册由》（宣统三年三月八日），档案号：39-5-15，吉林省档案馆藏。

④ 《清理财政局批岔路河统税局申送本年正月分报册由》（宣统三年三月二十二日），档案号：39-5-15，吉林省档案馆藏。

官、掌案委员、副会计官各一员、差遣委员二员，总共减银8 900余两。^①长春蒙地放荒局册报中开列的入款总共只有库平银131 472两有余，而局用就多至32 865两有余，即局用开支占入款总额近25%，度支部认为此项局用应切实核减。吉局奉部饬对其进行删减，首先核减该放荒局员司薪津，将承办委员支银从每月150两减至120两，帮办委员每月支银从120两减至100两；其次，将纸张杂用等项进行减支，总局纸张杂用车马费每月减银129两；分局纸张杂用每月则减银60两；分卡纸张杂用每月减银25两；将总局调查修缮费每年减银900两；分卡调查修缮费每年减银500两，^②并将所减银两归于解司款内。

再次，三省在一定程度上执行认减认增之款。在预算案已经开始实行时，东督又对行政经费进行了核减。岁出经常门内，包括行政总费、交涉费、民政费、财政费、教育费、司法费、军政费、实业费等共减库平银874 029.031两；而岁出临时门共减库平银49 170.403两。合计岁出经常、临时两门共减库平银923 199.434两。^③吉林省公署札饬各署局认减宣统三年预算数目从闰六月初一开始照减；并札饬劝业道，凡驿站裁减款项均要照清理财政局核定扣减办法办理。^④度支部致电监理官，各省认增岁入各款凡由监理官电函报部核增的应由清理财政局开单详请督稽咨部，以凭立案。吉局副监理官复电称，已将吉林省认增岁入各款与认减岁出各款汇造列表，将由局另文详咨。^⑤此外，黑龙江官盐局认增之款共675 852.921两。^⑥

① 《裁减交涉局公费》，1911年4月28日《大公报》。

② 《札为准部饬由局裁减一切浮滥费用由》（宣统三年四月二十五），档案号：39-3-10，吉林省档案馆藏。

③ 《遵旨核减预算行政经费并追加款折》（单二件）（宣统三年四月二十一日），锡良：《锡清弼制军奏稿》奏稿卷7.沈云龙主编：《近代中国史料丛刊》续编第11辑，文海出版社1974年版，第1329-1330页。

④ 《札各署局认减宣统三年预算数目从又六月初一日照减由》；《札劝业道凡驿站裁减款悉照财政局核定扣减办法由》，档案号：39-4-5，吉林省档案馆藏。

⑤ 《电度支部吉林认增岁入各款现在列表由》（宣统三年七月十三日），档案号：39-4-20，吉林省档案馆藏。

⑥ 《宣统三年岁入预算追加追减理由表》，档案号：45-1-264，黑龙江省档案馆藏。

在宣统三年预算实施的过程中，虽然东三省确实也对款项进行核减，并严格预算的实行，但因预算制定中隐藏的矛盾和问题，在预算的实施中东三省并没有能按照原定预算案切实执行，出现很多破坏原定预算案的做法，引起度支部的不满。

东三省存在对认减的翻异。东三省虽然对度支部指定核减之处进行了部分的认减，但实际的支出仍然甚多，不但不符院减之数，还与自己认减之数都存在严重不符。如吉林省宣统三年预算案内，陆军小学堂经费原预算岁支库平银77 280.503两，经度支部复核拟减13 000两，并得该省电复认减，后经资政院审查，该学堂全年出款最后定为40 280.503两。虽然度支部两次奏请维持预算办法并钦奉谕旨通行各省，出款应确守部定院核数目撙节开支不得稍涉冒滥，但根据吉林清理财政局的列表，陆军小学堂正月支数就已达银4 483两有奇，并且还有津贴尚未列支。况且，正月正逢假期，放假期间需费已如此之大，如果合全年计算，该学堂的支款不但超过资政院修定之数，就连该省自认之数也将不符。"预算甫经成立，如令任便开报，溃决藩篱，成何政体！"①遭度支部批驳。鉴于此，度支部札饬监理官及吉抚，立即严饬该堂总办等严守院核范围不容逾越，即使果真有特别重要的事件也必须由该署筹定的款奏准追加后才许动用；并因其他各属难免也存在同样的情况而要求该抚通饬各署堂局所一体遵照。吉抚遵办，札饬陆军小学堂严格遵照院减数目办理。另外，针对能否按照资政院核减核增之数进行办理，吉林省与度支部意见不同。东督吉抚上折奏陈吉林省宣统三年国家岁出预算难以按资政院核减的数目办理，因为吉林省认减之数包括认部减和追减，统计共已核减经费库平银277 784.141两，而资政院要求核减款项共达库平银1 308 579.324两。经过核减，吉林省经费除官厅公费、文报局经费和旗务经费三项之外，仍短减银109 406.875两。但度支部将东督吉抚呈复资政院核定三年预算总数及收支各款明细表册详细查核后，却认为该省预算

---

① 《札为准部覆遵照院减该堂一切浮费数目办理由》（宣统三年四月二十六日），档案号：39–4–5，吉林省档案馆藏。

册中"入款止得此数，出款则旁见侧出，未有津涯"①，款项开支虚糜之处甚多。因此，该部逐款详核开列清单，让吉林省按单切实裁减。

2.追加预算

预算作为对来年财政收支的预先筹划，不可能完全预知来年的实际收支情况，并有可能出现突发事件，所以追加预算在所难免。在预算案审议而未正式成立前，度支部也对追加预算做出了规定，"京外预算报告总册送部后如遇意外出入准作为追加预算，限于八月底报部核定"。②在各省将预算册报送到度支部后，该部发现有漏填之款，于宣统二年十月通饬各省将追加款项造册补报，一律限该月三十日截止。后又要各省将追加预算总数奏报。但预算案既已确立，度支部尚书严厉通饬各省督抚所有宣统三年举办事宜不论与预算所确定的经费是否相符，举办时都不得再行增款，③以维持预算。

审核预算过程中，度支部虽令东三省追加漏填之款，但因时间紧迫等各种原因，东三省补报之册未能送齐。度支部不得不通饬各省迅速将应加款项数目先行电报度支部，以便送资政院核议，其详细册表以后再另案补报。据此，黑龙江省清理财政局呈请督抚转饬各处编造追加预算表册，并由局颁布简明表式、例言十四条，限五日内责专丁送局。④后该局又札饬各处在十二月十五日内一律截止追加。但还是有些并未能及时将预算追加，错过了资政院的审议，并且三省有些追加遭到部驳。因此，预算制定之后，实际运行的过程中款项出现不敷，或有重要事项需要办理，而不得不再追加预算。但这引起度支部的不满，认为东三省存在为私利而任意追加之处，并且追加的预算又没有的款，这不仅破坏了预算，而且增加了度支部的财政负担。

① 《度支部咨为覆核吉省宣统三年预算国家岁入岁出比较院之数目增减由》(宣统三年十二月三日)，档案号：39-4-57，吉林省档案馆藏。

② 《度支部酌定各省试办宣统三年预算报告总册式》，宣统二年二月二十日《政治官报》，试办预算册式，第17页。

③ 《限制预算外不准增款》，1910年12月20日《盛京时报》，第2版。

④ 《据清理财政局呈请转饬各处编造追加预算表册》(宣统二年十一月二十三日)，档案号：45-1-140，黑龙江省档案馆藏。

东三省在预算成立后又多次追加预算。锡良在原有预算之后又制定续编预算，实际上就是对原有预算进行续加，虽然对其进行了核减，但还是有所增加。在宣统三年预算制定后，奉天省又制定了三年预算续编计划及特别支款，共库平银1 430 995.597两。因该项续编等是在资政院毕院之后上报未经审查，度支部令其斟酌缓急再送部核查。锡良遵照部议，通盘计议，将可裁者予以删除，可稍缓者将其缓办，对续编等进行了逐项减缓。续编预算共减缓库平银19 578.317两，计划预算共减缓库平银2 332.895两，特别支款共减缓库平银1 222 504.1两，总共减库平银1 265 415.312两。①即锡良本欲续加预算库平银1 430 995.597两，但度支部令其核减，最后只加库平银165 580.285两。锡良认为此数虽未经资政院置议，但实属无可裁缓，并已对续编等预算之款另外筹措了的款，虽然仍短少银50 100余两，所以请求准请照支。全年合计仍有出入不敷之虞。锡良不仅续编奉天省预算，还奏请追加，统共国家、地方岁出共追加沈平银834 690.53两，其中包括国家岁出经常、临时两门共追加758 566.113 74两，而地方岁出经常门共追加76 124.416两。②黑龙江省也奏请追加预算。巡抚周树模奏称因为该省地居边要，而一切新政又亟待扩张，临时发生之事很多，致使经费上有所增益，所以遵照清理财政章程第二十二条办理了追加预算。该省经各署局将追加预算册造送清理财政局，由局详加审查，将可缓者区分、删除之后，将应行追加各款遵照部式编成追加预算总册、追加岁入预算表、追加岁出预算表各1本，总共追加岁入库平银1 096 000余两，追加岁出库平银1 271 000余两，出入相抵不敷111 000余两。③江抚称不敷之款将再续筹的款。该省还进行了第二次追加，岁入经常门内，第二类田赋追加库平银12 069两；第四类正杂各税追加5 729两；第

---

① 《奏为查明奉省宣统三年预算续编计划及特别支款遵部议斟酌减缓事》（宣统三年四月二十五日），档案号：03-7516-078，第一历史档案馆藏。

② 《遵旨核减预算行政经费并追加款折》（单二件）（宣统三年四月二十一日），锡良：《锡清弼制军奏稿》奏稿卷7。沈云龙主编：《近代中国史料丛刊》续编第11辑，文海出版社1974年版，第1331-1332页。

③ 《（黑龙江巡抚周树模）又奏编成追加预算各表册片》，宣统三年三月十二日《政治官报》，折奏类，第8页。

五类杂捐及杂费追加141 162两；第六类官业收入追加767 090两；第七类杂收入追加7 660两。岁入临时门内，第一类荒价追加276 961；第二类杂收入追加81 871两，①共1 292 542两，第二次追加岁出为243 284两。②

东三省还因临时用款而奏请追加预算。如奉天省奏请追加借兵协剿库玛尔河金厂护兵戍官叛变所需款项。因黑龙江库玛尔河金厂出现叛变，而黑龙江省兵力单薄不敷防剿，锡良派北洋淮军后路统领王恒庆率带马队两营前往协剿。此次借兵所需款项饬度支司借支银1万两以应急需。但待事竣核实开报之时，度支司称此项银两并不在宣统三年预算之内，应作为临时特别用款奏咨追加。赵尔巽奏请将此款追加立案。③另外军事上的需要，如所有轮船来往、火车载运和行军一切费用等均关紧要，但却往往难以预先核算，加以东省财政奇绌，一切的款不敷甚巨，因此，赵尔巽奏请将上述款项作特别用款追加立案。④吉抚因防疫需费而请款，谕旨也将此次请款作为特别追加，准在锡督息借银行200万内提拨，但要求吉林省核实报销，不得借口防疫滥用致坏预算。⑤

除追加预算外，因预算案已经成立，多项经费已难追加，东三省督抚奏请变通办理，请由预备金项下动支各项要需。如针对奉天省行政会议厅、清乡局、图书馆、官报局等预算经费既难追加的情况下，如果遇有应添款项，锡良奏请变通办理，声称将具奏请旨；至于粮饷、军械则因关系军政要需，如遇有临时特别要需，奏请准由预备金项下暂时提拨。⑥针对经费漏列之处，赵尔巽也请由预备金项下动支。如奉天省各属办理清赋，向来所收经费银、照费银和办公银专充各属下乡勘丈等事项的办公经费，至宣统三年实行预算，明定州县公费，各属所设清赋经、照等费均须报解归公，不准就款动支。而下乡勘丈一切办公、车马、纸

① 《宣统三年第二次追加入款表底》，档案号：45-1-75，黑龙江省档案馆藏。

② 《宣统三年国家岁出第二次追加总表》，档案号：45-1-265，黑龙江省档案馆藏。

③ 《（东三省总督赵尔巽）又奏协剿库玛尔河叛兵之军队营饷不在预算案内请照追加立案片》，宣统三年五月二十四日《政治官报》，折奏类，第13页。

④ 《东督奏请追加要款》，1911年7月19日《盛京时报》，第5版。

⑤ 《电二》，1911年3月15日《申报》，第1张第4版。

⑥ 《电五》，1911年2月9日《申报》，第1张第4版。

笔等费均待开销，但三年预算册内却将此项应支经费漏列，因无款项严重影响了清赋的依限办理。所以赵尔巽札饬奉天清理财政局查明此项应用银数，并做好预算，拟将此项银两由奉天省第二项预备金项下动支发给，将来归入各属决算案内办理。①

度支部尚书对于宣统三年预算成立后各处一再奏请追加之事甚为不满。因为在载泽看来，鉴于各国通例，预算金额以外不准滥支，预算金额要严格执行，没有特别重要事件不得轻议追加，如此才能保证出入的均衡而杜绝浮冒侵挪之弊，加以此次属于试办，预算的制定中难免出现种种问题，所以不得不注意维持。追加一事虽本为预算案分内之事，但必须事关重大并筹有的款才可再议追加，否则就是有违部章。作为全国财政总汇之区，在财政纷乱已极的情形下，度支部为维持财政正常运行不得不考虑全国财政的收支平衡问题，因此才有对各省财政岁出岁入酌量增减以谋出入相抵之举。但各省多奏请追加，就破坏了度支部维持预算平衡的意图，所以载泽异常不满。并以宣统三年预算作为借鉴，对于四年预算案做出规定，"无论京外有如何为难情形不准临事呼吁，以固预算之基"。②

但度支部自身的做法就很矛盾，亦是对宣统三年预算的一种破坏。既然预算成立，则全国财政的收支就应该按照预算来严格执行。但是度支部却通电各省，将应解在京衙门款项照旧设法筹解，不得以未列预算为辞而希冀免解，并迭次行催提前报解。即度支部为保证京师款项的应用，固守旧例，已然是对宣统三年预算案的破坏。该部还愤愤然地表示，"各省于本省岁出之款纷纷咨请追加，而于应行解京之款报解者不过十分之二，实属不成事体"③，并饬丞参厅立稿缮折请旨奏催。度支部称要各省"不得以未列预算为辞"，即说明了度支部可以翻异，却不让各省追加，典型的只许州官放火不许百姓点灯，度支部也要对宣统三年

---

① 《（东三省总督赵尔巽）又奏清赋经照费请由第二预备金项下动支片》，宣统三年闰六月十四日《政治官报》，折奏类，第7-8页。

② 《泽公对于追加预算之不满意》，1911年8月7日《申报》，第1张第6版。

③ 《京师近事》，1911年7月12日《申报》，第1张第6版。

预算遭破坏负责任。这也说明了宣统三年的预算是不完善的，其中掺杂了太多旧有财政的积习，全国上下对预算的认知程度还是较低，并且各方都固守自身利益使得预算形同虚设。

二、省与府厅州县

在制定和实施全国预算中，东三省与中央之间矛盾纠葛不断，而在此同一过程中的东三省与各府厅州县之间同样存在诸多问题。预算的制定中存在延宕和惩处、核减和抵制；预算的实施中存在追加和不准追加、不能严格执行预算等问题。

（一）造报中的迟误和惩处

在度支部决定试办全国预算之后，东三省接到谕令，通饬各署局进行宣统三年预算册的造报，而各府厅州县也遵札办理。但在办理的过程中，各府厅州县因对预算的认识有限及懈怠等情弊，延宕迟缓之处甚多。对此，督抚制定惩处办法，对玩视宪政者进行惩办。

各府厅州县在谕令下进行了忙碌的造报。如铁岭政界以及巡、商、学界迭经札催预算常年经费并赶日报销，因此造具表册十分忙碌。①开原统计处遵照清理财政局札发的预算决算各项表册赶紧填造，据称约有2万余字，工作繁多以致不得不增加人手，添设书记生多名，②但仍不敷缮写之用，亦足见其繁忙之程度。

但是，还是有很多府厅州县出于各种原因请求延缓册报，并且册报错误甚多，而清理财政局不得不迭次督饬赶办和查驳。

东三省各衙署所造报的预算册多有迟延。彰武县在办理预算过程中，因宣统元年冬季月报及年报册尚未造齐，并对如何编制预算岁出、岁入数目都觉困难，所以禀请清理财政局展限数月，遭该局责问，"本局能因彰武一县，贻误全省预算耶？大部能因奉天一省，贻误全国预算耶？"③并对该县的理由逐条批驳，如冬季月报及年报是州县均应负的

---

① 《预算之忙碌》，1910年4月9日《盛京时报》，第5版。

② 《统计处忙造财政表册》，1910年4月21日《盛京时报》，第5版。

③ 《彰武县造送预算恳请展限批文》（1910年），周秋光编：《熊希龄集》第2册，湖南人民出版社2008年版，第265页。

责任，非局外所能借箸代筹之事，怎可推诿？预算岁出，可以根据前两三年的平均数进行推算。清理财政局责成该县尅日呈送，此后又复函交催，非常严厉，该县不得不赶速办理。熊希龄亦曾因预算期迫，将部颁预算表式分咨各司道局处，并札行各府厅州县遵照表式将所属局所警学各项经费额支、杂支等款造具预算表册呈送清理财政局，但多处未能照办，亦不曾具报，[①]为免延误奏报之限，不得已再次饬催各属速即赶造尅期呈送。监理官异常为难，一方面是度支部迭次函电交催，限期甚严，另一方面"各属预算册到局者仅十分之四"[②]，特别是那些由主管衙门汇编的册报更是迟迟不到。因预算册报延不报部已有延误汇交资政院讨论之虞，度支部不得不咨行各省将预算册报于七月前一律送齐，奉局接到部文之时，奉天省各处迁延迟误者尚有多处，面对众多的延迟奉局也苦无良策，只得再次札催未送各属限三日内一律报齐，并表示倘再延误定行禀请参处不贷。[③]吉林清理财政局也因该省各属册报多有迟误而不断札饬催促，如札饬长春府署"以筹备宪政第三年应办事件以预算决算极为重要，应即妥速赶办，而部限綦严，毋稍迟误"。[④]黑龙江清理财政局拟定宣统三年预算表式详请督抚核颁，并札饬各衙署局所遵式填注，并限期呈送该局汇核详咨。但到了距送部之期仅有一月时，该省各处册报送局者尚未及半数，清理财政局甚为焦急。因为该局要将各处送到的册报核编成总册及各项比较总表，各处的分表也须由局一律另订成分册随同总册达部，而省内署局甚多，时限又迫，在如此短的时间内将各项总册分册造报完成送部已属相当困难；并且造送预算册，就是要统合全省的收支情形，所以只要有一处未送到，即难以合总，更何况该省多处都未送到。江局不得不督催各处，并警告，"此事关系至大，倘有迟误，其咎非仅敝局一处任之"[⑤]。希望尚未造送之处赶速办理。

① 《饬催各属造送预算表册》，1910年4月15日《盛京时报》，第5版。
② 《为预算等事复吉林财政局电》（1910年5月7日），周秋光编：《熊希龄集》第2册，湖南人民出版社2008年版，第91页。
③ 《严催财政统计表册》，1910年7月28日《盛京时报》，第5版。
④ 《催办预算决算》，1910年5月26日《盛京时报》，第5版。
⑤ 《催送预算表》，1910年6月19日《盛京时报》，第5版。

东三省各州县衙署所造报的预算册不仅迟延，并且错误疏漏之处甚多，致使往返查驳，耽延时日，同样造成造报期限延误。正监理官本已咨行三省，各属所造报的预算册必须将民欠、官欠、借款、解款和存款各项包括其中。但经查核，奉天各署局预算册报有仅列本年亏款而不列旧管余存的，有仅列本年入款而不列上年欠纳的，[①]疏漏之处甚多，对预算的造报有很大窒碍。错误之处更是不胜枚举。如奉天省各府厅州县由于公私款项不分，公私夹杂，导致预算册报混淆不堪，不仅薪水、工食未能分清公私，"此外火食、灯油、酬应，无一不笼统开报，并不知何者为公，何者为私"[②]。更有曾任奉天府知府的高树将其私宅中乳妇、幼孩一并列入决算，贻为奉天省官场的笑柄。吉林省册报中也有将官员的仆役、车轿及其私宅的灯油、伙食、杂费等掺杂于公费之内造报的情况。[③]这些都是公私不明等旧日积习所致。同样因各府厅州县公私费用界限不明，出入没有定额，特别是车捐一项，被准拨充新政经费，于是各属多任意提用，以致册报所载不实不尽之处甚多，"通商地方各府、厅、州、县，无不列有交涉费，而铁岭年竟至一千余两之多，殊属骇人闻听"。[④]黑龙江省兴隆镇州判上呈经费预算表，并称是按格填齐，并无遗漏。但江抚审阅后认为该州判所拟预算表"数目错杂纷岐，殊多未合"。[⑤]因部限七月前一律将预算表送部，清理财政局忙于将各属送到表册逐加汇核装订以便如期报部，但是，因为各项表册多有造报不符和错误违式的地方，该局不得不逐加驳复更正，往返查驳耽延时日，以致延

---

① 《正监理官熊咨为拟省部预算五项办法制定表式请刷印移札各署局补造送处以便参考请见覆由》（宣统二年三月十一日），档案号：45-1-31，黑龙江省档案馆藏。

② 《奉天预决算册报办法》（1910年），周秋光编：《熊希龄集》第2册，湖南人民出版社2008年版，第231-232页。

③ 《东三省正监理官咨吉林财政局办理预算应行改革事宜文》（1910年），周秋光编：《熊希龄集》第2册，湖南人民出版社2008年版，第248页。

④ 《奉天预决算册报办法》（1910年），周秋光编：《熊希龄集》第2册，湖南人民出版社2008年版，第234页。

⑤ 《兴隆镇州判呈为遵饬造送经费预算表式恳祈核收以便汇编由》（宣统二年正月十三日），档案号：45-2-68，黑龙江省档案馆藏。

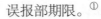
误报部期限。①

因为各衙署预算册报迟延以致延误报部期限，清理财政局及东三省督抚将严重玩视宪政的各署奏参。章程规定，各省文武大小衙门局所自宣统二年起预算次年出入款项编造清册于二月内送清理财政局，但在制定宣统三年预算时吉林省各属在限满前送到的却寥寥无几，屡经文电交催，才有个别署局先后造送到局。直到宣统二年七月二十六日，长春府、宁安府、五常府、滨江厅、伊通州、桦甸县、磐石县、长寿县以及新设治的东宁厅、绥远州、桦川县、富锦县、饶河县、汪清县和龙县等15处还未能造送到局，以致延误报部期限。吉局认为上述15处实属玩视宪政，应请一并奏参，将各局要员先行摘去顶戴，勒限严催造送，已交卸人员也须会同现任依限办理，而新设治的厅州县各员确实因设治之始一切未能完备，所以拟将其收支数目暂行宽免处分，只严饬将官厅费用造册呈送。督抚详查吉局呈请，认为无异，"相应请旨将现经交卸长春府调署宾州府知府许元震、宁安府知府李绮青、署五常府知府汪德薰、署滨江厅同知章绍洙、现经交卸伊通直隶州知州张治仁、署桦甸县知县万邦宪、署磐石县知县马长丰、署长寿县知县刘清书一并摘去顶戴，以示薄惩。"至于新设治的各处设治委员。如东宁厅的张祖策、绥远州的席庆恩、舒兰县的廖楚璜、桦川县的孟广钧、富锦县的柄桢、饶河县的方世立、汪清县的吴勋彦和龙县的张廷桂，"准如该局所拟暂予宽免，仍饬该局从严勒催，能否依限造送再行分别核办"②。其余各局所学堂册报迟延的也均酌量惩罚。

（二）核减与抵制

东三省财政预算不敷甚巨，而督抚及清理财政局已迭奉部咨，各省财政如有不敷当由各省自行筹措。为达到预算收支相符而免竭蹶之虞，他们又通饬各司道局所及各府厅州县务须将各政认真整顿、财政实力撙

---

① 《熊京卿详报表册延期情形》，1910年8月21日《盛京时报》，第5版。
② 《（抚帅会同督帅）又奏为吉林各署局预算册报迟延遵章分别惩处折》，《吉林官报》第21期，章奏类，第2-3页。

节。①为此，奉天清理财政局还拟定五条财政节流的办法，裁并官缺、裁撤局所、归并事务、减少学款和淘汰闲员，呈由东督核办。东督做了逐条批示，采纳了其中的部分建议，如将辽阳、铁岭等处的交涉局均改归地方官兼理；裁撤工程局，钦工事宜由旗务处承办；各司道局所由公家出资雇用的印刷匠等一概裁去，提法司署印刷事宜专归模范监狱习艺所办理，民政司署则专归贫民习艺所办理；各小学由提学司酌行归并，以资撙节财用。②清理财政局还将奉部电责令各处核减之数札饬各衙署局所进行核减。如经黑龙江抚院发抄，宣统二年八月初一，清理财政局致电兴东道，称度支部认为该道事简，而承办处薪水银达7000余两，未免有浮多之弊，应切实核减。同一日致电呼伦道，该道佐治各股薪工17000余两也未免浮多，应该核减。③在预算的实行过程中，东督赵尔巽也屡次通札各府厅州县将一切费用切实核减以期出入相符。④

各府厅州县在一定程度上遵照督抚的札饬进行了核减。出于财政困难的考虑，有的州县对经费进行了裁节，如长春府财政存在困难，而筹备宪政又需款甚多。以调查户口事务所为例，该所宣统二年九月份的报销清册亏款8100余吊，但该所收入仅有营业税100吊，入不敷出甚巨。⑤该府为解决财政困难，大加整顿，将开埠局和巡警公所两处裁员减薪，每月可省800余两。⑥此举亦深合督抚札饬核减之意。

但以财政困难、核减将窒碍行政为由反对核减经费者甚多。辽阳州宣统三年预算经清理财政局查核后认为有应核减之处，因此把表驳回令其酌减，其中警务经费约裁减十分之一。奉到札饬后，该州警务负责人王岷源却表示实在难于核减。他称自接办警务以来，因知道该州财政困难，所以于款项已经十分注意，未敢稍事浪费。辽阳全境警务费已由

---

① 《撙节用款通饬》，1910年6月28日《盛京时报》，第5版。

② 《财政节流述闻》，1910年8月9日《大公报》。

③ 《通饬为据清理财政局奉交部电核减预算等情札饬各署局所依限迳送该局核夺以便覆部由》（宣统二年八月二日），档案号：45-1-89，黑龙江省档案馆藏。

④ 《通饬节省财用》，1911年8月6日《盛京时报》，第5版。

⑤ 《调查户口事务所经费之困难》，1910年11月16日《盛京时报》，第5版。

⑥ 《李观察整顿财政之效果》，1910年11月16日《盛京时报》，第5版。

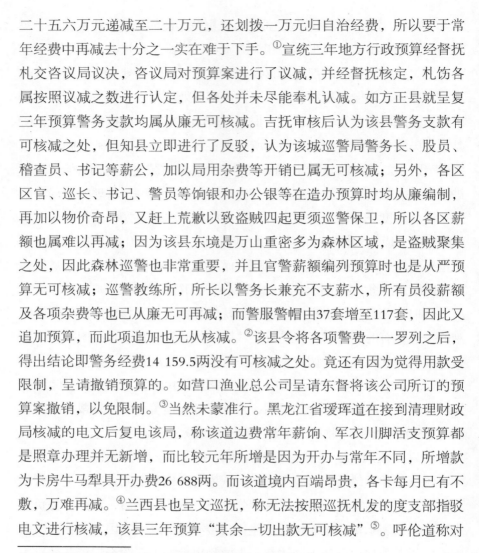

二十五六万元递减至二十万元，还划拨一万元归自治经费，所以要于常年经费中再减去十分之一实在难于下手。①宣统三年地方行政预算经督抚札交咨议局议决，咨议局对预算案进行了议减，并经督抚核定，札饬各属按照议减之数进行认定，但各处并未尽能奉札认减。如方正县就呈复三年预算警务支款均属从廉无可核减。吉抚审核后认为该县警务支款有可核减之处，但知县立即进行了反驳，认为该城巡警局警务长、股员、稽查员、书记等薪公，加以局用杂费等开销已属无可核减；另外，各区区官、巡长、书记、警员等饷银和办公银等在造办预算时均从廉编制，再加以物价奇昂，又赶上荒歉以致盗贼四起更须巡警保卫，所以各区薪额也属难以再减；因为该县东境是万山重密多为森林区域，是盗贼聚集之处，因此森林巡警也非常重要，并且官警薪额编列预算时也是从严预算无可核减；巡警教练所，所长以警务长兼充不支薪水，所有员役薪额及各项杂费等也已从廉无可再减；而警服警帽由37套增至117套，因此又追加预算，而此项追加也无从核减。②该县令将各项警费一一罗列之后，得出结论即警务经费14 159.5两没有可核减之处。竟还有因为觉得用款受限制，呈请撤销预算的。如营口渔业总公司呈请东督将该公司所订的预算案撤销，以免限制。③当然未蒙准行。黑龙江省瑷珲道在接到清理财政局核减的电文后复电该局，称该道边费常年薪饷、军衣川脚活支预算都是照章办理并无新增，而比较元年所增是因为开办与常年不同，所增款为卡房牛马犁具开办费26 688两。而该道境内百端昂贵，各卡每月已有不敷，万难再减。④兰西县也呈文巡抚，称无法按照巡抚札发的度支部指驳电文进行核减，该县三年预算"其余一切出款无可核减"⑤。呼伦道称对

① 《酌减警款之为难》，1910年11月30日《盛京时报》，第5版。

② 《方正县呈覆三年预算警务支款均属从廉无可核减并补造学务自治宣讲所支款细数表由》（宣统三年十二月），档案号：39-4-59，吉林省档案馆藏。

③ 《呈请撤销预算案未蒙准行》，1911年4月8日《盛京时报》，第5版。

④ 《瑷珲道电边费常年薪饷军衣川脚活支预算照章并无新增，万难再减及比较增银系卡房牛马犁具开办费请饬覆查由》（宣统二年八月二日），档案号：45-1-89，黑龙江省档案馆藏。

⑤ 《督抚宪札据兰西县呈部电指驳三年预算其余一切出款无可核减，其属入款除租赋学警等捐并无他项收入，免予重造，批饬本局会核等因饬遵由》（宣统二年九月一日），档案号：45-1-89，黑龙江省档案馆藏。

预算进行核减后，合计全年可省银1 260两，但该道文牍、蒙旗等股员书支银数目万难再减。①虽然各处所举理由不尽相同，但却都为保障各自用款而抵制核减支出预算。

（三）追加与不准追加

在预算的实行中，东三省各衙署续请追加者几乎无日无之，并且多零星琐碎不合追加性质。为此，清理财政局呈请督抚自宣统三年二月二十日为止，此后追加之请一概不准，并经东督照准通饬各属遵办。②即不准各属追加预算，特别是在没有的款的情况下。但各处还是屡请追加岁出款项，多数情况下遭到批驳。

以滨江厅为例，该厅多次请求追加都被清理财政局以各种理由而加以驳斥，虽然该厅也进行了申述争取，但应允者仍不多。

滨江厅于宣统三年五月呈请追加学务预算并送表册呈送清理财政局。但清理财政局鉴于部章规定，凡追加预算必须先筹的款，但详核该厅拟加学堂各费吉平银10 800余两，"究竟收款系何名目，未据详细叙明，仅于收入项下开列拨款字样，殊属含糊，未便照转"。③并且该厅宣统二年编册报部学务预算已列支银11 800余两，而此次增加各款，哪项是去年预算已有而现在又加增了多少、哪项是临时发生而去年未经列报等等，都未能分析列表予以说明，因此，此次的请求追加因无确实的款和含混模糊而遭驳。

滨州厅同知还曾详请追加巡警、禁烟、自治、财务处及待质所、司法队等预算，但得清理财政局汇案批示，逐项驳诘。清理财政局认为要将地方官厅行政组织与地方自治组织相区分，预算费用是由公费还是由地方费支放应该按照用途的性质区分。学警捐务股、待质所、司法队各项经费虽另立专册编制，但确属由官厅公费内支用而非由地方税开支，所以该厅呈请将学警捐务股、待质所和司法队各项经费由地方捐税项下

---

① 《督抚宪札据呼伦道呈奉部电指驳三年预算酌拟核减文牍蒙旗等股员书支银数目并万难再减情形饬局遵办由》（宣统二年九月二日），档案号：45-1-89，黑龙江省档案馆藏。

② 《通饬预算不准追加》，1911年5月20日《盛京时报》，第5版。

③ 《滨州厅为送厅属财务处、警学等处追加预算表册的呈文及清理财政局的批文》（宣统三年四月二十五日—宣统三年九月二十八日），档案号：39-4-21，吉林省档案馆藏。

开支不能允准。该局还认为该厅既已设立财务处，就没有必要另设警学捐务股；而至于待质所、司法队两项经费，该处司法机关还未设立，所以仍应由公费款内匀拨应用，因此所请追加库平银7500余两未便照准。至于追加禁烟所预算，因禁烟收入自停售官膏以后各款锐减导致原编预算未能实行，而该厅将禁烟局所另行改定和追加预算之举也得到清理财政局的认同，但该厅以银市会加添一成作为追加禁烟所预算的的款，而加添之款为何章程、纳捐者是否公认、常年约可收入多少等都不确定；而此后的开支，如禁烟调验各所某处究竟有员书几人，某项月支所费若干等等，都未能按照预算格式详列表册，即该厅为呈请追加所筹的的款及以后的开支都不甚明了，以致无凭核办，遭清理财政局驳回。此外，该厅请加巡警费银9 040.037两、屠兽场银3 181.776两、自治研究分所银6 395余两、城议事会银4 202.548两、城董事会银9 183.384两等，与禁烟所相似，同样因没有详细支用数目，以何款作抵等也没有切实的声明，所以亦遭驳回。清理财政局逐款驳斥后，指出该厅原编收支仅余银1 800余两，不过因烟膏停售收款变动恐怕也无此余款了，而该厅此次却骤加银30 000余两，肯定没有款项可以支放。因此，该局断定，"该厅详报之意无非既报以后，复可以任意挪移开支有据，并不问其收支之是否适合、预算之能否实行，足见取巧"，并将追加册全部发还，责令切实核减、妥筹的款、造具详细表册再呈送。继任署理同知奉批后，当即饬令各该属查照批示另造详细表册，切实核减妥筹的款，之后再次呈请对诸项进行追加，并针对前次清理财政局的批斥做出回应，如财务处是将学警捐务股改为财务处，并非在财务处之外又有一学警捐务股等。此次呈请，禁烟、自治及议事董事会各项追加因有实在的款，得清理财政局允准。而财务处经费能否由地方收入拨支则还需再议。①有实在的款的追加才会被允准，款项悬虚不实者仍被驳斥。

此外，吉林省各处，如呢吗口统税局、东宁厅等也造送宣统三年追

---

① 《滨州厅为送厅属财务处、警学等处追加预算表册的呈文及清理财政局的批文》（宣统三年四月二十五日—宣统三年九月二十八日），档案号：39-4-21，吉林省档案馆藏。

加预算表册到清理财政局请求追加。[①]

　　黑龙江省各属的追加也大都被督抚及清理财政局驳斥。如兴东道因添设裁改各卡，每卡建筑木垛房五间需工料银1 000两，土房两间需工料银120两，所以每卡建筑费共需银1 120两，共拟设八卡，共需银8 960两。该道呈请督抚，但巡抚周树模认为该道各卡所需建筑及常年经费为数太多，而度支部对追加预算限制綦严，能否照准应侯饬民政司会同清理财政局核议复夺后再行饬照。[②]龙江府也呈请追加，共九项，司领六项，地方经费支出者三项。[③]但该府所呈请追加的礼生费遭清理财政局批驳。

（四）预算的执行遭变通

　　对于预算的执行情况，各府厅州县每月都需造送月报。为了严格预算的实行，东三省督抚及清理财政局采取了种种措施，严格月报、决算册的造送，规定决算数目应严格按照预算办理，并制定奖惩章程等。但各处的月报册、决算册仍延不造报，或因未能严格按照预算进行支销而请求变通办理决算，但大都遭清理财政局驳斥。

　　为利于预算的实行，东三省督抚及清理财政局严格规定各处应造的月报表册，但各属仍多延不造报。赵尔巽因奉天省各署局堂所等所有收支款项按月造册呈报公署的十无二三，而吉、江两省则皆向无造报，所以严格规定三省各处的月报表册中要划分国家行政经费、地方行政经费和地方自治经费；还需注明各项预算额定平均数目，以凭比较；其有增减变更与预算不符之处都应详细声叙理由；严格规定造送期限。吉林清理财政局亦因各处的决算造送延宕错误之处甚多而制定决算章程，严定决算册报期限和惩处办法，但遵办者甚属寥寥。因此，该局于宣统三年

---

① 《吉林军械局呢吗口统税局东宁厅等为报宣统4年预算并送宣统3年追加预算表册的咨呈文及清理财政局的批咨文》（宣统三年二月二十八日—宣统三年九月十九日），档案号：39-4-6，吉林省档案馆藏。

② 《督抚宪为札据兴东道呈查该道所拟添设裁改各卡所需建筑暨常年经费为数甚钜，前准部咨限制追加预算侯饬民政司及本局核议覆夺并所请拨一营以作屯垦守兵之处并饬筹练陆军处酌核办理等因遵照由》（宣统二年十月二十七日），档案号：45-1-33，黑龙江省档案馆藏。

③ 《龙江府呈请追加》（宣统二年十二月九日），档案号：45-2-216，黑龙江省档案馆藏。

七月二十四日札饬各处，重申前令，严格造报时间，并规定各月决算数目需以预算核定数目按月摊算为准，只能少而不得超出，如有超过预算者将随时驳回。吉局还拟定奖惩办法，"凡如期造送到局及造报详明并确能遵守预决算定章者即予详请记功一次；如造报至三月不懈者即详记大功一次。迟逾者记过一次；迟逾至两月者记大过一次；至二次即分别详请撤任撤差。以上劝惩，凡对于司道局所之会计员府厅州县通省旗务衙门局处皆应一律，以示平允"。①虽然度支部奏定实行预算简章中对决算册的造报有明确的规定，吉局也多次要求，但直到宣统三年三月已经过完，而正、二两月的决算表册仅调查局一处送到，其余则概未填报。②吉局不得不饬催未报者赶紧补报。

　　各处因未能严格按照预算进行支销，不得不恳请变通决算的办理，但大都遭到清理财政局的批驳，仍饬令严格决算的制定。桦川县就未能按照宣统三年预算开支，巡警教练所及自治会因设治未久，又款项奇绌，均未成立，又因大火未能筹办；警务、学务开支决算实数与预算互有增减，巡警因淘汰长警撙节经费，开支较预算减少；而学务却因劝学所附设简易识字学塾、三区小学堂改为两等学堂、添派堂长教员、扩充学额、购置书籍以及膳费杂费等项需款浩繁，开支实数比较预算数目为多。③而农安县则因没能严格执行预算致使决算情形不符预算之处甚多，并且月报迟缓，恳请变通办理。直到宣统三年八月，该县春季月报还没完成，而四月以后更是无从谈起，只有闰六月一个月的册报已经完成，并且此间还有未能按照原定预算办理的情况。鉴于此，该县恳请清理财政局允其变通期限，"拟将自四月起至八月止，计共六个月月报陆续呈送，值月终一律报齐，以后遵限呈送，似此办法于宪局之甲月决算应于乙月月终编送章程仍不相背，在知县督率财务人员办理时，期亦可

①　《农安县详为县属财政决算拟恳准予变通分别缓限造送由》（宣统三年八月五日），档案号：39-4-44，吉林省档案馆藏。

②　《吉林行省、吉林清理财政局为各属呈报核销清册和收支册手续事宜的咨札文》（宣统三年三月十六日—四月七日），档案号：39-3-63，吉林省档案馆藏。

③　《桦川县申覆属警学自治等款俟造报全年决算再行按款分晰填列由》（宣统三年十二月十六日），档案号：39-4-58，吉林省档案馆藏。

稍宽，而期于必成。"①虽然该知县列举种种理由，如当时办理三年度预算的人员未谙预算性质，将应增岁出多半漏列，及奉批之后又未申请追加，并且所有计划预算册又未经造报；三年度预算多漏列则决算势必不能相符，决算既不与预算相符，月报势必至于迟缓。该知县还把责任推给前任，称其前任未能按照预算严格执行，逾额支出款项甚多，而自己上任后虽严行裁汰，但积重难返，并且呈请补行追加也未邀得允准等等。但还是遭清理财政局驳斥，因为该局正在编制决算报告，令该县将应造的四月至八月册报须赶在九月十五前一律送齐，并要严格按照原报预算办理，不得于月决算册内开报不敷；如有增支也应声明于下月弥补，但应切实裁节以不逾年额为度。

总之，在全国预算的制定和实施中，中央、省、府厅州县都在固守自身的利益，因此，整个过程充满了行政层级之间的讨价还价。

第三节　行政与立法的抵牾

预算的实行需要立法机关的审议和监督。立法机关包括中央的资政院和地方的咨议局。在清末，作为准议会性质的资政院和咨议局担负了审议预算的职责。但是由于资政院和咨议局还不甚完善，而东三省各级行政官员极力固守自身的利益，加以清廷为维护自身的权益，有意对资政院和咨议局的权限作出限制，因此，他们在审议和监督预算的时候遭到各级行政机构的抵制，行政与立法之间出现了冲突。

一、行政官员抵制资政院的议决

按照《资政院院章》规定，资政院以"钦遵谕旨，以取公论，预立上下议院基础"②为宗旨，资政院具有临时议会性质。该院有议决国

---

① 《农安县详为县属财政决算拟恳准予变通分别缓限造送由》（宣统三年八月五日），档案号：39-4-44，吉林省档案馆藏。
② 故宫博物院明清档案部编：《清末筹备立宪档案史料》下，中华书局1979年版，第628页。

家岁出入预决算、税法及公债等事件的权限。①上述事件经资政院议决后，需由该院总裁、副总裁分别会同军机大臣或各部行政大臣具奏，请旨裁夺。而预算章程中也规定，"度支部汇齐各主管预算衙门所编岁出预算报告册及本部所管预算报告册编制全国岁入岁出总预算案奏交内阁会议政务处核议后送资政院议决"。"主管预算衙门因新增特别重要事件致所管预算岁出之数不能适合于内阁会议政务处协议分配之数另编岁出预算附册限于六月底送度支部一并奏交会议政务处核议后送资政院议决"。②不论是《资政院院章》，还是预算章程都规定，资政院具有议决全国预算及追加预算的权限。但章程中规定的权限在现实的执行中遇到了挑战。

（一）行政官员反对资政院核减经费

东三省宣统三年预算册报送呈度支部后，经部核减审查，东三省据此核减修改后，由度支部将预算案送资政院议决。在资政院讨论期间核减各省预算的过程中，东三省督抚就直接或间接地表达了维持该省预算数目的意图，并对资政院核减行政经费大为忧虑，着急万分。在资政院议决预算案时，认为东三省预算严重不敷，而主要是因为行政经费数目过巨，因此，对东三省行政经费进行了大幅度的核减。面对被资政院大加核减的行政经费，东三省督抚纷纷上奏称实难按资政院增减之数实行。在三省督抚反对资政院核减经费之时，相对于资政院，同样作为行政机关的度支部和三省督抚站在了同一边，意见相对一致。度支部、军机处等也对资政院议决的预算案不甚满意，对此，资政院议员颇为愤懑。

在资政院审议预算的过程中，有因东三省经费过巨而核减之议，三省督抚极力维持原预算。锡良闻讯后，立即致电军机处及宪政编查馆表示了极大的忧虑和万难核减之意。他称东省政费已三次撙节，实已再无可减之处，而资政院核减中央及地方行政经费太巨，奉天省万难承认；

---

① 《资政院会奏续拟院章并将前奏各章改订折》附清单（宣统元年七月八日），故宫博物院明清档案部编：《清末筹备立宪档案史料》下，中华书局1979年版，第632页。

② 《全国预算暂行章程》，《广西官报》104期，财政，第512页。

并且认为资政院审查预算未与东省协商，定会有情形隔阂之弊，资政院在未能了解东省实际情形的状况下所作出的核减有不能适合于东省实际需要之虞，所以请求军机处及宪政编查馆先与资政院接洽，以免日后窒碍，①即请枢臣合力维持。吉抚听闻资政院核减东三省经费，在该院审议期间就直接致电资政院，称"吉林财政向极紊乱，自改行省迭次整顿，赋税始有岁入可指，复迭次裁并局所清理规费，始有岁出可指。近年行政经费逐岁骤增，亦已十分竭蹶，本届三年预算又经度支部核减，明年能否支持尚难逆料。"指出吉林财政困难已极，建议资政院饬知审查预算股员如果对吉林省预算有所疑难，务请分别电询吉林了解实情，"如能内外相维，呵成一气，既省争执之劳，并泯从远之迹"。②吉抚此电虽称是在避免资政院因情形隔阂而大加裁减以致最后产生有碍宪政进行的恶果，其实也是在指责资政院并不了解吉林的实际情形，是在避免内外争执的旗号下极力维持该省的利益。吉抚在致电资政院后，又电致军机处，称吉林省时局、财政俱困，而资政院审议预算又未与吉林省接洽，无从窥悉情形，恐一经核减后一切筹备将无从着手，请求军机处先与资政院协商以保吉林省危局。③东三省督抚为避免资政院对该省预算核减过巨，采取了多方措施，或直接致电商议或借力相助，维持自身利益的诉求相当迫切。但三省督抚的措施并没能生效，维持预算的愿望最终落空。资政院在审议中，对东三省的岁出预算大加核减、而对岁入预算却进行了增加。

面对资政院的大幅核减，三省督抚纷纷上奏称万难按资政院增减之数实行。资政院核减奉天预算最少有 3 320 000 余两④，核减之数不可谓不

① 《东督预防资政院之裁减政费》，1910年12月27日《盛京时报》，第5版。

② 《（资政院）十八日收吉林巡抚电》，宣统二年十一月二十四日《政治官报》，电报类，第5页。

③ 《陈简帅电禀吉省困难情形》，1911年1月15日《盛京时报》，第5版。

④ 经过锡良饬财政局对奉天预算进行核减，合计岁出经常、临时两门共库平银923 199.434两，除核减之外仍应支库平银11 276 451.525两［《遵旨核减预算行政经费并追加款折》（宣统三年四月二十一日）（单二件），锡良：《锡清弼制军奏稿》奏稿卷7，第1330页］，即经资政院核减之后奉省岁出经费为12 199 650.959两，而度支部所奏奉天预算岁出为银15 521 927两，（刘锦藻：《清朝续文献通考》卷68，浙江古籍出版社1988年版，考8235-8236）即资政院核减奉天预算最少也达3 320 000余两。

大，如此巨额的数目也难怪督抚拒绝认减。而资政院核减吉林省款项共达库平银1 308 579.324两，其中有因军事改章或款涉临省的巡防队饷、督练处经费、讲武测绘各学堂经费、陆地测量局经费等共银399 355.86两将提出专案奏明办理，而督抚司道公费、委员薪水也暂照部定预算数目办理。除此两项之外，吉林省已经认减了部定核减之数，又进行了追减，已经认减库平银277 784.141两，但比资政院核减之数仍少减银109 406.875两。①鉴于此，东督吉抚于宣统三年七月份左右极力奏陈吉林省宣统三年国家岁出预算实已无可再减，难以按院定数目一律议减。吉林也不认增一些预算款项，如资政院议增吉林盐课844 490两，而官运总局却称，"资政院议加之数太钜，吉省一时断难行销足额，与其骤认于前，仍复缩减于后，无宁誊看情形，再筹增销"。②吉林不认资政院议增之数。黑龙江省巡抚在宣统三年三月十三日承准政务处将资政院核定黑龙江国家岁出预算表咨行到江之前，已于二月会同锡良汇案奏明追加预算，追加岁入库平银1 096 000余两，岁出库平银1 271 000余两。③当接到资政院核定的预算后，江抚认为资政院的核减根本不切实际无法实施，因此不能按此预算进行，进而对资政院核减的预算进行了增改。表4-1，4-2即可以看出资政院对该省原预算案的核减情况，也可以看出该省对资政院核减之处的变更及对预算原案的追加追减。

表4-1　黑龙江省宣统三年国家行政费分别留减追加表·岁出经常门（单位：两）

名称	预算原数	资政院修定数	对原预算的追加数	对原预算的追减数	总数
公署	1 200 586.868	91 532.901	105 070.225	54 180.206	1 424 023.02
兴东道衙门	22 815.256	19 961.669	4 873.311		24 834.98
瑷珲道	27 809.432	26 329.432	105		27 914.432

① 《度支部咨为覆核吉省宣统三年预算国家岁入岁出比较院之数目增减由》（宣统三年十二月三日），档案号：39-4-57，吉林省档案馆藏。

② 《函复清理财政处宣统三年盐课数目由》（宣统三年五月二十三日），档案号：39-4-20，吉林省档案馆藏。

③ 《（黑龙江巡抚周树模）又奏编成追加预算各表册片》，宣统三年三月十二日《政治官报》，折奏类，第8页。

名称	预算原数	资政院修定数	对原预算的追加数	对原预算的追减数	总数
呼伦道衙门	32 653.235	24 679.79	8 078.445	1 322.671	31 435.564
龙江府衙门	16 872.381	14 372.381	2 500		16 872.381
呼兰府及府经历	23 132.028	20 260.239	2 871.889	193.798	22 938.23
绥化府及同城府经历上集厂分防经历	26 283.382	22 838.836	3 444.546		26 283.382
海伦府及府经历	22 616.181	20 616.181			
黑河府	20 336.388	18 336.388	2 000		20 336.388
胪滨府	22 774.366	20 774.366	2 000		22 774.366
呼伦厅	19 158.095	16 908.095			
瑷珲厅	17 797.633	16 537.633			
肇州厅及同城巡检肇东分防经历	21 507.897	17 726.857	3 781.04		21 507.897
大赉厅及同城巡检塔子城分防经历	22 614.967	19 194.967			
安达厅及巡检	19 761.955	16 161.955			
巴彦州及同城吏目兴隆镇州判	19 838.572	16 358.572			
兰西县及巡检	18 017.11	16 217.11			
木兰县及巡检	17 850.463	15 450.463			
余庆县及巡检	20 545.548	19 237.056		468.75	20 076.798
青冈县及巡检	18 017.11	15 117.11			
拜泉县及巡检	18 017.111	16 632.191			
汤原县	16 826.76	15 517.756	1 308.95		16 826.706
大通县	15 682.956	15 682.956			16 582.596
讷河直隶厅			17 457.398		17 457.398
交涉总局和铁路交涉局	121 673.626	111 673.455		10 556.177	111 117.278

续表

名称	预算原数	资政院修定数	对原预算的追加数	对原预算的追减数	总数
民政司	85 040.5	6 000	3 061.97	1 831.391	86 271.079
省城警务公所	57 170.673	30 000.000	27 170.673	601.875	56 568.798
各税局	120 128.113	120 128.113	5 951.537		126 079.65
各属经征租赋	7 617.906	7 617.906		34.375	7 583.531
典礼费	12 175.181	2 556.175	146.997	2 102.779	10 219.399
提学司	48 292.524	39 892.524	130	1 395.346	47 027.178
提法司	41 463.082	31 463.082	2 724.955	1 395.346	42 792.691
各级审检厅	69 056.586	57 484.6	1 234.493	895.346	69 395.733
监狱及司法费	25 157.685	25 157.685	210.44	327.13	25 040.995
罪犯习艺所	10 199.255	10 199.255		243.703	9 955.552
旗务处	9 674.396	9 674.396		104.651	9 569.745
各旗署津贴	17 131.743	17 131.743		3 779.061	13 352.682
八旗官兵俸饷			64 998.56		64 998.56
筹练陆军处	25 079.059	20 079.059	24 711.285	592.973	49 198.007
巡防饷项	545 956.765	327 574.059			545 956.765
新编陆军各部营饷	319 101.853	269 101.853		68 157.018	★250 944.835
陆军小学堂	45 708.87	35 708.87	3 875.96	7 311.992	42 272.775
边务费	119 848.249	119 848.249			119 848.249
文报局	60 990.676	0	4 418.717	1.012	65 408.381
盐务官运	769 843.7	769 843.7		8 710.736	761132.964
广信公司	105 424.294	100 424.294		16 804.068	88 620.226
官银号	82 256.465	67 256.465		19 495.49	62 760.975

来源：《宣统三年国家行政费分别留减追加折并单》（宣统三年八月十日），周树模：《周中丞（少朴）抚江奏稿》卷4（中），第12-23页。

注：★是将预算原案注销，重新定为250 944.835。

表4-2 黑龙江省宣统三年国家行政费分别留减追加表·岁出临时门（单位：两）

名称	预算原数	资政院修定数	对原预算的追加数	对原预算的追减数	总数
清理财政局	34 035.658	30 035.658	5 265.492	3 354.193	35 946.957
调查局及绘图处	17 530.967	0	4 775		
审检各厅设备租赁			3 381.97		3 381.97
巡防营购置军装军械并修营房费	120 770.125	120 770.125	28 922.413	13 000	136 692.763
新编陆军临时费	135 658.599	0	417 742.067		**553 400.666
派遣陆军留学生经费	3 915.249	3 915.249			3 915.249
调查陆军财政局	5 315.878	0			
赴部关领防练各饷汇费			6 976.728		6 976.728
东三省各学堂局所摊款	44 344.625	44 344.625			44 344.625
移民垦荒费	300 000	300 000		100 000	200 000
筹还旧欠	400 000	400 000		40 000	360 000
预备金	30 0000	0		110 000	200 000
建筑费	100 000	100 000			100 000

来源：《宣统三年国家行政费分别留减追加折并单》（宣统三年八月十日），周树模：《周中丞（少朴）抚江奏稿》卷4（中），第23～27页。

注：** 55 340.666是将预算原数注销之后追加的。

黑龙江省宣统三年国家行政费的岁出经常门内，在原预算案的基础上，资政院共核减533 591.897两，该省共追加310 168.397两，共追减200 505.894两。而岁出临时门内，在原预算案的基础上，资政院核减之数共462 505.444两，该省共追加467 063.67两，共追减266 354.193两。总计，在原预算案的基础上，资政院核减之数为996 097.341两，该省共追加777 232.067两，共追减466 860.087两，追加追减相抵仍不敷310 371.98两。即从总数上看，该省不仅未能遵照资政院核减之数减少岁出预算996 097.341两，还在原预算的基础上又增加了岁出预算310 371.98两。

在东三省督抚纷纷反对资政院核减经费之时，相对于资政院，度支部和三省督抚站在了同一边，意见相对一致。资政院在议决三年预算时确实对预算进行了大量的核减。本来预算案不敷达5 000余万，又追加预算2 000余万，经过资政院的审议，共核减7 790.729 2万两，使原本不敷的预算盈余346.193 1万两。①可见核减幅度之大。如此巨幅的核减，不仅大大增加了度支部的筹款难度，也在一定程度上影响到了度支部等的利益，因为资政院也对中央的预算支出进行了核减，所以度支部、军机处等也对资政院的核减不甚满意，直接或间接地对其敷衍和抵制，这也引起资政院议员的愤懑。

先是枢臣不愿交出预算案，对于此举，民选议员通告各省咨议局，欲内外联合强硬要求交议预算案，如果枢臣坚持不交，众议员将群体缺席以示不满。②在资政院议决完预算案后，枢臣及度支部大臣又决定暂不和资政院一起会奏预算案。枢臣交出预算案经资政院议决之后，需由该院总裁、副总裁分别会同军机大臣或各部行政大臣具奏，才能请旨裁夺。资政院议决之后将宣统三年预算案知会会议政务处，但各军机大臣因受各方面的运动，在开会商酌预算之时多方挑剔。而度支部尚书载泽亦表示对于此次预算能否实行没有把握。于是各枢臣及度支部大臣决定暂时不和资政院一起会奏，而是先电询各省督抚，看其能否承认此项预算，等得到各督抚回电之后，再以多数取决。③枢府大臣们此举明显是对资政院的议决存有不满，因为在此之前，就在资政院审议预算之时，各省督抚就已经纷纷致电政府，声称财政困难，请求政府加以干预，不能令资政院任意核减。而此时电商各省督抚，结果显而易见，各省督抚必极力反对。此举也表明枢府大臣对于预算案的态度与各省督抚大致相同。度支部不愿照资政院议决之案实行，竟称资政院议决预算案属于试办，所以拟略为变通更改。对于此举，资政院议员大为不满，"立宪体制，政府提交资政院议决案件不得变更翻改，若以预算为试办而资政院

---

① 刘锦藻：《清朝续文献通考》卷394，浙江古籍出版社1988年版，考11507。

② 《时评·其一》，1910年10月7日《申报》，第1张第6版。

③ 《预算将不能成立》，1911年1月20日《盛京时报》，第2版。

议会并非试办也。况院章并无须经政府酌改条文，今政府必欲更改是削夺资政院权限也。且预算一项关系人民之担负，事体至为重大，如政府将议决预算案肆行变更，内背人民之舆论，外惹立宪国之嗤笑，实不成立宪政体"。①还有一些资政院议员留在京师，决定监视此预算案政府能否实行。

针对核减经费问题，不仅督抚抵制资政院的核减，中央枢府及度支部也因此与资政院产生冲突。

（二）督抚抵制资政院核减各官公费

在各省督抚联衔反对资政院核减各官公费的事件中，东三省督抚亦是极为积极，特别是东督锡良更是此次事件的核心人物。在各省督抚纷纷反对资政院核减公费之时，相对于资政院，度支部和各省督抚曾一度意见一致，但问题又远非这么简单。因为利益的边界不可能这样分明，总是纠缠在一起，因立场的转换，而利益的一致性随即发生变化，度支部的态度也出现了转变。

在审查宣统三年总预算案中，有对外官公费的审查。因为各省暂定的外官公费参差不齐，而此项公费是廉俸之外各官本身所得，衙署办公经费并不在内，并且因官俸章程尚未颁定，而各省公费又如此漫无标准，实在有碍于复核预算，鉴于此，资政院按照分股办事细则专门设立预算股员会审查京外公费，拟定划一标准，也使得预算股各科在审查时能有所依据。该股员会于宣统二年十月八日开会讨论后粗定大概，于十五日具书报告，共同议决拟定各官公费标准。复经资政院将此报告书开会讨论，皆认为京外各官公费与预算案极有关系，自应确定划一办法，当场议决多数赞成。资政院拟定的外省各官每员每年公费标准为表4-3所示。

---

① 　《资政院闭会后之暗潮》，1911年1月23日《申报》，第1张第4版。

表4-3　外省各官每年公费标准

总督	繁	二万四千两
	简	二万两
巡抚	繁	一万八千两
	简	一万四千两
布政使	繁	一万两
	简	八千两
民政使、交涉使、度支使、提法使、提学使、盐运使		六千两
道	繁	五千两
	简	四千两
府	繁	四千两
	简	三千六百两
州县		照原不加修正
督抚司道各科员	科长	九百六十两
	副科长	七百二十两
	一等科员	六百两
	二等科员	四百八十两
	三等科员	三百六十两

来源:《京外各官公费之标准》，1911年2月14日《申报》，第1张第4版。

资政院同时还规定，各省公费多于所拟标准的一概依标准裁减，其少于所拟标准的暂不增加，意在减少各官公费。按照新定的内外官公费标准，各省总督虽繁缺也只不过2万两，所以各省繁缺总督，如北洋、东三省等颇为反对，均纷纷电知度支部称实不敷用，万难实行。①

在反对资政院核减公费的问题上，各省督抚形成联盟，彼此函电交驰商讨对策，东三省督抚甚为积极。吉抚陈昭常称资政院任意删减万难承认，②而上电抗争。黑龙江巡抚周树模亦在同一日电致各省督抚，谓"资政院任意删减原属万难办到，敝处已将边地困难情形切实电处请其

① 《京师近事》，1911年3月1日《申报》，第1张第6版。

② 《各省督部堂抚部院筹商宪政事宜来往电文·吉林抚部院陈电》(十二月二十二日到)，《广西官报》99期，宪政，第1045－1046页。

主持"。①锡良也称此事"各省同一为难，诸帅想表同情"。②在各省督抚的压力下，宣统二年十二月二十八日，资政院议决京外各官公费一案钦奉上谕著俟编订官俸章程时候旨施行。度支部又于宣统三年正月奏维持预算折，允三年预算度支部与各省商定增减之款不得翻异，即三年可以照部定之数办理，而抛开了资政院的核减之数。得此消息，锡良致电各省督抚，一方面表示将来官俸定后公费名目自应取消，所以此时应毋须联衔奏争，而另一方面却表示为维护各省的利益，确保官俸的制定能体现各省的权利，各省督抚要向宪政编查馆声明意见，避免因编订官俸者未悉外间情形致使馆员无所依据。③当然，真实的目的是要各省督抚联衔具奏，在官俸制定中表达各省的意愿，向宪政编查馆施压从而保证自身的利益。

随后，因资政院对司道以下各员公费减削过甚，对各省来讲定会有碍于用人、行政，由于各省情形相似，包括锡良、陈夔龙、张人骏、瑞澂、李经羲、长庚、松寿、张鸣岐、王人文、孙宝琦、宝棻、丁宝铨、恩寿、庞鸿书、程德全、增蕴、朱家宝、杨文鼎、冯汝骙、沈秉堃、陈昭常和周树模等22位督抚，于宣统三年二月五日又一次联衔抗议，这次亦是以锡良为首。他们联衔电致军机处，抵制资政院核减。首先，督抚们认为各省已数次奉部咨裁员减薪，预算册也是力求核实，后又经部饬驳减若干，本已属竭蹶万分，在此情况下，资政院竟对于经部核减之册再大加芟削，实已无法承受。其次，正值各项新政进行之时，如果司道各官因公费过少致使办理新政时时刻有竭蹶亏累之患，定滋流弊，致使贤者引退而不肖者设法取盈，这就不仅关系到吏治，更是关系到民生的问题。而按照资政院核减之数，司道等官公费少者数千多者也仅一万，数目确实太少。再次，因为事项繁难棘手异常致使行政长官担负甚重，

---

① 《各省督部堂抚部院筹商宪政事宜来往电文·黑龙江抚部院周电》（十二月二十二日），《广西官报》99期，宪政，第1046页。

② 《各省督部堂抚部院筹商宪政事宜电文·东三省督部堂锡电》（正月二十五日），《广西官报》102期，宪政，第1098页。

③ 《各省督部堂抚部院筹商宪政事宜电文·东三省督部堂锡电》（正月二十五日），《广西官报》102期，宪政，第1098页。

不得不借助于司道、科员、幕职等。而督抚司道署内各科员"类皆访延宿学名幕以资助理"①，因此，此项人员既无职守可言，又无调剂可期，如果没有较为优渥的薪俸是难以维系的。减少公费将不仅会影响到督抚的用人，也会影响行政的运行。督抚们还援引从前骆秉章、曾国藩、胡林翼等延揽贤才翊赞中兴之例，证明"兹乃靳此微糈，使督抚无从延致人才，政治必将受其影响，且与朝廷设立幕职之意亦不相符，断难迁就于前，贻误于后。"总之，"部定院减而且为必不可减之款，亦即不能强从"。②各督抚经过商议认为，各项薪费仍应遵照上谕，当官俸章程未定以前按照由部核定预算之数实行，并恳旨饬令宪政编查馆于编定官俸章程时能详细审查深思熟虑，考虑到各省的实际情况。各省督抚明确表达了自己的意愿。

在各官公费问题上，督抚对于资政院的抗争取得成效，二月六日锡良接枢电，内阁已经奉旨官俸章程未定以前各省各官公费暂照部定预算数目办理。③根据刘锦藻的解释，认为之所以京外各官公费标准待订官俸章程候旨施行，是因为"当时官俸或曰公费或曰津贴或曰薪水，名目参差，京官各部院不同，外官各直省不同，即如标准清单亦未实行，盖均须俟官俸章程订定方能画一"。④其实更重要的原因是中央政府暂行屈从于各省督抚联衔抗争的压力。鉴于谕旨允准照部定预算数目办理，锡良也做出姿态，表示为仰答朝廷减裁浮滥的明训，将在可以核减之处尽量核减，以期在总体上维持资政院的预算案。他不仅严饬所属实力遵行，还函电各省督抚力邀同行。⑤

到此，抗争的结果似乎是各省督抚略占上风，但此事并未完结。

---

① 《各省督部堂抚部院筹商宪政事宜电文·东三省督部堂锡电》（二月七日），《广西官报》104期，宪政，第1118页。

② 《各省督部堂抚部院筹商宪政事宜电文·东三省督部堂锡电》（二月七日），《广西官报》104期，宪政，第1118—1119页。

③ 《各省督部堂抚部院筹商宪政事宜电文·东三省督部堂锡电》（二月八日），《广西官报》104期，宪政，第1119页。

④ 刘锦藻：《清朝续文献通考》卷73，浙江古籍出版社1988年版，考8307。

⑤ 《各省督部堂抚部院筹商宪政事宜电文·东三省督部堂锡电》（二月十日），《广西官报》104期，宪政，第1119页。

度支部于宣统三年二月二十三日具奏维持预算折，在论及官员公费时，认为各省联电奏请公费只是涉及自司道以下各员而督抚公费并未提及，"是否也已商定，均照锡良上年十二月十五日来电谓该督公费可照资政院核减之数办理，应请饬下奏明立案"。此折又一次把各省督抚公费问题提起。锡良奉到部文后，立即声明，度支部对于他的奏请有误会之处①。锡良于宣统二年资政院会议期间因闻奉天省行政经费核减甚巨，于十二月三日致电度支部，称总督公费尚可照减，余则请维持，但未接部复。其后鉴于资政院对于司道以下各员公费减削过多，督抚们联衔声请，希望宪政编查馆编订官俸章程时能折中核办，但是关于督抚公费此次联衔并未计及，也未经各省督抚互商。即十二月三日电商度支部是在各省督抚联衔电奏之前，称总督公费尚可照减之议也是锡良个人之见。既有承诺在前，所以在接准部饬督抚公费应奏明立案时，锡良表示将兑现承诺，将东三省总督公费在其任内自接到部文之日起查照资政院核减之数办理。至于其他各省督抚公费问题应由各该督抚自行斟酌情形分别奏咨立案，与他个人的呈请无关。度支部错把锡良个人任裁督抚公费之议意会为各省督抚共同的商定，并想借此裁减各省督抚公费。

度支部尚书对各省督抚联名反对资政院所定公费之事也不甚满意。他在督抚联衔致军机处及度支部的电文上批了七字，"今日亦有曾胡耶"。②对督抚联衔相要挟极为不满，对督抚权力过大有致外重内轻之虞表示担忧。特别是等度支部细查各省公费后才发现，各省情形其实不尽相同，有的是在编送预算后才奏定，有的是在宣统三年正月才咨部，该部尚书不禁对各省督抚联名的目的提出怀疑，"何以此次具奏该督抚等一并列名，尤为可异"。③并且各省预算不仅司道公费未能报齐，将知府以下公费列入预算的尤少，因此度支部责令各省督抚将未列预算各处迅速报部听候核定。

---

① 《东督锡奏东督公费照资政院核减数目办理片》，《四川官报》第23号，参考类，第4—5页。

② 《京师近事》，1911年3月27日《申报》，第1张第6版。

③ 《度支部奏请饬各省督抚切实遵照前奏维持预算办法折》，宣统三年三月一日《政治官报》，折奏类，第3—4页。

至此，度支部对资政院的态度已有所转变，该部尚书认为在公费问题上，各省督抚还是要极力节省，并且认为资政院的核减也不是一无可行之处，特别是在接到各省监理官禀报"各省用款糜烂仍复如前，预算之案置之不顾，节省之款鲜有所闻"之后更是坚信各省款项应该核减。度支部在复核宣统四年岁出预算时即以资政院复核三年预算之数为准。①度支部透过各省督抚的举动也看到各省对于预算案的破坏，因此要维持预算就必须限制各省督抚的翻异，不然必定将有各省删减无多而追加不已，进而出现财穷坐困的恶果。鉴于此种情形，度支部请旨申明维持预算。

　　照常理来讲，对于如此入不敷出的预算案，度支部应该提出增加税收等的议案，或是接受资政院对经费的核减，以达到预算收支的平衡。而度支部却因核减损害到自身的利益等原因而对资政院的核减有所不满。各省督抚纷纷反对资政院核减各省预算的理由是财政困难，如果是因财政困难，即使没有资政院为之核减也应自行核减，才能纾解财政的困难，现在却反其道而行之，难道将预算岁出增加就能真正解决财政困难吗？"各督抚所以反对者，亦自有故，非地方财政上之困难，乃官场生业上之困难。"②枢府对资政院的议决不满，也被舆论认为是各军机大臣受到多方势力的运动所致。

　　当然，资政院核减的依据是什么？是否存在一味核减而追求表面数字上收支相符的问题？是否考虑到各省的实际财政状况？因此，资政院对预算进行核减的合理性和科学性也是值得怀疑的，这也增加了行政与立法冲突的可能性。

　　政府与资政院的冲突导致预算不具有权威性。不论是核减各衙门经费，还是议减各官公费问题，资政院的议决都被消解于无形。如各衙门经费，针对资政院核减经费，迫于各省督抚的压力，有"如确系浮滥之款即应极力消减，若实有窒碍难行之处，准由京外各衙门将实用不敷各款缮呈详细表册叙明确当理由逐行具奏候旨办理"的，上谕颁发。但浮

① 《部定覆核岁出预算办法》，1911年7月26日《申报》，第1张第6版。

② 梦幻：《闲评一》，1911年1月19日《大公报》。

滥与否却很难确定，并且新政宪政迭兴，何项不需款？款项的运用在兴办新政的大目标下都将是有理由的，并且确定款项浮滥与否、是否有窒碍的权限握在督抚手中，所以资政院的核减将归于无效是可以确信的。而议决各官公费之事，外官于廉俸之外有公费，公费之外有经费。各省公费没有统一的标准，因为没有标准，所以可以任意增减；而公费之外的经费为数甚巨，甚至有多于俸廉十倍的，并且此项经费还大都是中饱陋规所得，因此，更是无所限制。但资政院所定之数遭各督抚抵制，政府也从而阴阻。因此，又有上谕颁下，京外各官公费标准将待编订官俸章程时侯旨施行。"是未定官俸以前国家之所耗已属不赀，将来官俸之定必不能查照原议可预知矣，则虽谓资政院酌定公费之议全无效力可也"。[1]资政院第一次议决的预算案就这样在变通办理的名义下被任意增改，预算案的权威性何以体现？

二、督抚抵制咨议局的议决

东三省咨议局统一于宣统元年九月初一成立。按照《咨议局章程》的规定，"咨议局为各省采取舆论之地，以指陈通省利病、筹计地方治安为宗旨"，而其权限则包括议决本省应兴应革事件、议决岁出入预决算事件、议决税法及公债事件。[2]但交咨议局议决的预算事项只限于以本省地方办事用费，国家行政费不在其内。

由于实行预备立宪，清廷不得不设立具有准立法机关性质的咨议局代表民意。但清廷为维持自身的统治，又不希望民意机关的权限过大，因此，在咨议局成立之初就对其权限作出了限制。对督抚与咨议局之间权限的划分不明确，加上督抚一揽全省大权的旧有权力结构的制约，东三省咨议局在成立之初就在很多问题上与督抚产生了矛盾。在清理财政的过程中，咨议局作为准立法机关，要实现自身的权力充分发挥，如议决地方预算、监督财政等职权的行使在很多方面都会触及督抚的现有权利，矛盾也就此出现。

---

① 梦幻：《论资政院预算案之无效》，1911年2月10日《大公报》。

② 刘锦藻：《清朝续文献通考》卷394，浙江古籍出版社1988年版，考11437。

（一）督抚与咨议局的权限之争

作为民意机关和准立法机关，咨议局调查财政积弊、提议整顿财政，为制定预算做准备，并监督财政，此间因权力和利益的纠葛，其与督抚冲突不断。

咨议局第一年开会期间，正值东三省调查财政确数之时，所以关于财政的调查、整顿即其成立第一年的议案中的重要内容。如地方税的担任、租赋的清理、地租的整顿、钱帖的限制和牛马税的整顿等①，给财政的整顿提供参考。东三省咨议局对该省财政弊端特别是陋规等规费进行了调查，此举有利于规费的清查。咨议局呈案东督，各属局卡仍有查验烦扰、书吏需索等情弊，东督据此札饬度支司速议整顿办法。度支司奉札后制定剔除捐税积弊章程，由督抚通饬各属局一体遵照办理。②咨议局还呈报西丰县存在浮收斗费等弊，希望能将此项浮收禁止或拨作自治经费。③凡此种种都有利于税捐积弊的清除。

但咨议局与督抚也会因权限纠结而产生矛盾。如吉抚认为捐税酌减案、税契轻重案、租赋弊端案等咨议局都不得议决，有逾限之处。④吉抚还致电宪政编查馆，陈述咨议局"所提议案诸多逾越范围"⑤，并称该局议员等大半不明事理。吉抚陈昭常还认为吉林省咨议局讨论地方大吏与外官交涉事件是逾越权限，饬令其立即停会，致使吉抚与咨议局产生冲突。⑥并且双方因权限不明还在文电格式上认为对方在越权。

随着形势的发展和咨议局势力的逐步增大，咨议局维持自身权利的意识增强，因此与督抚的冲突也越来越多。奉天省咨议局要求监督四国借款，该局议员通知吉、江两咨议局共同筹商，禀呈总督，"嗣后无论开办何项实业，凡属使用外债之款，恳请先将开办方法发交三省咨议局

① 《奉天咨议局督抚议案标题》，1909年10月23日《申报》，第2张第2版。

② 《饬司议覆剔除税捐积弊》，1910年6月28日《盛京时报》，第5版。

③ 《饬查浮收斗费情形》，1911年3月25《盛京时报》，第5版。

④ 《咨议局呈报议事日程文并批》，《吉林官报》第28期，公牍辑要，第8-9页。

⑤ 《吉抚致宪政编查馆电》，宣统元年九月二十三日《政治官报》，电报类，第6页。

⑥ 《饬停议会之纪闻》，1909年11月11日《大公报》。

议决后再行酌核施行，以昭慎重"。①吉林省城大火，而吉抚的电奏与当时事实是否相符，特别是其间通省财币是否已烧失的问题引起吉林咨议局的怀疑，该局除呈请东督、度支部、内阁、资政院予以查办外，还提出质问书要求吉抚答复。该局还质问火灾赈款的用途。咨议局不同意总督加税，并因加税而起冲突。东督赵尔巽因东省财政困难而欲将东三省每年税额增加670万元以应急需，但咨议局认为东省民力已极度凋敝不堪重负，而与赵督力争。②因大豆加税问题，奉天咨议局也与总督发生冲突。③

　　督抚与咨议局冲突的原因就是两者的权限不明，而之所以权限不明，又根源于清廷为维持自身的权利而有意抑制咨议局的立法、监督权。

　　《咨议局章程》虽然对咨议局与督抚的权限作出规定，但该章程本身就自相矛盾。章程规定咨议局的权限包括议决本省应兴应革事件、议决岁出入预算决算事件、议决税法及公债事件、议决担任义务之增加事件、议决权利之存废事件、申复督抚咨询事件等，并且有权监督督抚及官绅，"督抚如有侵夺咨议局权限或违背法律等事，咨议局得呈请资政院核办"。④但是该章程第八章却规定了督抚对咨议局的监督权，如"各省督抚有监督咨议局选举及会议之权，并于咨议局议案有裁夺施行之权"。⑤因此，双方在争执时都有自身的依据和立足点，都认为是对方在越权，因此纠葛不断。当然有些是因为权限不明引起的，有些就是因为追求自身利益而生成的。

　　政府有意对咨议局权限进行抑制。宣统元年八月，政府曾告诫各省咨议局议员，"于地方利弊情形，均当切实指陈，妥善计划，勿挟私心，以妨公益；勿逞意气，以紊成规；勿见事太易，而议论稍涉嚣张；勿权限不明，而定法致滋侵越。至开局以后，各该督抚尤应钦遵定章，

①　《东三省通信》，1911年6月6日《申报》，第1张后幅2版。

②　《京师近事》，1911年6月16日《申报》，第1张第6版。

③　《大豆增税之议案》，1911年8月19日《申报》，第1张后幅3版。

④　刘锦藻：《清朝续文献通考》卷394，浙江古籍出版社1988年版，考11437。

⑤　刘锦藻：《清朝续文献通考》卷394，浙江古籍出版社1988年版，考11438。

实行监督，务使议决事件，不得逾越权限，违背法律"。①宪政编查馆也对咨议局的权限进行明确并限制，特别是国家行政与地方行政未经区别以前一切应由督抚酌核。凡属国家行政者皆由督抚照常奏咨，非咨议局所能置议，即使"确系纯属地方行政不涉国家者，而欲有所兴革，自可提交局议，再由督抚裁夺，分别奏咨施行。其由局提议之件亦应由督抚审查，如果逾越权限，务剀切劝告，若不受劝告，应即照局章四十七条办理"。②即是指出，督抚有咨议局议决之后的裁夺之权，并有审查咨议局提议之权。在预算案中，咨议局的权限也受到限制。因国家地方界限不分，咨议局权限未能得到发挥。咨议局监督财政的权力又太虚，致使督抚不肯交议预算案、对咨议局的议决漠视不肯实施等等问题。

（二）预算造报中的争执

预算的造报中，因会计年度问题咨议局与东督起了争执。奉天咨议局以九月至八月为一会计年度，并请将月报限至年终再造报，此议遭督抚批驳。东督认为咨议局以九月至八月为一会计年度，局章并无明文，而度支部试办预算以正月至十二月为一会计年度为通行章程所规定，如果省与中央有所不同，将致碍预算的造报和执行；按月册报是部章所定，岂能待该局到年终才造报。但咨议局却坚持己见，并称要等候宪政编查馆的核示。东督也将此问题付诸宪政编查馆，在致电该馆时，不无负气地称，"局章既责以清查，似不妨责以造报。况款尽实销，各议员审查时当无不认可"③。因为奉天咨议局的提议均与度支部试办预算章程不符，所以宪政编查馆复电东督，咨议局会计年度及按月造报等事仍照度支部试办预算通章办理，以归统一。④

（三）预算案议决中的矛盾

对于地方行政预算的议决，东三省督抚与咨议局同样问题不断。督抚试图把地方行政预算绕过咨议局，遭宪政编查馆否决；督抚交议的预

① 章开沅主编：《清通鉴》，岳麓书社2000年版，第1148页。
② 《又准宪政编查馆电知国家行政与地方行政之权限通饬遵照文》，《吉林官报》第31期，公牍辑要，第3页。
③ 《东督致宪政编查馆电》，宣统二年四月十日《政治官报》，电报类，第5—6页。
④ 《宪政编查馆覆东督电》，宣统二年四月十日《政治官报》，电报类，第6页。

算案或无岁入或无分表，延迟不肯交议全案等等，引起咨议局的不满；在督抚把预算案交咨议局审查后，咨议局对经费进行核减，引起督抚等的不满，对咨议局的核减又进行了酌加。

咨议局本有议决预算之权，但督抚却试图把地方行政预算案绕过咨议局。为了各省地方预算的审议，度支部曾致电各省督抚，让先将清理财政局所存的地方行政经费底册送交咨议局，并将所有该部核增核减之款经督抚认增认减之处一并钞案汇送以备参考。东督钻了文义上的空子，认为度支部的电文内只说让咨议局参考，而并无交局议决等字样，因此，致电宪政编查馆进行询问。其实东督是试图将地方行政预算绕过咨议局，但东督此举未能如愿，随后得宪政编查馆复电，希望东督照奏定清理财政章程第二十条办理，[①]即把地方行政预算案交咨议局议决。

东三省督抚迟迟不交预算案，咨议局不得不要求其迅速交议。奉天咨议局开议已久，但迟迟收不到该省预算案，咨询督抚，督抚却称度支部未经出奏，以未奉部复为辞坚不交出。但是经过咨议局了解，其他省份，如闽、鄂等省已交数册，为什么只有奉天省独异？只能说明东督不愿交出预算案。咨议局不得不致电资政院，称现在会期已过大半，若再迟延不交，将无法审议，所以请资政院分催度支部及该省总督即日交议以免贻误。[②]该局于九月二十五日发电资政院，直到十月初一奉天省需送咨议局的参考各册仍未交付，所以该局只得再次电请资政院速商度支部电催东督赶期将各册交局。[③]直至十月四日，经迭次催促后东督才将预算等案交议咨议局。但此时离闭会之期只有11天了，因此咨议局不得不致电资政院请求延长会期。吉林咨议局因吉抚交付的预算案没有岁入部分，并且没有分表，表示碍难决议，因此将预算案送还，还致电资政院，让资政院催促督抚交议预算岁入册。[④]针对各省咨议局纷纷称各该省督抚并未交议预算案乞催督抚交议，或称预算案有岁出无岁入等问题，

① 《东督与宪政编查馆来往电》，1910年10月21日《盛京时报》，第5版。
② 《资政院接收各省来电》，宣统二年九月二十八日《政治官报》，电报类，第5—6页。
③ 《资政院接收各省来电》，宣统二年十月四日《政治官报》，电报类，第5页。
④ 《资政院接收各省来电》，宣统二年九月二十二日《政治官报》，电报类，第3页。

资政院不得不咨询度支部。度支部做出解释，吉林等省预算有岁出无岁入是因为度支部此次试办预算是遵照清理财政章程第十四条第三项规定，只于岁出门分划国家行政经费与地方行政经费，而因国家税地方税章程未经厘定，因此于岁入一门不分国家、地方，暂行合并编制。①

东三省咨议局遵照章程和资政院的电令严格审议预算案。宣统二年九月二十九日资政院致电各省咨议局，"本年试办明年预算，各省报告岁入数目有无多少不符或遗漏款目望各就所知，查明电覆，一面详细申覆以备参考"。②随后东三省咨议局开始了对预算案的审议。此问题鉴于材料有限，仅以奉天咨议局对预算案的审议为例进行阐述。

咨议局采取多种方式全面审议预算案。鉴于预算表册关系全省出入，名目浩繁，稽算清厘甚属不易，预算决算又事关大局，奉天咨议局将该局各项议案一律截止而专办预算案。经该局各议员日夜赶办，审查钩稽十余日，才初有眉目。③为避免冲突，咨议局还采取了相应的措施。因奉天全省财政预算案头绪纷繁，何者应增何者应减，非得原编造预算之人一一表明意见，不然将难免因误会而起冲突。鉴于此，为去除隔阂之弊，咨议局呈请东督通饬各属局委派主管财政的员司随时到局表明意见，以供议员参考。锡良据咨议局呈请，除派度支使齐福田代表苌局说明意见外，应并通饬各署局所一律参照，迅速遴员前往。民政使委派庶务科一等科员韩其楫前往。④但奉天省行政经费因出入相抵不敷太大，虽历经锡良饬令各司道局所切实核减，但国家行政经费还是需银1 120.08余万两，地方行政经费则需392.24余万两，出入总额相抵仍短少60余万两，所以咨议局核议预算的工作还是非常艰巨的。

面对如此巨大的财政亏额，咨议局审查预算的原则是"准减不准增"，对经费进行核减。宣统二年十一月初十，咨议局临时会议审议预算案中的各府厅州县劝学所及官立学堂经费案。此项经费预算交议时并

---

①　《度部对于各省预算之办法》，1910年11月10日《申报》，第1张第5版。

②　《资政院致各省电》，宣统二年十月三日《政治官报》，电报类，第4页。

③　《咨议局审查预算案之忙碌》，1910年11月12日《盛京时报》，第5版。

④　《东三省通信》，1910年11月28日《申报》，第1张后幅2版。

无清册，只是列入自治经费以内，因来不及另造，咨议局只得于州县册内逐笔提出再行审议。预算原册的不确定，也给咨议局的审议带来麻烦。审议中有对原案的认同，但主要是修改和核减，"其银薪水者照本局议案改为查学员，大州县亦不得过四员。以劝学职务已归自治，查学员之职务已轻也，以下职员仅留文牍兼庶务，他项名目悉裁归一律，司书至多不过四名。至简易师范各处不同，今以省城师范学堂附设之简易比较酌减。其各州县官立学堂无大增减，而将火食裁去，照省城模范办理，其原来数少者，仍援准减不准增之例办理"。①并议将裁下的各款归各属扩充教育计划费用。咨议局还议减全省警费。咨议局按照警务通则进行审查，共计减去全省警费达十分之一，共346 000余元，以充制备警务器械之用。②咨议局还议裁各属教练所经费，并有议员议及了追加款项。奉天所属各州县设立教练所培养普通巡警人才。咨议局议将各属教练所预算经费进行核减，如专就各城已设者通减72 000余元，并将所裁之款作为各该属巡警购备服装子弹之用；屠兽场已设者共12处，计减去6 500余元。还有议员提议各城未减的，其服装子药无款支给可以临时追加。咨议局还议决官业支出经费案。奉天省官业支出有三种，硝矿局、电灯局和天利公司，但三者共减无几。

在咨议局对奉天省宣统三年预算案进行议决之后，因为咨议局的核减过多，督抚又针对咨议局的核减进行了更定，对其中认为可以减的就照局议削减，而必不能减的就在局议的基础上进行酌加。表4-4、表4-5《奉天宣统三年预算地方行政经费核正表》比较了预算原额、咨议局的修正额、督抚的核正额、核正额比较原额的增减、核正额比较修正额的增减。

---

① 《奉天咨议局记事·临时会议录》，宣统二年十一月十二日《盛京时报附张》第48号。

② 《议减全省警费述闻》，1910年12月14日《盛京时报》，第5版。

表4-4　奉天宣统三年预算地方行政经费核正表·岁出经常门（单位：两）

名称	原额	修正额	核正额	比较原额	比较修正额
民政费（合计）	483 834.556	405 650.831	445 251.597	减38 582.959	增39 800.765
省城巡警局	346 247.803	288 630.308★	317 459.055	减28 808.747	增28 808.747
高等巡警学堂	26 514.442	19 455.108	22 984.775	减3 529.66	增3 529.667
贫民习艺所	62 080.798	57 974.155	60 027.476	减2 053.321	增2 053.321
卫生医院	32 846.512	28 800.097	29 462.097	减3 384.415	增662
地方自治筹办处	16 145.001	10 791.164	15 383.194	减868.065	增4 547.030
教育费（共计）	175 846.083	157 255.066	160 387.069	减3 439.014	增3 132.0012
法政学堂	63 418.916	50 882.899	54 224.902	减9 194.014	增3 342.003
两级师范学堂	92 851.967	87 286.967	86 865.967	减6 265	减700
蒙文学堂	19 575.2	19 085.2	19 575.2	无增无减	增4 290
实业费（合计）	92 253.483	82 268.98	85 608.421	减6 645.062	增3 339.441
商品陈列所	7 138.944	5 756.15	25 946.125	减1 174.792	增208
官牧总场	21 508.646	19 092.565	20 809.536	减699.11	增1 710.971
官牧二区分场	1 482	1 300	1 430	减52	增130
森林学堂	50 850.61	46 160.8	46 583	减4 267.61	增422.2
安东农业分场	28 85.227	2 541.327	2 533.677	减351.55	增7.65
海龙农业分场	2 733.066	2 402.266	2 668.066	减65	增265.8
广宁农业分场	2 537.492	2 259.872	2 517.492	减20	增250.62
盖平农业分场	3 117.498	2 755.998	3 102.498	减15	增3 465
官业支出（合计）	62 139.038	60 007.974	60 684.907	减1 454.131	增676.933
省城电灯厂	5 321.778	52 004.058	52 296.818	减904.96	增292.76
省城硝磺局	8 937.26	80 039.16	8 388.089	减549.171	增348.173

来源：《奉天咨议局记事·奉天宣统三年预算地方行政经费核正表》，1911年4月7日《盛京时报》，第5版。

★注：原表有误，原表为388 630.308，其实应该是288 630.308。

备注：其自治筹办处经费咨议局列入临时门，而督抚把其调整到经常门中，而表中两级师范学堂经费是合经常临时两门计算的。省城巡警局、高等巡警学堂、贫民习艺所、卫生医院、地方自治筹办处等都属于民政费；法政学堂、两级师范学堂、蒙文学堂都归入教育费；商品陈列所、官牧总场、官牧二区分场、森林学堂、安东农业分场、海龙农业分场、广宁农业分场、盖平农业分场等都属于实业费；省城电灯厂和省城硝磺局都归入官业支出。

表4-5　奉天宣统三年预算地方行政经费核正表·岁出临时门（单位：两）

名称	原额	修正额	核正额	比较原额	比较修正额
教育实业费（合计）	69 860.129	61 151.766	67 251.766	减2 608.413	增6 000
学务公所	62 860.179	57 751.766	60 251.766	减2 608.413	增3 500
森林学堂	7 000	2 500	700	无增无减	增3 500

来源：《奉天咨议局记事·奉天宣统三年预算地方行政经费核正表》，1911年4月7日《盛京时报》，第5版。

总计奉天宣统三年预算地方行政经费岁出预算，原额为883 933.339两，修正额为766 434.618两，核正额为819 183.376两，核正额比较原额减少647 499.963两，核正额比较修正额增52 748.758两。此两表中只列出了督抚对咨议局修正额数进行变更的款项。通过此两表可以看出，咨议局对预算原额进行了核减，修正额为766 434.618两，原额为883 933.339两，即核减了117 498.721两；督抚进行了核正，即对咨议局的核减进行了酌加，咨议局的修正额为766 434.618两，督抚的核正额为819 183.376两，酌加了53 748.758两，但只有两级师范学堂例外，咨议局对两级师范学堂经费进行了核减，而督抚在咨议局修正的基础上又减去1 700两，拨归临时门1 000两，以补充未列入预算的由学务公所垫付的该堂全年房租1 300两。但可以看出督抚也对原额进行了一定程度的核减，虽然核减幅度没有咨议局那么大，所以经督抚核正之后的数目虽然比咨议局的修正额多，但也大部分都比原额少。

督抚虽对咨议局的核减不甚满意，但督抚的酌加尺度也值得怀疑，比如民政费经常门内，咨议局对巡警经费、高等巡警学堂经费、贫民习艺所经费等进行了核减，但督抚认为核减过多将有窒碍而进行了酌加，但酌加的数额却是"各照局议额数折半核减，以期适中"[①]。而对于核减数目在各区域的款项目节下如何支配，则饬民政司转饬各该局堂所自行酌办。此举明显存在大而化之的弊端，预算追求的是在适合实际需要基础上的精确，而督抚却采取折中主义，"以期适中"，并对细数未能进行详查。

---

① 《交议奉天全省宣统三年预算案》，1911年4月6日《盛京时报》，第3版。

当然，督抚也有维持咨议局修正数目之处，比如咨议局核减同善堂经费、各属巡警经费、各属教练所经费、各属屠兽场经费、裁撤法政学堂监督兼庶务长职务、裁减监学、检查、宿舍管理各员、酌留监学管理各员薪水及学生伙食费、省城各学校馆所暨各属官立师范学堂传习所以及各属官立两等小学堂各经费、农业试验场监督全年津贴、官牧中区分场经费、官牧下区分场经费、农业学堂教员讲习、蚕业讲习所、公园种树公所各经费等，督抚表示均照咨议局修正之数目办理。①而硝磺总局经费，除运费银未便照局议裁减外，其余也照局议办理。

（四）预算实行中遭到敷衍

预算案经咨议局审查后，要再经清理财政局查复，由清理财政局拟具答复理由书呈请督抚批准，之后再札交咨议局查照，此后另编表册详请咨部，并通饬各处遵办，即开始预算案的实施。

咨议局虽然对预算案进行了审查议决，并经督抚批准，但经议决的预算案在实行的过程中有些遭到抵制。如辽阳地方行政经费，据该县称其常年经费在一切措施都撙节从事的情况下也须19万元，而宣统三年预算案经咨议局修改核减该县的行政经费只有4万元，减幅太大，难以遵办。②因各属多未能遵照核减的预算实行，咨议局不得不呈请督抚通饬各属照案遵行。东督亦认为，宣统三年地方岁出预算是咨议局照章议决呈经裁夺公布施行之案，各地方官理应遵守，不然不仅有违议案而且明显违背定章，会阻碍将来办理决算，因此饬由清理财政局严饬各属遵照议决之案切实办理，倘有违延将严惩不贷。③吉林咨议局的议减各案还因大火而中断。吉林省宣统三年地方行政预算经吉抚札交咨议局议决，咨议局审查核减后由清理财政局按款查复，经清理财政局拟具答复理由书呈东督吉抚批准札交咨议局参考。不幸罹四月初十大火，咨议局议决的原册和清理财政局的答复书印稿均被焚毁。直到宣统四年预算又届咨议局

①　《交议奉天全省宣统三年预算案》，1911年4月6日《盛京时报》，第3版。

②　《地方行政经费仅四万元矣》，1911年8月10日《盛京时报》，第5版。

③　《奉天咨议局纪事·呈为三年预算地方多未实行请通饬各属照案遵行由》，1911年8月2日《盛京时报》，第3版。

议决之期，才意识到"三年预算，凡经咨议局议减者，亟应分按各处情形，一一认定，方足以清年度，而为将来决簿之标准"①。吉林清理财政局查得前次答复咨议局议决理由书尚有初办底稿等件所以重印通发，移札行札各处即便遵照答复书中应行核减及应行补造细册各条迅速办理，以便补报咨部。

在东三省预算案的造报和审查中，都出现了咨议局与督抚的争执。督抚延误不把预算案交由咨议局议决引起咨议局的不满；咨议局对预算案核减之处甚多，核减之数颇巨，又引起督抚的不满。而经咨议局议决过的预算案在实行中也遭到各处的敷衍抵制。

总之，在预算案问题上，由于清廷为维持自身的利益有意对资政院和咨议局等权限作出限制，再加上利益和权力之争，行政与立法出现了冲突，并因为这种冲突削弱了中国第一次预算案的权威性，也使得它的制定和实施充满波折。

小　结

东三省已有实行预算的雏形及基础，并在监理官的提议下，在度支部试办预算之前已奏请试办省预算。在预算的制定方法、程序、国地税、公费、财政的司法监督、地方自治费等方面都有较为明确的论述，在很多方面起到了过渡性的作用。东三省省预算的制定和实施中虽然有一些问题，但却为宣统三年预算奠定了基础。

在中央统一安排下，东三省于宣统二年开始了全国预算的制定。但由于首次试行预算制度，清政府对全国的财政状况并不能做到全面了解，缺乏制定预算的依据，所以在试办预算的第一年，度支部把制定试行预算的权力下放给了各省，由各省制定各自的省预算，再汇编成全国预算。而各省在制定预算时又是由各府厅州县衙署制定了预算再汇编成省预算。因此，在由下至上的层层制定造报和由上至下逐级审查的过程

---

① 《札咨议局宣统三年地方预算四年裁提各款简表由》（宣统三年八月三十日），档案号：39–4–5，吉林省档案馆藏。

中，各级的利益也就有了体现。

为了追求自身利益的最大化，中央与东三省之间矛盾纠葛不断，在预算造报中度支部要求赶速办理，而东三省存在延宕和迟缓之处，并因此而受到惩处；在预算制定和审查中，因东三省财政不敷甚巨，度支部令其撙节核减，东三省在一定程度上遵照办理，但造送的预算册还是存在巨额的赤字，并且核减遭到各司道的抵制，督抚也纷纷表示已减无可减、裁无可裁，并和度支部讨价还价。宣统三年预算案潜藏了很多的矛盾。东三省对预算案虽然按照度支部和资政院核减核增之数分别予以认增认减，但因时间仓促，认增认减之数也是格于部令勉强核定，而入不敷出的状况并未得到改善，并且东三省的漏列款项又未能赶在资政院审查之前送到，因此，即便预算案已经制定，但在实施的过程中问题层出不穷。在度支部的维持之下，东三省对预算案进行了实施，对其中的认增认减之处进行了执行，但还是有不少与原案不符之处，出现对原认增认减的翻异和款项的追加。中央与东三省之间矛盾纠葛不断，而在此同一过程中的东三省与各府厅州县之间同样存在着诸多问题，预算的制定中存在延宕和惩处、核减和抵制；在预算的实施中存在追加和不准追加、不能严格预算的执行等问题。总之，就是从下到上，各行政层级都尽量减少收入的预算，而扩大支出的预算；而由上至下却逐级要求下级核减，尽量增加下级的收入预算，而减少其支出预算，以尽可能地维持和扩充自身的利益。

在预算中还存在一个问题，即行政与立法的冲突。全国和地方的准立法机关资政院和咨议局有对预算进行审查议决之权，但东三省在制定和实施预算中与资政院和咨议局都出现了较为明显的矛盾。东三省督抚纷纷反对资政院核减行政经费和各官公费。而此时相对于资政院，因立场和利益的转换，度支部和督抚时而一致，时而相左。在清理财政的过程中，咨议局作为民意机关，要实现伸展自身的权力，如议决地方预决算、调查财政积弊、监督财政等职权的行使在很多方面都会触及督抚的现有权利而产生矛盾。

东三省预算的制定和实施，从一定程度上来讲，有利于财政的改革和完善，特别是此过程中的一些思想和做法，如统一收支、实行独立的会计审查等等，都对东三省财政和经济的长远发展有重要的意义。但是，在东三省预算案的制定中，各方固守自身的利益，一味追求自身利益的最大化，严重削弱了预算的权威性。"清理地方财政，其利不可限量"，这样的想法使得度支部在预算案的制定中尽量减少东三省的行政支出，而增加岁入预算，不禁让东三省产生部臣之所以进行裁减并非出于撙节，不过是为搜括的疑虑。在这样单一的目的下，度支部只是消极地节省财用，非常不利于宪政的进行，并且对东三省预算的核减核增也有不切实际之处。而东三省督抚也是极力向度支部要钱，抵制度支部的核减、对认增认减之数也不能遵办，存在对预算案任意翻异和追加的情形。省与府厅州县之间也存在几乎同样的问题。而在预算的审议中各级行政和立法机关之间也冲突不断。但是各方都在一定程度上是从事实出发来考量预算案的制定的，逐级的核减和抵制，多方的讨价还价，是否真正地考虑到事情的轻重缓急，是否把握住了开源节流的原则，这些都不禁使人产生疑问。当然，由于其他种种原因，如财政旧习的牵绊、各种准备工作不充分等，也使得东三省预算本身存在诸多问题，影响了预算的实施。但有一点是毫无疑问的，那就是各方都为固守自身的利益而争夺，反复地变更，严重影响了预算的权威性。

第五章　国地税的划分

　　根据财权与事权相适应的原则，在国家各级政府之间划分事权和支出范围的基础上，结合税种的特性，在中央与地方之间明确税收管理权限和收入，将税收划分为国家税和地方税，有利于正确处理中央与地方政府之间的财政关系和税收分配关系。清朝实行中央集权的财政管理体制，因此其税收向来无国家税和地方税之分，虽然税收的征收是由地方来完成，而在名义上却都是国家收入。但这种集权的管理体制遭到破坏，国家对财政的支配力度降低，地方已有相当的税收权限，并形成一定的财政规模，而中央财政还要严重依赖地方。在这种情况下，清政府向西方学习，引进了国家税和地方税的概念，试图区分正杂各款、划清税项，实行国地税的划分，不仅可以厘清中央与地方政府之间的财政关系，还有利于全国预算的最终确立，是构建财政制度的重要步骤，因此成为了清理财政的重要内容。而东三省在对税收进行整顿的基础上，也对国地税进行了初步的划分。但中央、省与府厅州县对税收划分的预设前提都是怎样维持自身的利益，因此，不可避免地出现争夺税收的现象。

第一节　整顿税收

东三省的税收亟宜整顿。首先，税收的混乱需要对其进行整顿。改行省前后，东三省税收局面混乱，征收机关毫无统系，如奉天有委之于旗署征收的，也有行政衙署进行征收的，机关林立，政出多门。吉林、黑龙江情形相似。在税收章程方面也是纷纭复杂，租税名目繁多，税率分歧，轻重失当。黑龙江省"光绪时各项税捐纷然并举，税章紊乱，寡条理"①。如该省对街园基地所征收的街园基租，各处征法都不一，有的将基地分二等三等至五六等、有的以丈方计、有的以晌计，而巴彦州则以横，论不计长短，参差不齐；木兰县还在街基租之外另有附加征收的街基捐，复杂纷纭。②在税捐征收过程中更是弊端丛生，陋规多于正供，私费倍于公帑，"官丁俸饷靡不藉名摊扣，蠹蚀至十分之九"③。厘税等的征收大多是包征额解，由各衙门派员榷收，照额报解之后凡溢于额数的基本归入私囊。为解决财政困难，东三省也须加大对税收的整顿。其次，在清理财政的过程中，特别是在确定进行国地税的划分后，中央枢府及度支部也要求对税收进行整顿，剔除积弊，为两税的划分做好准备。如要求各省调查并裁减苛细杂捐杂税等，针对东三省，度支部致电东督，"现由部查核奉、江两省之杂捐杂税较各省皆为繁多，兹值财政已经清理，可否设法减裁以纾民困"。④度支部还因各省征税弊混甚深，要求革除征收积弊，饬催各省一律将现行税则刊登报章，使商民周知而吏役则无法施其舞弊手段。⑤并要求革除州县征收地丁钱粮的积弊，严禁种种勒捐及私吞等弊。出于种种原因，东三省对税收进行了整顿。

---

① 张伯英纂，万福麟修：《黑龙江志稿》卷18，第1页。

② 黑龙江全省清理财政局：《黑龙江全省财政说明书》卷上，第14页。中央财经大学图书馆辑：《清末民国财政史料辑刊补编》第1册，国家图书馆出版社2008年版，第186页。

③ 吉林全省清理财政局：《吉林行省财政利弊说明书》。北京图书馆影印室辑：《清末民国财政史料辑刊》第4册，国家图书馆出版社2007年版，第505页。

④ 《电致奉江两省酌裁杂税》，1909年11月2日《大公报》。

⑤ 《度支部饬将现行税章登报》，《吉林官报》第11期，中外时事，第1页。

一、税收机关的整顿

东三省总督对奉天财政机关和税收机关进行整顿，以统一事权。赵尔巽对奉天财政机关进行归并，以期改变财政机关林立致使政出多门的弊端。光绪三十一年，他奏请将奉天税捐总局、粮饷处和盛京户部金银库合并而成立奉天财政总局，一切财政事务均归其管辖，"所有向隶盛京将军、户部暨各旗署经征之厘捐、木植、粮船、凑挂河口粮货等税，概归经理"，①成为全省财政总机关。在整顿财务行政机构之后，他又对税务机构进行调整，"将各路斗秤、牛马、矿务、过路等捐归并一处"，②而设立税捐总局统管各属税务。鉴于奉天的捐项纷繁复杂，有些隶属于旗民地方官征收，有些由行政官派员经征，不仅征收机关不统一，征收方法互不相同，而且名目纷繁。赵尔巽于光绪三十二年十月奏请整顿捐务，裁撤部分原有各项税捐局，在全省各州县设立统捐局，并隶属于财政总局，作为征收捐税的专门机构，"所有各项杂捐悉归该局征收，相度地势繁简收数多寡，酌派委员经征"。③裁撤重征局卡，统一事权，加强对税收的管理，有利于税收秩序的整顿和税收收入的增加。徐世昌改革东三省官制，又将财政总局归并入度支司，税务也归度支司管理。锡良为撙节财用，也对各别税捐局进行合并整顿，如牛马税本设有专局并委派多人经理，锡良为节省经费起见，将牛马税项归并税捐局办理，④不但撙节经费，而且可以统一事权。

吉林在改设行省之前，税收机关林立，管理混乱，政出多门。鉴于此，徐世昌在改设行省时设立度支司，将所有税捐局处均归并该司管理，使得税务开始有所统系。吉抚陈昭常于光绪三十四年十月饬度支司设立吉林省税务处，将旧有税捐各局所、公司及专供支应的粮饷处一概

---

① 《赵尔巽档案全宗》第188号，中国第一历史档案馆藏，转引自高月《清末东北新政改革论——以赵尔巽主政东北时期的奉天财政改革为中心》，《中国边疆史地研究》2006年第4期。

② 《各省理财汇志》，《东方杂志》第3年第4期，第61页。

③ 《奉天通志》第148卷，总第3437页，转引自高月《清末东北新政改革论——以赵尔巽主政东北时期的奉天财政改革为中心》，《中国边疆史地研究》2006年第4期。

④ 《牛马捐归并总捐消息》，1909年7月6日《盛京时报》，第5版。

裁撤，归入税务处经管。该处内分四所，包括稽核通省各局比较事宜的稽征所、主管支发饷需及各衙局所银钱事宜的支应所、主管票照津贴事宜的庶务所和主管统核案牍和报销事宜的核销所。[1]各所分别派委得力人员分任其事，以专责成；委员分文案、会计两项。该处设立办公厅，分股治事。税务处成为吉林全省税捐出纳之所。

在全省总税务处成立后，省城外的各税捐分局也都先后并为统税局，其中由各旗署代征的也一律归统捐局征收，以一事权。到光绪三十四年归并各税捐局处，设立统税局。至此，税收逐渐整理就绪。但还有些地方明显违反统税之制，如长春府仍分设烟酒、晌捐和山海三局；滨江统税仍归道署兼征；邮船局也自由收捐。度支使徐鼎康对此进行整顿，将长春烟酒、晌捐和山海等税并为一局，哈埠另设统税局派员征收，将邮船局收的鱼捐、船站捐、柳条等捐酌量停收，仅选择其中有益于国而无病于民的捐项并归统税局接办。针对东宁、濛江也将统税归地方官衙门征解的情况，度支使认为也应分别设局，由省派员征收，以一事权。针对各局开支章程苦乐不均的弊端，该度支使也斟酌情形厘订规则，以资遵守。[2]吉林省牲畜税、田房契税一向归州县经收，但是匿漏之弊不一而足，虽然改设经征总分局以一事权，但各分局在开支局用时有侵挪正款之虞，所以于统税改章之时划分局所繁简就近归并，将其中一些归于统税。"延吉、和龙、珲春、汪清等处并归延吉统税；宁安、穆棱二处并归宁安统税；依兰、临江、绥远、富锦等处并归依兰统税；呢吗及密山、饶河等处并归呢吗统税；敦化及额穆等处并归敦化统税；磐石、桦甸、舒兰、滨江、东宁、濛江均并各该统税兼办。此外，农安及长岭并归农安统税，以长岭为分卡；阿城、宾州一局则仍分并宾阿统税，并以长寿、方正两局就近隶入，宾、阿、长、方亦各为分卡，其临江、富锦、绥远一带或以不敷开支至自请归并者有之。"[3]但将收数畅旺

---

[1] 徐世昌：《东三省政略》卷7，吉林省，第20页，总第4651页。

[2] 吉林全省清理财政局：《吉林行省财政利弊说明书》。北京图书馆影印室辑：《清末民国财政史料辑刊》第4册，国家图书馆出版社2007年版，第508—509页。

[3] 吉林全省清理财政局：《吉林行省财政利弊说明书》。北京图书馆影印室辑：《清末民国财政史料辑刊》第4册，国家图书馆出版社2007年版，第509—510页。

的吉林、长春、双城、五常、新城、榆树和伊通七处留为专局办理。并对各处员司进行裁减，对应支薪俸及薪工杂支等拟有定额，进行裁节。

吉林省税务处和各属统税局的成立，改变了从前局所分立的弊病，"裁并后一归核实，综计入款岁增吉钱二百数十万吊。由此逐渐改良，捐其苛细而举其大纲，庶几上足裕国而下不病民"。①此举不仅使得税入增加，也"意味着该省税厘经办机构初步实现了由分到统的整合目标……这些机构在全省境内一概实行垂直管理，上有总汇，下有分支，遍布各府厅州县，最大限度地开拓新的财源或整顿旧有税课"②。

黑龙江省税收机关也进行了整顿。程德全署理该省将军时设立善后总局，对全省财政进行整顿。光绪三十一年，程德全改税课司为经征税务局，由将军委员总办，"自是征榷三局俱直隶于将军，地方官厅不兼税事"。三十三年四月，他又整顿税务，裁减浮费，将厘捐、木税、经征税务局归并为税务总局，设总办一员，文牍、收支各一员，各分局则设正副委员各一员，各分卡设正委员一员。③三十四年八月，巡抚周树模改呼兰分局为税务总局，绥化局则专辖海伦、余庆、青冈各局卡，而划巴彦、兰西、木兰各局卡隶于呼兰税务总局。宣统二年四月裁撤税务总局，又改为税局，而原隶属于总局的各局又各自独立，直接归民政司管辖。以烟酒税和牲畜税为例，该两项税项"原隶于户司经理，继则改隶善后局，上年司局归并，复隶于度支司"④。

总之，东三省不仅对财政机关进行整合，加强了对三省财政的统辖，而且在此基础上，也加强了对税收机关的整顿。首先，在各行政层级中归并政出多门的征收机构，以一事权，在省设立统一的税收机关，如税捐总局、税务处和税务总局等作为统辖全省各属的总机构，在各府厅州县设立统捐局、统税局和税务分局等，由全省税务总机构对各属设立的税收机构实行垂直管理，或由全省财政总机构进行管辖，建立了较

---

① 徐世昌：《东三省政略》卷7，吉林省，第18页，总第4647页。

② 刘增合：《由脱序到整合：清末外省财政机构的变动》，《近代史研究》2008年第5期。

③ 张伯英纂，万福麟修：《黑龙江志稿》卷18，第4—5页。

④ 《民政司咨将三十三年以前未销各款截至三十三年年底结清，其前所收之款请免予造报各情节由》（宣统元年十二月二十七日），档案号：45-1-68，黑龙江省档案馆藏。

为完善的税收管理机制。其次，三省设立专职的税收机关，将税收行政事务从行政衙署中独立出来，改变了由各行政衙署、旗署征收税收的局面，逐步实现税务的独立。

二、税章和经征的整顿

清末的税章即税收章程，主要包括对税项、租税名目的厘订、对税则即税率的规定等，与近代意义上的税法有些许相似之处。而经征的整顿主要是指对征税过程、手续等中的弊窦进行厘剔。

盛京将军和三省总督对奉天税章和经征进行整顿。赵尔巽不仅设立财政局以一事权，还严定税章，将旗署经征的牛马和茧丝、帖张等税一律派委人员设局征收，并取得成效，光绪三十二年全省各税收达372万余两。但是由于新章过于严密，局员无所取偿，于是设法搜括，又生弊端。后又改订章程，先厘订税项税目，将牲畜、茧丝、木植、烟酒、土药、参、帖等税照常征收，而将斗秤、尺、豆饼、火车、河口粮货、陆路门捐、粮船凑掛、旗署杂税、东边粮货山货、营口八厘和过路落地各项税捐一律裁撤，"改办统捐分括之，曰出产、销场"。在税则即税率方面较为轻减，是仿照海关估价，"其为出产值百而一五其税，其为销场则值百而二之"。[1]新的章程从三十二年十月开始实施，但税收收入却还是大量减少，至三十三年四月，仅征收出产、销场税银70.4万余两。针对统捐实行后收数反不如前的情形，徐世昌莅任后，参用以物价和按重量征收的原则厘定税则；将安东、黄麻和凤凰城的乔布、尺布、套布和清水布等税化私为公；改东边茧丝规制；改良沙河木植税等，"虽消耗不下数十万两，然以三十四年各局征入计之，共二百四十七万九千余两，较之三十三年尚溢征三十九万余两"[2]。对旗民地租、旗练饷税、清赋税契等逐一进行稽核清厘。税章虽经整顿，但还是被枢府认为杂捐过多，并且还被人奏参指责房捐加倍重征，致使商民交困。赵尔巽督东未赴任之前，曾对枢府承诺到任后参酌情形酌量裁减各项杂项税捐。但随

---

① 徐世昌：《东三省政略》卷7，奉天省，第4页，总第4435页。

② 徐世昌：《东三省政略》卷7，奉天省，第4页，总第4435页。

着财政困难越来越严重，赵尔巽到任后亦只能求助于增加税率、加征税款来解决问题，并饬令度支、盐运两司会同劝业道妥拟各货加税办法，以便分别施行。①

吉林在税章方面主要是对各税进行归并、裁减，设立统税。而整顿税收的经征，主要是革除私收私征、包征额解等弊，改为尽征尽解。吉林省税契弊端甚多，置买田宅税契照六分征解，但此项定额也有名无实，因为各府州县一向不申缴存根，税银随意批解，致使每岁征入的多寡无从考查。各属皆私印小税，"其归公家者十不及一"，致使正供毫无起色，大多归入私囊。鉴于此，由度支使议订税契章程二十四条，刊印买卖典当三联官纸两种颁发各属，规定凡民间产业立契一律饬用官纸，官纸每张收吉钱十千，此外将陋规杂费全行禁革。如此办理，"在官府不准抑勒而仍有办公之资，在商民已多减省而得免需索之弊，由是尽征尽解法乃可行"。②吉林省征收斗税，大小烧锅应纳斗税均为包办，每遇粮行涨落，烧商就借口包税囤存粮石而希图从中渔利。针对此种弊端，由税务处呈请吉抚批准，革除斗税包纳名目，改由各局尽征尽解，③并在全省范围内将斗税所有包征额解陋习改为尽征尽解，将溢收之款全数归公。

吉林省对税收的整顿收到较好的成效。自度支司将山海税、斗税及各税捐一律改为尽征尽解之后，又把旧时所有规费酌提归公，"而入款又岁增三十六万五千五百余两"④。该省木税尽征尽解后，光绪三十四年共计征收吉钱四十四万七千有余，按旧章官价合银135 000余两，比旧额多出约30倍。⑤

针对黑龙江省税章紊乱鲜有条理的情形，署理巡抚程德全"更订税

① 《赵督之新政》，1911年6月22日《民立报》，第4页。

② 徐世昌：《东三省政略》卷7，吉林省，第12页，总第4635页。

③ 《革除包纳斗税》，《吉林官报》第24期，政界纪闻，第1—2页。

④ 吉林全省清理财政局：《吉林行省财政利弊说明书》。北京图书馆影印室辑：《清末民国财政史料辑刊》第4册，国家图书馆出版社2007年版，第506页。

⑤ 《督抚宪又奏吉林三十四年木税改为尽征尽解长征数目片》，《吉林官报》第8期，折奏汇编，第9页。

率，剔除积弊，税法始获统一"。①到宣统二年四月，民政使赵渊呈请改订税率和通行票式，得巡抚周树模的核准。"税之部凡四，曰物产税、曰营业税、曰交涉税、曰杂税。而别其名为三，曰课、曰税、曰捐"。所谓课，岁有定额，即不以收入的多寡为增减，如营业税中的当课、烧课、斗秤课等。而所谓税，则分为从量征收和从价征收两种。从量征收的，如物产税中的粮税、酒税、杂税中的吉猪税等；从价征收的，如物产税中的木税、山货皮张各类等。而捐则包括：征之于营业税的一成捐和车捐等；征之于物产税的卤硝捐、烟土厘等。但该省税收大多数都属于税捐并征。对税率重新进行厘订，"税之最重者，不过百分之一十，其轻者或不及百分之三，而捐则普通百分之一也"。②

黑龙江省还革除经征弊端。改订税率及通行票式也有利于财政积弊的清厘。黑龙江省以前因税章紊乱无条理致使规费丛生，有底钱、票钱、余头钱、包头钱、火耗、补平等费，并且所收票底各费还都不列载税票，司巡借以舞弊。"民政司呈请设法整顿，改订税率及通行票式，而从前繁苛之弊始稍廓清"。③因为黑龙江省酒税从前仅就卖价抽收，所以每次转售仍须纳税，不仅商民苦恼，也使得贩运多有阻碍，而税局员司也不便于稽查，因此偷漏甚多，私弊丛生。鉴于此，周树模饬度支使参仿奉吉两省加收酒税章程，改就烧商征收出锅统税，议定税率；并严格征收，严饬各税局实力稽征，不得额外需索分文。④此外，周树模在光绪三十四年八月还奏明改粮捐为粮税；开办盐务，征收盐课；整顿田房税契等，在此过程中都对税章进行厘订，对经征进行规范，严禁经收弊端。

黑龙江省的税收整顿取得显著的成效，如粮捐一项从前每年也就征中钱11万余串，但改粮捐为粮税后，自八月至年底就约可收中钱145

① 张伯英纂，万福麟修：《黑龙江志稿》卷18，第1页。

② 张伯英纂，万福麟修：《黑龙江志稿》卷18，第5—6页。

③ 张伯英纂，万福麟修：《黑龙江志稿》卷18，第6页。

④ 《黑龙江巡抚周树模奏江省整顿酒税收款数目截期具报并请奖出力人员折》，宣统元年十月十五日《政治官报》，折奏类，第14—15页。

万吊。①整顿酒税也取得较为显著的成效，从前酒税附入牲畜杂税具报，每年仅额征中钱九千数百吊，经过整顿，开办整一年时共收酒税银157 000余两，照当时市价以银合钱计算比从前竟多征钱8 000余万吊。②征收盐课，一年内除去一切开支和偿还借商息银，计实增进盐课银10万余两，余利银约20万两，③成为黑龙江省的大宗入款。税收的整顿使得财政收入大大增加。宣统元年统计，"江省每年税捐江银379 187两，江钱3 108 460吊"。④税收整顿取得显著的成绩。

另外，东三省的清理财政局指陈税收的沿革利弊，指出改良之方，也对税收的整顿起到推动作用。如奉天清理财政局认为，为改良税收，应就现行税制切合本省情形，还要参酌各国制度，仿办营业税、收益税、行为税、销费税和所得税等，并将之前各种税目一律归属于这五种税之中；还应调查人民的负担能力，确定税制，使得税目无凌乱，税率一致，在征收过程中去除规费等。⑤黑龙江省清理财政局针对该省税收弊端丛生的现状，划分税项，提出改良之法，如针对街园基租的征收标准不一、复杂纷纭的状况，认为亟应另订出放街基的专章，酌分租率、等次，使得各属有所遵循，不得任意苛收，至于所收票底钱各处也不一律，并且实属额外苛征，应行裁革。⑥

东三省对税收的整顿取得了显著的成果。对税收机关的整顿有利于税收的管理；对税章的整顿有利于租税名目和税率的合理化；对税收积

① 《黑龙江巡抚周树模奏江省近年整理财政大概情形折》，宣统元年十一月二十四日《政治官报》，折奏类，第11页。

② 《黑龙江巡抚周树模奏江省整顿酒税收款数目截期具报并请奖出力人员折》，宣统元年十月十五日《政治官报》，折奏类，第14-15页。

③ 《黑龙江巡抚周树模奏江省近年整理财政大概情形折》，宣统元年十一月二十四日《政治官报》，折奏类，第10-11页。

④ 《黑龙江历史大事记（1900-1911）》，黑龙江人民出版社1984年版，第163页，转引自王晓辉《清代黑龙江财政岁入研究》，《长春师范学院学报》2002年第4期。

⑤ 奉天全省清理财政局：《奉天财政沿革利弊说明书》正杂各税，第1页。中央财经大学图书馆辑：《清末民国财政史料辑刊补编》第7册，国家图书馆出版社2008年版，第157页。

⑥ 黑龙江全省清理财政局：《黑龙江全省财政说明书》卷上，第14页。中央财经大学图书馆辑：《清末民国财政史料辑刊补编》第1册，国家图书馆出版社2008年版，第186页。

弊的整顿有利于剔除中饱等陋规使得税收增加，并有利于吏治的整顿。从总体上来讲，东三省税收经过整顿，收入有所增加，征收更为有序，这同样有利于两税的划分。

第二节　两税划分及税收争夺

由于没能划分税项致使国家岁入与地方岁入不分，严重影响了预算的制定，同时中央与地方在税收分配上的矛盾越来越激化，划分国地税的需求显得越来越迫切。但是在两税划分的顺序、标准、国地两税的关系、税收划分的层级等问题上，度支部都没有明确的标准。而各项标准的划分对于当时的度支部来说也确实是个棘手的问题，首先，中国向无两税的划分，没有成例可循，因此标准很难确定；其次，即使想向西方学习，各国的情形又不同，国地税的划分标准各异，所以也很难模仿。因此度支部一直没有下发划分的原则、标准，更不消说两税划分的细则了。度支部就把这些问题抛给了各省督抚司道、监理官及咨议局，让其讨论。东三省清理财政局对两税进行了初步的划分，以供度支部参考。东三省督抚参与了对税收层级的讨论。但是中央及度支部是想通过两税的划分加强巩固中央的财权，通过国家税的确定来最大程度上保证中央的财政收入，而三省督抚却想在税收划分中巩固省的利益，使得两税的划分有利于自己，但是东三省省税的厘订也会影响到府厅州县的税收。矛盾由此产生。

一、清理财政局对国地税的划分

东三省清理财政局在实行预算过程中就已经对两税问题进行了初步的探讨。其划分意见主要体现在财政说明书中。

东三省清理财政局明确自己的职责。根据清理财政章程，清理财政局要负责调查全省税则如何改良、税项如何划分，以树立国家行政经费和地方行政经费的基础，并制定地方单行章程的征收办法；应将该省利如何兴、弊如何除，何项向为正款、何项为杂款，何项系报部、何项未报部，将来划分两税时，何项应属国家税、何项应属地方税，分别性质酌议办法，编订详细说明书送度支部候核。东三省清理财政局在此基础上明确自身的职责，厘订税法章程是度支部、督抚和宪政编查馆的责任，"关于划一全国地方税之件，非财政局所能厘订"①，而该局所应做的就是区分国地税性质，酌议划分办法，编订说明书送部候核，提供厘订的基础。

东三省清理财政局在实行预算过程中已经对两税问题进行了初步的探讨，对两税进行定义，提出划分的标准，并注意到东三省的特殊情况。熊希龄等认为两税的划分应以国家行政和地方行政为标准，由国家税支出的是国家行政经费，由地方税支出的是地方行政经费，经费既分而税因之而分。"关于全国之政务，由全国人民所公共负担者，为国家税。关于地方区域之政务，由各省人民所分别担负者，为地方税。"②从征收者来分，由度支部直接征收的，如关税、盐税、地丁租税之类可作为国税；由各省督抚征收的，如粮货税捐及营业税之类可以作为省税；而地方自治团体所设立的公益事业所收的附加税之类则可以作为府州县税。而省税和府州县税都属于地方税。③从用途来讲，国税用之于国家行政经费，省税用于地方行政经费，府州县税用之于地方自治经费。虽然税项按用途进行了划分，但必须考虑到东三省的实情，特别是亩捐和车捐，从而熊希龄等提出了补助费的问题。车捐、盐厘等为国家税，但奉天省各厅州县却以之为警、学经费，并且为数甚巨。因此，熊希龄等建议，在地方税发达之前，将国家税提作地方税之处如车捐等先作为国家补助费。④而在奉天地方税中，以警、学亩捐为大宗，按亩抽捐本属于附

---

① 《为厘订地方税章程复吉林财政局电》（1910年6月30日），周秋光编：《熊希龄集》第2册，湖南人民出版社2008年版，第129页。

② 《就奉天财政预算上度支部堂宪禀》（1910年），周秋光编：《熊希龄集》第2册，湖南人民出版社2008年版，第260页。

③ 《就奉天财政预算上度支部堂宪禀》（1910年），周秋光编：《熊希龄集》第2册，湖南人民出版社2008年版，第260页。

④ 《拟将地方警察学务费用移作国家补助费致吉林黑龙江财政局电》（1909年12月8日），周秋光编：《熊希龄集》第1册，湖南人民出版社2008年版，第591页。

加税性质，但其总额能达到四、五百万元，超过国家税十分之五、六，为内地各行省所罕见。属于附加税性质的警务亩捐本应为府厅州县税，但是因警务属于官治范围，所以此项亩捐也被列于省税之内。但省税中的车捐等款，却大量用于各府州县补助学务，所以虽然是省税，可暂作为省税补助费。[①]清理财政局对两税划分的这些论述，既有依据学理，又兼顾东三省的实际情形，都有利于之后国地税的划分。

根据部章规定，东三省清理财政局分别造报了财政说明书，对国地税进行划分。对两税的定义、划分标准、划分时的改良事项、分级问题等进行论述，为两税的划分提供参考。

（一）定义和标准

奉天清理财政局对国地税进行定义。"国家税者，供国家行政之用，以国家之权力而征收之租税"。一切军政、外交、司法等项为国家大权独揽之事，所以都以国家税支出，而警察行政、教育行政和财务行政等虽有分隶于地方的部分，但也是由国家操控统治权，所以也应以国家税支出。而这些支出都数额巨大，因此，国家税的收入必须以极为巨大的税源为基础，才可以使国务不致废而不举。其中包括特立之税，如田赋、盐课、关税、统捐等专属于国家的税项，也有分割之税，如亩捐就是附属于田赋来征收的。而"省税，供省行政之用，以地方之权力而征收之租税"。省为地方行政最高区划，而省行政则有地方官治行政和地方自治行政之分。为地方官治行政之事而征收的税项皆为省税，并且省税也不是仅就省会为之筹款，必须是全省人民所负担，所以亩捐、车捐和河防船捐等也都划为省税。而"府厅州县税者，供府厅州县行政之用，以地方之权力而征收之租税"。府厅州县税的税源也分两种，一为特立之税，即各地方依特别情形而征收的杂税及特别税；一为分割之税，即各地方比较国家正税而征收的附加税，如营业税的附捐等。[②]

① 《就奉天财政预算上度支部堂宪禀》（1910年），周秋光编：《熊希龄集》第2册，湖南人民出版社2008年版，第260–261页。

② 奉天全省清理财政局：《奉天全省财政说明书·划分国家税地方税说明书》，第4–6页。中央财经大学图书馆辑：《清末民国财政史料辑刊补编》第7册，国家图书馆出版社2008年版，第322–324页。

奉天清理财政局列举了国家税和地方税划分的五种标准。第一，从数目上来划分。在行政事业上国家和地方繁简不同，因此，行政经费上国家与地方自当有所区别。归于国家行政事业的军政、外交等费开支巨大，绝非零星收入可以支给，所以像田赋、关税、盐课、统捐等大宗收入当然要划为国家税，而小额收入则划归地方税，以供地方行政之用。第二，从物品上划分。凡对为政府所专卖、为国家所严禁私藏、为国家所有的物品而征收的税项都为国家税，如盐课、硝磺税、枪支印税和矿税等都是国家税。而其他零细物件，各地方或有或无，情形各异，如苇捐、炭捐、木柴捐、石灰窑捐等，国家既不便于稽查又难于统一，所以划为地方杂税。第三，从性质上划分。如关税多是根据条约而来，是保护国家主权的，所以关税划为国家税。契税是登录税的一种，是为国家公证之权，所以契税也划为国家税。全国的土地，国家虽无所有权，但有统治权，所以田赋为国家正税。而亩捐则划为地方附加税，其他如房捐、道捐、庙捐、桥捐等皆因地方情形不同而办法各异，其性质不合于国家税的都划为地方之特别税。第四，从税则上划分，即按照税则确定与否来划分，例如出产税、销场税、牲畜税等凡统捐税则有定，都划为国家税。而粮捐、货捐等税不定，则划为地方税。第五，从系统上划分。例如木税既列为国家税，凡属木税之系统的，如旗属木税、木植新捐等皆应列入国家税。[①]

吉林清理财政局对国地税进行定义，"国家税与地方税划分之界限大要，供国家行政者曰国家税，供地方行政者曰地方税"。[②]主要是从用途进行定义的。

吉局在划分两税时，认为不应以内外结来区分，也不该以抵支何项来划分，划分的方法主要是以税源为主，标准有二种，从税项来分，如租课、关税、土税、盐税、契纸票税等为国家税，牲畜、营业等税则为

① 奉天全省清理财政局：《奉天全省财政说明书·划分国家税地方税说明书》。中央财经大学图书馆辑：《清末民国财政史料辑刊补编》第7册，国家图书馆出版社2008年版，第331-333页。

② 吉林全省清理财政局：《拟分吉林全省税项总说明书》。北京图书馆影印室辑：《清末民国财政史料辑刊（第四册）》，北京图书馆出版社2007年版，第529页。

地方税。从税率上来分，为岁入大宗，并且输纳各有定率的为国家税，而附加国家正税本额十分之几而征收的为附加税，是为地方税。①

黑龙江省清理财政局认为，用项属于中央事业的为国家税，用项属于地方事业的为地方税。而地方税中，由司库经管者为省税，由各属就地自筹者为府厅州县税，而由自治团体抽收者为城镇乡税。②该局认为解省正税为国家税，而相应的附加税为地方税。如该省征收旱獭税，后又于正税之外加收准票费，正税为解省常款，属于国家收入，而准票费随正税征收，留充地方学警自治经费，属于附加税性质，应属于地方税项。

（二）划分时的改良

东三省原有税收由于名目纷繁、税则紊乱，而经征过程中也是弊病丛生，不利于国地税的划分，亟须改良，因此，三省清理财政局分别就本省税收情形提出改良办法。

奉天清理财政局针对税项、税则、税目、经征过程、单位等提出国家税与地方税划分时的八条改良办法。第一，在税项方面要进行划一。将倾镕、火耗、补平、起解等费削除净尽。第二，税则方面要更定。征税虽有依价、依数、依量、依面积等不同准则，但同一税的税则宜相同，所以凡属国家税之内的同一种类的税其税则应归于划一，不得互有歧异；地方之特别税虽依各地方情形不能强同，但其征税的标准也应由地方斟酌尽善，不得任意出入。第三，要改正税目。就同一物件而收的税捐可以合并称之，在国家税宜称税，在地方税宜称捐。第四，对经征过程中产生的各种形式的规费分清情形进行改良。如将经费名目一概裁革，将局所需薪俸办公等费一概列入预算；归并局费，局费既与规费无异，就不应由税局自为征收；变更票费名目，将票费收入全数留局办公，并且大都可以改名办公金；分清情形处置规费，规费有些应提为国家税，有些应为地方税，有些应裁革。如各地方的钱粮规费应并入正粮

① 吉林全省清理财政局：《拟分吉林全省税项总说明书》。北京图书馆影印室辑：《清末民国财政史料辑刊（第四册）》，北京图书馆出版社2007年版，第529页。

② 《黑龙江巡抚周奏编送江省财政说明书折》（宣统二年八月三日），《黑龙江全省财政说明书》奏折，第2页。中央财经大学图书馆辑：《清末民国财政史料辑刊补编》第1册，国家图书馆出版社2008年版，第156页。

之内划为国家税；各地方的呈词规费有司法费用性质，不应用来津贴房书，将来司法独立自应划为审判厅收入。而各地方的牙帖规费、当帖规费、店帖规费、船帖规费等，应划为地方附加税以供办理新政之用，不应再视同陋规用来津贴房书，都应提为地方税；又如安东的修船规费、锦县的车船小费等原用来充县署办公之用，也可化为地方附加税。而教官的门斗规费、贴班规费、佐职的点卯规费、火牌规费、发给宪书规费、张贴告示规费等则应裁革。第五，要划一单位。奉天省各属税额单位不一，有征银、征钱、征米豆物品之分，而计数单位至于分、厘以下实无关紧要，因此，宜采取五舍六入的方法，五厘以下的免收，五厘以上的征收一分。①奉天清理财政局对税项的改良包括对税项、税则、税目和征收单位的规范，而对征收过程中的各种弊端，如在正税之外另征经费、局费、票费和规费等，根据实际情况进行区分厘正。革除征收过程中的各种积弊，不仅有利于税收秩序的改良，同时也有利于吏治的整顿。

吉林清理财政局根据吉林省的特殊情况，提出两税划分的改良方法。因为吉林省情形特殊，若仅是形式上的附加税就不宜作为划分地方税的标准，如附加于大租的小租和晌捐、附加于盐课盐厘的公费盈余、附加于土药税的印花各捐和附加于厘捐的营业等税，虽然形式上为附加税，但事实上他们收入巨大，并且大都是向为国家税收入。而根据清理财政章程第十条解释，以杂税为地方税，但在吉林省却不适用。因为杂税包括税契、当税、牙税、烟酒税、牲畜税、矿税、斗秤税等，契纸为国家性质；而酒税征收数额巨大，并且各国也没有将其划归地方税；烟草既为专卖，并且有碍于卫生是寓禁于征，不得列入地方税。其余当税、牙税、矿税、斗秤税等或奉京部颁有票帖或为国家应有财产。因此，"杂税诸款，核其征收既超国税岁入之额，而论其性质实非地方正当之供"。吉局认为吉林省原办的地方税改为营业税也不合适，应改为

---

① 　奉天全省清理财政局：《奉天全省财政说明书·划分国家税地方税说明书》，第6–13页。中央财经大学图书馆辑：《清末民国财政史料辑刊补编》第7册，国家图书馆出版社2008年版，第324–331页。

营业税的附加税，不然也会影响两税的划分。[①]吉林省清理财政局的改良建议更多的是考虑到吉林省的现实情况与部章规定的不同之处，因此，税项的划分不能只一味地遵从部章，也要从该省的实际情况出发。

黑龙江省清理财政局的改良建议，主要是针对各税捐单项指陈利弊而提出改良的方法，如针对就蒙地所征的小租既然已经归地方衙门代征，蒙旗只不过领收现款，该局认为应将劈给蒙旗的二成小租拨作经征衙门经费，并且要将黑龙江省所有蒙租永归地方衙门经征，不准各蒙旗自设租赋局。针对各处滥收票底钱，建议将租赋中的底票钱一律裁革。[②]而各地方衙署征收的赋税，如呼兰网场课加收的耗羡补平、大通晾网租加收的票底钱、安达草城大小租补收的底钱等也都应裁革。[③]如此，对每项税捐都提出了改良建议，总体目的是使税目明晰、税率合理，征收有序。

（三）国地税的划分

三省清理财政局对国地税进行了划分，如表5-1、5-2所示。

表5-1　奉天省国地税划分表

税收层级		税　　项
国家税		田赋、关税、盐课、矿税、契税、统捐、牲畜税、酒税、烟税、木税、帖税、茧丝税、硝磺税、编审斗秤税、枪印税、渔业税、中江税、苇课、麴税等
地方税	省税	车捐、亩捐、船税、船捐
	府厅州县税	人力车捐、商捐、烧商捐、斗用、屠宰捐、戏捐、乐户捐、苇捐、牌底费、尺费、帖税捐、店捐、网捐、煤炸捐、茧丝捐、鱼捐、鱼摊捐、木牌捐、粮捐、粮样捐、货捐、秤用、牲畜捐、盐滩捐、香庄年捐、参捐、木柴捐、炭捐、窑捐、斧捐、渔船捐、船户浮标捐、客店捐、货床捐、牛马店用捐、脚车宿店捐、石捐、驮捐、桥捐、道捐、庙捐、房捐、户捐、公产山林捐、免演戏捐、牲畜盖戳捐、婚书捐、官渡捐、城捐等

来源：奉天清理财政局：《划分国家税地方税说明书》，第22-23页。中央财经大学图书

① 吉林全省清理财政局：《拟分吉林全省税项总说明书》。北京图书馆影印室辑：《清末民国财政史料辑刊》第4册，北京图书馆出版社2007年版，第529-530页。

② 黑龙江全省清理财政局：《黑龙江全省财政说明书》卷上，第3页。中央财经大学图书馆辑：《清末民国财政史料辑刊补编》第1册，国家图书馆出版社2008年版，第175页。

③ 黑龙江全省清理财政局：《黑龙江全省财政说明书》卷上，第6页。中央财经大学图书馆辑：《清末民国财政史料辑刊补编》第1册，国家图书馆出版社2008年版，第178页。

馆辑：《清末民国财政史料辑刊补编》第7册，国家图书馆出版社2008年版，第340-341页。

注：奉天清理财政局认为，该省租税还有宜裁革或变更的：如烧锅酒捐应更名为酒税，划为国家税。而杂货杂粮捐、外来粮货捐、盐梨鱼花捐、盐粮捐则均应隶入百货统捐之类，税则税率也应遵统捐办法；未设统捐局的地方由地方官经征以供地方行政之用的，也应更名为粮捐、货捐。这几种捐若遽改为国家税而地方又未另筹他款，将对自治有所阻碍，因此拟等收数畅旺地方另筹特别税时再将此等税项遵照统捐办法划为国家税。而土药各税在禁烟后将不复存在，银圆经纪捐在通行国币后也将不存在，因此，这两项毋庸划分。[①]

表5-2　吉林省国地税划分表

税收层级		税　项
国家税		大租、陆路关税、江路关税、盐课、洋药税、土药税、山海税、烟税、酒税、木税、参药税、三姓金税、缸窑煤税、田房契税、当课、烧锅课、牙店课、牙秤课、木行课、磨课、鱼网课、斗课、煤捐、鱼秤课
地方税	省税	小租、盐厘、洋药捐、土药捐、斗税、烧锅杂税、牲畜税、置本七四厘捐、售货九厘捐、硝卤捐、缸捐、车捐
	府厅州县税	晌捐、吉林府土货售价二厘捐、船捐、附加车捐、营业附加税、粮石公捐、屠捐、铺捐、戏捐、妓捐、出口货捐
	城镇乡税	渡捐

来源：吉林全省清理财政局：《拟分吉林全省税项总说明书》。北京图书馆影印室辑：《清末民国财政史料辑刊》第4册，北京图书馆出版社2007年版，第531页；订正原列税目表。

注：城镇乡税仅有杂捐内渡捐一种，是因为向来城镇乡行政事务都是以府县主之，并且自治正在筹办，行政经费须待另筹，如此只是举例说明有此层级而已。

由于缺少史料，无法对黑龙江省清理财政局对国地两税的系统划分有全面的了解，但可以从该省财政沿革利弊说明书中略窥一斑。鉴于三费晌捐用于勘验招解缉捕等事项，也将拨充审判厅经费，而司法事务为国家行政事务，则此项晌捐看似宜划归国家税，但其征法却为按晌抽收，对于正项地租而言实具有附加税性质，若以地方附加税而充国家行政经费，则于管理界限上未免混淆。因此，该局将三费晌捐划归省税，

---

① 奉天清理财政局：《划分国家税地方税说明书》，第27-28页。中央财经大学图书馆辑：《清末民国财政史料辑刊补编》第7册，国家图书馆出版社2008年版，第345-346页。

作为地方税的一种，留充改良地方监狱之用。① 该局认为船捐、渡船捐、柴炭捐、炭店学捐、缏捐炭木用等都为营业杂捐，实属地方税项，应将其归地方支用。② 而油榨捐、店捐、窑捐、山货捐、木牌捐、拦木缏费等则可归入地方府厅州县税。③ 而牲畜捐提充学警及自治经费，可以作为物产附捐列入府厅州县税或城镇乡税。④ 买卖货捐为专备巡警经费之用，木站费也可充自治经费，都可归入地方城镇乡税。⑤

　　三省清理财政局的划分有同有异。首先，在税收层级上三省不尽相同。奉天清理财政局将税收划分为国家税和地方税，而地方税又分为省税和府厅州县税。而吉林清理财政局在对税收进行分级时，接受奉局的建议，划分为国家税和地方税，把地方税又分等级，但吉林省要分三级，包括省税、府厅州县税和城镇乡税。之所以有省税，是因为该局认为"省为地方之最高阶级，凡政非一府一县所能举办，而又为国家行政所不急者，皆惟省是赖。盖欲谋全省地方之发达，必有省行政之一端"。⑥ 黑龙江省清理财政局认为在地方行政层级中，大到一省，次到一府一厅一州一县，再次及于一城一镇一乡，"莫不有应担之责任，应尽之义务"⑦，都

①　黑龙江全省清理财政局：《黑龙江全省财政说明书》卷中，第73页。中央财经大学图书馆辑：《清末民国财政史料辑刊补编》第1册，国家图书馆出版社2008年版，第311页。

②　黑龙江全省清理财政局：《黑龙江全省财政说明书》卷中，第86、102页。中央财经大学图书馆辑：《清末民国财政史料辑刊补编》第1册，国家图书馆出版社2008年版，第324、340页。

③　黑龙江全省清理财政局：《黑龙江全省财政说明书》卷中，第95-101页；卷下，第7页。中央财经大学图书馆辑：《清末民国财政史料辑刊补编》第1册，国家图书馆出版社2008年版，第333-339、347页。

④　黑龙江全省清理财政局：《黑龙江全省财政说明书》卷中，第94页。中央财经大学图书馆辑：《清末民国财政史料辑刊补编》第1册，国家图书馆出版社2008年版，第332页。

⑤　黑龙江全省清理财政局：《黑龙江全省财政说明书》卷中，第97页；卷下，第7页。中央财经大学图书馆辑：《清末民国财政史料辑刊补编》第1册，国家图书馆出版社2008年版，第335、347页。

⑥　吉林全省清理财政局：《拟分吉林全省税项总说明书》，原表例略。北京图书馆影印室辑：《清末民国财政史料辑刊（第四册）》，北京图书馆出版社2007年版，第601页。

⑦　《东三省总督锡黑龙江巡抚周咨度支部文》（宣统二年八月三日），《黑龙江全省财政说明书》咨文，第1页。中央财经大学图书馆辑：《清末民国财政史料辑刊补编》第1册，国家图书馆出版社2008年版，第157页。

应有各种税款以为挹注。出于有一行政层级就有一级税收的原则，该局同吉林一样，在划分国家税和地方税的同时，又将地方税分为三级，由司库经管的省税，由各属就地自筹的府厅州县税和由自治团体抽收的城镇乡税。但相同的是三省清理财政局都离析出省税。其次，在税项的归类上，相对于奉、吉两省，黑龙江省清理财政局的划分有些不明确，如该局认为船捐、渡船捐、柴炭捐、炭店学捐、绠捐炭木用等都是营业杂捐，属于地方税项，应归地方支用，却没有指明是归入地方税的哪个层级；而对于牲畜捐，该局却认为此项既可以作为物产附捐列入府厅州县税，但也可以列入城镇乡税，没有明确的标准和归类。

从三省清理财政局对国地税的划分来看，此次划分只是对原有税项在少许改良的情况下进行了划分和归类，最多也只能说是在形式上实现国地税的划分。三省租税名目依然繁多，真正近代化的税种、税目还没有形成。因此，离近代分税制还有很大的距离。

虽然三省国地税的划分不仅层级不一，而且划分标准模棱两可，总之，还是相当混乱的。但是，东三省清理财政局对两税进行的调查和初步的划分，及提供的关于两税划分的标准、改良的措施、及对租税承诺权、国地税的关系等的讨论，兼顾学理和东三省的实情，都对此后分税制的改革提供了参考。

二、税收的争夺

东三省督抚及监理官等在地方税中又分划出省税，围绕是否要有省一级税收及哪些税项是省税的问题，中央与东三省督抚、翰林院侍读与监理官、咨议局与监理官等展开争论。因为，省税的确立既会影响中央的税收，也会影响地方府厅州县的收入；既是要从中央税收中预留出省税的位置，也要从府厅州县的税收之中厘划出一部分作为省税。

（一）中央与东三省

中央及度支部是想通过两税的划分加强巩固中央的财权，通过国家税的确定来最大程度上保证中央的财政收入。而东三省督抚，特别是吉抚陈昭常主张预留省税却是想在两税划分中巩固省的利益，使得税收的划分有利于自己。中央与省的预设前提都是怎样维持自身的收入，意图截然相对，因此不可避免地出现矛盾。监理官也主张省税的划定，引起诸多不满，引发争论。

度支部要借助国地税的划分巩固中央的财政收入，此种意图在该部致各省划分国家地方税的函件中有非常明显的表述。"若系大宗钜款，虽名义应属地方而实际仍以归诸国税为妥。盖国家财政之基础能固，虽地方财力不及尚可由国税补助之，若划归地方以后再行收归国税，事逆难行，又于舆情有拂"。[1]度支部是充分意识到如果在国地税划分时不能保障国家的税收收入，而把税种划归了地方，将来想依靠地方是多么的困难，"事逆难行"。因此，规定大宗巨款都应归于国家，以国家财政的巩固为先务。当然，度支部也考虑到地方税的不足，当中央收入充分保障的情况下，度支部认为可以以国家税补助地方。以国家税收的巩固为先务当然是有原因的，并且在此之前，度支部已经充分表示要维护中央的税收权限。

度支部要极力维护中央的税收权限也是基于前车之鉴，即因财权下移，度支部已有的财政权已经越来越弱，由于没有稳固的财政收入作为基础，中央严重依赖地方的财政支持，度支部对各省并无转移调剂的实权。"中国新政创行，举凡兴学、练兵、工商、实业诸要务无一可置缓图，徒以财政未能清厘，朝廷偶一兴革，外省率以请款为辞，度支部存储无多，不得不酌量指拨，其受协之省又大都托辞诿谢或减成勉应，从无有以某种进款抵某种出款之实证。是部中虽有统辖财政之专责，并无转移调剂之实权"。所以，对各省经费等进行核实，详细规定，划分两税，保障中央的税收，才具有重要的意义。不然，"恐凡有设施无不仰给部款而收入各项又复笼统，留支日复一日，该部亦必有难于因应之时。"[2]因此，度支部为掌握主动权，就必须抓牢税收，保障财政收入。

基于此种考虑，首先，度支部规定不准地方行政再动用官款，以保证国家的收入。此举既为两税划分做了准备，也保证了国家的收入。

① 《度支部致各省划分国家地方税函》，1911年5月1日《大公报》。

② 刘锦藻：《清朝续文献通考》卷71，浙江古籍出版社1988年版，考8282—8283。

度支部规定，凡地方行政事宜曾经提拨国家税充作经费的必须在一年之内妥筹地方税以资接济替换，以后将“不准再行动用官款，以昭限制而裕库储”[①]。其次，度支部要严格并统揽税收的立法权。政府曾通饬各督抚，凡有关于地方抽捐之事应将所定办法及征收数目详细咨报度支部，由该部核准后方可实行，不得擅自开办。[②]特别是随着财政困难愈益加剧，各省都有增加厘税之举，但度支部却规定“各省自不得任意减增”，[③]如有增加厘税的议举，务须先行咨请，由该部核准后才可照办。度支部要求督抚不得擅自开办捐税和增加厘税，即限制督抚的税收立法权，而度支部要统揽税收的立法权。

吉抚陈昭常在对两税进行划分时要对省政经费进行预先保障，预留省税的位置。而坚持省税就是坚守省财政相对的独立地位。

在坚持预留省税的问题上，陈昭常坚持省税的依据是有一级行政阶级即要有一级税收。陈昭常在致电各省督抚时称，行省制度是地方一种特别阶级，有省政即要有省费，所以省税的确立是有依据的。再者，预留省税也是很有必要的，“现当厘订税法之始，如不标立三级名目，恐部中规定税项仅列地方总名必无省政经费地步，彼时求之国税而国家不应，取之地方而地方不应”。[④]为避免这种将来必无从取挹的窘境，避免拮据彷徨，此时必须预留省税。他还恳请锡良酌核主稿各省督抚会衔电部，要求税项特别是地方税由省厘订。如此办理，陈昭常建议除划分国家、地方两税外，地方部分则再分为省税、府厅州县税和城镇乡税三级。

在地方税分级问题上，陈昭常和锡良意见有所不同。锡良认为“划分税法只能就国家税地方税两大部分着手”，“若急于求密于地方税中

① 《地方税不容缓查》，1910年8月24日《大公报》。

② 《政府慎重地方税》，1909年2月17日《大公报》。

③ 《严禁各省擅加厘税》，1910年9月12日《大公报》。

④ 《各省督部堂抚部院筹商宪政事宜来往电文·吉林抚部院陈电》，《广西官报》99期，宪政，第1045页。

多为层折，恐事实与理论相违"，①应待官制颁布后再对地方税进行划分。但是，奉天清理财政局制定的财政说明书中对税项的划分是国家税、地方税，地方税中又分省税和府厅州县税。锡良并没有提出异议，并且表示"已饬清理财政局，分类列表，拟定说明书，转咨度支部在案，一经部臣厘订，自可次第实行"。②东三省督抚虽然意见有些许不同，但维护各省利益的出发点是相同的。

东三省清理财政局也主张留有省税，这引起了翰林院侍读世荣的奏参。奉天清理财政局认为，省为地方行政的最高区划，而省行政有地方官治行政与地方自治行政之分。因此，为地方官治行政之事而征收的税收就应该归入省税。因此，凡为警务而征收的亩捐就应列于省税之内；并且省税的担负对象并不仅限于省会，而应该是全省人民，因此，也需将亩捐、车捐、河防船捐等都划为地方税中的省税。③省税就是供省行政之用、以地方之权力征收的租税。对于奉局的划分，吉局完全赞同，"论中国全体税法，万不能不有此行政阶级以为上下承转之枢纽，但须列为地方税之第一阶级庶与部章相符"。④因此，该局将商会征收的营业税撤除，而把七四九厘捐改为营业税列入省税，以资补助省城地方行政的种种机关。黑龙江省清理财政局对此问题意见也相同，认为一级行政就要有一级税收。

但东三省划分省税遭到翰林院侍读世荣的奏参。世荣列举了省税的"五大不可"。第一，于国税地方税之外增加省税一项，违背了永不加税的祖训。第二，宪政编查馆和度支部所奏陈的清理财政中只有国家税和地方税名目，并没有省税之说，因此，与部章不符。第三，省税

257

---

① 《各省督部堂抚部院筹商宪政事宜来往电文·东三省督部堂锡电》（十二月二十一日），《广西官报》99期，宪政，第1044页。

② 《东三省总督锡良奏奉天第三年第二届筹办宪政情形折》（宣统三年二月二十八日），故宫博物院明清档案部编：《清末筹备立宪档案史料》下，中华书局1979年版，第813—814页。

③ 奉天全省清理财政局：《奉天全省财政说明书·划分国家税地方税说明书》。中央财经大学图书馆辑：《清末民国财政史料辑刊补编（第七册）》，国家图书馆出版社2008年版，第322—323页。

④ 吉林全省清理财政局：《拟分吉林全省税项总说明书》。北京图书馆影印室辑：《清末民国财政史料辑刊》第4册，北京图书馆出版社2007年版，第530页。

上不系国税下不系地方税，会增加不肖官吏从中舞弊任意开销的弊端。第四，省税名不正言不顺，必将遭众谤群疑，因此州县办事势必窒碍难行。第五，"省税之名上之则侵害国家之正供，下之则夺地方之杂款，颠倒错乱，犹治丝而棼"。①

世荣最为担心的可能就是省税上会侵害国家正供，下会夺地方杂款，因为在世荣看来，行省是国家政权的延伸，因此，省无须另立一税。而三省清理财政局等立论的依据则是把省作为地方行政的最高区划，有省政就应该有省税。因此，争论的起因是对"省"的定位不同，而实际上就是利益的归属不同。

（二）省与府厅州县

东三省咨议局有对地方税的审议之权，也参与其中表达意见。省与府厅州县之间最明显的冲突是清理财政局与咨议局之间关于车捐、警捐的争论。清理财政局将亩捐、车捐定为省税，但东三省因特殊的情形，亩捐、车捐被大量用于各府州县补助警学诸务。清理财政局也有将补助车捐等项暂时作为省税补助费的提议，而各府厅州县则有提议将亩捐归以自治。由于对税项的争夺，最后导致同一捐而警、学、商、官互相牵用、按成分配局面的出现。各州县也试图截留国家款项办理地方事务，而省却严格税收立法权和征收权，争夺税收。

度支部把地方税的清查和性质分晰之权也赋予了咨议局。度支部与宪政馆商定饬令各省咨议局将全省税项凡关于地方税性质的详细开单呈送宪政馆查核，以便与度支部妥定划清税项的办法。②经度支部的饬令，咨议局开会也多有提及国地税的划分，所以度支部电告各监理官就近将该省咨议局决议划分地方税的议案按照原议情节抄呈该部，以备核议办法。③还让咨议局对厘订草案签注，发表意见，以供该部参考。度支部不仅让咨议局，还让议事、董事两会对地方税项调查清晰，造报总数和详

---

① 《世侍讲请撤奉天省税》，1910年9月30日《盛京时报》，第5版。

② 《地方税拟饬咨议局清理》，1909年10月11日《大公报》。

③ 《电询划分地方税之议案》，1910年1月15日《大公报》。

细表册送部以备查核，①而没有成立议事、董事两会的州县可变通办理，暂时筹设理财所，约集本地绅士讨论整顿清查地方税的方法。②此外，宪政馆也颁发调查表咨行咨议局正副议长及常驻议员对关于地方的种种事宜进行悉心调查，包括地方行政、地方财政、地方税额、地方统计、地方习惯和地方利弊等。③总之，咨议局担负了对地方税进行调查、整顿，并提供划分两税意见的任务。

奉天省咨议局与清理财政局在关于车捐、警捐等税项划分上产生了分歧。分歧的原因在两者对"地方"一词的定义不同，还有官民之间积累的矛盾。

咨议局认为车捐、警捐应属府州县税，呈书总督锡良，指责熊希龄等呈请将车捐、警捐作为省税的意见没有根据没有理由，并请锡良转咨度支部进行更正。而熊希龄等坚持认为车捐、警捐应属省税，对咨议局的呈书逐条辩驳。咨议局认为车捐"为地方办学而设，纯为地方收入与支出"。监理官则指出，车捐的征收是因套数的大小而定捐款的多寡，均由财政局定铸铜制车牌颁发各属，饬令有车之户缴价领钉。至于外省车辆，愿报领本省车牌的准照本省车捐办理，而过路车辆则另由局制就执照以三个月为期，期满另换新照。因此，奉天车牌捐的性质实等同于出产、销场各税，为全省统捐。并因此项营业车辆来往全省任便通行，而非限于一定的区域，所以不能不归于度支司统辖。既归度支司统辖，因此必列于省税。如果将此项税收列入府厅州县税内，而各府厅州县都进行征收，将势必自为风气，复蹈从前层层设卡的积弊，从而将有碍于商民的便利，各府厅州县也不便于征收。考究其历史沿革，从前奉天省车捐为报部经征之款，因此车捐即本属于国税。只是因为地方办理新政的习惯，暂且将车捐先作为国家补助费，列于省税中专供地方行政经费之用。从用途上来讲，咨议局称车捐为地方办学而设，但熊希龄考察后得知，车捐都是由地方官将按月经征之数和开支之数分别造册呈报

①　《划分税法问题之解决》，《甘肃官报》第45册，宣统二年九月第1期，第19页。

②　《议通饬州县开设理财所》，《甘肃官报》第26册，宣统二年五月第6期，第20页。

③　《调查地方事宜之种种》，1910年4月29日《大公报》。

度支、提学、民政、劝业各司道核销，确实属于官治行政经费核销的办法，是省税性质。总之，监理官认为咨议局有四点误会，误于旧日内外之见、区域之见、官民之见和收支之见。①

问题的关键在于监理官和咨议局对地方的定义不同。监理官认为省属于地方行政区划，而咨议局却援引日本税制中地方的含义，两者所指有所不同。因为日本地方狭小，以府县区划直接隶属国家，中间并无省的建制。因此，"日本税制，从用途分类者一曰国家税，二曰地方税。而地方税之中又分府县税、市町村税"。②所以监理官认为，"咨议局因馆章无国税交局议决之条，于是疑省为国，以为凡税一为国有，则人民即不能与闻，不知国税用之于国家行政经费，所以谋一国之发达也。省税与府、州、县税用之于地方行政经费，所以谋一省及各府、州、县之发达也。地方二字本包省与府、州、县而言，奈何泥于日本府、州、县之制，而引以为据，致别省于地方之外，又别府、厅、州、县于省之外也。"③对"地方"的定义不同导致税项划分的标准不一，致使产生矛盾。

咨议局对税项的争执也和官民向来互有纠葛有关。因为从前凡关于财政出入民间不得与闻，官员放任绅董对捐税的征收和开报，以致有绅董借机谋取私利，因此激起民众不满，"咨议局一闻省税之名，即误以省税为官所有，将不听民间之与闻，遂举其平日所积恨于官者攻之击之，直觉官治无完善之利，民治无丝毫之弊"④。咨议局还认为官收之款即归官用，民收之款即归民用，所以，见车捐警捐列为省税即认为此项捐税将改为官销，民众将无法应用自如，"不如争之于府、厅、州、

---

① 《为车捐等事解释疑误与栾守纲上锡良书》（1909年），周秋光编：《熊希龄集》上，湖南出版社1996年版，第291—297页。

② 奉天全省清理财政局：《奉天省划分国家地方两税说明书》，第4—5页。中央财经大学图书馆辑：《清末民国财政史料辑刊补编》第7册，国家图书馆出版社2008年版，第322—323页。

③ 《为车捐等事解释疑误与栾守纲上锡良书》（1909年），周秋光编：《熊希龄集》上，湖南出版社1996年版，第295页。

④ 《为车捐等事解释疑误与栾守纲上锡良书》（1909年），周秋光编：《熊希龄集》上，湖南出版社1996年版，第297页。

县，遂可以将收入全权概归绅民之手"。①因此咨议局极力对税项进行争夺，试图掌握用款的主动权。

清理财政局将亩捐、车捐定为省税，但东三省因特殊的情形，亩捐、车捐被大量用于各府州县补助学务等。清理财政局也有将补助学务等的车捐等项暂时作为省税补助费的提议。各府厅州县纷纷提出将亩捐等归以自治。由于对税项的争夺，最后导致同一捐而警、学、商、官互相牵用，按成分配局面的出现。

如西安县在车捐未划归省税之前，自治等各会屡议争拨车捐，并援引咨议局议案将车捐拨归自治三成五厘。但是该县自治较晚，车捐收入已被各项新政所占用，难以划拨。因此，自治并区省费等拟由税局附加捐及自治亩捐、三费亩捐的四成进行开支。警务、学务也取之于亩捐和车捐等。后清理财政局将车捐划归省税，但即便如此，"三费、车牌二项虽经官收，近以分拨地方行政之用，与纯全国税者微别"。②该县三费亩捐数目较旺，宣统二年共收入4 065.659 04元，但尽数拨归修监。适逢自治会成立，诸绅请以三费归自治，并请易其名为附捐。知县据此三次呈请督抚，得总督批示，将依据提法司的提议，将三费收入的六成提归司法经费，四成归自治经费。而自治会员还请将司法六成暂借以垫亏绌。③后来商会等也来分三费亩捐这杯羹，"凡自亩捐至此，有同一捐而警、学、商治互相牵用"，④按成分配。

还有州县截留国家款项办理地方事务而遭到了督抚的批驳。黑龙江省黑河府就一再呈请截留税捐开办两等小学堂和民立小学堂。但得巡抚及民政司的批驳，清理财政局也不同意，认为捐税为国家正供，不得截留，并且兴学为地方要政，应由该地方另筹的款，以资兴办。该府经管人员应统筹全局，遵照清理财政章程将境内一切捐税综核名实，区分国家税和地方税，一切地方用项都应由该府就地方税项下呈请核实动用，

① 《为车捐等事解释疑误与栾守纲上锡良书》(1909年)，周秋光编：《熊希龄集》上，湖南出版社1996年版，第297页。

② 段盛梓等纂，雷飞鹏等修：《宣统西安县志略》(宣统三年)卷7，财计篇第六(上)，第23页。

③ 段盛梓等纂，雷飞鹏等修：《宣统西安县志略》(宣统三年)卷7，财计篇第六(上)，第19页。

④ 段盛梓等纂，雷飞鹏等修：《宣统西安县志略》(宣统三年)卷8，财计篇第六(下)，第6页。

不能动用国家税。①

省严格税收立法权和征收权，并严禁各府厅州县私发票照，对税收进行争夺。绥化府自治研究所经绅董筹定抽收油榨捐作为常年经费，后因开支不敷甚巨，该府呈请江抚拟收车船捐以资补助，但遭批驳。②度支司核发票照，不仅以此收统一全省财政之效，并且所收费用也归省所有。黑龙江省墨尔根副都统衙门改设府治，设嫩江府，则将原有税课司改为嫩江府税务局，暂由府署经管。该府过路牲畜捐、冻猪捐和客店捐三项原拟为办理地方警学选举自治筹费之用，但该府发现原来所发的过路牲畜票据只有一联，因此无凭稽核实在收数，而冻猪捐和客店捐两项竟没有票据，所以该府改发二联执照，由府钤盖关防，以资考核。但该省有规定，各署局无论兴办何项捐税所有票照均须禀度支司，后改为民政司核准刊发，各处不能任意刊发。③因此，该府的呈请遭到批驳。

小　结

鉴于税收相当混乱，并且度支部为划分国地税也要求各省对税收进行清厘，因此东三省开始对税收进行整顿。从赵尔巽任东三省将军时已经开始。东三省改设行省后，同样对财政机关、税收机关、税章、征收过程中的弊端等进行了整顿。在清理财政的过程中，为了划分两税提供条件，东三省也对税收进行了一定的调查和整理。东三省对税收的整顿取得了显著的成果，对税收机关的整顿有利于税收的管理；对税项税章的整顿有利于税目和税率的合理化；对税收积弊的整顿有利于剔除中饱等陋规使得税收增加，并有利于刷新吏治。从总体

---

① 《民政司咨奉札据黑河府呈请截留税捐开办两等小学堂并补民立小学堂饬局会同核议等因，应请转饬该府照前批详管道分别核定呈候核夺请照主稿会详希见覆由》（宣统二年四月十六日），档案号：45-2-403，黑龙江省档案馆藏。

② 《请抽车船捐未准》，1910年10月11日《大公报》。

③ 《嫩江府呈为呈明税课司改为税务局分派员司征收并印发捐税票式三纸由》（宣统元年九月二日），档案号：45-2-443，黑龙江省档案馆藏。

上来讲，东三省税收经过整顿，收入有所增加，税收秩序更为井然，这同样有利于两税的划分。

清朝实行中央集权的财政管理体制，因此其税收向来无国家税和地方税之分。虽然税收的征收是由地方来完成，但在名义上却都是国家收入。在这种集权的管理体制遭到破坏时，国家对财政的支配力度降低，地方已有相当的税收权限，并形成了一定的财政规模，而中央财政却严重的依赖地方。在这种情况下，清政府向西方学习，引进了国家税和地方税的概念，将税收进行划分。但在两税分割的过程中，由于向无成例可循，而西方各国的模式又纷繁多样，导致了度支部没有标准，在时间顺序上、划分标准上、税项层级上等等都存在一定的问题。由于度支部没有一定的标准，所以一开始就把划分两税的标准问题抛给了各省，让各省先自行调查和讨论划分，以供度支部参考。

在省地方利益已经形成的情况下，两税划分的讨论也就充满了维护自身利益的意味。中央及度支部是想通过两税的划分加强巩固中央的财权，通过国家税的确定来最大程度上保证中央的财政收入。而督抚却想在两税划分时巩固省的利益，使得税项的划分有利于自己。中央与省的划分预设前提都是怎样维持自身的税收。而中央把这些问题抛给各省商讨，这就成为了给各省以表达利益诉求的平台。特别是在税收层级的划分上表现得更为明显。由于度支部和各省督抚的意图相对，引起中央与各省关于税收的争夺。东三省督抚亦参与其中，特别是吉抚陈昭常更是明确表示要预留省税作为省行政开支的保障。东三省清理财政局在清理财政章程的规定和度支部的饬令下对两税进行了调查，并对两税进行定义，提供划分的标准，指出划分两税时应该做的一些改良措施，并最终对两税进行了初步的划分，以供度支部参考。东三省督抚和监理官等在地方税中又分划出省税，围绕是否要有省一级税收及哪些税项是省税的问题，中央与东三省督抚、翰林院侍读与监理官、咨议局与监理官等展开了争论。因为，省税的确立既会影响中央的税收，也会影响府厅州县的税收收入。

国地税的划分本来就因无成案可依、无成法可就而困难重重，而各方因固守利益和理念不同在税收上进行争夺，更使得问题复杂化。由于时间紧迫、辛亥革命爆发等原因，国地税的划分最终未能完成。但东三省清理财政局对两税进行的调查和初步的划分，以及提供的关于两税划分的标准、改良的措施、对租税承诺权、国地税的关系等的讨论都对此后分税制的改革有很好的借鉴意义。

第六章　吏治的整顿

　　吏治和财政的清理形成相辅相成的关系范畴。从产生的根源上来讲，财政的很多弊端都有吏治的原因，如吏役的需索导致陋规等出现，吏治败坏使得国帑流失导致财政困难、使得财政秩序混乱等。但是另一方面，不合理的财政制度却是导致吏治败坏的重要根源。从现时的操作层面上来讲，清理财政是由官员执行，吏治清明与否将直接影响清理财政的效果；而通过清理使得财政积弊得以消除，将有利于吏治的整顿。因此，财政的清理和吏治的整顿在清理财政的过程中相互交叉重叠，相互影响。在这样相辅相成的关系下，东三省在进行清理财政的同时也进行了吏治的整顿。本书所论述的裁汰陋规确立公费、裁员减薪、惩处官员腐败等内容可以说和清理财政、整顿吏治都有相关性，是清理财政和整顿吏治共同的要求。因此，利于厘清财政秩序的吏治整顿的部分措置成为清理财政的题中应有之义。

第一节　公费的确立

不合理的财政制度和薪俸制度导致吏治败坏，官员侵蚀公款，使得陋规等私费得以产生，混淆公私界限。当然，州县官个人支销与办公费用不分还与旧有的"一人政府"[①]有关，即州县衙门只有州县官是领有国家薪俸的，其余衙役、差官等吏役都是州县官聘请的，所以导致公私不分。州县衙署的办公经费在这种情况下也经常不足。这些都不利于财政的清理，因此，亟应确定公费。不仅定公费有利于清理财政的进行，而财政的清理也能使私费公开化，从而有利于公费的确立。

一、公费亟应确立

首先，财政制度的弊端及薪俸制度的不合理导致州县官本身的收入及州县衙署的办公费用存在诸多问题。

不合理的薪俸制度和财政制度的弊端导致州县官员的贪墨和陋规的产生。一些督抚大员也已经意识到此问题。如光绪元年，奉天将军崇实奏称奉天省贿赂公行已非一日，并分析原因，他认为"出于贪渎者犹少，迫于穷困者实多。查将军养廉虽名八成，而官票每两折银只以二钱五分入算，此外一成停止，一成实折，廉额二千两，实数仅五百余金。推之府尹、府丞又当四成递折，实数不过二百余金矣。借此从公万难敷衍，不得已设为名目取给于下僚，陋规相沿，实一大弊"，并称"兴廉不难，宜于善养。若竭蹶办公，有衣食内顾之忧，不惟阻塞人材，亦觉有伤政体"。[②]如果因崇实是官员，如此论说有多邀俸廉之嫌，而报刊舆论也论及此事，观点极为相似。无妄在《大公报》发表评论，州县官也是来自民间，原非另一种族，为何一入仕途就变得如此贪墨？他推究牧令致贪之原及其不得不贪之因，认为除了俸薄之故外，州县的上级各衙门及财政的积弊等，如领款的折扣、解款的需索、摊捐的繁重和贿赂公

---

① 瞿同祖著，范忠信等译：《清代地方政府》，法律出版社2003年版，第28页。

② 刘锦藻：《清朝续文献通考》卷73，浙江古籍出版社1988年版，考8304。

行的风气等都是迫使州县官不得不贪的重要原因。①过少的廉俸、不合理的发给制度、上级的需索等致使官员迫于穷困和沉重的财政负担而需索贪墨，从而败坏吏治。

州县衙署款项公私不分，不仅使得款项混淆，也致使衙署没有或很少有经制性的办公费用，从而影响政事。"奉天各衙门惯例，凡个人自用之费，与官厅公用之费向不划分。领款收入之不敷，则取盈于规费，在贤者束身自爱，赔累堪虞；而不肖者朦混多端，易滋流弊"。②如农安县知县，该知县个人每年岁入包括应得的官俸等领款和各种陋规收入，而岁出则包括三项，内结、外结和县署公费。外结是外销款项，其中很大部分是作为上供给各部的规费。知县个人的私入还要支付县署公费，如各项补平银、县儒学津贴、县署内日常杂用项、署内车夫马乾等项、人员薪金、署内更水夫扫夫堂役厨役仆丁等工食、解省复勘秋审往返川资、相验下乡调查各政丁役食宿等费、正法人犯棺木等费、晋谒省府川资旅食车马等费、房书办公伙食杂费、仵作工食、牲畜税局理事书差薪工及一切杂费等项、邮电各费、岁修衙署添置铺垫等费、各项报张费、各项领款摊放铜圆一成亏折费和特别捐助各费等。③州县公私款项界限不分，大概可见。统计该县令要支付的县署公费共吉银11 909.7两、吉钱33 430吊。州县衙署的办公费用责以州县官自筹，而州县官的廉俸要领到手需经提成、扣减等多重盘剥，因此，经常不足用，"即以县宰论，其分所应得者仅此有名无实之廉俸，即令实支实给数亦不及千两，而县幕一人修脯之费亦须数百两，合胥吏夫马等费而计，为宰者纵一文不取亦不能以支持"。④再加上个人及衙署开销又如此之大，严重影响了州县衙署的日常运作，"清代州县衙门经制性经费不足，常为后世所诟病"。⑤为保证官员的私收、衙署的运行和上级的需索，侵渔等弊端也因此丛生。

---

① 无妄：《原贪》，1910年9月22日《大公报》；《原贪》续，1910年9月23日《大公报》。

② 《为东三省清理财政呈东三省总督文》（1910年），周秋光编：《熊希龄集》第2册，湖南人民出版社2008年版，第253页。

③ 朱衣点纂，郑士纯修：《民国农安县志》（民国16年）卷6，第37—38页。

④ 无妄：《论官俸与公费》续，1910年5月11日《大公报》。

⑤ 岁有生：《清代州县衙门经费》，《安徽史学》2009年第5期。

其次，公费的酌定和预算有重要的关系，因为各州县公私费用不分，给预算的制定带来极大的困难，所以欲办理预算，非酌定公私各费不可。东三省各署局堂所员司薪水名目不一，有廉俸、役食、薪水、公费、津贴等等。而款项的支用上也公私不分，"实则公费并非用之于官厅，各费纯为个人所得"①，而署局中委员的薪水、杂费等，都是另行开支。但是各署局长官住所的仆役、伙食、灯油、茶水等各项消耗费，却又无一不取之于公款。总之，公用与私用混杂不清。此种弊端，于预算编制有诸多窒碍，导致预算册报公私夹杂，混淆不堪。比如刑席、帮审、收支等员纯为在官之人，他们的薪水自应列于预算册；司法巡警、禁更衙役也是在官人役，他们的工食当然也应列册。而教读是官员为其子弟而设，纯为私费，他们的薪水则毋庸列册；车马仆从均为官员自备自用，属于私费，他们的工食也毋庸列册。但各署大都没能进行区分。此外，"火食、灯油、酬应，无一不笼统开报，并不知何者为公，何者为私"。②更有奉天府知府误将其私宅中乳妇、幼孩列入决算，在奉天省官场传为笑谈。这些都是公私不明的旧日积习所致。

总之，分清公私款项，既可以减少官员侵渔，又可以保障办公之用，随着清理财政的进行，酌定公费又有了便于预算的使命，因此，清廷决定酌定州县公费，饬令各官将其个人自用之费与官厅公用之费互相区分，保障官厅公用之费。光绪三十四年五月发布上谕，令各省督抚体察情形匀定州县公费以期久任。后又屡次议及公费问题。政府还拟定筹定州县公费的办法，如将各省州县常年办公经费按其缺分酌定大中小三等，明定额数；将所有钱漕等项中饱一律提解归公；豁免州县各项摊派等。③度支部在清理财政章程中规定，在官俸章程未经奏定之前，督抚公费由会议政务处议筹，其余文武大小各属及局所等处则由清理财政局在切实调查的基础上，一面禀承督抚及度支部酌定公费，一面提出各款项

① 《就奉天财政预算上度支部堂宪禀》(1910年)，周秋光编：《熊希龄集》第2册，湖南人民出版社2008年版，第259页。

② 《奉天预决算册报办法》(1910年)，周秋光编：《熊希龄集》第2册，湖南人民出版社2008年版，第231—232页。

③ 孟森：《记载一·宪政篇》，《东方杂志》第6年第7期，第380页。

规费，除津贴各署外，一概归入该省正项收款。因此，度支部把清查规费、筹议公费之责赋予了清理财政局。

二、酌定公费

东三省清理财政局遵照部章酌议公费。要确立公费，须先对陋规进行清查，并需要官制的改良，还要对各衙署局所的公私费用进行厘清。在此基础之上，清理财政局酌定州县公费。

（一）酌定公费的基础

公费的确定取决于陋规的清查。清查陋规归入正项收款是酌定公费的基础。东三省清理财政局对各署局所陋规等费进行清查在第三章已有论述。

公费的确定还需要官制的改良。清理财政局要编订公费表、确立公费的障碍之一即是新官制未能全面确定。比如奉天省，其省城的各司署及各局所规制较为完备，分科办事，其定公费也较容易；而省外各府厅州县衙门，用人既无定额，支款也无限制，公费就很难厘订。鉴于此，监理官根据《各省官制通则》第28条的规定，各直隶州、直隶厅及各州县应酌设佐治各员，包括警务员、视学员、劝学员、典狱员和主计员分掌事务，呈请东三省督抚通饬办理各府厅州县的官制改革，使得清理财政局厘定公费时能有所凭借。[①]监理官还把此意上禀度支部，后又与清理财政局总会办进行商酌，拟对省内外的官制都进行改革。"在省城各司、道、署、局已有分科治事制度者，则分为七级，管辖全部者，属一、二级；管理数部者，属三、四级；管辖一部者，属五、六、七级。各级之中，凡属员司廉费，又分为八等，各等廉费以次递减。此外如一切公费、杂费，皆有一定限制额数，及开支款目，以免时增时减。其在各府、州、县向无分科治事制度，或虽有而任意各立名目者，则由财政局查照丙午年奏定新官制章程，饬一律改设佐治各员。亦按上条管辖一部之五、六、七级办法，分为三等，将各府、厅、州、县所有领款及一

---

① 《东三省奉天清理财政局关于编定预算之提议案》（1909年），周秋光编：《熊希龄集》第1册，湖南人民出版社2008年版，第634页。

切规费通盘筹画统计，无有参差。"①对于该局划一官制、各州县改设佐治员的建议，度支部却虑及财力，拟令从缓，而监理官坚持此议，认为这样对吏治、财政两有裨益，否则公费难以核定，预算也无从汇编，请仍允准。②

公费的确定还需要对各衙署局所的公私费用进行厘清。针对东三省各衙署局所员司薪水名目不一，且公私不分等弊，监理官拟将从前自督抚以至末员的一切俸廉、薪津、公费等名目一概取消，改为廉费，此项廉费就如同各局职员的薪水一样纯为个人所得，而各署局所有办公经费，如购置消耗等费，则定名为公费。③在此基础上，清理财政局将各府厅州县衙门应领的正杂各款和所得规费进行切实调查通盘筹划，按事务的繁简划分等级，制定廉费、公费各表册让各署局所填写，以期达到"官私之界限既清，而款目之混淆可免"④的目的。该局还将各属警务参照警务规则厘订名目，核减开支，并将服装、缉捕各费拟定数额，裁汰浮滥费用。针对税捐局、经征局等款项混杂诸弊端，该局对其裁革属于私费的经费、制定确定的公费。因为统捐解项中向有经费名目，在所征租税中以五厘充度支司提拨经费，为五厘经费；以一成充经征局所经费，是为一成经费。此项经费虽也有部分作为办公之用，但其来源性质却是私自扣除，并非国家确立，并且各局经费因收税多寡而有所不同，"税捐之征收原属国家行政之事，局员之薪俸、局所之费用皆应有定额之预算，不得将来征收之多寡以为扣留经费之标准"⑤。所以奉天省拟改

① 《就奉天财政预算上度支部堂宪禀》(1910年)，周秋光编：《熊希龄集》第2册，湖南人民出版社2008年版，第262页。

② 《为州县设佐治员堂宪事致度支部财政处电》(1910年4月29日)，周秋光编：《熊希龄集》第2册，湖南人民出版社2008年版，第55页。

③ 《就奉天财政预算上度支部堂宪禀》(1910年)，周秋光编：《熊希龄集》第2册，湖南人民出版社2008年版，第259页。

④ 《为东三省清理财政呈东三省总督文》(1910年)，周秋光编：《熊希龄集》第2册，湖南人民出版社2008年版，第253页。

⑤ 奉天全省清理财政局：《奉天全省财政说明书·划分国家税地方税说明书》，第9页。中央财经大学图书馆辑：《清末民国财政史料辑刊补编》第7册，国家图书馆出版社2008年版，第327页。

订各税局公费，将所收税款尽征尽解，除去经费名目。

（二）酌定州县公费

东三省督抚部分吸取了清理财政局的建议，对各府厅州县等按照繁简划分等级确定公费数目。

奉天省虽然接受监理官的建议，把公私款项分开，但具体的方法与监理官却有所不同。奉天省督抚是仿造直隶成案酌定了该省两巡道及各府厅州县的公费和经费，该省的公费是各级官员私用，而经费才是用于办公的费用。

为确定奉天省两巡道及各府厅州县公费和经费，清理财政局先将锦新营口道、兴凤道及通省各府厅州县出入款项逐件查明，并拟定分科办事大纲，造具清册说明理由，呈请东督核办。东督与各司道详商后，在清理财政局调查的基础上，仿照直隶成案，将廉俸、役食、津贴等名目一概取消，将例认摊赔款项革除，将公私开支分为经费、公费两项。"凡本官服食、车马、仆从及个人酬应之需，名为公费；该衙门自科长以下员司、弁勇、夫役，及一切杂支预备等项，名为经费。"①所定公费开支由官员自便，无须造销；而经费开支，则要按月册报清理财政局查核，并且不得逾于额定之数，于每年度按照决算法办理。东督拟定锦新营口道年支公费24 000两，经费72 380两；兴凤道年支公费24 000两，经费70 100两。而将各府厅州县按地方繁简分为五等：一等8属，每属年支公费6 000两，经费11 572两有余；二等23属，每属年支公费5 400两，经费9 020两有余；三等11属，每属年支公费4 800两，经费7 897两有余；四等7属，每属年支公费4 200两，经费7 139两有余；五等5属，每属年支公费3 600两，经费5 307两有余，均以沈平银核发。另外，还将纸张、邮电、函报、勘验、招解、囚粮及官员下乡夫马和交涉费等项分别予以规定，共需银143 423两有余，统共年支银为879 265两。此项规定自宣统三年正月开始执行。虽然奉天省酌定的名称有所不同，但毕竟对公私款项进行了区分，并将数额进行明确的限制，对款项的开支予以严格的规定。

---

① 《奏锡良均定奉省巡道及府厅州县公费经费数目由》（宣统二年八月二十五日），档案号：03-7514-063，中国第一历史档案馆藏。

　　吉林省也对各衙署按照繁简划分等级确定公费数目，并且所定公费和清理财政局所谓的公费一样是用于官厅开支之款。在清理财政过程中吉林省新设的各府厅州县在遴员设治之前，都由清理财政局酌定公费，以资办公之用。吉局奉吉抚面谕，新设各缺所有常年公费均不得超过10 000两。[①]对公费数目进行了限制。该省各府州县存在款项虚糜、公私互淆等衙署旧习，加以没有定制，致使各处在办理预算时所要求的公费数目浩大，几于驳不胜驳。针对此种弊端，吉林省将各属公费次第核定，除各府每月各给1 000两外，其余各府州县分最繁缺、繁缺、中缺三等，最繁缺月给银800两，繁缺月给银700两，中缺月给银600两，统发实银，遇闰照加。此外，吉林、长春两府每月再加津贴400两。其中榆树、滨江两厅和阿城县列为最繁缺；呢吗、珲春、东宁三厅，伊通、濛江、绥远三州和农安、磐石、桦甸、方正、富锦、和龙、桦川、汪清、德惠九县列为繁缺；长寿、长岭、舒兰、穆棱、额穆、饶河和双阳七县列为中缺。[②]其余佐杂各缺也分别予以规定。将从前所有津贴一律停止，原定的廉俸、役食银两仍旧给领。吉林省是以经征局征收的契税和牲畜税为匀定公费之资。以农安县为例，可以看出州县公费的情况。宣统元年三月，经度支司饬令改定县署办公费；后按照缺之繁简，农安列入繁缺，公费款项自各属经征分局征收的税契、牲畜等项下拨给；到二年五月，度支司札饬各府厅州县"摊款一律停止，由经征局照数提发，由度支司会同民政司会计请准"。[③]各府州县不仅确定公费，还停止所有摊认各捐以及四六分摊等。

　　另外，在清理财政的过程中，东三省督抚及清理财政局对官员薪俸等也进行了厘订：宣统三年正月颁各属廉俸暂行章程，并对薪俸的发放进行了规范。厘订官员薪俸收入也有利于公费的确立和实施。

　　经过清理财政局的调查，特别是对各府厅州县的公费按照缺分的繁

①　《吉省增官设治情形》，1909年9月17日《申报》，第1张第4版。

②　吉林全省清理财政局：《吉林行省财政利弊说明书》。北京图书馆影印室辑：《清末民国财政史料辑刊》第4册，北京图书馆出版社2007年版，第512—513页。

③　朱衣点纂，郑士纯修：《民国农安县志》（民国16年）卷6，第39页。

简进行了厘订，使得款项公私明晰，并清查陋规归入正款，在各衙署办公费用有着的基础上确立公费。而确定公费的过程也一直贯穿于陋规的清查和预算的制定，可以说相互影响相互促进。

定立公费，是把衙署的办公费用与官员的个人薪俸等相区别相分离，不仅可以改变旧有衙署款项公私不分的弊端，还可以在一定程度上减少官员的侵渔之机，与吏治的整顿有莫大的关系。清理财政局有深切的体会，"于养欲给求之间，必使优乎有余，乃能从容而就理……且现当预备立宪时代，非从规定公费下手，决不足以祛弊政而肃官常"。①公费的确立也使得衙署的办公费用有了一定的保障，提高了行政效率，有利于各种事务的展开。在清末清理财政的过程中，定立公费更有重要的作用：公费的确立与外销和陋规的清查息息相关，并在很大程度上保证预算的顺利制定。

当然，东三省确定公费也遇到很多困难，如各衙署公私款项不分名目繁杂的积习、规费册报的不实不尽、官制的新旧杂糅、吏治的腐败等。这样明定章程划清款项的界限也会影响到很多人的私收自肥，因此公费的确定遇到了阻力。如吉抚在创办经征局、匀定公费之后，虽然表示此举是"近之为饬吏安民之计，远之为阜财裕国之图，庶于行政财政两有裨益"，但同时也担心，"事经创始，有类更张，非谣诼烦，兴即群情疑阻，设非持以毅力，必不能观成，非普以公心亦断难持久"。②当然，吉抚如此说辞，不免有邀功之嫌，但却也有一定的实情在内。公费确立后有些州县不甚满意，认为数目太少，还向督抚请款增加。

不过，清理财政过程中的酌定公费从实质上来讲，并未逃出耗羡归公的窠臼。其本质就是将旧有各衙署官吏的额外私收，包括陋规、中饱、浮收、侵扣等等，让官员和盘托出，再将所报之数定为公费。即将不法私收的一部分转变为衙署正当的开销。如果财政制度的积弊不除、

---

① 吉林全省清理财政局：《吉林行省财政利弊说明书》。北京图书馆影印室辑：《清末民国财政史料辑刊》第4册，北京图书馆出版社2007年版，第513页。

② 《吉林巡抚陈昭常奏创办经征局匀定府厅州县公费折》，宣统二年二月二十二日《政治官报》，折奏类，第7—9页。

腐败的吏治不加整顿、官制不进行改革、健全的官俸制度不能建立，则即使酌定了公费，也是治标不治本。

第二节　裁员减薪及阻力

冗员冗费的存在使得财政收入被无形消耗，致使财政困难，严重瓦解财政体系的同时也腐蚀官员队伍，使得行政效率低下。因此，裁员减薪有两个层面的功能：一是吏治的整顿，裁汰冗费冗员，裁并局所，规范官制；一是清理财政中的撙节财用、弥补收支不敷的方法。这两个方面在很大程度上是相辅相成的，可以说是同一措施，为了达到双重目的。在中央的饬令下，东三省进行裁员减薪，并取得一定的成果，但也遇到很大的阻力，并因实施者的裁减目的、标准等使得裁减存在一些问题。

一、冗员冗费问题严重

清末，种种原因致使东三省冗员冗费的问题非常严重，当然也带了相当严重的后果。

东三省的款项开销之大、款项虚糜之多在全国是首屈一指的。首任总督徐世昌奉行优给薪俸的宗旨，"重禄劝士图治之本，现既议改立新制，分设厅司，自应宽给廉费。"[①]因此，东三省的财政开销，只是薪俸支出一项就已经给其财政带来极大的压力。优给薪俸、重禄劝士对环境苦寒的东三省本也无可厚非，但是也要照顾到实际的财政承受能力，并且还要看所用何人、款用何处，所劳之人是否即为得薪之人，款用之处是否即为应需之处，即要看是否人尽其用、财济其需。

因为东三省是新设省制，新设局所很多，并且又实行新政、宪政，各大吏都借机任用私人，甚至同一事务设立数局，而同一职务上任用数人，致使局所林立，浮员充斥。为了安插私人，甚至在未设局所之前早已拟定办事之人，形成"为人择地"之势，设置局所已非为办事，直为

---

① 　《东三省督抚奏定职司官制章程》续，1907年5月30日《盛京时报》。

安置闲人。据舆论披露，黑龙江省民政使在用人上尽任私人，不论智识如何、品诣才具如何，只要个人关系够密切即可，往往不用疏而用戚，"如某局之局长为伊之密友，某营之管带为伊之至戚，垦务分局之某员为伊之外甥"。①典型的为人择官，而不是为官择人。总督徐世昌的用人也饱受批评，"所调用者，大都此曹，如道员李凤年为李莲英侄、直牧王荫第为王联喜侄，皆权阉也。又务增局所，位置私人，一省城有民政司、巡警道、巡警局总办四者，他亦类此"。②任用如此之人，而此辈又皆无所事事，整日狎游于剧园、酒肆、娼寮，致使东三省吏治不修几为全国之最。

局所林立、冗员充斥，定会消耗经费、虚糜帑项。东三省官场更有"卧薪"之词，即指无所事事，卧而得薪，真是形象逼真地刻画了冗员冗费的实情。各厅司道，不论事务繁简，而额缺则不相上下，"上焉者曰随同办事，月支二三百金，下焉者曰而外行走，月支八九十金。凡此皆与本有额缺而无所事事者，同为蠹材之人也"。③并且人浮于事，相互推诿，致使行政效率低下，此等闲人也并非能真正办事之人。东三省因新改官制，新设局所非常多，而旧有衙署裁减的少，新旧衙署并立，导致出款日多，财政支绌。新设各署局在开办之初都追求规模宏大，往往各立名目添设员司。以员司薪津为主的额支款项已属为数颇巨，而活支之款更是漫无限制。关于总督徐世昌大肆挥霍的记录也很多。因此，东三省的用人及款项开支等遭到无数的诟病。东三省冗费冗员积弊甚深，在清理财政中亟须节减经费。

因此，东三省迭奉谕旨裁员减薪。政府把冗员冗费问题既作为吏治整顿的重要内容而提出，也作为撙节财用之法而论及。因财政为庶政之本，但清末已是国势积弱，又庶政待举，而长官为见好属僚或瞻徇情面却听任冗员坐领厚资，尽是虚糜国帑民脂。鉴于此，清廷于光绪三十四

---

① 《第二巡抚》，1909年5月27日《民呼日报》，第3页。

② 费行简：《当代名人小传·徐世昌》，上海崇文书局1926年版，转引自沈云龙《徐世昌评传》，传记文学出版社1979年版，第52～53页。

③ 《财政问题之解剖》，1909年1月31日《盛京时报》，第2版。

年十一月二十四日发布上谕，"凡属挂名津贴之款项以及滥竽充数之人员均须覆名实，认真淘汰，勿得挟姑息之私见，博宽厚之虚声，致负朝廷整顿仕风谆谆诰诫之至意"。[①]谕令各省严诫虚糜，裁汰冗员，以期整顿官风。宣统元年正月十七日，又因京外各衙门在举办要政、奏调人员及请加经费等方面往往不能综核名实，而责令裁汰兼差人员薪水，厘定薪俸，严格用人及用财。[②]清政府也屡次把裁汰冗员冗费作为撙节财用之方。摄政王因大员迭次被参虚糜国帑、徇私纳贿，而面谕度支部尚书将京师各部院以及各省司道府厅州县局所各官员的薪俸、饷需数目等详细调查。而度支部也为使各署局厂所人尽其用，便于裁汰一切冗员和虚糜款项，拟定《省署局厂所总会办暨各委员一览表》，包括职任、衔名、籍贯、到差年月、月薪若干、兼差几处、办过事实等项，[③]通行各省责令各处填注。该部还电致各监理官会同藩司将藩库各项书吏分别裁汰。[④]

二、艰难的裁减

东三省督抚在迭次接到谕令及度支部催饬的情形下，通饬该省各署局所等开始裁汰冗员、归并局所，裁减薪津，但都在不同程度上遭到各属的抵制和敷衍。在三省裁员减薪的过程中，监理官对裁减也有所建言和措施。

（一）奉天省的裁减及阻力

奉天进行裁汰冗员，归并局所，核减薪津，虽然取得了一定的成绩，但也遇到较大的阻力。

首先，东督进行裁汰冗员，在取得一定成绩的同时遇到各司道局所较大的敷衍和抵制。

徐世昌虽然即将离任，但因言官奏参和迭奉谕旨，也还是进行了一定范围的裁汰，但成效不著。因奉天省官制、财政迭被奏参，徐世昌传

① 《督抚宪札饬各司道局所堂厂处淘汰冗员文》，《吉林官报》第1期，公牍辑要，第2页。

② 章开沅主编：《清通鉴》，岳麓书社2000年版，第1127页。

③ 《度支部奏拟定各署局厂所各员一览表文附表式》，《四川官报》第30期，公牍，第2页。

④ 《议饬先裁藩库书吏》，1909年7月19日《大公报》。

集各司道以下各局所总帮办讨论财政、官制事宜，决定裁并个别署局、罢斥冗员以撙节财政。后裁并奉天巡抚、巡警道缺，各局所人员也被不同程度地裁撤，多者二三十人，少则数人。① 各司道佥事本是徐世昌莅任之初改革官制时所设，也在裁撤之列，但因司法独立，全省诉讼事件均以提法司为总汇机关，事务繁重，为利于法律的改良，还是于民、刑、典狱、总务四科各设佥事分担责任。② 虽有裁减举措，但此时东省财政纷乱已极，并因各衙署局所铺张糜费人浮于事，以致库空如洗，罗掘俱穷，几有不能支撑之势，徐世昌也早有倦而思返之意，无心整顿，加以时间很短，所以徐世昌的裁汰成效不著。

继任东督锡良大举裁汰冗员冗费。锡良到任后，了解到东三省财政困难，出入不敷岁达数百万，库空如洗，甚至有饷项、薪糈停支之势，颇难解决。经调查，奉天省各司道衙门委用人员多者达五六十人，而滥竽冗食者实居多数，锡良决定先从节省浮费、裁汰冗员入手来解决财政的困难。他对督抚衙署及各司道进行裁改，将官制另行变更，裁去各科佥事，只用正副两科长，每人月薪定为银80两和60两；如果事务殷繁，再派行走委员两名，月薪40两；③ 并命各司道将其署中人员差缺衔名清册和应裁人员清单呈阅；令各属将事务简约的各科先行归并，裁撤额外科员及差遣、练习、调查等名目。为减少抵制，锡良也一再表示，"端赖群策群力交相匡辅"④，希望各属僚能体谅其不得已的苦心，并表示所裁各员均自销差之日起另给一月薪津作为川资以示体恤。但裁减的效果不佳。

锡良的裁员遭到各属的消极对待和抵制。虽然锡良在电致吉、江两抚时为了让其能实力裁减，称已将奉天省督抚及各司道津贴一律饬裁，将各衙署局所委员名额及经费以足敷办公为度，其余一概删汰。⑤ 但锡良裁汰冗员等措施遭到消极对待，甚至是抵制。锡良命各司道将其署中人

① 《公署会议财政官制事宜》，1909年2月2日《盛京时报》，第5版。

② 《分别裁撤添设佥事》，1909年3月25日《盛京时报》，第4版。

③ 《改官制减薪水之新章》，1909年5月23日《盛京时报》，第5版。

④ 《锡清帅裁汰冗员之通札》，1909年6月1日《大公报》。

⑤ 《(督抚宪)又通饬各属裁汰冗员节省浮费文》，《吉林官报》第13期，公牍辑要，第1页。

员差缺衔名及应裁人员清册呈报，除了交涉、民政两司先后裁汰之外，其他各厅司道局所则多有观望，就是之后各处呈送了清册也让锡良很不满意，"实力请裁者固不乏人，而敷衍塞责瞻顾情面者仍复不少，且有未经开送者"①。其后在各司道开单呈明应裁人员而次第裁汰之时也是矛盾很多。奉天民政司进行裁汰是较早的，该司裁汰10人。但民政使后又接东督札饬裁撤二等科员、差遣各两人，此"殊出该员意料之外"②。该司使不想继续裁汰。度支司署员较多，员司、书记达400余人。张锡銮度支使第一次开呈科员等40余名，拟裁去19名，但锡良对度支使所呈清单进行了批驳，令重新拟定。度支使重新呈报，但颇为踌躇，"少裁惟恐被驳，多裁则必旷职"，经研究后再次呈送名单供督抚酌减，此次裁撤正科员5名，额外科员2名，正副司书9名，差遣委员5名，书记生46名，共裁撤各员67名，每月可节费1 000两左右。③虽然徐世昌曾建议保留提法司金事职，但锡良仍饬令提法使进行裁减。但提法使只是将刑事科金事魏倬一人裁去，引起锡良不满，再次札饬该司裁减。但提法使还是提出了不同的看法，表示实在不能再加裁减。首先，该司署官制刑事、民事、总务、典狱四科都是明定职掌不可缺少，不仅关系紧要，还是司法新制所必备的，因此各科实无可裁撤。而相比较于从前，更是无裁减的理由。从前从事于刑事的盛京刑部设郎员、主事、笔帖式等官共50余人，加以将军府尹又各设刑股刑幕多人，相比较而言，该司为全省刑民事务统汇之处，并且还要筹设审判、改良监狱等，事务之烦十倍于昔日，而人员数目却只有12人，事务繁重至极，后奉命又裁金事1人，现只剩下11人，"实苦不敷分任"，因此，科员也无法再裁。其次，该司额支伙食、杂用每月只有600余两，是各司中用费最少的，也无可再减。④总之，该司使认为不论是人员还是额支都已无法再加裁汰，再裁就会有碍机关的运行。锡良的裁减员司遭到抵制。

---

① 《锡清帅裁汰冗员之通札》，1909年6月1日《大公报》。

② 《锡督裁汰冗员之雷厉》，1909年6月18日《申报》，第2张第2版。

③ 《度支司裁撤员司数目》，1909年6月13日《盛京时报》，第5版。

④ 《锡督裁汰冗员之雷厉》，1909年6月18日《申报》，第2张第2版。

虽然遭到各司的消极对待，锡良的裁员举措还是取得初步成效。如齐福田度支使上任后，发现署中员司仍有300余名之多，因此令各科科长先择事务较简者裁撤百员，并开列各科员司详细履历呈候核减。①规模可谓不小。据锡良称，"计自督抚司道各署以及各局处约每岁节省银四十余万两"。②

其次，奉天省还进行裁撤员缺、归并局所。锡良将巡警道缺裁撤，所有一切巡警事宜归民政司兼办。为筹措审判厅经费，他还奏请将知县、管狱、教佐各缺裁撤，包括承德县和锦县知县、新民府和凤凰县经历兼司狱事、辽阳州吏目、安东县巡检管典史事、昌图府司狱、兼司狱事、复州吏目、锦县、铁岭、开原、盖平和海城各县典史等缺。③赵尔巽上任后，亦重视裁缺节费。他将蒙务局裁撤，只留熟习蒙务稍通蒙语的教员归入公署以资办公，其他一律裁撤。而省城仓务局因事甚简，并且该局向归度支司主管，赵尔巽将该局事务并归度支司办理，其局员一概裁撤。裁撤蒙务、仓务两局共计每年可节省银30 000余两。④他还因已设总核处而对公署秘书员进行裁撤；将统计局取消，改为统计处，置参事和助理员，将旧有的法制、庶务等科科员尽行裁撤；还对督练处进行核减，将原有兵备、参谋、教练三总办名目删去，只用军事参议一人；并拟将旗务处归并。⑤

再次，在大批裁员之后，减薪相继进行，当然，裁员和减薪有时是同时进行的。锡良将督抚司道的津贴停支。东三省督抚司道原定公费之外还有津贴，每年总督30 000两，提法、交涉、度支使各3 600两，民政使2 000两，提学使2 200两，劝业道3 000两。锡良到任后将此项津贴一律停支。他还札饬度支司造具各厅司道局处学堂新定员司的薪津、经费各

---

① 《东三省通信》，1911年1月5日《申报》，第1张后幅2版。

② 《（督宪锡）又奏请将浮费冗员切实裁汰片》，《吉林官报》第15期，折奏汇编，第6页。

③ 《东三省总督锡良奏裁撤知县教佐各缺的款作为审判厅经费折》，宣统三年三月九日《政治官报》，折奏类，第9~10页。

④ 《（东三省总督赵尔巽）又奏裁撤蒙务各局片》，宣统三年五月二十七日《政治官报》，折奏类，第10页。

⑤ 《东督新政进行志》，1911年6月20日《民立报》，第4页。

款清册以备核减。在锡良札饬下，提法使对审检人员和各厅进行减薪和节费，将地方审判厅庭长、推事每员每月各50两的津贴减去，检察厅检察长减去100两，统计地方审检厅每年可省经费银4 200两；并将承德第一初级审判检察两厅每月额定经费银减去50两，两厅每年可省600两。[①] 经监理官熊希龄条陈建议，以节省经费宜先由各项杂费及节俭薪津等项为入手办法，奉天督抚两院札行各处，各司道及公署的佥事、科长、参议和各局总办等员薪津均以300两为限制，所以从宣统二年二月起各科参事原薪350两的减为300两；各局所堂处除粮饷总局、蒙务、盐务总局、警务公所因事繁任重无庸议及外，其余凡以道员充总办的月薪定为300两。[②] 至于月支伙食、杂用等一切漫无限制的用项，锡良令各属大加核减、重定额支数目禀候核夺，并规定不得再巧立名目，其有特别需用之处需先行呈报得到批准后才能列支。

因减薪关系到很多官员、役使的切身利益，奉天省的裁薪引起不小的恐慌，并遇到阻挠。东督将各司道佥事裁撤，并拟将各员薪金一律撙节的消息一经传出，奉天省官界就颇为惶恐。奉天省的裁薪还遭到恶作剧的恐吓。奉天度支使齐福田和监理官熊希龄就接到恐吓信，内称，"此次划一薪津、裁减杂费，吾侪手段不为不苛，但既苛刻，于众人人必衔恨我辈，将来恐有剧烈之报复，吾侪不可不预为防范，以保身躯"[③]。据公署中人分析，函中词意并非出自庸手，应是奉天省减薪所引起的政界风潮尚未平靖所致。因迭次裁减，警费无多，引起警员不满。如辽阳警饷经三次改章，初则缓发，继则减薪，后又扣成，因此警费无多，致使警员不无抱怨，"本埠警界区官以上尚可支持，巡官以下每月领饷只小洋八元，当此柴米昂贵，除饭食而外钱不过三四元，尚有剃头梳辫、洗澡、喝茶种种小花费，加之今春雨雪连绵，官靴而外尚须自买靴鞋，通盘核算，直是入不抵出。每昼夜站岗九小时，负勤务之责任，

---

① 《锡督裁汰员薪纪闻》，1909年6月2日《申报》，第1张第4版。

② 《通饬各局酌减薪水》，宣统二年二月十四日《北洋官报》，第11页。

③ 《东三省近事》，1910年5月2日《申报》，第1张后幅2版。

有错尚须任咎而一文不余，以何养家糊口，真个苦力不若"①，迭迭叫苦。奉天省各司道及公署的佥事、科长、参议和各局总办等员薪津均以300两为限制的提议及实施都充满矛盾。因清理财政局的提议限制薪津，该局总办度支使齐福田于宣统元年在李兰洲接充调查局总办差使后，将其薪津从500两减为300两，虽后经李力争，仍照旧额支给，但从此李对齐就产生了极大的意见。到年底，各司道讨论清理财政时，李兰洲提议统一财权，应裁撤官银号，将款项出纳由公署批准后，由大清银行直接办理。如此，则度支使就纯属冗员，应该裁撤。李向度支使发难，两人大起冲突。后经督抚议准，清理财政局的提议还是通过，但各科甚为不满，啧有烦言，"省内外各局所总办薪津在三百金上者本属寥寥，即使裁减何补大局。而盐务总办八百金，乃反不裁，殊非公平之道"②。减薪遇到极大的阻力。

　　另外，监理官对裁减也有建言，但有些措施同样遭到多方反对。熊希龄经过与奉天交涉司及银圆局长官等商议，认为交涉司随办两员没有专责事务，银圆局的提调也无事可为，加上盐务局的提调，都应裁汰。③熊希龄等还条陈财政支出节流办法五条请督抚裁定，主要有：第一，归并衙署。新衙署既设则旧署即可裁撤，如承德县和锦县因与奉天府和锦州同城，就可撤销；各府州县进行分科治事，以教官、典史等为科员，则可废去教官、典史衙署。第二，限制员额。将每署局员司分为八等进行限制。第三，精减仆役。按各署局的繁简厘定仆役额数，不准随意加增。第四，判别公私。将官员个人收支与衙署办公开支相区别。第五，限定杂费。包括伙食、灯油、笔墨、茶水等酌设定额，以资限制。④但清理财政局拟请裁减各司道署局伙食遭到多方反对。如调查局总办李兰洲接清理财政局函后，认为此案既非督抚的札饬，又非各署局长官共同的

① 《辽阳片片》，1911年4月26日《民立报》。

② 《奉省政界裁薪之恐慌》，1910年4月4日《申报》，第1张第4版。

③ 《条陈应行裁减数端请批示呈锡良文》（1910年），周秋光编：《熊希龄集》上，湖南出版社1996年版，第394页。

④ 《陈财政支出节流办法并请裁定上锡程两帅函》（1910年），周秋光编：《熊希龄集》第2册，湖南人民出版社2008年版，第273—276页。

议决，纯为以个人的私函相号召，因此，作一长函诘问清理财政局。①法政学堂王观察对于此举亦不认可，并呈请督抚，于是该学堂伙食遂照旧开支。因为局所委员向来同室办公，同桌而食，而清理财政局所定的伙食费标准，司书比委员减去一两，各司书均不以为然，戏谑地称"司书食量不减少于委员"。此举不甚易于操作，因为厨房多不肯承包②，实行起来绝非易事。

（二）吉林省的裁减及阻力

吉林省巡抚及清理财政局进行了裁员减薪，在取得一定成效的同时，也遇到敷衍和阻挠。

首先，裁汰冗员，归并局所。在接到光绪三十四年十一月二十四日的上谕之后，并鉴于吉林省"初设行省，财政奇绌，更不容稍涉浮糜，乃近来各衙门局所添课添员，日形猥杂，兼差兼薪，漫无限制，或挂名而并不到差，或到差而无所事事，公家则空耗帑项，私计则徒长浮华"③的情况，吉抚札饬各司道局所堂处淘汰冗员，并规定，如有挂名津贴滥竽充数者决不姑宽；一经查出各该长官瞻徇情面隐匿属员兼差，除将该员严行参处外，该长官也将难辞其咎。吉抚陈昭常接准谕旨彻查兼差有所成效，该省四司一道奉札后各将署内有兼差兼薪者查填列表送呈巡抚鉴核。④吉抚接到锡良宣统元年四月五日电后，通饬吉林省各属将各该属内及所管各局所委员名额及一切经费均以足敷办公为度进行核实裁减，并限一个月内将裁减数目分报查核。吉抚还遵照部咨通饬省城各署局迅速按部定的各署局厂所各员一览表填写，并限于一月限内呈送抚辕。⑤

在督抚的札饬下，各府厅州县及司道局所进行裁汰删减。如宾州厅就因财政日益困难，所办宪政缺少的款，而所属各局所又冗员冗费充斥，而裁汰冗员删减浮用以拨充要政。该厅各局所存在名目繁多而尸位

---

① 《观察衣食主义》，1910年4月28日《申报》，第1张后幅4版。

② 《员司裁减伙食笑谈》，1910年4月23日《申报》，第1张后幅4版。

③ 《督抚宪札饬各司道局所堂厂处淘汰冗员文》，《吉林官报》第1期，公牍辑要，第2—3页。

④ 《呈送兼差人员表》，1909年2月20日《大公报》。

⑤ 《（督抚宪）又准度支部咨清理财政亟须裁汰冗员通饬省城各署局遵照文》，《吉林官报》第27期，公牍辑要，第1—2页。

素餐的人员，如巡警局内有检事差并备补马步各兵，名目分岐，却不知所司为何职；各分局则既有巡记又有书记，夫役而外又有马夫，致使局役无所事事。阿城巡警局既有局长又添副长，科员书记也是任意滥用，而局用则自由开报，致使漫无定则。其禁烟局附设的禁烟会竟有副长、演说员等无谓名目。此外，宾阿两劝学所所属各学堂员司薪水发给颇滥，一切活支亦无限制，存在严重虚糜公帑的弊病。因此，该厅长官将学堂、巡警、禁烟用款章程重加厘订，将冗员浮用进行删减，并督饬财政、巡警、禁烟、劝学各局所人员将岁入岁出各款通盘筹划，悉心综核。该厅进行了大幅度的裁并，宾阿巡警局、劝学所、禁烟局五处，共裁减员司等379人。同时还饬令宾阿劝学所所属各初等学生每人月贴缮费两吊，这样每年也可省中钱157 440吊。[1]该厅裁减较有成效，得到吉抚的赞赏，乡巡局亦有撙节经费的计划。总理西路乡巡统领因预算宣统元年该管各局区收支各款不敷达中钱50 000余吊，为撙节财用以免亏累，该局裁撤催饷委员17人，庶务官1员，改南北两路总巡官为巡官，马巡改为步巡，并减去书记、巡兵各额，核计每年可节省经费中钱29 000余吊。[2]但吉林省的裁员还并未能让锡良满意，因此致电吉抚，称奉天省冗员已裁汰近半，请吉林照办。吉林省司道等闻信后集议，拟将该署内所有各科差遣及额外行走等员先行撤减，科员也要进行核鉴，不能称职的亦应裁汰。[3]各局也奉饬进行裁撤。咨议局筹办处将科员裁去7人，书记、差役等开除10余名。官运局将营口采运局员役，如核算、庶务、总勇、内勇等进行裁撤，再加裁护勇1名，统计每月可节省洋120元。[4]

因裁汰冗员，此时成立局所也受到裁员节费的限制。如吉林调查陆军财政局成立，该局帮办徐世扬将局中用人及一切办法详请锡良核夺。经锡良核定后认为该局用人过多，名目太繁，并且各科派定人员大半为兵备处科员兼理，因此，札饬该局帮办不可稍涉铺张，应将兵备处兼差

① 《宾州厅禀裁汰冗员删减浮用拨充要政经费文并批》，《吉林官报》第8期，公牍辑要，第5—6页。

② 《乡巡局撙节经费之计画》，《吉林官报》第11期，政界纪闻，第1—2页。

③ 《吉省裁员之筹画》，1909年6月9日《大公报》。

④ 《官运局呈裁减营口采运局员役文并批》，《吉林官报》第25期，公牍辑要，第3页。

一概裁去，留专员数人足资办公即可。①裁员节费已成为办事的重要指标。

吉林省还对局所进行裁并整顿。因矿政、荒务、山蚕、蚕桑各局事务较简，而需费又甚巨，吉抚将矿政、荒务两局裁归劝业道办理，而蚕桑、山蚕二局则归并为一处，②以期节省糜费。矿政调查局归并劝业道后，劝业道长官将该局人员大加裁汰，仅留五六名到署办公。另外，林业局也归并劝业道，工程局则归并民政司，③其原办事人员都进行了裁减。

当然，吉林省的裁汰也遇到难题。吉抚裁汰人员的饬令等遭到消极对待，各司道均称"骤难裁减"。针对于此，吉抚不得不一再劝说，称裁员不只是节省经费，更是为整顿官制，使得薪水等划一。面对各属消极的态度，吉抚也承认科员骤难裁减确属实情，所以准稍宽时日，延期三个月办妥。④裁员的进程受到了影响。

其次，裁员的同时，特别是在制定预算的过程中，发现出入款项不敷仍甚巨，因此，减薪之议迭起。在吉林省进行初步的裁员节费之后，节省经费10万两左右，但相对于全年预算出入款项的不敷之额仍是杯水车薪。财政清查之后，发现吉林省财政不敷达140万两之多，因此，吉抚商之东督，拟先从政界减薪下手，各员薪津公费均照八折发放。⑤因为各衙署局所员司参差，非划一薪金清理财政局将难以编造预算，并且为解决财政困难，也应裁减以节经费，所以，吉林省公署议定"各衙署局所人员分上中下三等核算，上等七成，中等八成，下等仍照旧章。如月有三四十薪金之员则照中等章程发给，如有公家夫火等费除下等差员不计外，其余一律裁去"。⑥裁员减薪以求搏节财用成为公署会议的主要内

① 《锡督维持陆军财政》，1910年5月17日《申报》，第1张后幅3版。

② 《吉省裁并局员》，1909年6月20日《大公报》。

③ 《局所归并之预闻》，1910年9月28日《盛京时报》，第5版。

④ 《（督抚宪）批度支司呈议覆裁汰冗员优给薪水情形由》，《吉林官报》第13期，公牍辑要，第1页。

⑤ 《减薪议》，1910年6月9日《盛京时报》，第5版。

⑥ 《政界裁减薪金》，1910年9月4日《大公报》。

容。各处奉令后也进行了裁减。长春道将道署及开埠局、商埠、巡警公所等人员可并者并，可裁者裁，可减薪者减薪，统计较前任道员所定三年预算几乎可省一半。^①该道的裁减可谓很有成效。

吉林省的减薪同样遇到问题，不仅各处称财政困难至极无法裁减，进行敷衍，而且减薪还致使官吏恐慌抵制、不安其位。依兰府府署每月开支司员、书役等薪水约需4 000余吊，伙食、办公、纸张等项尚不在内，而按照督抚所定，该府每月公费银只有1 000两，并按照官价三吊三百文核发，因此不敷甚巨。不得已该府拟裁并员司酌减薪金以节糜费，但各员司却以事繁人少难以兼顾而颇怀去志，以示抵制，致使该知府甚觉为难。^②长春府各局所也为减薪问题左右为难，财政困难已无法弥补，但如果大加撙节，而各员司薪水也已减无可减，再有变动恐各员司因衣食不足而不能安于其位，虽连日讨论但终无良策。^③各处纷纷宣称财政困难无法裁减，不排除财政真的非常困难，如长春府因财政支绌，府署两科伙食因款项不发业已罢火；城巡、乡巡、法制局、调查所、调查户口事务所、种植筹办公所等多处皆欠发数月薪金，^④各局所员司均有枵腹从公之叹。但也很有可能是各属以此为借口而抵制裁减。

此外，清理财政局也参与其中，正监理官建议吉林副监理官将各项应行裁革之处商呈督抚进行办理。根据吉林光绪三十四年报册，各司道委员于正副科员外又有差遣委员、行走委员、效力委员等种种名目；夫役外又有马队步队官、队长、差官、差弁等无谓名目；各局所委员于总会办外还有帮办、局长、总理、协理、承办、提调等员。而税务处四名议员，各月支薪津达一、二百两之多；劝学所监督、会办等官，各月支薪津亦有百数十两；而巡警局、自治局又均有专司电话的机士各两名，各月分别支银40两和25两，自治局还另有机夫一名，月支银4两。^⑤种种

---

① 《实行裁员减薪》，1910年12月15日《民立报》，第4页。

② 《公费定后之现象》，《吉林官报》第10期，政界纪闻，第4页。

③ 《会议财政》，1910年3月3日《盛京时报》，第5版。

④ 《经济困难之真相》，1910年9月7日《盛京时报》，第5版。

⑤ 《东三省正监理官咨吉林财政局办理预算应行改革事宜文》（1910年），周秋光编：《熊希龄集》第2册，湖南人民出版社2008年版，第247—248页。

无谓的名目、种种无谓的开支不一而足。正监理官建议应将这些冗员冗费尽行裁撤。

（三）黑龙江省的裁减及阻力

黑龙江巡抚及清理财政局在中央谕令和东三省总督的催促下也进行裁员减薪，对局所进行归并。江抚因该省款项奇绌，不得不将诸务归并。因垦务局所办各事与度支司性质相近，因此裁该局归入度支司；[①]宣统元年六月二十二日，经锡良奏请将该省度支司裁撤，归并民政司兼管。[②]督抚司道也札饬各属进行裁减。因齐昂铁路公司总理任用私人而设置提调、差遣等名目，江抚札饬该公司总办将其裁减。[③]在杜尔伯特屯垦局将归并村屯、安插户口等各事办理就绪之后，所应办事务变少，民政使认为该局一切薪费应该酌减，故札饬该局总理将各员司分别裁汰以免虚糜。[④]调查局因开支不敷呈请江抚加拨经费600余两，但遭度支部驳斥，不得已之下，该局裁去科长、股员各一名、司书二名，[⑤]以省出的薪水弥补公费的不足。

锡良上任不久就致电江抚，通饬全省各司道及府厅州县将所有津贴一概裁减，并将各司局处薪水酌裁。江抚当即电复，称黑龙江省各司道府厅州县并无津贴名目，各司局处薪水本已从廉，各员已经异常清苦，薪津两项碍难再行裁减。[⑥]因黑龙江省财政困难，就连江抚周树模亦称实难裁减。

总之，东三省的裁员减薪因触及各官吏的既得利益，或是因财政确实非常困难，而遭到消极对待与抵制，影响到裁员减薪的进程和效果。不过还是取得一定的成果。锡良称裁冗员能省出公款40余万，得到摄政王嘉许。东三省各司道局所也都进行了裁减，并取得了一定的成效，虽然具体数目不得而知，不过报刊上有一约略数目可以作为参考，自锡良

---

① 《垦务局归并度支司消息》，1909年6月17日《盛京时报》，第5版。

② 问天：《记载一·宣统元年七月大事记》补录，《东方杂志》第6年第9期，第413页。

③ 《饬裁提调等名目》，1910年10月25日《大公报》。

④ 《节省屯垦薪饷》，1910年9月24日《大公报》。

⑤ 《调查局减薪补费》，1910年9月24日《大公报》。

⑥ 《江省员薪之难减》，1909年6月9日《大公报》。

莅任"裁撤承宣、咨议两厅及巡警道及各局所及科员差遣等名目，并新近奏裁奉天省巡抚、黑龙江省度支司及其他一切浮费，约计每年可省二百三十万"。①所以说，裁减取得了一定的成绩，再加上三省各府厅州县的裁减，对东三省巨额的财政亏累有一定的帮助。当然，成果也不能被夸大，相对于东三省每年700万两的财政赤字（特别用款尚不包括在内）来讲来相差甚远。裁员之数也没有具体的统计，不过有报道称锡良上任不久，"已裁汰冗员至千数百员之多，而将裁未裁者又有三百余员"②，对冗员充斥的局面有一定的改善。裁汰冗员冗费还有利于吏治的澄清和整顿，有利于行政效率的提高。特别是在清末财政奇绌之时，裁冗员罢不急之务，对解决财政困难有一定的作用。

三、裁员减薪中的问题

裁员减薪中存在一些问题，如裁减的目的、标准等。裁汰冗员是在督抚的督责下进行的，督抚的裁汰目的、标准、手段等，都会对裁员减薪造成影响。冗员的产生也和督抚有很大的关系，"我国财政之权既在大吏，而用人办事之权又惟大吏是赖，大吏欲用其人斯用之而已，冗与不冗非他人所能过问，故有局外人视为冗员而大吏不以为冗者，其用舍黜陟之权仍不得不归之大吏"。③因此，分析裁员减薪的效果等从督抚入手为较宜。而东三省裁汰最集中的时段是锡良督东时期，因此，以下将以锡良为例来分析东三省裁汰中的一些问题。

锡督裁员减薪的目的主要是为节费，目的的单一性不免使得措施没能从行政执行的实际需要出发，在手段上也存在一刀切、指标化的倾向。财政极度困难是锡良目的过于单一的主要原因，因为东三省财政拮据万分，解决财政困难是首要的任务，因此裁员减薪成为其入手第一招。因此，不可避免地存在着"初不问其人之才具若何，志趣若何，心以为冗则标诸大门之外，故有一裁而事不举者，亦有既裁而复召用者，

---

① 《三省财政大概情形》，1909年8月30日《大公报》。

② 《闻东三省裁汰冗员感言》，1909年8月31日《大公报》。

③ 《清理财政与裁汰冗员》，1909年9月27日《大公报》。

且有裁其能而留其庸者"[①]等弊端。在措施上也有指标化的倾向。如在奉天提法司的裁汰问题上，奉天提法使的复呈虽不免有维护本司的私心，但其理由也不无说服力。新设的提法司确实不同于内地省份的按察司旧制，只用一二刑幕、数十吏胥就能从事。锡良未能洞悉新的司法运行规则，一味地令其裁汰，也难免引起提法使的极度不满。

锡良的裁汰标准有失公允和科学性。锡良自诩的用人及裁员标准为观其是否有真才实学，但其裁员标准是否真的秉公？有无私见在内？是否对官员进行了实际的考察？如何判别其是否有真才实学？他在这些方面都存在一些问题。锡良督东后进行整顿内政，其中一项为考核官吏。他认为为政的首要在于得人，而东省未设行省以前吏治窳败，改设行省后投效人员联翩而至，也是流品混淆。针对于此，他声明自己的用人标准是"饬令当差候补各项人员呈验捐照履历，并随时询考，觇其能否，分别弃取，以肃仕途"[②]。标准即为"能否"。而进行裁减的标准是"各衙署局所果有认真办事才能出众之员本军督部堂方且敬之重之，以扶持危局共相策励，断不愿惜款项薄待真才，应由该司等认真选择留用，薪津照章支给以资办公；其有无所事事滥竽充数之员亦断不能令其虚縻此有限之膏脂，即应尽数裁汰"[③]。表明此次裁汰只是裁减那些滥竽充数之人，对有真才实学之人仍以优待。因此，锡良自诩的用人和裁汰标准是看该员是否有真实才干。

但在真正的实行中，锡良的标准却出现了不同。首先，锡良大量裁汰前任东督委任之人。中国古已有"一朝天子一朝臣"之语，并且由于当时东三省总督的权力非常大，可以保举荐委，有用人之权，因此，一任督抚身边大都是自己所信赖之人。锡良裁汰冗员之后，当时的报刊纷纷进行报道，认为锡良所裁之人大多为前任总督徐世昌任用之人。锡良饬令承宣厅查明各署尚有学习、练习员共计若干人，以备裁减，但此项人员均为法政毕业出身，是由前任徐世昌安置之员。《大公报》一则

---

① 《闻东三省裁汰冗员感言》，1909年8月31日《大公报》。

② 《督宪奏考察东省情形整顿内政折》，《吉林官报》第21期，折奏汇编，第9页。

③ 《锡清帅裁汰冗员之通札》，1909年6月1日《大公报》。

名为《拔茅连茹》的闲评，直指锡良裁汰徐世昌所用之人，"徐菊帅自调邮部，凡东三省所用人员半为锡督所裁撤"。①当然，这也不是锡良个人所专为，东三省历任总督都有此举。徐世昌上任带来北洋系的大量官员，上自巡抚参司道府，下至州县佐贰进行任命，把赵尔巽在任时的官员几乎裁撤殆尽。而锡良上任后，奉天省官场人人自危，如临深渊，此次徐世昌任用之人又被锡良所裁撤。赵尔巽督东后办法如出一辙。如此一来，冗员的标准到底是什么？就不可能完全像锡良所说是有无才能了。督抚本人都不能秉公用人，前任奏调而后任撤参，如此标准下，冗员将无裁尽之日。其次，锡良在具体的裁撤中也存在一些问题。如裁员缺乏调查考核，没有通盘筹划。虽然在其上任之前曾派人进行过暗访，上任后也有察访，但考核浮与表面，并且时间仓促，很难确知某员司是否真有才能。锡良取人尚朴实、不重新学，其"初履任时决言裁撤审判各厅。传见某厅丞问何差，以审判厅对。问何事，以理词讼对。则曰：'奉天不有府县理词讼乎，何用汝为'？对以司法独立。则斥曰：'谁许汝司法独立耶？'厅丞默默去，决欲辞差。锡督后不知何故自悔，屡召厅丞不应，乃使提法使挽留之。其后方针屡易，审判仍归府县之说终不果行"。②当然这也是记者所听闻，不一定确切，并鉴于锡良大加裁汰已经招来很多诋毁，可信度更值得怀疑。不过此记者还连续举出多个例子，并考虑到锡良的知识结构，加上他本以持重著称，因此所举之例证也不无可能存在。

以上只是以锡良为例来说明裁员减薪中存在的问题，当然，在实际的执行中，其他巡抚司道等人的标准、决定也对裁员减薪的效果产生影响。"位置私人为奉天官场之通弊，而尤以交涉、度支两司为最甚，其中随同办事委员及各股行走人员名目既多，食俸尤厚者皆系京中诸大老委荐之人。恃其奥援全无事事，虚糜公款莫此为甚。现在锡清帅抵任，查照情弊，立饬司道严加裁汰。惟各司道关碍情事，兹仅在各署内无势

---

① 《闲评二·拔茅连茹》，1909年8月9日《大公报》。

② 《记奉天裁撤冗员事》，1909年8月9日《大公报》。

力之委员减去数人敷衍详覆。"①各司道就很有可能在裁汰时见好僚属或瞻徇上级官员的情面而致使裁减流于形式，并不能真正达到裁无用之人、减不急之费的目的。

当然，裁员减薪有阻力也是必然的，因为这关系到众多官吏的切身利益，一旦被裁就意味着丢掉饭碗，一旦减薪则表示其生活水平将受到影响，不啻夺其口食。锡良在奏请将浮费冗员切实裁汰时曾不无邀功地说："固知庸流觖望，怨谤易滋，然际此款绌时艰，但于实事有裨，即人言在所不恤。"②虽为邀功之词，但也反映了一定的事实，并且不幸被他言中。随着他裁汰的力度和范围的扩大，锡良真的受到官吏的仇视，遭到攻击和毁谤。为此，锡良还密折到京进行辩护。③他痛陈三省被裁人员在外散布谣言肆意诬蔑，居心不良，并希望政府勿为浮言所动。

不过，裁员减薪是节流，也只是治标之法，是消极被动之法。虽然在短时期内节流是必要的、最具操作性和见效最快的方式，但要解决财政困难，节流和开源要相结合，开源才是长远的积极的对策。改革的急迫心理也致使改革的手段过于刚性和僵化，致使矛盾在短时间内急剧地爆发。冗员冗费的产生是政治制度和财政制度的弊端造成的，在清理财政的过程中，裁员减薪也有财政清理上的意义。但冗员的裁汰毕竟是表面的问题，根本的问题还在制度上。如果财政制度的积弊不除、用人制度的弊端依旧，那么冗员的裁汰也是不可能完成的任务。如果把裁汰冗员作为清理财政的主要手段，那就纯粹是避难就易，舍本逐末。因为冗员的繁多实际上是由于财政的紊乱，中饱与陋规是滋生冗员的温床。财政如果能清理则冗员将不裁而自裁，但财政若不清理则冗员虽裁犹未裁，是裁不尽的。即裁汰冗员不过是清理财政中的一项措施，财政果能清理则可以从根本上解决冗员问题。裁员减薪也要有度，不能影响新政的进行。徐世昌督东时财政虚糜过巨，而以对于财政向持吝啬主义的锡良继任亦有矫正之意。但过分的节省只能是因噎废食而使得人才裹足、

① 《各署裁员之敷衍》，1909年6月11日《民呼日报》，第3页。

② 《（督宪锡）又奏请将浮费冗员切实裁汰片》，《吉林官报》第15期，折奏汇编，第6页。

③ 《锡清帅之辩护》，1909年6月20日《大公报》。

百事废弛，阻碍新政的进行。

第三节　惩治腐败与清理财政

官员腐败严重侵蚀国家的财政收入使得国帑流失、导致财政困难；官员的腐败使得公私界限模糊，私利压过了公利，致使财政秩序混乱，加大了清理的难度；参与清理的官员本身的腐败也影响财政清理的成效。而财政制度的弊端则给予官员腐败以空隙。因此，清理的过程中加大对腐败的查处，一方面是整顿吏治，另一方面也是为清理财政扫清道路。东三省官员腐败严重，督抚及清理财政局对其进行整顿，并对腐败官员进行惩处。虽然惩处有所成效，但官员的腐败却会延缓和消解财政的清理。

一、官员的腐败及其惩处

东三省官员腐败严重，虽然加强吏治的整顿，但还是存在种种的侵渔舞弊之处，督抚对其进行了惩处。

（一）官员财政腐败及惩处

东三省官员腐败严重。特别是到清季，东三省吏治窳败，存在纳贿以买缺、卖贼以殃民、诬良以诈财、侵公款以肥私囊、饰伪功以冒赏、凭私贿以断狱之弊，总之，"中国吏治之坏，举国成风俗矣，而奉天三省为尤甚。"①东三省为政府所重视之地，本已在各方面进行优加，并且东督徐世昌又奉行重禄劝士，因此，此地几乎成为官员的吸金之所，纷纷前往谋求差事，"东三省在数年前官场之得差得缺者无不满载而归，近则罗掘俱穷，凡抱金钱主义者方且望望然去之。不意度支部大借外债兴办东三省实业，该省忽得此数千万巨款，正如旱苗得雨枯木逢春，于是官场之禀请投效营谋奏调者亦如蚁之附膻、蝇之逐臭，大有兴高采烈之势，而东三省之气象又为之一变。此之谓识时务之俊杰"。②官吏的来

---

①　白眼道人：《论东三省吏治之腐败》，1907年7月25日《盛京时报》，第2版。

②　梦幻：《闲评二》，1911年6月12日《大公报》。

去取决于款项的充裕与否，此地已然成为贪墨之员的投机之所。黑龙江省各娼寮、戏门、麻雀之风日甚一日，并且不乏官员热心于此，动辄通宵达旦乐此不疲。[1]不仅废时旷职，而且挥霍无数，为害不浅。东三省督抚最有切身的体会，他们也纷纷指斥三省的吏治腐败。东督锡良称，"东省仕途混杂，吏治荼疲，贪墨者视婪索为固然，狡诈者以欺朦为得计"。[2]吉抚陈昭常也认识到，"近来仕途溷杂贪墨成风，尤非速与划除不足以昭迥戒。吉省当积弊之余，供差各员狃于旧习，惟利是耽，其犯赃私者举发不绝"。[3]腐败官员亟须清查惩处。

东三省官员的财政腐败包括利用税收、金融、清丈、盐务等进行舞弊；还有一些官员，他们的权限更大，并不限于某一方面，因此腐败渎职的表现也更多，罪名亦愈重。

首先，官员利用税收舞弊。如税务处委员崇善每于各种簿记清算明白呈画后，再将存款数目粘贴改写，借以侵吞。被揭发后，自知无术弥补，畏罪潜逃。[4]还有一种弊端是届交卸之时，减价纳税以广招徕，从中渔利，致使国帑流失。署长岭县知县曲明允在充任粮饷局总办时，通同司事姚鸿远、时金荣、曲元明、门庆恩等侵蚀公款，舞弊手段也相当精妙。他们于收捐时每有收执票写100吊，存根票则写1吊，缴验票也写1吊，骑缝中则另换一纸填写。后经查实，通过此种手段吞款确无疑议的就达6 000余吊，[5]总数则不止于此。营口警饷收捐处委员杨景略亏空公款2 000元，此项款额被查出是因为其有收入而无支付，而其余数百元、数十元的亏空尚不知凡几。自从杨被拘押后，该所李总董及从前在该所的吴委员均极为彷徨。[6]看来有问题之人不只杨景略一人。

---

① 《禁止麻雀之文告》，1909年10月3日《大公报》。

② 《东三省总督锡良奉天巡抚程德全奏特参贪劣不职各员折》，宣统元年七月十九日《政治官报》，折奏类，第18页。

③ 《吉林巡抚陈昭常奏查明供差贪婪不职各员汇案纠参折》，宣统二年五月一日《政治官报》，折奏类，第11～14页。

④ 《税务委员亏款潜逃》，1909年6月28日《大公报》。

⑤ 《粮饷局清查前任弊实》，1909年8月15日《盛京时报》，第5版。

⑥ 《收捐委员亏款再志》，1911年4月22日《盛京时报》，第5版。

鉴于利用税收舞弊之员甚多，危害巨大，督抚对其进行惩处。针对长春饷捐分局的情弊，吉抚对他们进行奏参，并饬度支司查明侵吞款项实数而责成赔缴，相应请旨将曲明允暂行革职，并饬其将司事时金荣、姚鸿远等交出以凭惩办。①由于时金荣、姚鸿远闻风逃匿，度支司转详公署将其悬赏缉捕。候补道傅岂孙等人在办理奉天锦州税捐局事务时欠解税款，经锡良奏请将其暂行革职并勒令追缴。②

其次，在金融方面，存在收受贿赂，借存公款为私人谋利；私亏和私分公款等弊。督抚对其进行惩处，清理财政局也进行整饬。

官员与各商号、银钱号公私方面的往来密切，其中明的暗的交易非常多，腐败更容易滋生。吉林省商号庆发福倒闭拖欠公款事件③几乎牵动了吉林省的整个官场。在政府整顿官银钱号、设立银行、统一国库等举措中本有需将公款存放官银钱号及大清银行总分各号的命令，但是各署局所为了私利仍将大量公款存放私人商号。商号庆发福其实早已有外强中干之势，只是以挪借为支持以致危象未露，而各局处却仍将大宗公款存储其内。如兵备处存有百万吊，陆军学堂亦近十万吊，统计官商款项不下数百万吊。但该号还是倒闭了。军界长官以公款所在不能任其拖欠，所以移知吉林府将该号掌柜张锡五押解，而将该号中货品进行抵押。从表面看这本是一个单纯的亏欠公款事件，但该号掌柜由狱中传出的消息使得此事件就不再那么单纯。他令该号管账人员将历年供应存款各署馈送人员的款数和各员等私相通挪之数一并抄单呈请吉林府核办，即该号为了延揽各属的公款存入该号，曾贿赂了各属有关人员，并且还有很多官员私相通挪，有的私自宕欠多至数万吊，而数千、数百吊者不可胜数。该事件还被吉抚所知，以军政需款孔急，派员限五日查验该号实欠官款之数。因吉抚要彻查，所以动支公款之员无不异常惊恐，四处张罗，甚至有人将衣服、器皿一概典当以抵亏款，但所欠之数甚大，一

① 《（吉林巡抚陈昭常）又奏长岭令曲明允纵容司事舞弊请暂行革职片》，宣统元年九月三日《政治官报》，折奏类，第16页。

② 《奏参税务人员》，1911年5月18日《大公报》。

③ 《吉省巨商破产案志详》，1910年5月15日《申报》，第1张后幅2版。

时万难筹补。吉抚本人却不知该号固然欠公款一百数十万，但其中借与各处所总帮办以及科员之款数几乎可以与之相抵。该号将欠款账簿呈明吉抚，经查实，"前后情形确系该员等藉存公款为私人利薮，且据该号所禀各员私亏公款为数更属不少"。①后经吉抚奏参，对此事件中涉案的陈璩章、成沂、兵备处帮办徐世扬、提调张寿荃、科员徐庄、杨渊泉、旗务处协理巴哈布、科员杨则程、苻士英等进行惩办。②

吉林永衡官帖局也弊窦丛生。其会办丰年通过局中买银加数、银圆加价、轧银圆赔数、并私存各商号执帖、抵借局中官帖出外存放等手段罔利营私，侵吞公款钱五十一万八百四十四千多，③因此被革职永不续用，所吞款项交地方官严行押追。而该局协理瑞霖将帖料编号盖印发商生息至四五百万之多，被人控揭，吉抚派员查复属实，遂将瑞霖发押查追，后请旨将其革职。④

在官银钱号及大清银行之中还存在私分公款、合伙分肥之弊。吉林官银钱号自光绪二十七年开办以后，历经十余载，其经理单祉纯每年在银市上与各商家兑换市银、龙洋等，所积余之款就有270万吊之多，无人敢动。自宣统元年饶总办接事，欲动此款，但无所借口。该号账房司事孙翰文在此当差七年有余，对该号之事莫不深悉。他善观上宪的意思行事，见饶总办有意染指该款项，即向总办陈一计策，将开办的账目尽行更换，致使账目共余钱270万吊有奇。该总办未敢独吞，与某大员商议办法按照四股均分，大员作二股，该总办及会办每人作一股半，并额外酬谢孙翰文65 000余吊，还将孙派充账房委员。⑤就这样吉林官银钱号的270万吊款项被私分。黑龙江省大清银行司事则和私人钱庄合伙利用公款渔利。大清银行自开办起就定有规章，凡出放钱款利取一分，但为保险须

---

① 《江吉两省经济界之恐慌》，1910年5月21日《申报》，第1张第5版。

② 《吉林巡抚陈昭常奏查明供差贪婪不职各员汇案纠参折》，宣统二年五月一日《政治官报》，折奏类，第11—14页。

③ 《东三省总督徐世昌署吉林巡抚陈昭常奏遵旨讯明佐领丰年侵蚀巨款严行监追片》，宣统元年四月十三日《政治官报》，折奏类，第9—11页。

④ 《东三省要政汇纪》，1909年8月30日《申报》，第1张第4版。

⑤ 《东三省通信》，1911年6月25日《申报》，第1张后幅3版。

核定借钱者的资本额，于十分之中发给五分以备日后偿还可操之裕如。但哈尔滨的天顺庆钱庄资本不过中钱3万余缗，竟由该行息取羌洋5万余元，转手就以十分行息放给德发公号。该行之账仍以原章记注，其外得的余利则由司事人员与天顺庆号合伙分肥。但好景不长，德发公因债累倒闭，而天顺庆又无资垫偿，致使公款无着落，情弊败露。[①]总之，在金融领域，东三省由于官员的腐败致使公款遭到严重侵蚀。

再次，官员在清丈中有舞弊之处，并受到严惩。海伦清丈局员司舞弊，贿赂者则以多报少，不给钱则以少报多，总之，以贿钱之多寡定地之多寡。每清丈一段只凭绳差报告，还不准当地巡警和地主近前视绳的尺寸，以少报多之处也不准争论，致使东乡巡警与清丈局大起冲突。[②]奉天省东流围荒清丈行局监绳委员邵棠在清丈时串通书手蒙混捏领荒地7 380亩。经查明属实，锡良奏请将其革职。[③]候补道徐镜在办理清丈时包庇私亲，至告发才请回避，因此也受到惩处。[④]

第四，盐务是财政收入的重要部分，同样也是弊窦丛生之处。在盐务和盐厘方面捏报浮收舞弊者也大有人在。如新民盐厘补征局委员分省补用知县吕能翔、拣选知县石斗南，二人先后舞弊，并不照章将补征票尾填发各商存执，其中、根两联每于月报时就捏造数目以多报少。据盐务总局查实，宣统元年一年，吕能翔经征期内仅申报东钱23 853吊有零，而匿报东钱则有30 692吊多。自宣统二年正月起至五月底止，石斗南经征期内仅申解东钱9 027吊有零，计匿报东钱12 149吊多。[⑤]中饱之数大大多于申报之数，经锡良复核无异，请旨将吕能翔、石斗南一并革职归案追究。清理财政局非常注意盐务积弊的调查。因访闻吉、江两省驻营采运

---

① 《大清银行之弊窦》，1911年7月27日《民立报》，第4页。

② 《东三省近事·海伦清丈局之风潮》，1909年7月19日《申报》，第1张第5版。

③ 《（东三省总督锡良）又奏候选令邵棠朦混捏领荒地请革职片》，宣统元年四月二十二日《政治官报》，折奏类，第13页。

④ 《东三省总督锡良奉天巡抚程德全奏特参贪劣不职各员折》，宣统元年七月十九日《政治官报》，折奏类，第18页。

⑤ 《东三省总督锡良奏补用令吕能翔等补征舞弊请革追片》，宣统二年七月二十五日《政治官报》，折奏类，第6页。

局百弊丛生，熊希龄当即派员前往密查，逐款摘录，得确实之据后，咨行两省官运局、清理财政局，按照所指各节迅速整理，以清积弊。[①]同时整顿用人行政之权，以涤除官吏、司巡的中饱而谋三省盐务机关的统一。

还有一些官员，如民政使、劝业道、知府、知县等，他们的权限更大，并不限于某一方面，因此腐败渎职的表现也更多，罪名亦愈多。

黑龙江民政使倪嗣冲造销各款捏报浮支不一而足，如浮支建房工料银7 500两、夸大灾情邀得赈款、购买牲畜浮开不下七八千两等等，并且任用私人，致多弊混，被锡良奏参革职勒追赃款。[②]后根据继任黑龙江民政使赵渊将倪嗣冲的赃款再行彻查，得悉总共应追缴银为20 936.406两，并悉数追出，拨归屯垦经费，并且倪嗣冲所委任的私人屯垦总理华鑑章、代理屯垦总理华钧章等也因浮冒巨款、倚势把持被锡良奏裁。奉天劝业道黄开文在任两年，该道署及附属场所开支经费已达一百数十万两，而办事却模糊敷衍，并无实效，用款浮滥多涉虚糜，被东督奉抚奏参开缺以同知降补。[③]有些知县也利用职务之便垄断渔利。东平县知县张兆骏在任时蒙买官荒数百方，垄断渔利；彰武县知县唐宗源轻浮贪鄙，劣迹多多，均被参革。[④]还有协领包揽侵渔、侵挪公款。经总督徐世昌和吉抚朱家宝札派委员密查得到确据，署理三姓副都统协领德胜托名包揽大段官荒希图渔利，并私收土税重敛横征，督抚据此将其奏参。[⑤]黑龙江省毕拉尔路协领鹤寿侵挪公款为数甚巨，经周抚派员查明属实，奏参革职勒追赃款。[⑥]另外，经理公产官产的人员也存有舞弊。经查明，留吉补

---

① 《陈整理东三省盐务意见上泽公爷暨督办盐政大臣书》（1910年），周秋光编：《熊希龄集》第2册，湖南人民出版社2008年版，第294页。

② 《（东三省总督锡良）又奏参黑龙江民政使倪嗣冲请革职片》，宣统元年七月二十日《政治官报》，折奏类，第14—15页。

③ 《（东三省总督锡良奉天巡抚程德全）又奏参奉天劝业道黄开文请同知降补片》，宣统元年七月十九日《政治官报》，折奏类，第18页。

④ 《东三省总督锡良奉天巡抚程德全奏特参贪劣不职各员折》，宣统元年七月十九日《政治官报》，折奏类，第18页。

⑤ 《督抚宪奏参副都统协领德胜贪婪溺职折》，《吉林官报》第10期，折奏汇编，第2—3页。

⑥ 《协领吞款革职》，1911年4月28日《大公报》。

用同知周豫仁在充任长春农产公司总办时，暗抬市价，致该公司大受亏折，而该员却坐收厚利，事后逃匿；电灯处总理候选同知悦明阿于接收款目并不认真清算，且有种种浮支，一年之间亏款已至10余万两之多，并无账可稽，意存吞蚀；留吉补用知县张景栻在充任营口采运局委员时修建仓棚浮开工款1万余元，又纵容司事杨瑞廷勒扣盐斤为数甚巨；充长春总仓委员湖北候补知县刘闇侵蚀运费三万数千余两，后调至双城官运局，又以公款购买粮斗短欠正款三万余千，屡催不交。吉抚请旨将各该员等一并革职，周豫仁永不叙用，并严行追缴款项。[①]

另外，一些衙署员司等亦舞弊需索。如知县用候选县丞夏职忠监视工程借端需索；尖分吉林补用府经历张海清委查税捐纵丁纳贿，均被奏参革职。[②]大赉厅属景星镇分防经历刘承尧叠经该处绅民上控，经民政使派员查明得确证后，该经历竟乘新任未到之时将已征未解税款及收存街基价款等项共江钱2 000余吊卷走逃匿。东督江抚请旨将刘承尧即行革职并通缉归案追究。[③]

（二）惩处措施及效果分析

东三省官员在财政方面的腐败非常严重，涉及众多人员和广泛的领域。督抚等对其进行了整顿，并取得了一些成效。但是由于整顿措施大都浮于表面，未能触及产生腐败的根源，并且没能建立有效的惩戒制度，只是针对具体的事件而对具体的人员做事后的惩处，也没能建立起预防腐败的机制，因此，腐败的整顿并不彻底。

官员的腐败对财政的侵蚀相当严重，对财政秩序的破坏非常大，不仅侵蚀公款、降低办事效率，更使得变法的良意变为虐民的暴政，所以，中央及省级政府加大对吏治的整顿。清廷认识到吏治窳败深深影响到新政、宪政的进行，"或假新政为名，肆行侵蚀；或以官缺为市，巧

① 《吉林巡抚陈昭常奏查明供差贪婪不职各员汇案纠参折》，宣统二年五月一日《政治官报》，折奏类，第11-14页。

② 《（东三省总督徐世昌署吉林巡抚陈昭常）又奏候选县丞夏职忠等革职片》，宣统元年三月二十八日《政治官报》，折奏类，第16页。

③ 《东三省总督锡良黑龙江巡抚周树模奏参经历刘承尧携款潜逃请革职缉追片》，宣统二年十一月十二日《政治官报》，折奏类，第14页。

试奸欺；或夤缘荐引，借博高官；或营谋开复，代陈冤抑。似此廉隅之不饬，非上亏国帑，即下劫民财，倘非峻法相绳，后患何堪设想"。①因此谕内阁，责成各部院堂官及直省督抚加意严查，将贪官污吏从重治罪。东三省督抚也非常重视吏治的整顿。如光绪三十四年年底，在奉到整顿吏治的谕令后，总督就通饬全省照办。奉天督抚两院还整饬州县繁文缛节，通饬各属去除虚文，将旧日各衙门积习，如遇长官生辰及年节的庆贺等须一概屏除。②掌考核用人、管理全省府厅州县佐杂升迁调补事宜的奉天民政使上任伊始也表达了整顿吏治的决心，手谕僚属，称将秉公办理用人行政，告诫各官员洁身自爱；并表示会严加约束属员亲友不得需索，拒绝任何干求请托。③此外，如上节所述，三省督抚还针对具体的官员腐败事件进行相应惩处。

东三省对官员腐败的惩处还是有成效的。首先，惩办中发现了问题，并施以解决。经过调查和惩处，吉抚发现永衡官帖局之所以弊窦甚多实因立法未善，若不及时整顿其弊有防不胜防之虞。因为该局是商办性质，所出纸币不仅官帖一种，吉抚拟仿照各省章程将之改为官银钱号，一切规则均参考银行办法，便于管理又容易稽查。随后由度支使督同该局各员筹议试办。④由此，私人性质的永衡官帖局改为公家性质的官银钱号。官银钱号的设立不仅有利于吉林省款项的收放，也有利于国库制度的建立。其次，可以追缴欠款。如对倪嗣冲追缴银20 936.406两，拨归屯垦经费。其他官员的亏空和赃款也在不同程度上得以弥补和追回。追缴欠款，也有利于财政亏空的弥补。再次，对官员起到一定的警示作用，督抚等奏参的目的亦是让官员以此为戒。"据实纠参，藉昭法

---

① 章开沅主编：《清通鉴》，岳麓书社2000年版，第1176页。

② 《整饬州县繁文缛节》，宣统元年五月二十日《北洋官报》，第10页。

③ 《奉天民政使之特谕旨》，宣统元年七月二十三日《北洋官报》，第11—12页。

④ 《抚宪奏永衡官帖局帮办协领瑞霖私挪渔利请革职等片》，《吉林官报》第28期，折奏汇编，第6—7页。

戒"①、"以儆官邪而肃垦政"②等语成为督抚奏参的常用语。总之，对官员腐败的惩处有利于吏治的整顿，同时也有利于理顺财政秩序和弥补财政亏空。

但是从上述东三省督抚的措施来看，除了下发饬令之外，就是对具体人员进行惩处，而这些惩处也都只是在错误已经铸成、损失已经形成的情况下进行的一定程度上的弥补，并未能从根本上、从腐败产生的根源上进行根除。

从根源上来讲，财政制度的弊端给官员腐败提供温床。据何烈研究，清代赋税饱受侵蚀是因为税制的不健全，"清代其他赋课，如漕粮、地丁、盐课以及其他赋税也莫不黑幕重重，饱受侵蚀。推溯其弊端所自，都是由税制的不健全而起——经手官吏，但能解足上级所指定的税额（或其一定成数），其他一切额外需索行为，几可任用为之；甚至众人视之为固然，不以为怪。除非有特殊情节，上级也绝少加以过问。（厘金）征收的定额与考成，不论官征、包征或商人认捐，大体上皆于事前著一定额，即执此以为殿最。至于实际征收多寡，督抚以上，既无从查知，也无暇细问其详。遂一任厘务人员上下其手，与丁、漕、盐、关等的弊端竟是大同小异"。③清朝这种传统的包征额解的租税制度给予经收税赋之人以很大的自由空间，也给腐败提供了滋生的温床；并且税项的征收还具有私人性，即经管官员委任私人、假手胥吏进行征收，因此，在征收的过程中就充满了奸民的包纳、吏胥的尅扣勒索、官府的吞没等种种弊端。总之，财政制度的积弊促成了腐败的诞生。但是，东三省督抚的惩处却还多是就事论事，只是头痛医头脚痛医脚般细枝末节的补救，少有涉及财政制度的弊端。

并且，东三省的整顿腐败少有制度性的惩戒措施和制约机制，只是

---

① 《（东三省总督徐世昌署吉林巡抚陈昭常）又奏候选县丞夏职忠等革职片》，宣统元年三月二十八日《政治官报》，折奏类，第16页。

② 《（东三省总督锡良）又奏候选令邵棠朦混捏领荒地请革职片》，宣统元年四月二十二日《政治官报》，折奏类，第13页。

③ 何烈：《清代厘金制度的历史背景》，《大陆杂志》第40卷第2期，第327-335页。《明清史研究论集》，大陆杂志社印行1970年版，第330-331页。

针对具体事件来对具体的人员做事后的惩处，因此，整顿多遭到敷衍。比如，各署局官员之所以纷纷把公款存放各商号生息，是因为如此办理是有回扣的，但存放各商号却是有风险的，如吉林省德昌源、公昇、庆会全号、庆发福等铺纷纷倒闭，共欠官银钱号帖钱900余万吊，而各署局收支委员却往往还是多领官帖存放各商号生息。针对于此，督抚通饬各属凡公款出入均由官银号经理，但由于缺乏制度上的制约和惩处机制，此后各属并未遵照办理，奉天省城司道局所的公款与银号有来往的只有度支司一处，其他各属的款项却不尽存放官银号，至于其余交易更属寥寥。监理官熊希龄也派员对吉林省官帖局存入驻沪转运局的官帖款50余万两进行盘查，并咨请官帖局将该款悉数提回，以昭慎重，但一直未得官帖局咨复，是否照办也无从查悉。后该局又将资本数十万分存津、沪各号，而津、沪市面日衰，经手存款的官绅无不东挪西扯，实属异常危险。总之，由于制度性的措施缺失而致使腐败屡禁不止，因而整顿的效果不佳。

另外，还有一个重要原因，即虽然中央政府迭次饬令各省整顿吏治，惩治腐败，但政府的饬令在很大程度上遭到敷衍，这和官场利益的相关性导致扶同瞻徇等弊有很大的关系。督抚有监督各属之责，如果发现下属有问题，督抚也会受到连带责难。他们的利益还有关联性，下属腐败所收陋规等私费中的一部分是要供给督抚司道的，因此，上级会明里暗里进行包庇，而下级也正可以借机假公济私。

总之，虽然东三省督抚等对官员腐败进行了整顿和惩处，并也取得了一些成效，但是这些措施都是在错误已经铸成、损失已经形成的情况下进行的一定程度上的弥补。东三省整顿腐败的措施还大都浮于表面，少有触及产生腐败的根源，即财政制度的弊端；没能建立起有效的惩戒制度和制约机制，只是针对具体的事件来对具体的人员做事后的惩处；也没能建立起预防腐败的机制，再加上因官场利益的相关性导致扶同瞻徇等弊，因此，腐败的整顿并不彻底。

二、咨议局对官员的财政监督：吉林大火事件

虽然东三省在整顿腐败方面少有制度性的措施，但是，咨议局的成立及其职能的行使还是在一定程度上起到了财政监督的作用。吉林大火事件就是一个显著的例子。

根据咨议局章程第28条规定，"本省官绅如有纳贿违法等事得指明确据侯督抚查办"。即咨议局有监督本省官绅违法与否之权。宪政编查馆也曾通行各省督抚及咨议局严格按照该条办理。东三省咨议局对三省官员进行了监督，特别是吉林大火事件，表现尤为明显，当然其他方面也有监督。

（一）天灾

宣统三年四月初十，吉林省城大火，"延烧二十三小时之久，烧毁民房二千四百五十八户"[①]。据吉抚灾后奏报，官署有度支司署、清理财政局、经征局、官银钱号、陆军粮饷局、统税局、官书刷印局、巡警局、电报局、官医院、工程局、图书馆、高等审判检察、吉林地方审判检察、第二初级审判检察各厅和省狱等被焚毁，核计灾区约占全城五分之二。[②]涉及财政的衙署有度支司、清理财政局、经征局、官银钱号、统税局、陆军粮饷局等。据报道，吉林官银号共烧毁日币2万元，俄币7万卢布，官帖达30万吊。而省城大商复成公号损失20万吊，荣德堂号损失13万吊。[③]另外还有民众的众多损失。所有库署、官银钱号的银钱、钞票、契据、账簿荡然无遗，公私损失极其惨重。

（二）人祸

本是一场天灾，但其中却疑点多多。抛开官署民房都付之一炬，唯独公署于熊熊大火之中得以保全而不得不引起人们怀疑巡抚司道只知道自救之外，最让民众、咨议局及舆论疑虑的是被焚之所不是法学、交

---

① 《近代中国灾患纪年》，第788页，转引自中国人民大学清史研究所编《清史编年》第12卷，下，中国人民大学出版社2000年版，第575页。

② 《吉抚奏报火灾善后情形》，1911年6月10日《申报》，第1张后幅2版。

③ 《吉林大火灾续记》，1911年5月20日《申报》，第1张第5版。

涉、民政各署，而偏偏是度支司署、官银钱号、经征局、统税各局等，吉林咨议局抓住这些疑窦之处，攻讦吉抚奏报失实。

咨议局和省城议事会纷纷攻讦吉抚奏报失实。吉林咨议局和议事会等缮具意见七条，包括火初起时消防队等敷衍扑救一二小时旋即撤护公署、各大吏不能躬督扑救相率迁避、度支司官银钱号所存官帖羌帖焚毁甚巨、警局枪械子弹亦未移出、省狱人犯任其逃逸、军警因掠取财物互起冲突、百姓出城门遭警拦阻、吉林府称二千余户被灾是匿灾瞒报等上书抚院进行质问。其中关于经管财政之处被焚，咨议局认为，度支、官银钱号为通省财币存储之地，一切款项都已经被经手人员于初十火势未来之前押解东升当官盐店等处暂为存放，火灭后却捏称同被火焚烬，以希隐匿款项而倾害地方。[①]舆论也纷纷推波助澜，指出火灾之疑点，"吉林以官场连年滥费无法筹补而失火……烈焰一炬全案冰消，火之为用大矣哉……吾独怪夫，身任地方之寄不知以国事为心，坐令不肖属员侵吞舞弊，徒以纵火为脱罪之地"。[②]总之，民意机关和舆论的攻击矛头直指官员的侵吞舞弊。

吉抚对于咨议局等的质问，进行了辩解。吉抚称长官等确实督率弹压，只因当时风猛火烈人力难施，议事会等的质问各项未免情词过激。对于度支司、官银钱号所存官帖和羌帖等焚毁甚巨的质问，吉抚称，"度支司库赖封闭救护未被焚毁，官银钱号簿据等项亦均移出号库。存帖较多，惟是时四围延烧，该号已困垓心，库帖设一移动势必纷纷遗失，咎将谁属，库官等以死守库，尚称尽职"。[③]吉抚的辩解，特别是对于度支司、官帖局的方面言之不详，对官员是否借助火灾侵吞公款没有谈及，有避重就轻之嫌。

经此纷攘，阁臣等亦是有所疑虑，因此电商东督请其派员调查或亲往巡视，以察此事真相并议善后办法。因大火吉抚陈昭常交部议处，吏部初拟援照旧例罚俸一年，内阁却因外间纷传失火原因是吉林省官场因

① 《吉议局攻讦陈抚奏报之失实》，1911年5月29日《申报》，第1张后幅2版。

② 《清谈·祝融氏一炬之作用》，1911年6月5日《申报》，第1张后幅4版。

③ 《吉抚对于质问火灾之辩护》，1911年7月1日《大公报》。

连年滥费无法筹补，又恐部查而致赔累，遂假手火灾以图掩饰，担心若不严加惩处将不足以息舆论而平众愤，因此饬吏部对此从严处分。吏部遂奏议以降一级留任处分，当即奉旨依议，并不准抵消。①东督令奉天省民政使张午贞到吉调查灾情，而张午贞亦是由部专派来查办火灾原因。②

当然，虽然有重重疑点，但毕竟没有确切的证据，不过议事会和咨议局毕竟对官员进行了监督，最后吏部入奏从重处分吉抚陈昭常。不论是天灾还是人祸，没有了财政簿据确实对财政的清理造成很大的影响，咨议局所核减的预算不能按时办理就是证明。

另外，除吉林大火事件，咨议局还监督官吏各种违法情事。如吉林咨议局呈报议案纠举新城知府金永、桦甸知县李庆璋的种种违法之事。③东督据此派员前往确查。该局还呈陈吉抚，称"东三省荒务积弊由于放荒委员与地方贪狡富户通同作弊，委员以多放为利薮，富户以包揽为居奇，能垦与否非其所计，反使贫民无地可耕，外人乘隙越垦"。④吉抚采纳了咨议局的建议，并据此咨商东督，拟请将放荒积弊，大加厘剔，通饬各属放荒局将该处荒地未放、报领、领而未垦、已垦等确数逐一查明呈报核定，杜绝官员借此舞弊侵渔。

总之，咨议局、议事会等对官吏的监督，对官吏来说是种督促，有利于吏治的整顿，并且对于财政问题的禀控，也使得财政明晰化，在一定程度上起到了财政监督的作用。

三、官员腐败影响清理财政

东三省官员在财政方面的腐败非常严重，虽然督抚进行了整顿和惩处，也取得了一些成效，但已经对清理财政形成巨大的阻碍。

官员的腐败严重侵蚀国家的财政收入，扰乱财政秩序，加大了清理的难度。前已述及，大量规费等私收款项没有纳入国家的财政收入之

---

① 《吉林大火疑点种种》，1911年6月4日《申报》，第1张第4版。

② 《要禁事件之会议》，1911年6月25日《民立报》，第4页。

③ 《吉省行政官札覆咨议局议案》，1909年12月23日《申报》，第1张后幅2版。

④ 《东三省通信》，1911年1月14日《申报》，第1张后幅2版。

内，规费中的部分是作为各级地方衙署的办公经费，但其中为数不菲的部分被纳入了官吏的私囊。"吏治日趋腐败对财税的影响主要表现在清政府的实际财政收入与实际赋税额间存在明显的差距，相当一部分税收为官吏所侵吞"。①官吏的侵吞、克扣、苛削、勒索等致使国帑空虚、地方羸瘠、司农仰屋、百姓疾首。

东三省官员的财政腐败涉及的人员广泛、染指的款项浩繁、腐败的手段多样、影响的局所众多。腐败之员包括民政使、劝业道、道员、知县、县丞、佐领、协领、官帖局总协理、防疫事务所总办、饷捐分局司事、银库主事、兵备处帮办、旗务处总理等。他们营私舞弊、欠解税款、侵挪公款、偷工减料、虚糜公帑、捏报浮支、浮冒巨款、借端需索等。所涉及的领域包括官帖局、银圆局、官银钱号、银库、总仓务局、官荒局、清丈局、盐务局、盐厘补征局、官运局、采运局、饷捐分局、税捐局、农产公司、电灯处、兵备处、旗务处、防疫事务所、咨议局等，当然还包括民政司、劝业道、府厅州县等。从司书人员、局所总会办到监司大吏都涉及其中。

官员的贪墨渎职等严重影响了财政的清理。一方面，他们中的很多人都是参与清理或调查的人员，他们的渎职腐败将直接影响到财政的清理。不能尽责和徇私等原因致使清理财政局派出人员的调查挂漏、不确之处甚多，清理财政局不得不将查报不实的委员扣罚川资薪水以儆效尤。②特别是各处的经管长官，他们本是督催本署进行财政清理的负责人，这些参与清理财政之人本身都贪墨渎职，还谈何清理财政。另一方面，官员的腐败贪墨使得财政混乱不堪，困难已极，使得清理的难度更大。如熊希龄曾因奉锦山海关等处税款浮滥不清，碍难核销而致电度支部，称极有为难之处。③吉林省的牲畜税、田房契税向归州县经收，但匿漏之弊不一而足，原定经费章程准提二成作为局费开支，而各分局往往

---

① 周志初：《清末财政若干问题简论》，《江海学刊》2002年第6期。

② 《财政局取缔调查不实委员》，1910年9月28日《盛京时报》，第5版。

③ 《监理官之为难者》，1910年1月28日《申报》，第1张第3版。

收数无多而开支局用却溢于所收的二成，并有侵挪正款之虞。①还有传闻某厅某署为了掩盖亏款、浮报等弊竟自行放火把证据烧掉。最有嫌疑的就是奉天高等审判厅和吉林省度支司官银钱号等的失火，咨议局和舆论等纷纷质疑。奉天高等审判厅平日就腐败至极，该厅建筑厅舍时用款不过三四万两，而该厅官吏通同作弊，竟浮报用款至20万，此事为奉天省官场人所共知。据报载称，因赵尔巽即将到任，该厅官吏恐被人举发而受严惩，就自行将该厅付之一炬，企图毁灭证据。②但此事赵督已有所闻，并拟到任后严究惩办。吉林省城大火更是被舆论和咨议局指出重重疑点，引发吉抚与吉林咨议局的一宗公案。当然，虽然众人都疑虑重重，毕竟没有确切的证据。但是不论是有心还是无意，没有了财政簿据对财政的清理造成很大的阻碍。

总之，他们的腐败对财政的侵蚀相当严重，对财政秩序的破坏非常大，因此，对清理财政的影响难以估计。

小　结

定立公费，是把衙署的办公费用与官员的个人支销等相区别、分离。此举不仅可以改变旧有衙署款项公私不分的弊端，在一定程度上减少官员的侵渔之机，也使得衙署的办公费用有了一定的保障，并提高行政效率，有利于各种事务的展开。在清理财政的过程中，定立公费更有着非同一般的意义。公费的确立与外销和陋规的清查息息相关、公费的确立与否在很大程度上影响预算的准确性。东三省在中央的谕令下，在清理财政局的调查、议定和建言的基础上，对各府厅州县的公费按照缺分的繁简进行厘订，使得公私款项明晰，各衙署办公费用有着。而确定公费的过程也一直贯穿着陋规的清查和预算的制定，可以说相互影响，相互促进。当然，东三省确定公费也遇到很多困难，如各衙署公私款项

---

①　吉林全省清理财政局：《吉林行省财政利弊说明书》。北京图书馆影印室辑：《清末民国财政史料辑刊》第4册，北京图书馆出版社2007年版，第509页。

②　《奉天高等审判厅失火之原因》，1911年5月14日《申报》，第1张后幅2版。

不分名目繁杂的积习、规费册报的不实不尽、官制的新旧杂糅、吏治的腐败等。清理财政过程中的酌定公费从实质上来讲，就是将旧有各衙署官吏的额外私收让官员和盘托出，将所报之数定为公费，将不法私收的一部分转变为衙署的开销，并未逃出耗羡归公的窠臼。如果财政制度的积弊不除、腐败的吏治不加整顿、官制不进行改革、健全的官俸制度不能建立，则即使酌定了公费，也是治标不治本。

东三省的裁员减薪取得一定的成果，可以省出一部分款项，有利于弥补财政的亏空；冗员的裁汰也有利于提高行政效率等，利于理财的进行。但这样的裁减对于东三省巨大的财政亏累来说也只是杯水车薪，并且东三省裁员减薪的实施存在一些问题，如在裁汰目的上的过分单一、在标准上的私人性随意性、在手段上的简单划一等致使措施没能从行政执行的实际需要出发，裁员减薪的效果受到影响。因为裁员减薪关系到众多官吏的切身利益，东三省的裁减遇到了很大的阻力，遭到各属的抵制和敷衍。当然，裁员减薪亦只是治标之法，虽然在短时期是必要的，是最具操作性和见效最快的方式，但要解决财政困难，必须采取节流和开源相结合的方式。改革的急迫心理也致使改革的手段过于刚性和僵化，致使矛盾在短时间内急剧爆发。冗员冗费的产生是政治制度和财政制度的弊端造成的，因此，冗员的裁汰只是表面的问题，根本的问题还在制度上。如果财政制度的积弊不除、用人制度的弊端依旧，那么冗员冗费的裁汰也是不可能从根本上完成的任务。

官员腐败严重使得国帑流失、导致财政困难、致使财政秩序混乱，也加大了清理的难度。清理的过程中加大对腐败的查处，这一方面是整顿吏治，而另一方面也是为清理财政扫清道路。东三省官员在财政方面的腐败非常严重，从司书人员、局所总会办到监司大吏都涉及其中，他们营私舞弊、欠解税款、侵挪公款、偷工减料、虚糜公帑、捏报浮支、浮冒巨款、借端需索等，领域涉及财政的方方面面，税收、金融、盐务、垦务等都有腐败存在。虽然督抚对其进行了整顿和惩处，并也取得了一些成效，但是这些惩处都是在错误已经铸成、损失已经形成的情况下进行的一定程度上的弥补，并因缺乏制度性的措施、惩治和预防机制而使得整顿成效有限。东三省官员的腐败对清理财政形成巨大的阻碍：他们中的很多人都是参与清理的人员，他们本身都腐败至极，根本无从谈及清理财政；另一方面，官员的腐败贪墨使得财政混乱不堪，困难至极，使得清理的难度更大。

吏治的整顿之所以效果有限，也和监督力度不够有很大关系。虽然政府迭次饬令各省整顿吏治，惩治腐败，但政府的饬令在很大程度上遭到敷衍，这和官场利益的相关性导致扶同瞻徇等弊有很大的关系。此时更需要对官员的监督。虽然东三省咨议局等对官员的腐败违法有一定程度的监督，但由于权限受到限制等各种原因，致使监督力度不够。对官员的监察不足是导致官员腐败横行的重要原因之一。

清理财政与整顿吏治无疑存在着非常重要的关系，相辅相成，相互影响，具体到清末清理财政的过程中，甚至很难说得清孰先孰后。不过以清理财政为研究主体来说，吏治的腐败确实给财政的清理带来严重的牵绊。

结　　论

　　清理财政是财政改革的基础，是清末全方位改革的重要组成部分，因此，它并不单是财政问题，还牵涉到人事利益的纠葛、改革的背景和环境、改革的政策及策略等等，因此，影响清理财政成败的因素很多。东三省清理财政作为全国清理财政的重要一环，取得了一定的成效和作用，但是存在诸多问题，进而影响到清末清政府整体改革的进行及政局的稳定。

　　东三省清理财政在度支部的综核指导、督抚和清理财政局的督责之下，取得了一定的成效。这些成效有近期的成果，有长远的经济上的影响，也产生了一些间接的作用。

　　通过清理，对财政做了大规模的调查，了解财政的实际状况，查出隐匿款项，并设法解决财政的困难。东三省进行的财政清理，虽然因各衙署局所的有意隐匿而使得数目的真实性打了折扣，但这毕竟是一次全面的清查，并且三省清理财政局为此制定了大量的调查细则、表格簿式，并严格造报手续、规定造报期限，汇编了大量的月报、季报和年报等，对税务、币制、垦务、军事、旗务、蒙务、盐务等进行了详细地调查，对了解东三省财政的实际情形尽了很大的努力。通过清理得知财政亏短的实情和弊端所在，并在此基础上各方共同筹划，多渠道地进行改良，进行一定的弥补。

　　清理财政有利于财政制度的改革，使得近代财政制度的因素得以出现。财务行政机关进行了改革，各行政层级设立了专门财政机关，如完善度支司总管全省财政的职责，各州县纷纷成立财务处、财政局等统一的财政机构，改变了以往政出多门的弊端，有利于财务的独立；财政机关和行政衙署实行分科改制，有利于近代财政科层管理体制的确立。实行预算制度，东三省制定并实施宣统二年省预算和宣统三年预算，各衙署局所的收支都有相对明确的规定，都要依据预算执行，使得财政收支具有计划性，有利于收支的合理支配。通过改良收支簿记、设立有独立性质的收支委员，避免财政收支管理上人治的随意性质，会计制度的因素得以出现，使得财政的收支管理具有一定的制度保障。实行一定的财政监督，设立东三省财政审计处，各财务处纷设审查员等，是财政审计制度的初步萌芽，财政监督及审计的实行，对财政滥支等弊端有所制约，并使得财务公开化、明晰化。国库制度的雏形得以出现，东三省设立官银号，开设大清银行分行，督抚札饬各属将款项存入官银钱号和大清银行分行，加强对公款收支的保管，使得财政收支和出纳相分离。

通过清理财政，历练了一批精于理财之人，并通过专门的学校教育加强理财人才的培养。清理财政中很多措施是向西方财政体制的学习，参与清理财政的人员在此过程中也加深了关于西方财政制度的体认。正监理官熊希龄本以理财而著称，民国成立后，曾出任北洋政府财政部总长；甘鹏云则历任杀虎关税务官监督、吉林国税厅厅长、财政部佥事等职；栾守纲任财政部佥事；张弧出任财政部次长等等。很多从事于东三省清理财政的人员都成为后来的专管财政之人，这和参与清理财政是分不开的。清理财政的过程中，东三省还通过设立统计讲习所、在法政学堂内附设财政专科等培养专门理财人员。

通过财政的清理，分析财政的沿革利弊，并提出改良的对策等，有利于经济和财政的长远发展。编制财政沿革利弊说明书的目的就是提供改良的张本，三省财政说明书也确实为财政的改革提供对策。有些建议非常中肯有见地，不仅为当时除弊兴利的改革提供参考，也为东三省经济和财政的长远发展提供借鉴。

此外，东三省清理财政还产生了一些间接的作用，比如通过清理，查出隐匿款项，并加强对财政的管理，有利于新政、宪政的进行；对各署局财政，特别是外销款项和规费的清查，加上各州县公费的确立、冗员冗费的裁汰和对腐败的整治等，有利于吏治的整顿。

总之，不论是当时各项清理事宜的完成，还是对于事关长远的制度的建构、改革意见的提出和人才的培养等，东三省清理财政都取得一定的成效，对于东三省财政经济短期和长期的发展都有推动作用，并间接对新政、宪政的进行和吏治的整顿等产生一定积极影响。

在看到成绩的同时，也应意识到东三省清理财政存在诸多问题，并严重影响到整体改革的进行、效果及政局的稳定。

首先，上下行政机构之间在清理的过程中固执于自身的利益诉求，导致了矛盾的激化，致使中央、省和府厅州县之间离心力增大；只注重"权"和"利"的争夺，而对于责任则相互推诿，无休止的纷争导致政事荒废；行政层级之间纷争致使中央权威受挫，也影响到清末改革的进行；再加上沿袭的痼疾使得各方失去最基本的信任，失去了良性协商的基础，因此，无法建立健全各级政府之间良好互信的沟通和协商的途径。

度支部清理财政的核心即是集权、揽财，其实两者是一体的，只要把财权集中到手，利益亦随之而来。度支部宣称其只是因为各省财政异常支绌，希望通过清理使得中央和地方都能得知盈绌实情，再根据财政和实际的需要，省不急之务，裁无名之费，以期内外合谋再图振兴。虽然度支部迭次声称清理不为搜括，但集权揽财的真实意图隐藏其中。可以说，清理财政就是其集权的措施之一。该部集权的意图最明显的表达即奏陈清理财政六条办法，声明清理财政的要义是统一和分明，但度支部的重点却在统一，度支部是要借此总揽承借外债之权、掌管全国财政收支之权、将各省财政事宜统归其直接管理、加强对藩司的监管，并使之直隶于其管辖之下。总之，要加强自身权限，试图收中央集权之效。

中央过分集权固有不当之处，而督抚固守利益、与中央争权的做法也极欠妥当，在外销和规费、金融等问题上尤为明显。督抚的出发点只是自身的利益诉求，在多大程度上是从实际的客观需要出发值得怀疑。在外销和规费上存在大量的隐匿。在金融上，东三省督抚与度支部的矛盾非常大，由于固守自身利益的目的明显有违背经济规律之处。纸币、官帖的滥发已经引起东三省市面混乱，但督抚枉顾度支部收回纸币的饬令仍大量增发纸币。东三省的官帖、纸币之滥在全国是首屈一指，督抚只顾借发行纸币解决财政困难，但却没能从长远出发，立足于金融市场的整顿，致使督抚与度支部矛盾重重。

由于权力的分散和权限不明，各级行政机构都在不同程度上拥有了一定的权力，形成了既得利益，有自身的利益诉求。为维护权和利，各种明争暗斗在清理财政的舞台上缤纷上演。度支部和东三省督抚在清理财政局的成立、人员的设置、薪水经费的发给、章程的制定执行和职责的运行等方面都进行了较量。度支部让清理财政局承载了完成其集权的重任，而督抚却对这种期许进行了消解。在外销和规费的调查中，为了各自的利益，更是形成了中央与省、省与府厅州县之间一方清查，另一方极力隐匿的局面。为了权益，级级隐匿，级级清查，处处存在着隐匿和清查的较量，使得财政的清理扑朔迷离。试行及制定预算中，府厅州县、省和中央由于维持和扩充自身的利益，在上下行政层级之间出现了延宕和惩处、核减和抵制、追加和不准追加等矛盾，从而出现相互讨价还价、争取利益最大化的局面。而在国地税的划分上，各方的预设前提都是怎样维持自身的收入，因此，中央、省、府厅州县之间都为税收的划分进行争夺。在中央、省和府厅州县之间增强了离心力，降低了凝聚力，从而加大了政局不稳的因素。

只注重"权"和"利"的争夺，而对于责任则相互推诿，所以纷争的结果就是政事荒废。度支部与东三省督抚之间的相互不信任导致两者的关系相当紧张。吉林巡抚陈昭常认为朝廷对东三省是苛法相绳，并且没能考虑东三省的实际情况，对中央对东三省的疑虑、猜忌和掣肘表示极大的不满，并萌生辞职之意。锡良因与度支部尚书屡次冲突，加以东三省的施政确实困难重重而多次请辞。赵尔巽在自请特权的封奏中也表达了对部臣援各省之例以绳东三省的做法不满，把东省督抚与部臣之间迭生意见归结于此，并抱怨因受中央的掣肘，使得良好的政策受阻。这就出现了疆臣埋怨部臣，部臣埋怨疆臣的局面，致使政令的贯彻实施受阻。各方只顾着争执埋怨，相互推诿责任，动辄以辞职相挟，导致政事荒废。

行政层级之间纷争致使中央权威受挫，也影响到清末改革的进行。清末的改革是在传统的君主专制国家里发动的自上而下的变革，需要政权具有充分的权威，因此，在清末的改革中，适当的集权是必要的。但是，行政层级之间纷争的结果，对于中央度支部借机集权的意图来讲，结果是事与愿违的。本想借调查财政确数之机查出各省隐匿款项归入正款收入，但清理的结果却是各省都存在大量的亏累，不仅未能从省中集到钱，反而是省因财政的支绌而迭次向度支部请款，请款不应就任意截留解京款项。预算的制定同样如此，三省的收支不敷如此之巨给度支部出了很大的难题。度支部整顿币制，要把三省官银号所发纸币一律收回，但如果纸币收回则省内将留下大量的亏空。总之，中央度支部没集到钱，反而导致了亏空。不仅如此，度支部还已然成为怨府，各省对度支部的饬令不愿执行，各部也是推三阻四。清理的结果是权未能集中、钱未能揽多少，但各省却把过错推诿到度支部，度支部的集权成为各省无所作为的借口，中央的权威遭到削弱。虽然适当的集权是必要的，但要有个度，还要讲求一定的策略，清政府中央一味强硬集权，不仅掣肘办事之人，使得事无所成，政事荒废，更激化矛盾，增强离心力，反倒是进一步削弱其权威。总之，清政府中央的权威遭到削弱，这影响到了改革的进行。

过分固守自身的权力和利益，加以沿袭的痼疾使得各方失去最基本的信任，失去了良性协商的基础。因为督抚的力量已经很大，不取得他们的认可，即使政策出台亦无法顺利实施，因此，政府及度支部的许多措施施行之前也都和各省督抚进行商议。但是协商的结果大都不理想，因为两者都过分注重于自身的利益诉求，而缺少必要的权力让渡，协商中相互妥协的成分少而争夺权利的成分多，致使矛盾纠葛不断，部臣与督抚争权、督抚与府厅州县官夺利，因此，无法建立健全各级政府之间良好互信的制度性沟通和协商的途径，结果就是部臣告病，疆臣开缺，最后只能致使政事荒废而已。

其次，行政与立法的冲突多是出于利益之争，尤其是中央政府偏袒行政权而抑制立法权，使得真正的权力制衡没能形成。

行政和立法机构之间冲突不断。在制定预算的过程中，作为准议会性质的资政院和咨议局担负了审核议决预算的责任，但这种议决和监督却遭到各级行政机构的抵制，围绕着预算的核减核增问题冲突不断，立法机关对预算的议决权限遭到消解。东三省督抚纷纷反对资政院审议核减经费和各官公费。而此时，相对于资政院，因立场和利益的转换，度支部和督抚时而一致，时而相左。在清理财政的过程中，咨议局作为准立法机关，要行使自身的权力来调查财政积弊、审查地方预决算、监督财政等会在很多方面触及督抚的现有权利。在宣统三年的预算中存在省汇报之数、度支部核减之数、资政院修正之数，"汇报之数，不尽可凭，复核之数，亦嫌未确，而修正之数，但求适合，终非信案也"①。由于各方都固守自身利益等原因，使得预算形同虚设，影响了预算的权威性。在为了清理财政而整顿吏治的过程中，咨议局亦发挥了监督行政官员的职责，但咨议局监督之权受到督抚限制。在清理财政中，出现了部臣与资政院不和，督抚与资政院冲突，督抚又和咨议局绅民抵牾的局面。清廷为维持自身的权益，有意对资政院和咨议局的权限作出限制，在资政院和咨议局成立之初，其权限就受到消解，使得真正的权力制衡没能形成。

再次，清理财政中的政策过于短视，改革的手段过于刚性和僵化，不仅加剧了改革的阻力，更影响了东三省及国家的长远发展。

由于过分关注于解决眼前的财政困难问题，使得清理财政各项措施的目的过于单一和短视，改革的手段过于刚性和僵化，这在制定预算、裁员减薪等措施中都有体现。只为解决眼前的财政困难，在预算中追求收支数目的平衡，度支部采取消极的方法，一味地要求东三省撙节财用、核减预算，但是却没能照顾到行政的实际需要，这样就阻碍了新政、宪政的进行。特别是像教育、实业等都需投入巨款，以期收获长远的效果，而实业的发展也是从根本上能解决财政困难的措施，但三省迫于度支部的要求，对预算进行核减，最后奉天岁出以军饷、民政为大宗，行政、财政、教育次之，司法、实业等又次之；吉林岁出以军政、

① 贾士毅：《民国财政史》上，商务印书馆1934年版，第25页。

民政、财政为大宗，几乎占据全数一半，工程、行政等费次之，而教育、实业又次之；黑龙江则以军政、官业支出、行政等费为大宗，财政、民政、司法次之，边务等又次之。[①]对教育、实业等的预算投入非常少，将会影响东三省长远的发展。度支部只在乎核减了多少，而并没有能通盘筹划，分出事情的轻重缓急，注意哪些经费是必须核减，而哪些是必不能核减之款。只有款项的核减根据实际情形有针对性地进行，才能既节省了经费，又不窒碍行政的进行，也杜绝了各省以核减过巨窒碍行政为借口的抵制。而东三省督抚不断向度支部请款，抵制度支部的核减、对认增认减之数也不能遵办，存在对预算案任意翻异和追加的情形，但督抚的抵制和追加是否也真正地考虑到事情的轻重缓急，是否把握住了开源节流的原则，这些也不禁使人产生疑问。而这一切措施都不仅加剧了因裁减核减而产生的改革阻力，更影响了东三省及国家的长远发展。

此外，作为清理财政综揽者的度支部的政策和策略也存在问题，不仅使得清理财政效果不彰，更是影响到清末全方位变革的进行。

财政的困难重重使清朝财政制度的弊端暴露无遗，旧有的中央集权式的财政制度已基本坍塌瓦解，是规复旧的财政制度，还是建立新的财政体系，此关键性的问题摆在度支部面前。度支部虽有规复中央集权的宗旨，但随着西方财政理论在中国的传播和立宪运动的大潮，西方的财政制度亦成为清政府解决财政困难的有力工具，向西方财政制度的学习成为清末财政改革及清理财政的重要观照。但度支部集权的宗旨没有变，向西方学习，功利工具性层面的目的大于体制的建构。这种政策致度支部的措施新旧杂糅，致使新旧失范，而各省无所适从。

度支部的政策又影响到了它的策略，使得度支部在改革的策略方面也问题多多。成功的改革需要改革者在改革的策略上，既要握牢改革的主动权，又要在不影响改革总体进程的情况下适当适度地照顾既得利益者的权利，尽可能地减少改革前进中的阻力；要分清事情的轻重缓急，先易后难，舍近谋远，不可齐头并进面面俱到。度支部没有能够处理好

---

① 刘锦藻：《清朝续文献通考》卷68，浙江古籍出版社1988年版，考8235-8236。

集权的适度问题，致使多方面的矛盾激化，枢臣与部臣、部臣与部臣、部臣与疆臣、疆臣与议员之间矛盾纠葛不断，分化了改革的力量，增加了离心力，致使改革的阻力增大；没有能分清轻重缓急，致使改革齐头并进，缺乏重点，既分散了财力，又加重了负担。

财政是庶政之母，是政权运行的重要基础，财政的改革会造成牵一发而动全身的局面。清理财政中存在着诸多问题，并进而影响到清末改革的进程及政局的稳定。上下行政机构之间在清理的过程中固执于自身的利益诉求，导致矛盾的激化，致使在中央、省和府厅州县之间增大离心力；只注重"权"和"利"的争夺，而对于责任则相互推诿，无休止的纷争导致政事荒废；行政层级之间纷争致使中央权威受挫，也影响到清末改革的进行；再加上沿袭的痼疾使得各方失去最基本的信任，失去了良性协商的基础，因此，无法建立健全各级政府之间良好互信的制度性沟通和协商的途径。行政与立法的冲突多是出于利益之争，还有就是政府偏袒行政权而抑制立法权，使得真正的权力制衡没能形成。清理财政中的政策眼光过于短视，改革的手段过于刚性和僵化，不仅加剧了改革的阻力，更影响了东三省及国家的长远发展。作为清理财政综揽者的度支部，其政策和策略也产生了众多不利影响。总之，清理财政中存在诸多问题，不仅未能解决财政的困难，使得新政、宪政改革的基础不牢，更是加剧了整个清末政局的动荡。

参考文献

（一）档案及档案资料选编

[1] 吉林省档案馆. 吉林全省清理财政局全宗（全宗号：39）.

[2] 黑龙江省档案馆. 黑龙江全省清理财政局（全宗号：旧字045）.

[3] 中国第一历史档案馆. 军机处录副光绪宣统朝.

[4] 故宫博物院明清档案部. 清末筹备立宪档案史料（上）. 中华书局，1979.

[5] 故宫博物院明清档案部. 清末筹备立宪档案史料（下）. 中华书局，1979.

[6] 吉林省档案馆，吉林省社会科学院历史所. 清代吉林档案史料选编（上谕奏折）.1981.

（二）报刊及资料集

[1] 盛京时报

[2] 申报

[3] 大公报

[4] 东方杂志

[5] 吉林官报

[6] 北洋官报

[7] 政治官报

[8] 甘肃官报

[9] 四川官报

[10] 陕西官报

[11] 广西官报

［12］民呼日报

［13］民吁日报

［14］民立报

［15］中国新报

［16］钦定大清会典事例

［17］徐世昌. 东三省政略. 宣统三年.

［18］皇朝经世文四编. 沈云龙主编. 近代中国史料丛刊（正编第77辑），文海出版社, 1968.

［19］皇朝道咸同光奏议. 沈云龙主编. 近代中国史料丛刊（正编第34辑）. 文海出版社, 1968.

［20］朱寿朋. 光绪朝东华录. 中华书局, 1958.

［21］南开大学历史系编. 清实录经济资料辑要. 中华书局, 1959.

［22］徐世昌. 退耕堂政书. 沈云龙主编. 近代中国史料丛刊（正编第23辑）. 文海出版社, 1968.

［23］周树模. 周中丞（少朴）抚江奏稿. 沈云龙主编. 近代中国史料丛刊（正编第19辑）. 文海出版社, 1968.

［24］赵炳麟. 赵柏岩集. 沈云龙主编. 近代中国史料丛刊（正编第31辑）. 文海出版社, 1969.

［25］甘鹏云. 潜庐随笔. 沈云龙主编. 近代中国史料丛刊（正编第97辑）. 文海出版社, 1973.

［26］甘鹏云. 潜庐续稿. 沈云龙主编. 近代中国史料丛刊（正编第97辑）. 文海出版社, 1973.

［27］锡良. 锡清弼制军奏稿. 沈云龙主编. 近代中国史料丛刊（续编第11辑）. 文海出版社, 1974.

［28］赵尔巽. 清史稿. 中华书局, 1976.

［29］光绪政要. 文海出版社, 1985.

［30］王芸生. 清季外交史料. 沈云龙主编. 近代中国史料丛刊（3编第2辑）. 文海出版社, 1985.

［31］宣统政纪. 沈云龙主编. 近代中国史料丛刊（3编第18辑）. 文海出版社,

1985.

[32] 近代史资料（总第69号）. 中国社会科学出版社, 1988.

[33] 刘锦藻撰. 清朝续文献通考. 浙江古籍出版社, 1988.

[34] 近代史资料（总第76号）. 中国社会科学出版社, 1989.

[35] 郭松义等编. 清朝典制. 吉林文史出版社, 1993.

[36] 中国第一历史档案馆. 光绪朝朱批奏折. 中华书局, 1995.

[37] 周秋光编. 熊希龄集（上）. 湖南出版社, 1996.

[38] 李允俊主编. 晚清经济史事编年. 上海古籍出版社, 2000.

[39] 中国人民大学清史研究所编. 清史编年（第12卷, 下）. 中国人民大学出版社, 2000.

[40] 北京图书馆出版社影印室辑. 清末民国财政史料辑刊. 北京图书馆出版社, 2007.

[41] 王树枬. 陶庐老人随年录. 中华书局, 2007.

[42] 中央财经大学图书馆辑. 清末民国财政史料辑刊补编. 国家图书馆出版社, 2008.

[43] 徐一士. 近代笔记过眼录. 中华书局, 2008.

[44] 周秋光编. 熊希龄集. 湖南人民出版社, 2008.

（三）东北地方志书、政书

[1] （清）孟宪彝, 金正元编. 光绪西安县乡土志.（光绪三十四年）.

[2] （清）海龙府劝学所编. 光绪海龙府乡土志.（光绪三十四年）.

[3] （清）赵国熙编. 光绪东平乡土志.（光绪三十四年）.

[4] （清）朱佩兰纂修. 宣统奉天省靖安县志.（宣统元年）.

[5] （清）张见田, 于龙辰纂；（清）薛德履修. 宣统辉南厅志.（宣统二年）.

[6] （清）王大经, 刘龙光纂；（清）张凤台等修. 宣统长白汇征录.（宣统二年）.

[7] （清）段盛梓等纂,（清）雷飞鹏等修. 宣统西安县志略.（宣统三年）.

[8] 于英蕤纂修. 民国大赍县志.（民国二年）.

[9] 白永贞纂修. 民国海龙县志.（民国二年）.

[10] 周维桢纂, 吴禄贞修. 民国延吉县志.（民国三年）.

[11] 俞荣庆编. 民国临江县乡土志.（民国十四年）.

[12] 朱衣点纂, 郑士纯修. 民国农安县志. (民国十六年).

[13] 于凤桐等纂, 白纯义修. 民国辉南县志. (民国十六年).

[14] 邵芳龄等纂; 李春雨, 李镇华修. 民国通化县志. (民国十六年).

[15] 赵晋臣, 孙云章等纂; 赵亨萃, 李宴春等修. 民国怀德县志. (民国十八年).

[16] 李毅纂修. 开原县志. (民国十九年).

[17] 李藕纂; 王瀛杰, 刑麟章修. 民国东丰县志. (民国二十年)

[18] 李安仁纂, 李筠生修. 民国双山县志. (民国二十二年).

[19] 罗宝书, 邱在官纂; 刘维清, 张之言修. 民国临江县志. (民国二十四年).

[20] 王春鹏纂, 王永恩修. 民国海龙县志. (民国二十六年).

[21] 赵述云, 金毓钹纂; 张书翰, 马仲援修. 民国长春县志. (民国三十年).

[22] 长顺修. 吉林通志. 文海出版社, 1965.

[23] 张伯英纂, 万福麟修. 黑龙江志稿. 文海出版社, 1965.

[24] 李鸿文, 张本政主编. 东北大事记 (上). 吉林文史出版社, 1987.

(四) 专著

[1] 胡钧. 中国财政史. 商务印书馆, 1920.

[2] 徐式庄. 中国财政史略. 商务印书馆, 1926.

[3] 刘秉麟. 中国财政小史. 商务印书馆, 1931.

[4] 傅斯年. 东北史纲. 中央研究院历史语言研究所, 1932.

[5] 王芸生. 六十年来中国与日本. 上海书店出版社, 1932.

[6] 贾士毅. 民国财政史. 商务印书馆, 1934.

[7] 赵丰田. 晚清五十年经济思想史. 哈佛燕京学社, 1939.

[8] 金毓黻. 东北通史. 五十年代出版社, 1943.

[9] 程滨遗等编. 田赋史. 正中书局, 1944.

[10] 张家骧, 徐沧水. 中华币制史料两种. 学海出版社, 1971.

[11] 沈云龙. 徐世昌评传. 传记文学出版社, 1979.

[12] 魏建猷. 中国近代货币史. 文海出版社, 1979.

[13] 何烈. 清咸同时期的财政. 国立编译馆中华丛书编审委员会, 1981.

[14] 苏云峰. 中国现代化的区域研究（湖北省：1860-1916）. 中央研究院近代史研究所, 1981.

[15] 周伯棣. 中国财政史. 上海人民出版社, 1981.

[16] 戴鸿慈. 出使九国日记. 湖南人民出版社, 1982.

[17] 张玉法. 中国现代化的区域研究（山东省：1860-1916）. 中央研究院近代史研究所, 1982.

[18] 张朋园. 中国现代化的区域研究（湖南省：1860-1916）. 中央研究院近代史研究所, 1983.

[19] 王树槐. 中国现代化的区域研究（江苏省：1860-1916）. 中央研究院近代史研究所, 1984.

[20] 王魁喜等. 近代东北史. 黑龙江人民出版社, 1984.

[21] 孔经纬. 东北经济史. 四川人民出版社, 1986.

[22] 孔经纬, 朱显平. 帝俄对哈尔滨一带的经济掠夺. 黑龙江人民出版社, 1986.

[23] 常城. 东北近现代史纲. 东北师范大学出版社, 1987.

[24] 左治生主编. 中国近代财政史丛稿. 西南财经大学出版社, 1987.

[25] 刘子扬. 清代地方官制考. 紫禁城出版社, 1988.

[26] 左治生主编. 中国财政历史资料选编（第10辑）. 中国财政经济出版社, 1988.

[27] 孙文学主编. 中国近代财政史. 东北财经大学出版社, 1990.

[28] 张守真. 清季东三省的铁路开放政策（1905-1911）. 高雄复文图书出版社, 1995.

[29] 杨余练, 王革生. 清代东北史. 辽宁教育出版社, 1991.

[30] 刘克祥主编. 清代全史（第10卷）. 辽宁人民出版社, 1993.

[31] 吴兆莘, 洪文金遗稿；浏聚星、林宝清续编. 中国财政金融年表（下）. 中国财政经济出版社, 1994.

[32] 李治安主编. 唐宋元明清中央与地方关系研究. 南开大学出版社, 1996.

[33] 孙文学主编. 中国财政史. 东北财经大学出版社, 1997.

[34] 邓绍辉. 晚清财政与中国近代化. 四川人民出版社, 1998.

[35] 萧功秦. 危机中的变革：清末现代化进程中的激进与保守. 生活·读书·新知三联书店, 1999.

[36] 章开沅主编. 清通鉴. 岳麓书社, 2000.

[37] 周育民. 晚清财政与社会变迁. 上海人民出版社, 2000.

[38] 马小泉. 国家与社会：清末地方自治与宪政改革. 河南大学出版社, 2001.

[39] 全国政协文史资料委员会主编. 文史资料存稿选编（晚清北洋，上）. 中国文史出版社, 2002.

[40] 周志初. 晚清财政经济研究. 齐鲁书社, 2002.

[41] 高旺. 晚清中国的政治转型——以清末宪政改革为中心. 中国社会科学出版社, 2003.

[42] 瞿同祖. 范忠信等译. 清代地方政府. 法律出版社, 2003.

[43] 李治亭. 东北通史. 中州古籍出版社, 2003.

[44] 刘伟. 晚清督抚政治——中央与地方关系研究. 湖北教育出版社, 2003.

[45] 刘增合. 鸦片税收与清末新政. 生活·读书·新知三联书店, 2005.

[46]（日）滨下武志. 高淑娟, 孙彬译. 中国近代经济史研究：清末海关财政与通商口岸市场圈. 江苏人民出版社, 2006.

[47] 申学锋. 晚清财政支出政策研究. 中国人民大学出版社, 2006.

[48] 陈光炎. 中国财政通史（清代卷）. 中国财政经济出版社, 2006.

[49] 李刚. 大清帝国最后十年：清末新政始末. 当代中国出版社, 2008.

（五）论文及论文集

[1] 罗玉东. 光绪朝补救财政之方策. 中国近代经济史研究集刊. 1936（2）.

[2] 沈乃正. 清末之督抚集权，中央集权，与'同署办公'. 社会科学杂志, 1936（2）.

[3] 彭雨新. 清末中央与各省财政关系. 社会科学杂志, 1947（9）.

[4] 郭廷以. 中日交涉中的历史教训. 大陆杂志, 1951, 2（4）.

[5] 包遵彭, 李定一, 吴相湘等编. 中国近代史论丛（第1辑第10册, 俄帝之

侵略）. 正中书局, 1956.

[6] 包遵彭, 李定一, 吴相湘等编. 中国近代史论丛（第2辑第3册, 财政经济）. 正中书局, 1958.

[7] 包遵彭, 李定一, 吴相湘等编. 中国近代史论丛（第2辑第5册, 政治）. 正中书局, 1963.

[8] 何烈. 清代厘金制度的历史背景. 大陆杂志（第40卷第2期）. 明清史研究论集. 大陆杂志社, 1967.

[9] 李国祁. 明清两代地方行政制度中道的功能及演变. 中央研究院近代史研究所集刊, 1972（3上）.

[10] 王树槐. 庚子地方赔款. 中央研究院近代史研究所集刊, 1972（3上）.

[11] 赵中孚. 清末东三省改制的背景. 中央研究院近代史研究所集刊, 1976（5）.

[12] 王树槐. 清末江苏地方自治风潮. 中央研究院近代史研究所集刊, 1977（6）.

[13] 苏云峰. 湖北省咨议局与省议会（1909~1926）. 中央研究院近代史研究所集刊, 1978（7）.

[14] 赵中孚. 近代东三省胡匪问题之探讨. 中央研究院近代史研究所集刊, 1978（7）.

[15] 彭雨新. 辛亥革命前夕清王朝财政的崩溃. 辛亥革命论文集. 湖北人民出版社, 1981.

[16] 赵中孚. 清代东三省的地权关系与封禁政策. 中央研究院近代史研究所集刊, 1981（10）.

[17] 赵中孚. 辛亥革命前后的东三省. 中央研究院近代史研究所集刊, 1982（11）.

[18] 常城. 东北近百年史应重点研究的主要问题. 东北师大学报（哲学社会科学版）, 1983（1）.

[19] 刘广京. 晚清督抚权力问题商榷. 中华文化复兴运动推行委员会主编. 中国近代现代史论集（第6编）. 台湾商务印书馆, 1985.

[20] 李守孔. 清末之咨议局. 中华文化复兴运动推行委员会主编. 中国近代现代史论集（第16编）. 台湾商务印书馆, 1986.

[21] 王家俭. 晚清地方行政现代化的探讨（1838~1911）. 中华文化复兴运动

推行委员会主编. 中国近代现代史论集（第16编）. 台湾商务印书馆,
1986.

[22] 张朋园. 预备立宪的现代性. 中华文化复兴运动推行委员会主编. 中国
近代现代史论集（第16编）. 台湾商务印书馆, 1986.

[23] 张朋园. 清季咨议局议员的选举及其出身之分析. 中华文化复兴运动
推行委员会主编. 中国近代现代史论集（第16编）. 台湾商务印书馆,
1986.

[24] 张守真. 清季东三省的改制及其建设（1907–1911）. 中华文化复兴运动
推行委员会主编. 中国近代现代史论集（第16编）. 台湾商务印书馆,
1986.

[25] 魏光奇. 清代后期中央集权财政体制的瓦解. 近代史研究, 1986（1）.

[26] 吕芳上. 清末的江西省咨议局（1909–1911）. 中央研究院近代史研究所
集刊, 1988（17下）.

[27] 唐绍仪出使日欧八国考察财政史料. 历史档案, 1990（2）.

[28] 曲晓璠. 清末东三省咨议局述论. 社会科学战线, 1990（4）.

[29] 王顺, 高彦军. 熊希龄经济思想述评. 锦州师院学报（哲学社会科学
版）, 1991（3）.

[30] 余阳. 赵尔巽对清末奉天省财政的整顿. 满族研究, 1992（4）.

[31] 马大正. 1978年以来中国近代边疆问题研究述评（上）. 中国边疆史地
研究, 1994（3）.

[32] 张神根. 清末国家财政、地方财政划分评析. 史学月刊, 1996（1）.

[33] 赵云田. 清末边疆地区新政举要. 中国边疆史地研究, 1996（4）.

[34] 何汉威. 从清末刚毅、铁良南巡看中央与地方财政的关系. 中央研究
院历史语言研究所集刊（第68本第1分册）, 1997.

[35] 陈锋. 清代中央与地方财政的调整. 历史研究, 1997（5）.

[36] 魏光奇. 直隶地方自治中的县财政. 近代史研究, 1998（1）.

[37] 龚汝富. 清末清理财政与财政研究. 江西师范大学学报（哲学社会科
学版）, 1999（2）.

[38] 刘伟. 晚清"就地筹款"的演变与影响. 华中师范大学学报（人文社会

科学版), 2000(2).

[39] 徐建平. 锡良东北经济改革方略述论. 河北师范大学学报, 2000(3).

[40] 徐建平. 清末东三省咨议局与地方公署关系初探. 历史教学, 2000(8).

[41] 邓绍辉. 咸同时期中央与地方财政关系的演变. 史学月刊, 2001(3).

[42] 蔡国斌. 论财政对晚清新政的制约. 江汉论坛, 2001(4).

[43] 李治亭. 东北地方史的研究与回顾展望. 中国边疆史地研究, 2001(4).

[44] 马平安. 北洋集团与清末东三省新政. 中国边疆史地研究, 2001(4).

[45] 何汉威. 清季中央与各省财政关系的反思. 中央研究院历史语言研究所集刊, 2001(3).

[46] 王晓辉. 清代黑龙江财政岁入研究. 长春师范学院学报, 2002(4).

[47] 张大伟. 熊希龄与赵尔巽关系述论. 康定民族师范高等专科学校学报, 2002(4).

[48] 张九洲. 论清末财政制度的改革及其作用. 河南大学学报, 2002(4).

[49] 朱俊瑞. 晚清政治改革中的经济制约. 齐鲁学刊, 2002(4).

[50] 周志初. 清末财政若干问题简论. 江海学刊, 2002(6).

[51] 沙培德. "利于君, 利于民": 晚清官员对立宪之议论. 中央研究院近代史研究所集刊, 2003(42).

[52] 陈锋. 20世纪的晚清财政史研究. 近代史研究, 2004(1).

[53] 徐建平. 论清末东北宪政改革的特点. 中国边疆史地研究, 2004(2).

[54] 夏国祥. 清末民初西方财政学在中国的传播. 江西财经大学学报, 2004(6).

[55] 赵文军. 熊希龄开发东北思想述论. 东北史地, 2004(12).

[56] 曲霞. 清末东三省改革研究综述. 首都师范大学学报(社会科学版), 2004(增刊).

[57] 杨久谊. 清代盐专卖制之特点——一个制度面的剖析. 中央研究院近代史研究所集刊, 2005(47).

[58] 邹进文. 清末财政思想的近代转型: 以预算和财政分权思想为中心. 中南财经政法大学学报, 2005(4).

[59] 申学锋. 清代中央与地方财政关系的演变. 地方财政研究, 2005(9).

[60] 高月. 清末东北新政改革论——以赵尔巽主政东北时期的奉天财政改

革为中心. 中国边疆史地研究, 2006 (4).

[61] 王双见. 试析晚清中央与地方的财政关系. 安阳师范学院学报, 2006 (6).

[62] 甘于黎. 清末的财政改革. 历史教学, 2006 (12).

[63] 段艳. "双头博弈"——清末的国地财政划分. 玉林师范学院学报(哲学社会科学), 2007 (1).

[64] 叶青, 黎柠. 近代财政监督制度与思想. 财政监督, 2007 (3).

[65] 马金华. 外债对晚清中央与地方财政关系的影响. 现代财经, 2007 (5).

[66] 日俄战争后东三省考察史料(上). 历史档案, 2008 (3).

[67] 高月. 清末东北新政与东北边疆现代化进程——以徐世昌主政东北时期的新政改革为中心. 东北史地, 2008 (3).

[68] 刘增合. 制度嫁接: 西式税制与清季国地两税划分. 中山大学学报, 2008年3).

[69] 付志宇, 章启辉. 清末政府税收政策调整探析. 宁夏社会科学, 2008 (5).

[70] 刘增合. 由脱序到整合: 清末外省财政机构的变动. 近代史研究, 2008 (5).

[71] 陈锋. 晚清财政预算的酝酿与实施. 江汉论坛, 2009 (1).

[72] 刘增合. 地方游离于中央: 晚清"地方财政"形态与意识疏证——兼评陈锋教授《清代财政政策与货币政策研究》. 中国社会经济史研究, 2009 (1).

[73] 暴景升. 清代中前期东北地区统辖管理体制初探. 云南师范大学学报(哲学社会科学版), 2009 (2).

[74] 李治亭. 东北地方史研究的回顾与思考——写在建国60周年. 云南师范大学学报, 2009 (2).

[75] 岁有生. 清代州县衙门经费. 安徽史学, 2009 (5).

[76] 孙健编. 中国经济史论文集. 中国人民大学出版社, 1987.

(六)硕博士论文

[1] 王晓辉. 晚清东三省财政研究(硕士学位论文). 东北师范大学, 2003.

[2] 李帝. 清末新政财政改革述论(1901—1911年)(硕士学位论文). 新疆大学, 2006.

[3] 李泽昊. 徐世昌与清末东北新政研究(硕士学位论文). 山东师范大学,

2006.

[4]苏久青.陈昭常在清末吉林的内政改革和外交活动研究(1907–1910年)(硕士学位论文).东北师范大学, 2006.

[5]郭艳波.清末东北新政研究(博士学位论文).吉林大学, 2007.

[6]郝赫.近现代东北政区沿革述论(1907–1955)(硕士学位论文).吉林大学, 2007.

[7]宁曼荣.熊希龄管理思想与实践研究(硕士学位论文).湖南师范大学, 2007.

[8]郑南.周树模在黑龙江的内政改革与外交活动研究(硕士学位论文).东北师范大学, 2007.

[9]胡秋菊.锡良地方施政举措及得失(1903–1911)(硕士学位论文).东北师范大学, 2008.